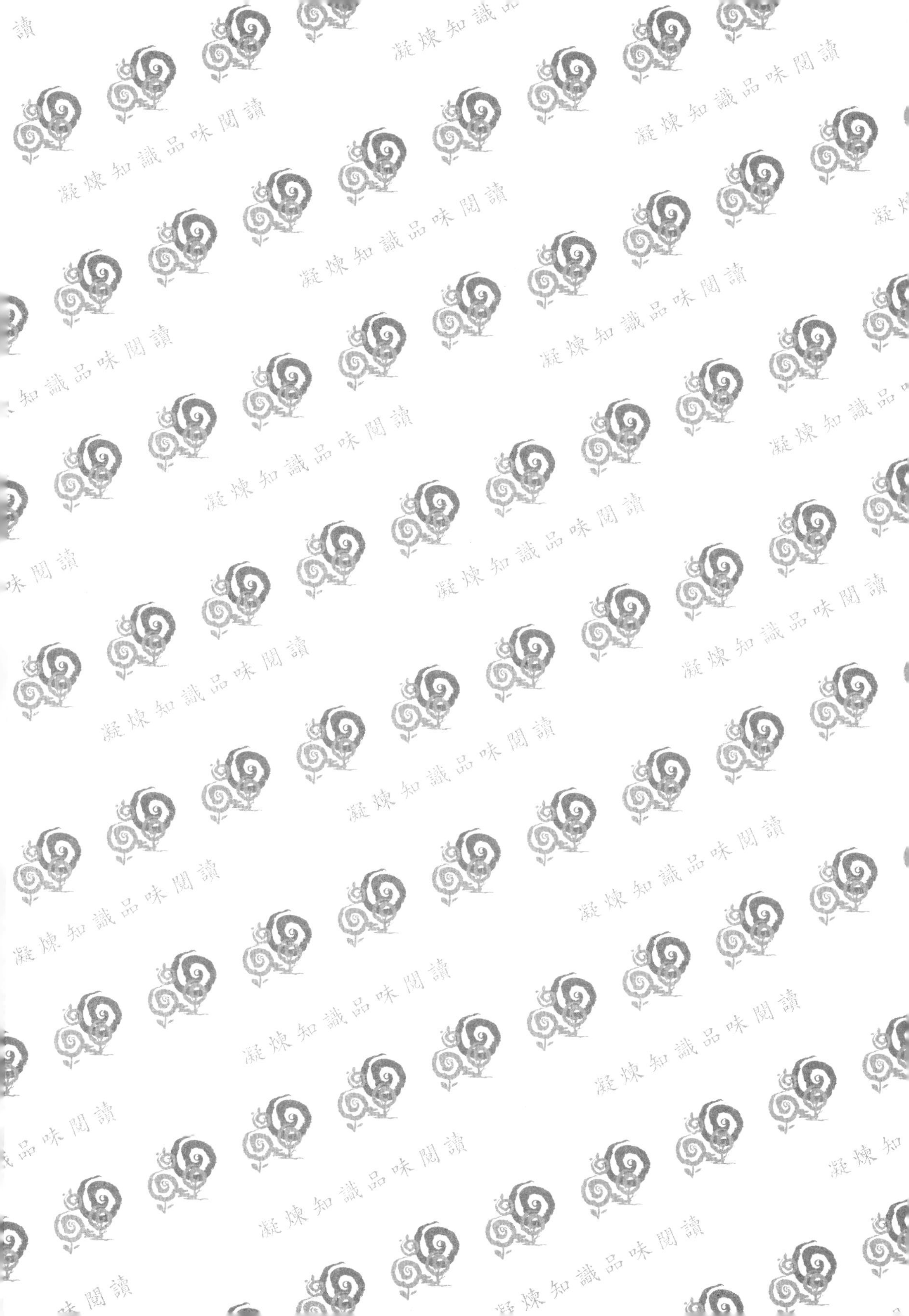

圖解

林佩欣 著

本書目錄

第壹篇　早期臺灣的風貌

本書目錄

第貳篇　清代的長期統治

第3章　清代前期的政治與經濟發展

本書目錄

第5章 外力衝擊與清末的近代化

本書目錄

本書目錄

第7章 殖民地的基礎建設

第8章 日治時期社會與文化的變遷

本書目錄

本書目錄

第11章 戰後的經濟與社會

本書目錄

第12章 戰後的教育與文化

學習重點

1. 能了解臺灣島的形成與地球氣候變遷的關係
2. 能了解臺灣舊石器時代人類與東亞大陸的關係
3. 能了解臺灣新石器時代的文化特徵
4. 能了解臺灣金屬器時代人類的互動關係
5. 能了解臺灣原住民多元文化的面貌

導讀

福爾摩沙臺灣位在環太平洋新褶曲帶上，是西太平洋西緣諸島弧的一部分，約在古生代晚期由海中褶曲隆起形成海島，到了中生代時期，因為地殼劇烈變動而完全陸化，成為現在臺灣島的雛形。臺灣雖然在一億年前就已經誕生，但是到八萬年前，這片土地上才有人類活動的身影，這群史前人存在於沒有文字記載的時代，是早期活躍在臺灣這塊土地的主人，由於缺乏文字資料，我們若想知道這些人群的活動狀況，只能夠透過口語傳說、考古遺物，以及殘存的風俗文物來了解這個時期的社會面貌。

史前文化與原住民社會

章節體系架構 

UNIT 1-1 舊石器時代：臺灣史前文化的序幕

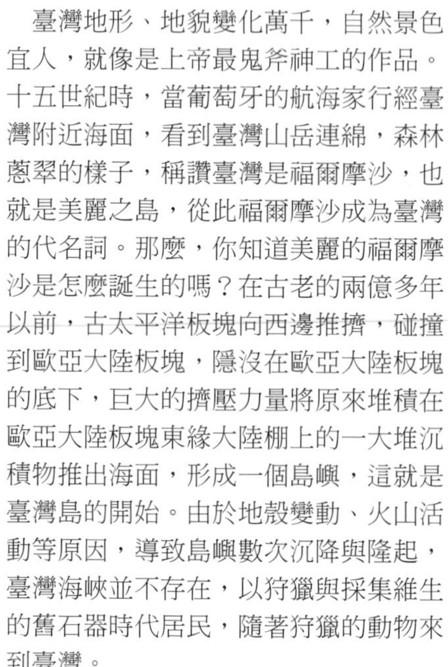

（一）臺灣島的形成

臺灣地形、地貌變化萬千，自然景色宜人，就像是上帝最鬼斧神工的作品。十五世紀時，當葡萄牙的航海家行經臺灣附近海面，看到臺灣山岳連綿，森林蔥翠的樣子，稱讚臺灣是福爾摩沙，也就是美麗之島，從此福爾摩沙成為臺灣的代名詞。那麼，你知道美麗的福爾摩沙是怎麼誕生的嗎？在古老的兩億多年以前，古太平洋板塊向西邊推擠，碰撞到歐亞大陸板塊，隱沒在歐亞大陸板塊的底下，巨大的擠壓力量將原來堆積在歐亞大陸板塊東緣大陸棚上的一大堆沉積物推出海面，形成一個島嶼，這就是臺灣島的開始。由於地殼變動、火山活動等原因，導致島嶼數次沉降與隆起，臺灣海峽並不存在，以狩獵與採集維生的舊石器時代居民，隨著狩獵的動物來到臺灣。

（二）史前人類的遷移

八萬年以前，地球正值冰河期的晚期，氣溫遠比平常還要低，陸地上布滿了結凍的冰層，海水面因此下降，臺灣海峽也變成一片廣闊而平緩的陸地，就像是一座連接著中國大陸和臺灣的陸橋。原本生活在中國華南地區的人類，在狩獵和採集的過程中，跟隨著德氏水牛、諾氏古菱齒象、大連馬、普氏也馬、北京斑鹿、四不像鹿等，這些古代生物的足跡，越過臺灣海峽來到臺灣，他們追尋動物的足跡與植物的生長地，一群人來到臺灣海岸山脈東側的太平洋岸，在今日臺東縣長濱鄉海岸邊的洞穴中住了下來；另一群人來到臺灣西南部的丘陵地區，在今日臺南市左鎮區住了下來，成為這塊土地上最早的主人。

（三）臺灣最古老的人類

這一群人類來到臺灣之後，選擇在靠近海邊的洞穴中定居，因為這樣不但可以躲避寒風的吹襲，也方便利用海岸邊潮間帶的食物資源。他們主要以採集、狩獵和漁撈為生，利用海邊的圓礫石打製成石器，也會利用質地較軟的動物骨頭，製成針、鑿及魚鉤等工具，作為獵捕野獸與採集植物的用途，但是製造出來的工具相當簡單而且粗糙。

由於他們還不會耕種，也不知道如何畜養動物，於是，在一個地方居住一段時間之後，他們就會離開，繼續找尋下一個有食物的地方。之後，隨著更新世末期到來，全球氣候變暖，冰雪融化，海水面上升，臺灣海峽再度被海水淹沒，臺灣和亞洲陸塊逐漸隔離形成島嶼，這群人便在臺灣留了下來，變成最古早的臺灣人。

小博士解說

臺灣的舊石器文化

一九六八年，宋文薰和林朝棨領導的臺灣大學考古隊，在臺東縣長濱鄉八仙洞的海蝕洞穴中，發現了豐富的打製石器，命名為「長濱文化」。

這個文化始於五萬年前，不過那時並沒有發現人類的化石，直到一九七一年，考古學家在臺南市左鎮區菜寮溪，發現人類頭骨與牙齒化石，前後共三批，是臺灣目前發現最早的人類化石，十分珍貴，學者將其命名為「左鎮人」。

臺灣島的形成

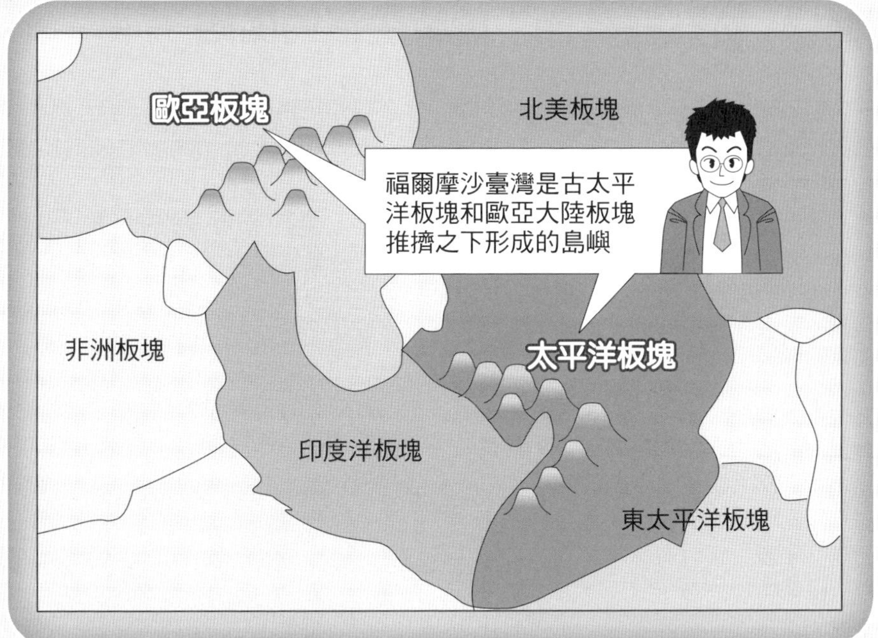

史前人類的遷移

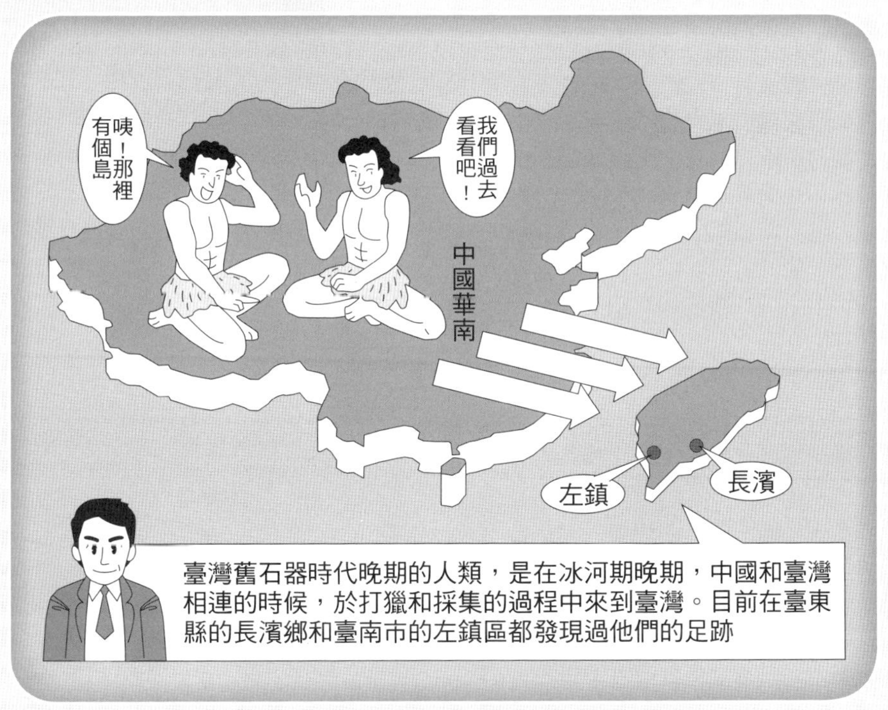

UNIT 1-2

新石器時代：農業生活的開始

(一)聚落和農業生活的出現

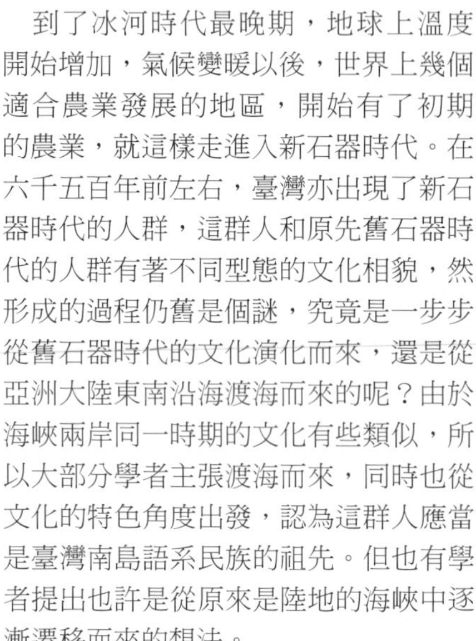

到了冰河時代最晚期，地球上溫度開始增加，氣候變暖以後，世界上幾個適合農業發展的地區，開始有了初期的農業，就這樣走進入新石器時代。在六千五百年前左右，臺灣亦出現了新石器時代的人群，這群人和原先舊石器時代的人群有著不同型態的文化相貌，然形成的過程仍舊是個謎，究竟是一步步從舊石器時代的文化演化而來，還是從亞洲大陸東南沿海渡海而來的呢？由於海峽兩岸同一時期的文化有些類似，所以大部分學者主張渡海而來，同時也從文化的特色角度出發，認為這群人應當是臺灣南島語系民族的祖先。但也有學者提出也許是從原來是陸地的海峽中逐漸遷移而來的想法。

(二)形成地區性網絡

這時候的人類，已經懂得種植農業與畜養家畜的方法，食物的來源越來越多元，他們用研磨的工法製作石器，製作成石斧、石鋤等工具來砍伐森林、翻耕土地，也製作石刀、石鐮，來當作收割的工具，他們也發明燒土製作陶器的技術，製造出來的陶器頗為精美，以罐和缽最為常見。

因為食糧的供應趨於穩定，他們逐漸長期定居在同一個地方，形成一個聚落，平原地區聚落大型化的趨勢越來越明顯，聚落與聚落之間常有交換或貿易的行為，形成地區性的網絡，最具代表性的是玉器的製造與交換，交換關係的網絡幾乎遍及臺灣全島。有趣的是，這個時期的人類開始重視人死後的喪葬儀式，臺東的卑南文化就可以發現，他們流行室內葬，也就是將裝有死者的長板石棺葬在自己住的房子下方，埋葬親友時還會在死者臉上扣蓋覆臉陶。

(三)達拉拉不完的月形石柱

位於臺東縣卑南鄉的月形石柱，是史前時代卑南文化人最顯著的遺蹟，存在於臺灣的時間至少已經超過三千年，是當地頗為顯著的地標。

月形石柱究竟是怎麼來的呢？傳說以前有兩個卑南社的少年兄弟，經常在半夜偷偷潛入拉拉顎斯人種的甘蔗園偷甘蔗。拉拉顎斯人為了抓甘蔗賊，事先在甘蔗園中埋伏，當不知情的兄弟倆再度潛入甘蔗園時，拉拉顎斯人將弟弟抓個正著，哥哥則是在混亂中趁機溜走。哥哥逃走之後，製作了一個很大的風箏，將弟弟從被監禁的地方救出，他們跑去找祖母姐騰荖，請求老人家教他們擊退拉拉顎斯人的方法。祖母教他們到上界去降下地震，於是兄弟倆搬了很多的石頭，把祖母的房子四周圍起來，讓房子更堅固。還在房子四周的檳榔樹綁上鈴鐺，再以繩子把所有的檳榔樹圍成一圈。兄弟兩人吹動了雷響，撼動了地震，讓大地搖個不停，火災不斷，大火到處蔓延。

這場大火把達拉拉不完都燒成灰燼，那些沒有倒塌的屋壁也化為石頭，筆直地豎立在當地，一直留到今天，只剩下卑南遺址上的「月形石柱」，而拉拉顎斯人則完全被毀滅了。

新石器時代的代表文化

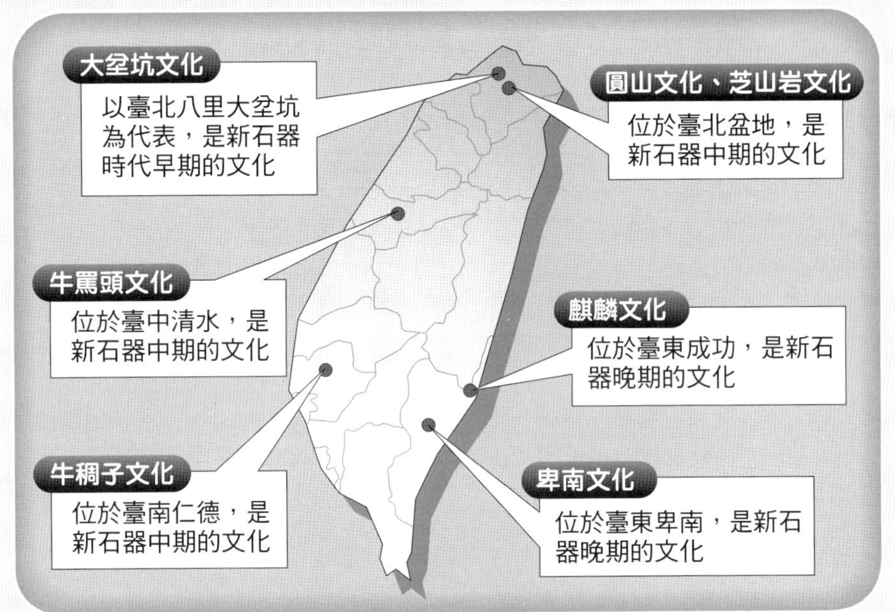

新石器時代人類的生活型態

UNIT 1-3 鐵器時代：新工具與新技術

(一)擅長煉鐵的十三行文化人

大約在兩千三百年以前，臺灣逐漸進入了金屬器時代，這個階段的人類，除了繼續使用石器、骨及陶器之外，已經開始使用銅器、鐵器等金屬器，作為日常生活使用的工具。這個文化主要分布於臺灣北部海岸與臺北盆地，但是在桃、竹、苗等三縣沿海地區，以及花蓮縣北部的立霧溪流域，也發現有此文化的存在。其中，以新北市八里區十三行遺址做為代表。

十三行文化人使用的石器數量減少，已經懂得煉鐵的方法，會自己蓋煉鐵爐，煉出來的鐵，除了用來當作農具或獵具，也會使用於宗教儀式或裝飾用品上，還會拿來當作戰爭用的武器。

十三行文化人製作陶器的技術也很進步，還會在陶器上面製作紋飾，除了用來作為器物的陶器外，他們也會製作人面造型的陶罐，上面有微凸的眉脊、狹長的雙眼、微張的嘴角，再配上臉頰旁立起的雙耳，造型相當活靈活現，這是他們利用來作為喪葬儀式的器物。

懂得煉鐵的十三行文化人，也相當懂得做生意，當時並非所有生活在臺灣的人類都懂得煉鐵的技術，十三行文化人會利用煉製出來的鐵器、銅器作為交換的物資，與當時住在臺灣其他地方的住民進行交換的貿易活動。十三行文化人怎麼會懂得煉鐵的方法呢？在十三行遺址出土的物品中，有發現漢人的錢幣和一些古銅器，據推測，漢人和十三行文化人已經有接觸，或是有以物易物的行為，製鐵技術可能是漢人傳給原住民的。

(二)愛鐵如命的毗舍耶人

傳說在十二世紀末，也就是宋朝的時候，在中國南方泉州、圍頭等村落，常會有來自對岸原住民的攻擊，據聞攻擊村落的族群來自東方海面上的毗舍耶，他們偶爾會搭著輕便的竹筏渡海到中國福建沿海搶劫。每當毗舍耶人一來，當地的百姓總被嚇得落荒而逃，躲在家裡不敢出來，大家心裡想著，這下糟了，村子裡不知道又要受到什麼傷害。有一次，毗舍耶人又來搶劫，居民紛紛躲進家中。沒想到，毗舍耶人攻進一戶人家前，看見那戶人家大門上的鐵門環，突然眼睛一亮，接著拔下鐵門環把玩，相當開心，顯然把鐵門環當成戰利品。村民們見狀，決定試探毗舍耶人是不是真的那麼喜歡鐵。第二天，當毗舍耶人再度來攻擊村莊的時候，村民在他們面前丟出一個鐵湯匙，毗舍耶人見狀開心得不得了，搶了就走。於是，每當毗舍耶人來攻擊的時候，村民們就想到丟鐵器這一招，只要毗舍耶人拿到相當數量的鐵器，就不會再攻擊他們了。

這是記錄在宋朝名叫趙汝適寫的《諸蕃志》中的故事，毗舍耶這個地方，根據學者推測應該就是臺灣西部的一支原住民。讓我們知道了，臺灣從新石器時代過渡到鐵器時代之後，對鐵器的重視，因為擁有鐵器就代表擁有先進的工具，不僅是工具，還是一個珍寶呢！難怪毗舍耶人不顧生命危險，也要得到漢人的鐵器。

鐵器時代的代表文化

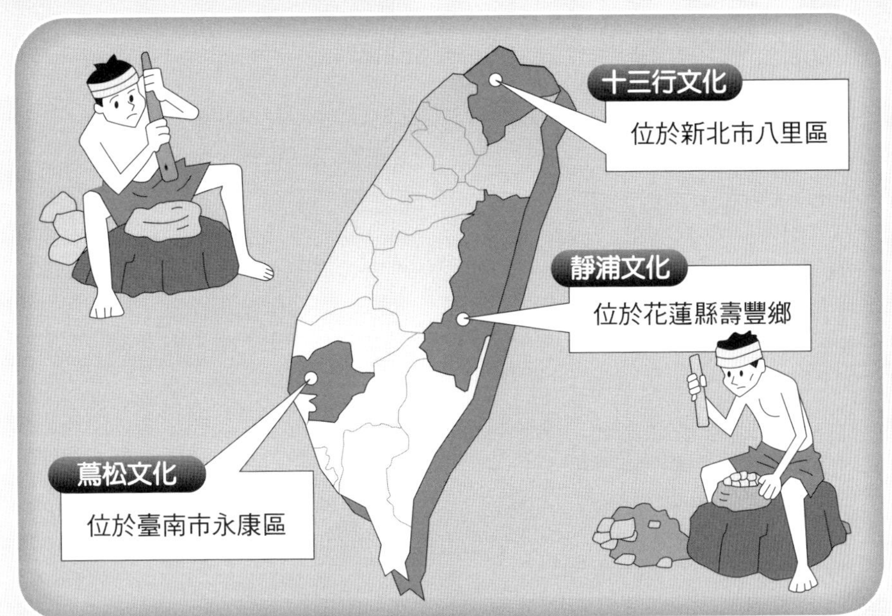

鐵器時代人類的生活形態

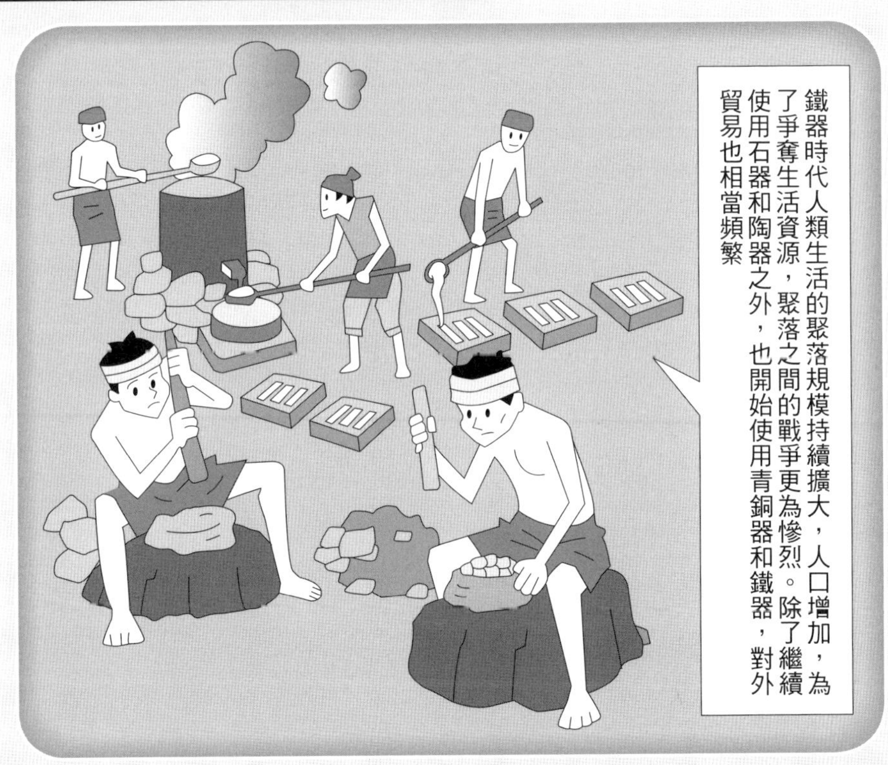

UNIT 1-4 臺灣原住民的起源

(一)平埔族與高山族

臺灣先後有許多不同的族群來此定居，早在漢人到臺灣之前，臺灣即住著一群人，也就是我們所說的原住民。十九世紀的民族語言學家，透過語彙、語法的比對研究，認為臺灣的原住民屬於南島語族的一支，南島語族分布範圍包括太平洋和印度洋，臺灣正好位在南島語族的最北端。以前人類的遷移並不像現在這麼方便，容易被陸地上的山谷等地形阻擋，相反的，浩瀚的海洋一望無際，反而讓人們可以隨心所欲的移動，由於臺灣正好位在北赤道黑潮北上的途中，南海地區亦有西南季風，故原住民應該是靠著季風和洋流飄流到臺灣，進一步定居。

我們都知道，臺灣的原住民包括平埔族和高山族，這種分類方法與移民臺灣的漢人有關，清代統治臺灣初期，已經漢化的原住民族大部分居住在西海岸的平原上，未漢化的原住民族則多居住在中央山脈一帶，於是自閩粵二省移民到臺灣的漢人，稱居住在平地的土著為平埔番，也稱為「熟番」；稱居住在山地的土著為高山番，也稱為「生番」，以此來區別原住民是否漢化。日治時代以後，日人將「番」字改為「族」字，此一分類使用日久，一般人的觀念以為平埔族和高山族是體質和文化都不相同的兩個民族，這是錯誤的觀念，因為平埔族和高山族是屬於同一系統，也就是南島語族。

(二)創生和起源地的傳說

原住民的起源有許多美麗的傳說，各族的傳說當然不盡相同，不過都一樣神祕而且浪漫。例如：排灣族自稱「百步蛇的子民」，傳說從前天下的太陽神曾經降臨這個世界，並且產下一卵，太陽神將此卵交給百步蛇孵化，最後孵化出排灣族人；達悟族傳說從前有一個孕婦到海邊取鹽水，結果海水突然暴漲，不僅淹沒了村子，還覆蓋了山頂，好幾年過去了，大水依然沒有減退，直到第九年，一隻老鼠投海，水才逐漸退去，後來，芋頭田、竹林、樹木等陸續出現，此時，天神發現了這個小島，對小島的美麗充滿驚歎，於是丟下一塊巨石。岩石破裂之後，裡面走出一個人，同時，海邊的竹子也突然裂開，同樣誕生一個人。這兩個人相遇之後結婚，人口逐漸繁衍，變成達悟族的祖先。

原住民的起源地，好像都脫離不了洪水，遠古時代原住民各族大多曾遭受洪水災難，泰雅族、賽夏族的祖先逃到大霸尖山；布農族、鄒族的祖先逃到玉山等。臺灣第一高山玉山，鄒族、布農族都視為聖山，玉山與兩族的洪水神話息息相關。傳說遠古時候洪水氾濫，鄒族人跑到玉山山頂避難，後來發現作怪的是一條大鰻魚，有一隻螃蟹幫助北鄒人打敗大鰻魚；一隻山豬幫助南鄒人打敗大鰻魚，鄒族人才可以順利下山尋找新家園。這些傳說是不是很有趣呢？就是因為這些美麗的傳說，才讓臺灣的文化更為多元且豐富。

南島語族分布

平埔族與高山族

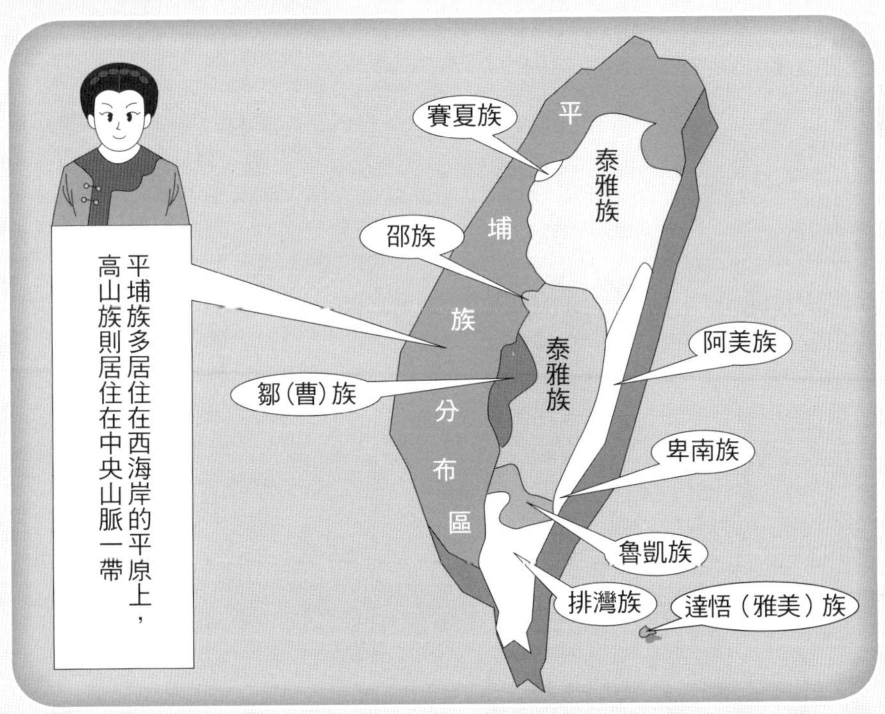

UNIT 1-5

原住民的生活、文化與信仰

(一)結婚習俗

原住民的親族組織各族都不太相同，阿美、卑南、噶瑪蘭屬於母系社會，由婦女掌握財產、繼承母姓等權利，婚姻也採招贅婚，平埔族也多是母系社會。

一般平埔族男女到了青春期，就必須離開父母，分別住進「公廨」和「籠仔」的居所內，表示有資格結交異性。男方以鮮花或吹口琴等方式來表達愛意，若男有情妹有意，就會向雙方父母秉告，半個月之後再宴請四方親朋好友。婚禮之前，平埔族的少男少女會用利刃敲下彼此的上門牙做為信物，稱做「鑿齒」，就像今日婚禮中雙方互套上戒指一樣。

平埔族男生都要入贅到女生的家庭，結婚之後，男方追隨妻子生活，婦女是勞動的主力，負責各種粗活、整地、採集、釀酒等工作，男子除負責打獵和打仗外，一般時候多遊手好閒，五、六十歲之後才與妻子一同從事農作。平埔族有一個很浪漫的名稱叫做「牽手」，代表「執子之手，與子偕老」，這個名稱在臺灣社會裡也一直沿用至今。

(二)宗教信仰

原住民的傳統信仰是泛靈崇拜，也就是天地宇宙萬物皆有其靈，包括自然界的各種現象和祖靈等，自然的崇拜就像山有山神、河有河神、日月星辰、花草樹木、動物昆蟲等都有靈性。祖靈崇拜則是原住民子孫對祖先們創生起源以及披荊斬棘的敬仰之心。這些自然神和祖靈無時無刻庇佑著原住民的子孫，表現在原住民各種祭祀活動上。例如：西拉雅族的守護神通稱為「阿立祖」，相傳西拉雅族的祖先是從遙遠的海上飄洋過海來，有一天海上起了濃霧，祖先完全無法分辨方向，正當危難的時候，天上突然出現一面寫著「太上老君」的大白旗，引導船隻前進，西拉雅的祖先終於得以來到臺灣，後代相信太上老君就是阿立祖，阿立祖沒有形體，依附在祀壺之中，因此西拉雅族也被稱為拜壺的民族。

(三)出草行動

泰雅族、太魯閣等原住民族的男子，一向給人驍勇善戰的印象，狩獵、出草樣樣精通。其中一項出草，就是獵人頭的儀式，對他們來說，這是神聖英勇的行為，更是奉行祖先的遺訓。

出草的原因通常是為了取得成年的資格，為了洗刷冤屈，或為了報仇雪恨，驅逐瘟疫等。首先，族人會先舉行會議，念咒語祈求祖靈保佑，還要攜帶獵首的守護袋，它平日由頭目收藏，裡面裝有每次出草的戰利品，如頭髮，婦孺都不可以碰觸。戰士成功獵到人頭之後，立即退到安全的地方，利用溪水清洗頭顱、腦漿，剃光頭髮，取部分的髮束放入守護袋，並在額頭上穿洞，用藤蔓綁住，便於手提行走。凱旋回到部落之後，這些頭顱會高掛在勇士的家中，藉以光宗耀祖，然後再放到公共敵首架上，為這些頭顱舉行招魂儀式，這時全部落的人會唱歌跳舞，喝酒狂歡數天。

平埔族的婚姻

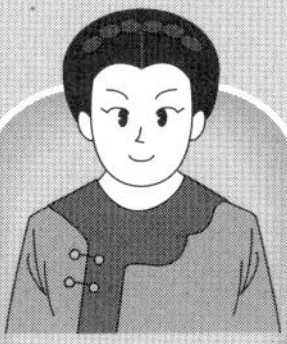

結婚的流程

結交異姓

男女一到青春期就必須離開父母，分別住進「公廨」和「籠仔」內

追求

男方以鮮花或吹口琴的方式表達愛意

訂婚

用利刃敲下彼此的上門牙做為信物，稱為「鑿齒」

婚後生活

男方追隨女方生活，婦女是勞動的主力，男生除負責打獵和打仗外，大多遊手好閒

「牽手」：代表執子之手，與子偕老

原住民勇士的出草

出草的原因

①奉行祖先的遺訓

②取得成年的資格

③洗刷冤屈

④報仇雪恨或驅除瘟疫

→ 一個神聖且英勇的行為

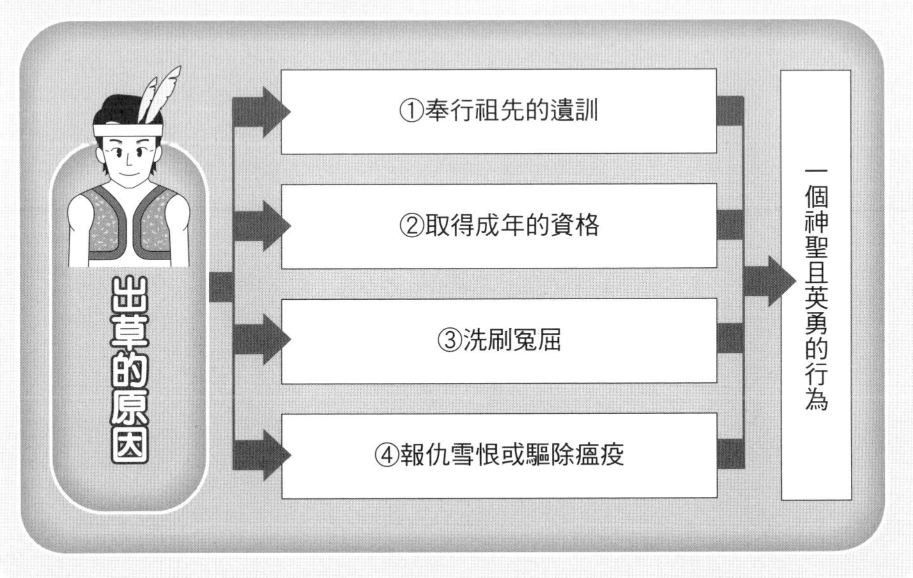

學習重點

1. 能了解臺灣優越的地理位置在大航海時代扮演的角色
2. 能了解荷蘭人為什麼想占據臺灣及其在臺灣的統治狀況
3. 能了解西班牙人在臺灣北部傳教的狀況
4. 能了解鄭氏家族的崛起和覆滅的經過
5. 能了解鄭氏家族對臺灣的經營和影響

導讀

地理大發現之後，歐洲各國的船隻帶著強烈的企圖心，向他們未知的世界進軍。葡萄牙人、西班牙人、荷蘭人和英國人等相繼來到東方，歐洲人貿易的足跡，北從日本，連接中國東南沿海，往南延伸至東南亞，遠達地球另一端的墨西哥，形成一個繁複的貿易網絡。中國豐饒的物產，更使歐洲人趨之若鶩。不過，保守的明朝政府不准各國商船到中國貿易，葡萄牙人剛開始在中國外海徘徊，後來，在澳門租到一個基地；相同的情形也發生在荷蘭身上，荷蘭人在明朝軍隊驅趕下，來到冒險者的天堂——臺灣。臺灣地理位置優越，左鄰中國、北接日本、下通南洋，正好在東南海域的中間地帶，可說是絕佳的貿易地點，加上當時並沒有政權掌管，正好成為外國人建立據點最好的場所，臺灣的命運也跟著時代的巨輪往前推進。在這波時代的潮流下，中國商民也離開土地，競相投入這種新型的經濟行為。近代東亞最具傳奇性的海上霸王鄭芝龍，從南安小鎮的平凡年輕人，一躍成為稱霸中國東南海域的海上王者，兒子鄭成功則大敗荷蘭，在臺灣建立反清復明的堡壘，繼任者鄭經在臺灣移植漢人的典章制度與文化，為臺灣永續發展奠定穩定的基礎。

第壹篇　早期臺灣的風貌

迎接大航海時代

章節體系架構 

UNIT 2-1 早期臺灣的狀況

（一）漁民在臺灣的活動

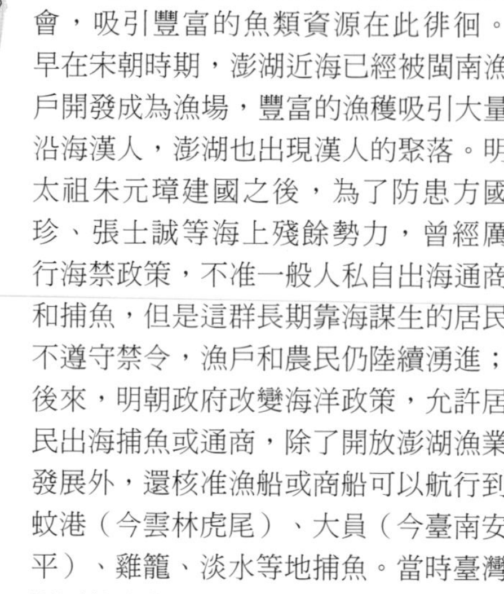

臺灣附近的海域由於有寒流和暖流交會，吸引豐富的魚類資源在此徘徊。早在宋朝時期，澎湖近海已經被閩南漁戶開發成為漁場，豐富的漁穫吸引大量沿海漢人，澎湖也出現漢人的聚落。明太祖朱元璋建國之後，為了防患方國珍、張士誠等海上殘餘勢力，曾經厲行海禁政策，不准一般人私自出海通商和捕魚，但是這群長期靠海謀生的居民不遵守禁令，漁戶和農民仍陸續湧進；後來，明朝政府改變海洋政策，允許居民出海捕魚或通商，除了開放澎湖漁業發展外，還核准漁船或商船可以航行到蚊港（今雲林虎尾）、大員（今臺南安平）、雞籠、淡水等地捕魚。當時臺灣附近的漁業有多盛行呢？根據記載，明朝末年，漢人在臺灣沿海捕烏魚的戎克船曾高達百餘艘漁船之多，同時漢人漁民也在臺灣近海與內河從事其他漁業。明朝總兵還曾經招攬漢人漁民、商人與臺灣的原住民合力對抗海盜，可見臺灣海峽上的漢人漁民已經成為政府重視的一股勢力。

（二）海盜在臺灣的活動

中國東南沿海的福建、廣東等省分地狹人稠，光靠土地很難使居民溫飽，長久存在著糧食缺乏的問題，沿海的居民必須另闢出路往海上謀生，他們除了從事漁業，也常與日本倭寇合流，騷擾中國沿海的民家，海盜的勢力廣達臺灣海峽兩岸，甚至延伸到中南半島、菲律賓等地。例如：明朝嘉靖時期，流竄在中國沿海的海盜林道乾，在都督俞大猷，戚繼光追擊下，率眾渡海，從澎湖到達臺南，在臺灣留下許多傳說故事，成為一個傳奇人物。

停留臺灣一段時間之後，林道乾在官兵的追擊下，逃往南洋，從此不知所踪。林道乾之後，林鳳成為另一股更廣泛而強大的海盜勢力，他率領一群人駐紮於澎湖及笨港（今雲林北港），還企圖進取菲律賓，明朝政府曾經聯合海上漁民和商人追擊，最後林鳳兵敗於淡水，從此下落不明。之後，則以顏思齊、鄭芝龍帶頭的新興勢力最具代表性，傳說顏思齊是一個旅居日本的華僑領袖，因為躲避日本幕府的追擊而輾轉南下，一六二一年在笨港登陸，在當地分寨駐紮，鎮撫原住民，招攬漳州、泉州的百姓來拓墾。顏思齊死後，鄭芝龍繼任為首領，成為明朝末年最後，也最穩固的漢人海上武裝勢力。

（三）歐人東來

除了漁民和海盜，十五世紀末葉的臺灣也和世界牽起了關係。歐洲人發現到印度的新航路，當時的海權強國葡萄牙與西班牙率先到亞洲殖民擴張，並設法與中國進行貿易，然而明朝實施海禁，只准許有限度的朝貢貿易，臺灣便成為各國商人與中國走私貿易的重要基地。

十六世紀中葉，葡萄牙人經常經過臺灣海峽至日本，往返期間穿梭做生意，當他們望見美麗的臺灣時，驚嘆於臺灣蓊鬱的青山和綠林，因而稱臺灣為「福爾摩沙島」（ILHA FORMOSA），意思是美麗之島。雖然葡萄牙人對臺灣並無興趣，只有遇到海難時才短暫停留，但為臺灣留下了「福爾摩沙」，這樣一個美麗的代稱。

漁民在臺灣的活動

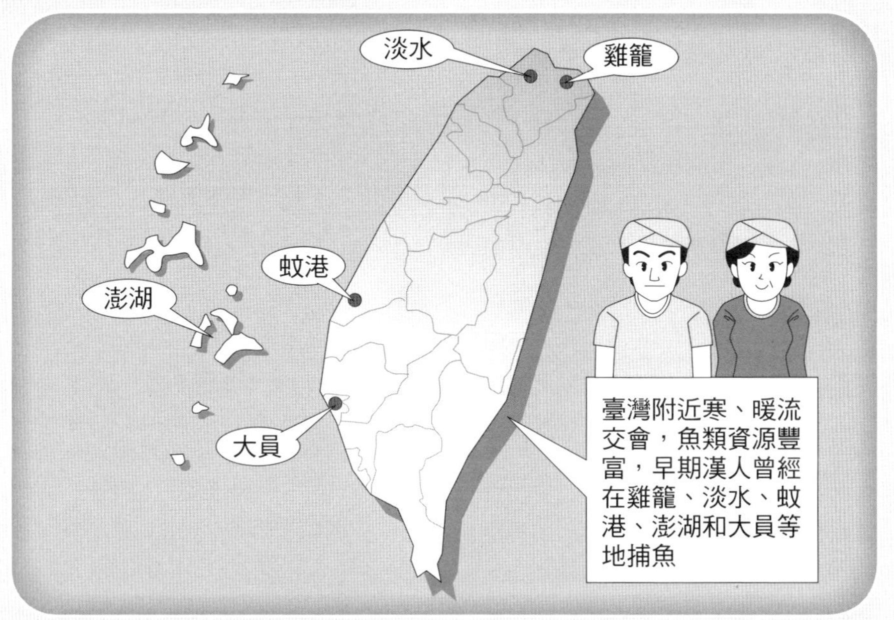

海盜在臺灣的活動

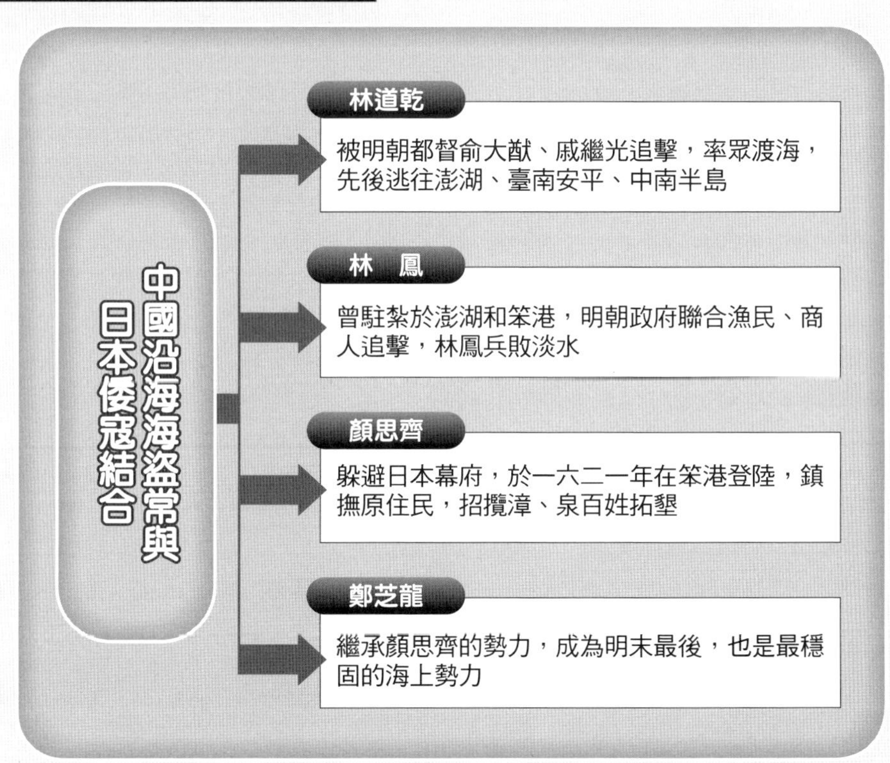

UNIT 2-2 荷蘭人到臺灣

(一)初抵澎湖

一六〇二年，荷蘭組織荷蘭東印度聯合公司，取得印度洋的航運和貿易特權，在爪哇建立根據地，還在日本設立商館，展現對東方貿易的雄厚企圖心。但是在朝貢貿易制度下，明朝不准外商直接在中國港口貿易，各國只好在中國沿海各自找尋據點，當荷蘭知道葡萄牙取得寄泊澳門的權利，也想如法炮製。

一六〇四年八月，荷蘭提督韋麻郎率領荷蘭艦隊進入澎湖，他賄賂明朝的官員，遊說朝廷將澎湖割給荷蘭，但是遭到強烈的反對。明朝督司沈有容知道韋麻郎占據澎湖的目的是做生意，並不是存心打仗，為了不折損一兵一卒，他告訴韋麻郎，澎湖是中國的領土，希望能夠退兵。韋麻郎也擔心戰爭一旦開打，如果荷蘭援軍來不及抵達，對自己不利，衡量再三之後，終於答應退兵。

然而，抵不過貿易龐大利潤的誘惑，一六二二年七月，荷蘭人又到澎湖，這一次積極的在澎湖西南端的風櫃尾建立城堡，準備長期駐留。荷蘭人為了與中國做生意，不惜騷擾中國沿海，想引起明朝政府注意，明朝派兵大舉包圍澎湖，雙方談判之後，荷蘭人終於答應退出澎湖。臨走之前，明朝官員告訴他們說，澎湖的東方有一個地方叫做大員，是一個沒有人管理的地方，可以占據那裡當作貿易據點，不會侵犯到中國的領土，荷蘭聽從明朝官員的建議，將艦隊駛入大員。

(二)打造城堡及堡壘

一六二四年八月，急著尋找新據點的荷蘭人，將船隊駛進東邊的臺灣。當時臺灣西部不像現在是一塊平整的陸地，而是圍繞著大大小小沙洲和潟湖，這一串沙洲南北排列，蜿蜒宛如巨鯤之背，當時的人將這裡稱為鯤身，最大的一座稱為一鯤身，也稱為大員。荷蘭人登陸之後，在一鯤身建築一座城堡，取名為熱蘭遮城。

熱蘭遮城內房舍、營堡高低錯落，層次分明，每一個樓層都有樓梯相通，周圍布有菱形和半圓形的堡壘，堡壘上面設有砲臺。城堡有內城和外城兩個部分，內城有三層，最下面一層是倉庫，地上兩層則有長官公署、瞭望臺、教堂、士兵營房等，是荷蘭人在臺灣的行政核心。外城在內城的西北方，有長官、職眷宿舍，會議廳、辦公室、醫院、倉庫等公共建築，是為了加強內城防衛，避免敵人長驅直入政治中樞而建造的。

一六二五年，荷蘭人將勢力範圍推向西邊的赤崁地區，並將該地更名為普羅民遮，建築簡單的竹城、壕溝及砲座。到了一六五二年，漢人領袖郭懷一率領群眾強攻赤崁竹城，雖然郭懷一起事最後被荷蘭人平定，但是荷蘭人害怕類似的事件重演，於是隔年將赤崁竹城改建，將整座城牆以紅磚疊砌，用糖水、糯米汁攪拌蚵殼灰為黏著劑。新整修的城堡稱為普羅民遮城，城堡的主體是四方形，東北角和西南角都有凸起的稜堡，稜堡四角有瞭望亭，用來觀測是否有入侵者。

荷蘭人在東方

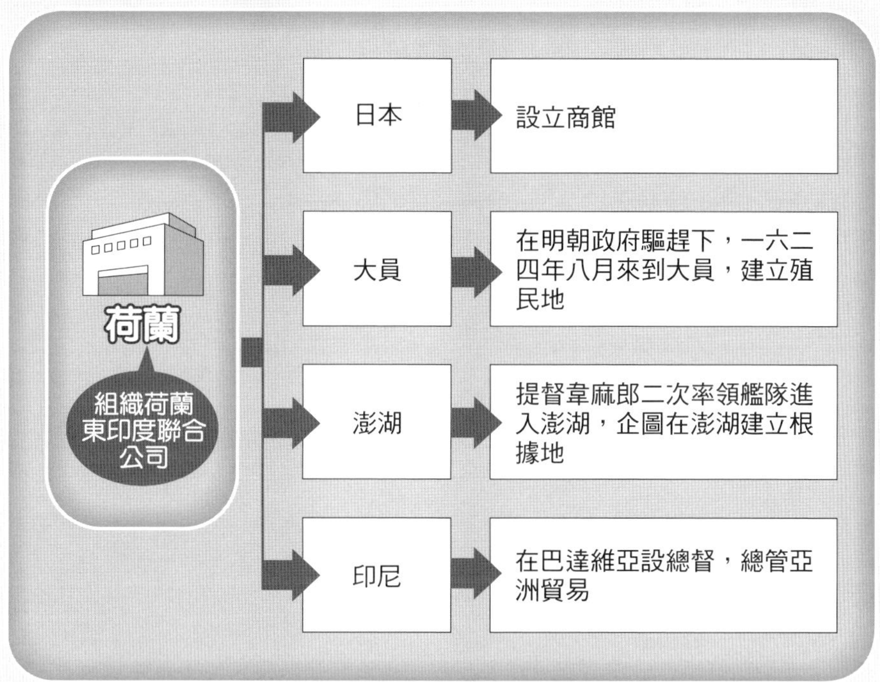

荷蘭人在臺灣的政治、經濟中心

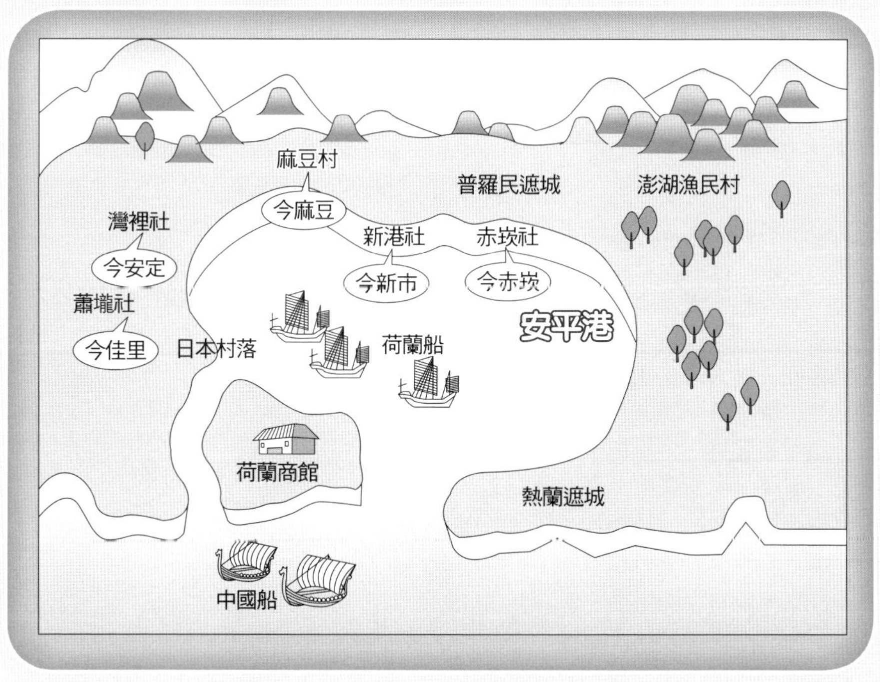

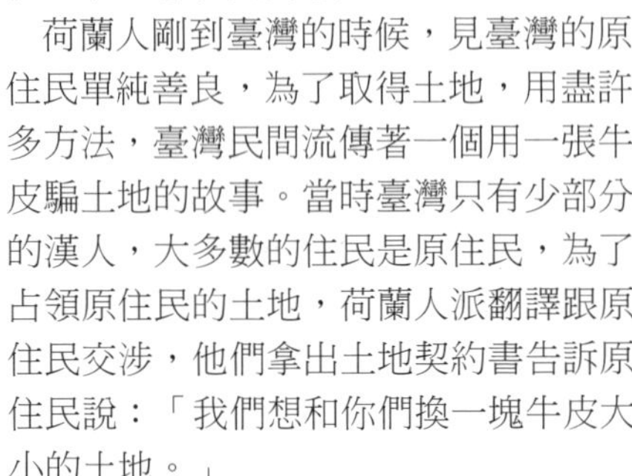

UNIT 2-3

荷蘭人在臺灣的經濟活動

（一）一張牛皮騙土地

荷蘭人剛到臺灣的時候，見臺灣的原住民單純善良，為了取得土地，用盡許多方法，臺灣民間流傳著一個用一張牛皮騙土地的故事。當時臺灣只有少部分的漢人，大多數的住民是原住民，為了占領原住民的土地，荷蘭人派翻譯跟原住民交涉，他們拿出土地契約書告訴原住民說：「我們想和你們換一塊牛皮大小的土地。」

單純善良的原住民心想，自己這麼多土地，分給荷蘭人一小塊也無妨，於是答應了荷蘭人的請求。沒想到，貪心的荷蘭人回到船上後，先將牛皮撕成一條一條的細繩，再將這些細繩接成一條長繩子，用這一條很長的牛皮繩子，圈了一塊面積很大的土地，且在很短的時間內用石頭建造了一座小城堡，等原住民知道上當之後，已經來不及了。據傳，荷蘭人用這條牛皮長繩子圍起來的土地、建築的城堡，就是普羅民遮城。

（二）將臺灣當作轉口貿易站

荷蘭占領臺灣的主要目的，是將臺灣作為國際貿易的轉運站，他們主要貿易的對象是中國、日本和南洋。

首先，他們從中國購買特產的生絲、絹綢、瓷器和藥材等貨品，再經由臺灣，轉售到日本、波斯、荷蘭或歐洲等地。另外也會在南洋購進香料、胡椒、琥珀、鉛和錫等貨品，經由臺灣運往中國販賣。荷蘭人也將臺灣土產的蔗糖銷售到日本和波斯兩地，將稻米、鹿皮、鹿脯及藤賣到中國，至於臺灣北部的硫磺，則會被銷售到中國和柬埔寨等地。

（三）招攬漢人到臺灣開墾

荷蘭人也在臺灣種植熱帶作物牟利，他們獎勵漳州和泉州的漢人移民到臺灣墾荒，有相當多貧窮的中國農民，在荷蘭東印度公司的保護之下到臺灣墾殖。起初，荷蘭人以東印度公司的船隻運送漢人來臺灣開墾，提供土地、牛隻、農具和水利設施，讓漢人以佃人身分向公司租用土地，在荷蘭人的獎勵下，到臺灣開墾的漢人越來越多，到了一六五〇年，已經逼近兩萬人，牛隻、農具及種子由荷蘭東印度公司提供，他們辛苦的耕作，工作完畢之後，農具和牛隻還要歸還。

在漢人辛苦的耕耘下，臺灣主要的農產物蔗糖和稻米，逐漸成為重要經濟作物，不僅可以供給荷蘭人之需，還可以大量外銷，稻米輸往東亞大陸，蔗糖銷售到日本、波斯等地，為荷蘭人增加了一大筆收入。

小博士解說

臺灣牛

牛在荷蘭人開發臺灣的過程中，扮演重要的角色，荷蘭人由印尼等東南亞地區輸入黃牛，用以耕田及拉車，先交給蕭壠社（今臺南佳里）的原住民豢養，後來在南北二路設「牛頭司」繁殖牛隻。一六四〇年，飼養的牛隻已達到一千三百多頭。同時，漢人也由大陸引進水牛，水牛適於水田耕作，黃牛適於旱田耕作。不過，由於荷蘭人在臺灣的農業重心多在種植甘蔗，其次是稻米，因此可以推斷此時臺灣黃牛多於水牛。

將臺灣作為貿易轉口站

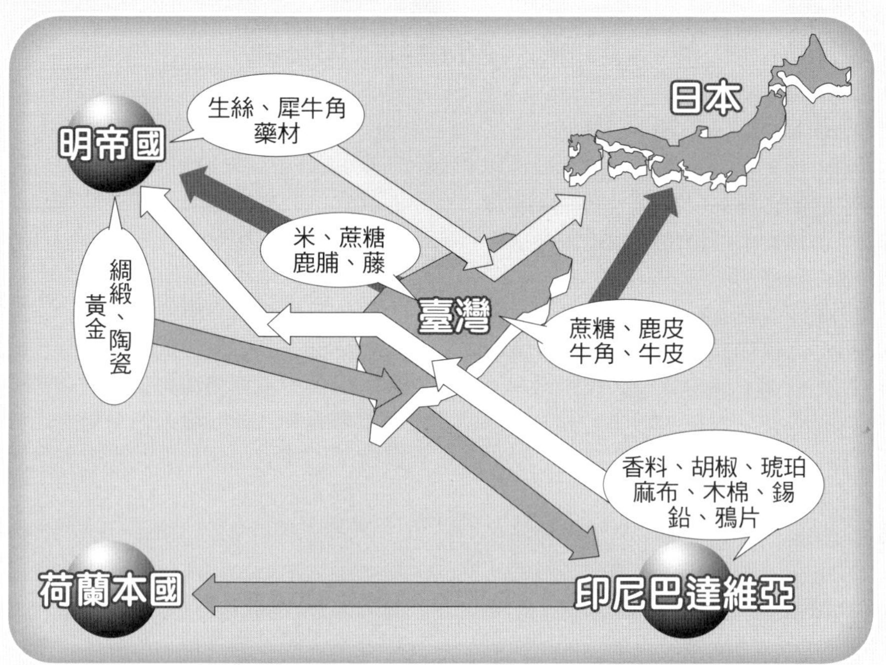

漢人在臺灣的墾殖

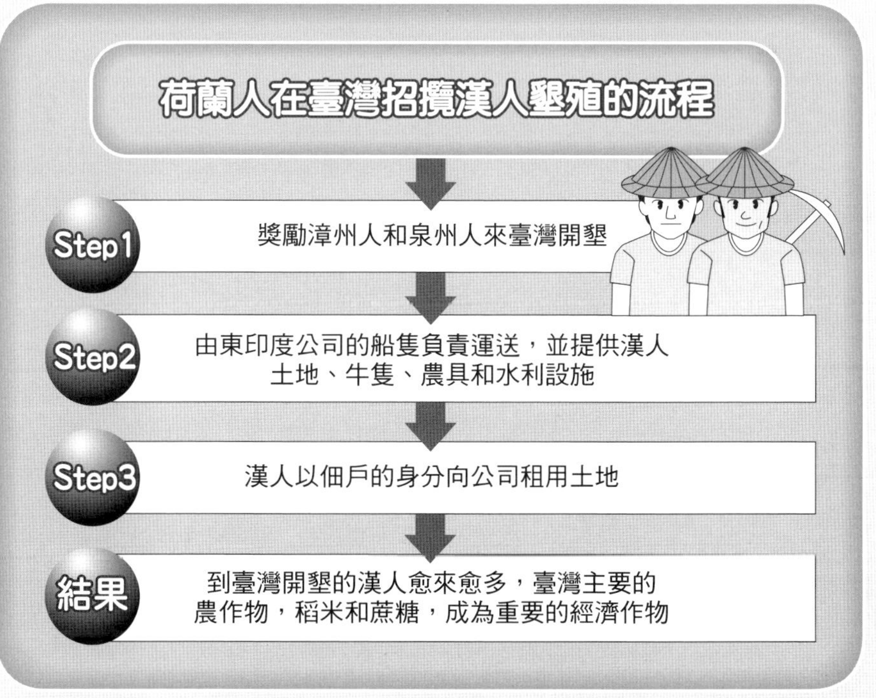

UNIT 2-4 荷蘭人對漢人的管理和控制

(一)荷蘭人的「萬萬稅」

荷蘭人招徠漢人到臺灣拓墾，卻對漢人勞工課徵各種高所得稅，對漢人的管理更是嚴格和不近情理，但是這樣還不夠，漢人到臺灣開墾一段時間之後，荷蘭人心想，如果這些漢人都能夠繳更多的稅，一定可以替公司帶來許多收入，因此荷蘭人開始逐項地課稅牟利，一六四〇年起，荷蘭人開始實施「贌社制度」，委任漢人承包各種產品及日用品的交易及徵稅。

漢人如果在臺灣捕鹿，可以利用喊價競包的方式，向荷蘭聯合東印度公司取得在某處捕鹿的權利，價高者得；若是想在臺灣的河川捕魚，也要用競相喊價的方法，來決定誰擁有捕魚的權利；相同的，想和原住民交易也要用這種承包競標方式來處理。這種承包競標的方式稱為「贌」，得標的人可以在某一段時間之內，在原住民的村落做生意。荷蘭人為了大量獲取鹿皮，允許漢人入山捕鹿，並且採取強硬措施，不許原住民妨礙，否則出兵鎮壓，但漢人入山之前，要向荷蘭人繳納狩獵稅，領取捕鹿許可證。

(二)郭懷一事件

郭懷一原是鄭芝龍的舊部，鄭芝龍接受明朝招安之後，郭懷一仍留在臺灣繼續開墾，在漢人族群中具有很高的威望。一六五〇年以後，臺灣甘蔗生產量大幅減少，糧食的收成也銳減了百分之四十五，居民生計困窘難以糊口，荷蘭人卻突然說要提高一倍的人頭稅，還常派遣收稅官吏、士兵利用晚上挨家挨戶查稅，表面上是怕人民逃稅，實際上根本就是要趁機敲詐。在臺灣耕種的漢人不滿荷蘭人無理的行為，一六五二年九月，有一位漢人領袖叫做郭懷一，邀請好友商討起義事宜，他們計劃在九月十七日，假借中秋月圓的理由，由郭懷一前去邀請荷蘭官吏赴宴，乘機在席間下手，再欺騙守城員打開城門，一舉攻進熱蘭遮城。可是，郭懷一的弟弟認為對抗荷蘭人就像是用雞蛋扔石頭，一定會惹來殺身之禍，擔心如果哥哥起義失敗會遭受連累，所以乾脆先去熱蘭遮城向荷蘭人告密。

郭懷一獲知消息走漏，只好倉促發難，拿著火把、長矛、鋤頭、棍棒等簡陋的武器，進攻普羅民遮城。當時，城裡三十多名荷蘭兵沒來得及反抗，成了刀下冤魂，四名士兵在混亂中逃往熱蘭遮城通風報信。第二天，荷蘭人立刻率領部隊向普羅民遮城進攻，郭懷一指揮義軍在臺江東岸布防，荷蘭船隊向岸上發炮攻擊，一顆子彈射中郭懷一，郭懷一雖然忍痛指揮戰鬥，最後還是倒下，不幸殉難。

義軍失去領導者，在副將吳化龍的率領下轉戰南部，荷蘭人為了趕盡殺絕，又徵召二千名原住民民兵繼續追殺搜捕，展開持續兩週的血腥屠殺，漢人在這場戰役中傷亡慘重，死亡人數據說有五千多人，約占當時臺灣漢人總數的五分之一。郭懷一事件暴露了，荷蘭人在臺灣統治的重大弱點，為了穩固自己的統治地位，他們一面加緊戰備，從巴達維亞增派軍隊，另一方面則加緊建築普羅民遮城，加強防禦的力量。

荷蘭人的稅賦

- 捕鹿 → 喊價競包，向荷蘭東印度公司取得捕鹿的權利 → 取得在「贌社」做生意的權利
- 捕魚 → 用喊價的方式，決定誰才能擁有捕魚的權利 → 取得在「贌社」做生意的權利

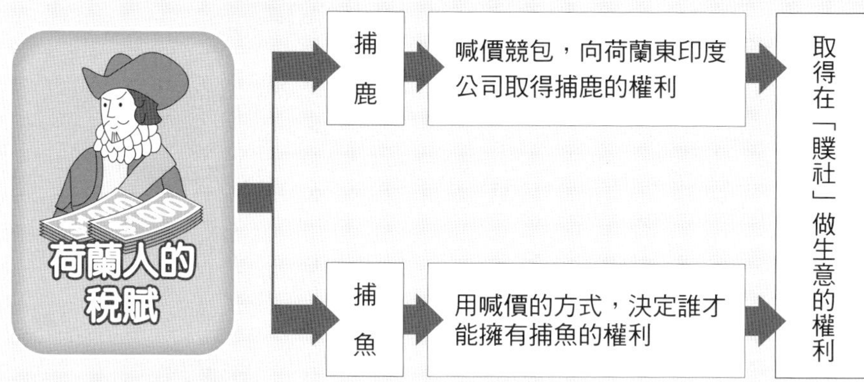

郭懷一事件

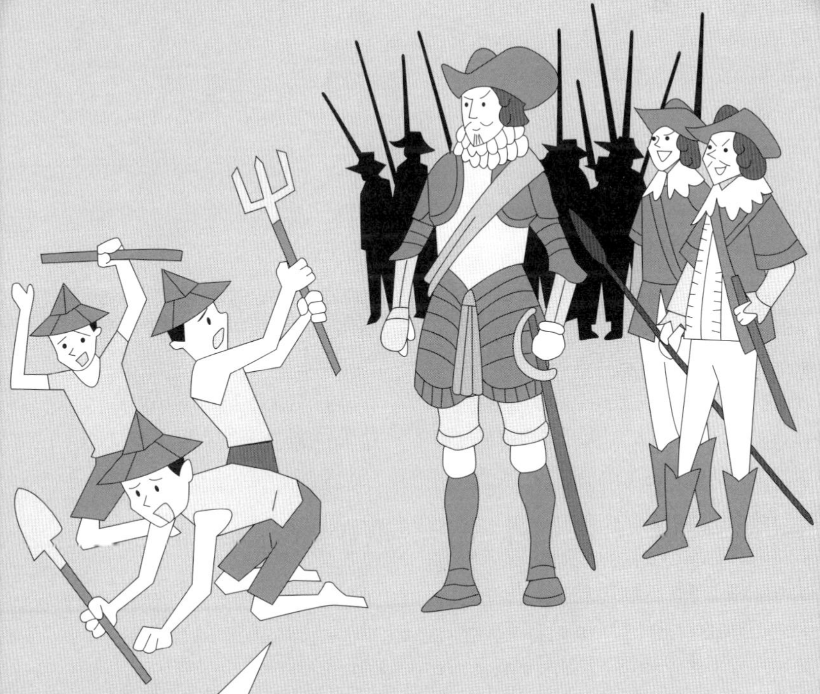

荷蘭人從漳州和泉州招徠漢人到臺灣開墾，卻對漢人採取高壓的統治，加上賦稅嚴苛，漢人忍無可忍，終於開始反抗，爆發了郭懷一事件。
但是在荷蘭人強大軍力的鎮壓下，郭懷一反抗軍很快就瓦解了，事後荷蘭人亡羊補牢，一方面加緊戰備，從巴達維亞派軍隊來臺；一方面儘快修築普羅民遮城，加強防禦的力量。

UNIT 2-5 荷蘭人對原住民的教化和控制

(一)對原住民的控制

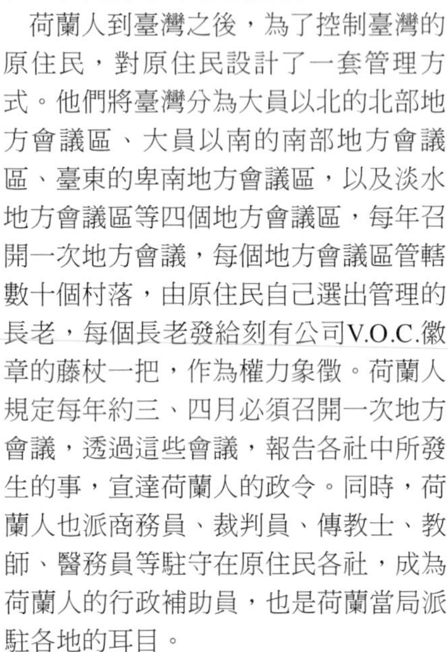

荷蘭人到臺灣之後，為了控制臺灣的原住民，對原住民設計了一套管理方式。他們將臺灣分為大員以北的北部地方會議區、大員以南的南部地方會議區、臺東的卑南地方會議區，以及淡水地方會議區等四個地方會議區，每年召開一次地方會議，每個地方會議區管轄數十個村落，由原住民自己選出管理的長老，每個長老發給刻有公司V.O.C.徽章的藤杖一把，作為權力象徵。荷蘭人規定每年約三、四月必須召開一次地方會議，透過這些會議，報告各社中所發生的事，宣達荷蘭人的政令。同時，荷蘭人也派商務員、裁判員、傳教士、教師、醫務員等駐守在原住民各社，成為荷蘭人的行政補助員，也是荷蘭當局派駐各地的耳目。

荷蘭人來臺灣之前，漢族商人常與臺灣的原住民進行村社交易，以食鹽、布匹等日常用品與原住民交換鹿皮、鹿脯等物產，且已經有人與原住民通婚，荷蘭人來臺灣之後，原住民與漢人各種互動仍然持續進行，但是荷蘭人不喜歡漢人與原住民的交往過密，認為這樣會妨礙他們的統治，因此規定進入原住民區域貿易的漢人商人，必須事先向他們提出申請，經過投標，還要有殷實的商人做擔保，中選者才可以到原住民部落做生意。

(二)對原住民的教化

荷蘭占領臺灣不久，也在臺灣南部進行傳教的工作，他們用羅馬拼音字母拼寫原住民的語言，並教導原住民學習這些文字。一六四七年，荷蘭人在在新港(今臺南新市)、目加溜灣(今臺南善化)，以及大目降(今臺南新化)等地設置教堂，開辦主日學。一六四八年，荷蘭的教會議事會決議錄中，認為臺南麻豆是建校的好地方，因而決定在此地設置學校。他們教導原住民小孩學習生活常規、校園禮儀、背誦《聖經》、清潔校園等，上課的狀況與現代學校頗為類似。荷蘭教會投注許多心力教化原住民，並試圖教原住民用羅馬拼音標寫他們自己的語言，除此之外，荷蘭傳教士以原住民語言編寫小朋友的課本，告訴小朋友關於基督教的故事及教義，經過三十多年的努力，原住民有許多人信仰了基督教。荷蘭人的教育對原住民影響相當深遠，最廣為流傳的就是以羅馬字母為新港社人創造了一套「新港語」的拼音文字，也是臺灣原住民最早的文字。

小博士解說

甘治士

荷蘭時代最重要的傳教士是甘治士(Geogius Candidius)，他於一六二六年來臺，在新港社傳道。為了方便傳道工作，甘治士用羅馬拼音拼寫原住民的語言，教導原住民學習這些文字，又設立學校，推動教育，信仰者越來越多。據傳，在其手上受洗的原住民多達五千五百人。

甘治士長期駐守臺灣，致力於將基督教信仰本土化，訓練本地人牧師，並著手寫了一本《臺灣略說》，詳記西拉雅人的風俗、宗教等文化，是後人研究西拉雅族人的重要材料；他還編寫《西拉雅語字彙集》，幫助繼任者快速學會西拉雅語。

對原住民的控制

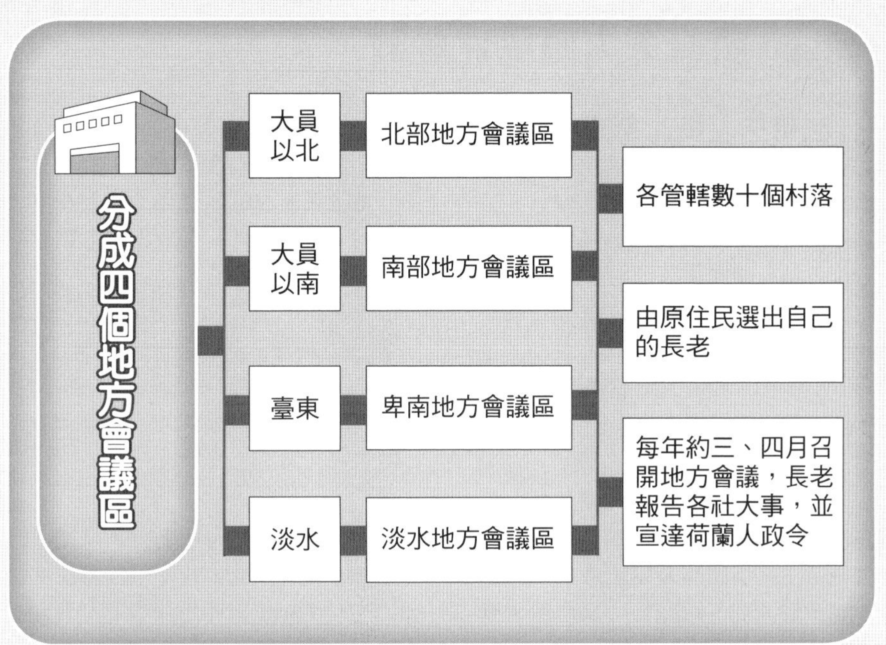

對原住民的教化

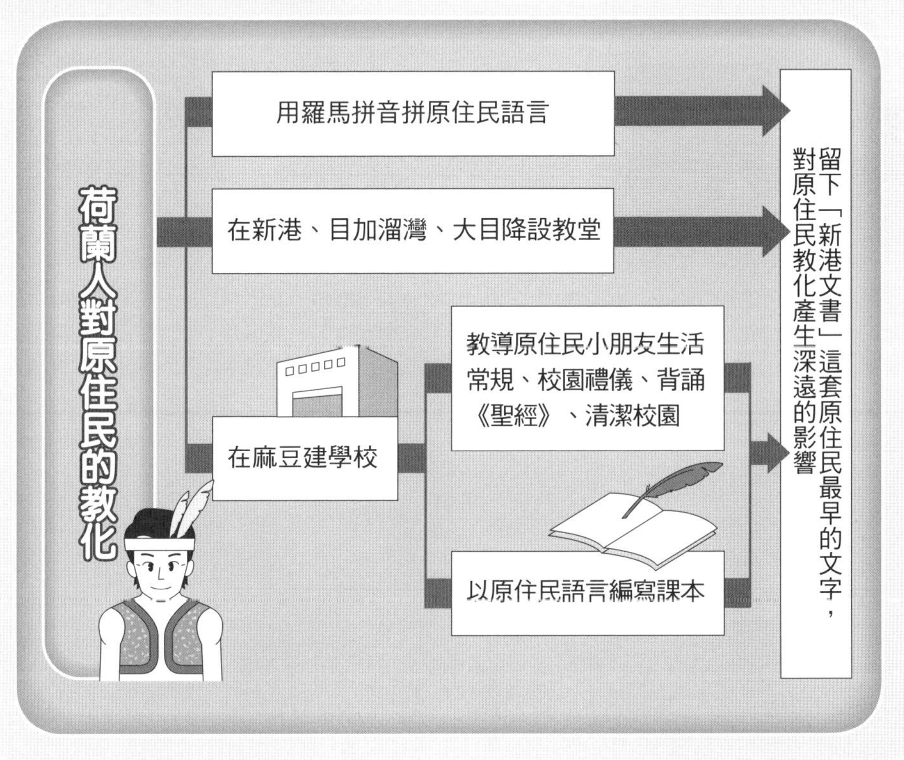

UNIT 2-6

西班牙人殖民北臺灣

（一）西班牙占領北臺灣

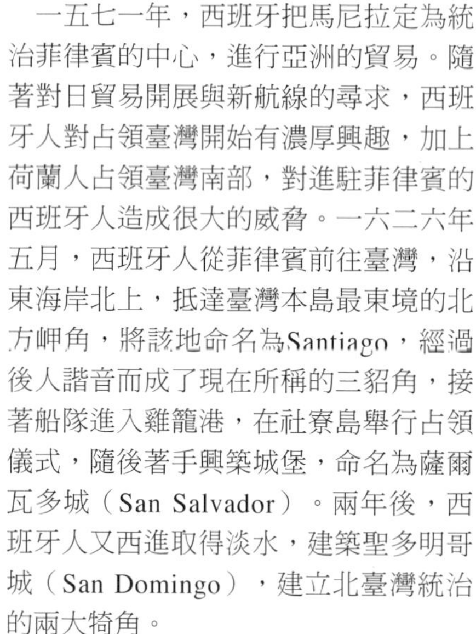

一五七一年，西班牙把馬尼拉定為統治菲律賓的中心，進行亞洲的貿易。隨著對日貿易開展與新航線的尋求，西班牙人對占領臺灣開始有濃厚興趣，加上荷蘭人占領臺灣南部，對進駐菲律賓的西班牙人造成很大的威脅。一六二六年五月，西班牙人從菲律賓前往臺灣，沿東海岸北上，抵達臺灣本島最東境的北方岬角，將該地命名為Santiago，經過後人諧音而成了現在所稱的三貂角，接著船隊進入雞籠港，在社寮島舉行占領儀式，隨後著手興築城堡，命名為薩爾瓦多城（San Salvador）。兩年後，西班牙人又西進取得淡水，建築聖多明哥城（San Domingo），建立北臺灣統治的兩大犄角。

（二）在北臺灣的傳教

西班牙人占領北臺灣各個據點，除了想建立國際貿易中心，更大的動機是為了當作赴日傳教的跳板，滯留在臺灣北部時，也致力於天主教的傳播。

一六二六年五月，來自馬尼拉的西班牙水軍進入雞籠，船上人員包括了神父巴多羅米和五位修士，巴多羅米除了擔任軍中神父外，也對淡水和雞籠一帶的原住民宣教。一六三〇年，神父愛斯基委接續傳教工作，他冒險進入大巴里社，對該社的原住民施以福音，讓戰爭不斷的原住民各社握手言和，並且在原住民部落蓋了幾所教堂。當時住在淡水的散拿社人極為剽悍，屢次下山突擊西班牙人，讓西班牙駐軍頭痛不已，愛斯基委冒險深入散拿社，說服散拿社人返回淡水原居地，並在淡水建立了第一所教堂，命名為「玫瑰聖母堂」。之後，愛斯基委利用羅馬拼音字翻譯成《淡水辭彙》和《淡水教理書》。

愛斯基委以淡水為中心，將傳福音擴展到今日的北投、八里、臺北和新莊一帶，據說有不少原住民受洗成為天主教徒。西班牙人占據北臺灣的十六年當中，據統計先後來臺傳教的教士有三十多人，雖然屢遭淡水一帶的原住民殺害，但仍前仆後繼，使當時臺灣北部信天主教的原居民不下四千人。

（三）西班牙人撤出北臺灣

西班牙殖民北臺灣全盛時期，曾同時有二十二艘西班牙商船滿載著貨物進入基隆港的盛況。

一六三五年間，居住淡水的西班牙人約有二百人，基隆約有三百人。然而當時臺灣北部的農業開發不及南臺灣，教化工作又未能廣泛成功，所以西班牙人沒辦法像荷蘭統治南臺灣一樣，可以穩定建設，只有進行北投地區硫磺的開採，與少量鹿皮轉口的生意，獲利遠不及荷蘭人。在此同時，日本局勢也起了大變化，一六三三年日本德川幕府厲行禁教並頒「鎖國令」，西班牙藉由北臺灣作為對日貿易、宣教的跳板之美夢破碎，淡水和基隆的地位立刻滑落，加上這時呂宋島南方也有叛亂，使西班牙人疲於奔命，決定撤減在北臺灣的守軍。一六四二年八月，荷蘭人登陸基隆，荷西雙方發生激戰，西班牙人終於開城投降，不久之後離開臺灣，正式結束在臺的殖民工作。

西班牙在北臺灣的聚落

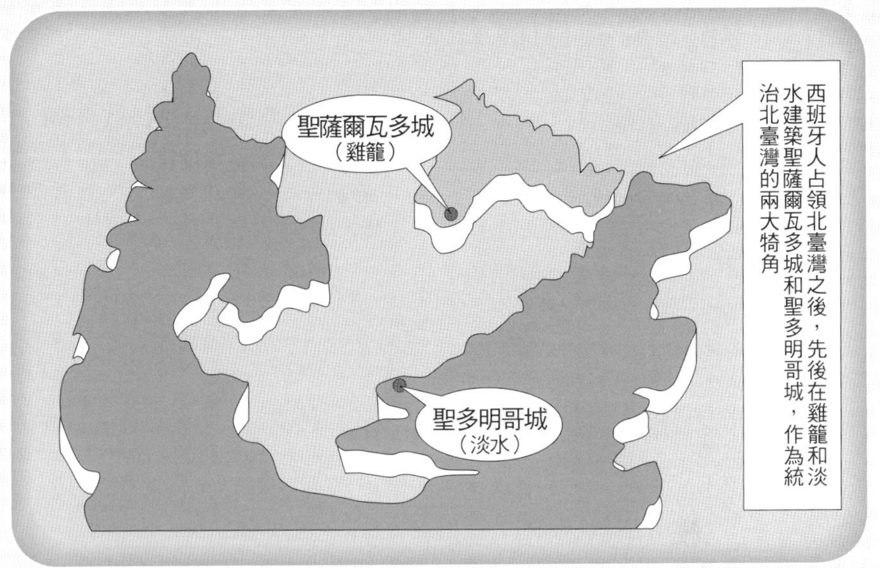

西班牙人在北臺灣的事業

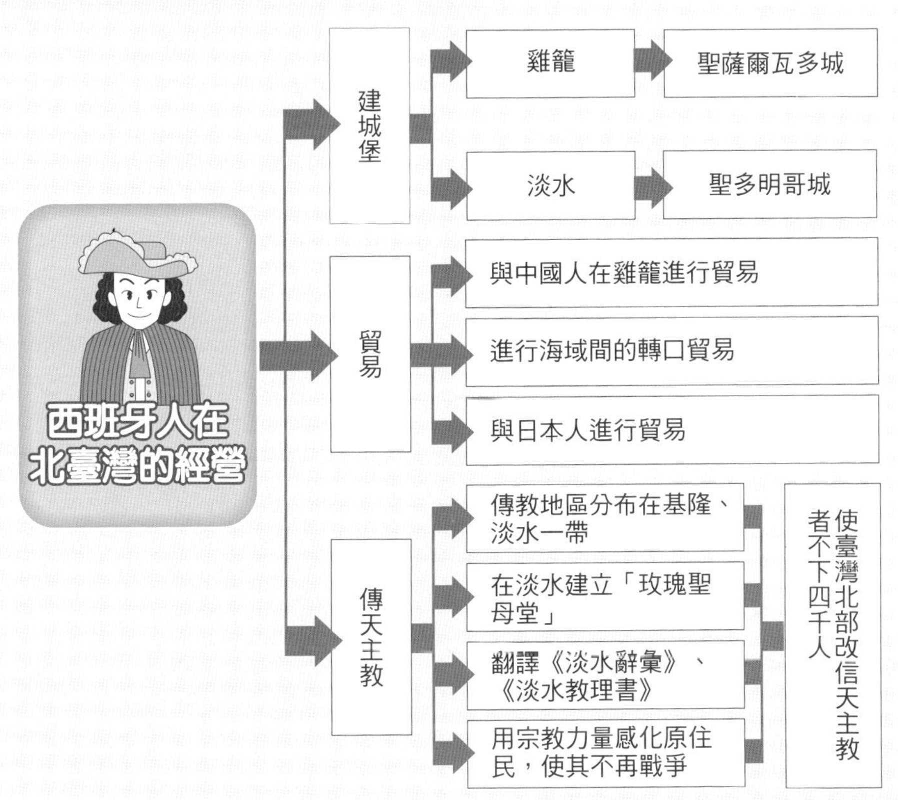

UNIT 2-7 鄭氏家族的崛起

(一)一代船王鄭芝龍

關於鄭芝龍的出生有許多不同說法，比較通俗的說法是，鄭芝龍小時候因為不喜歡唸書，不顧父親的反對跑到澳門投靠他的舅舅，在那裡接受了異國文化，受洗成為天主教徒，學習流利的葡萄牙文和做生意的技巧。後來，他離開澳門到平戶發展，認識了一位漢人領袖顏思齊。顏思齊和一夥漢人組成二八兄弟會，暗中準備軍火，打算強奪九州戰略要地，沒想到事跡敗露，被日本幕府追擊，逃亡到海上，隨著季風潮流漂到臺灣。顏思齊在笨港登陸之後，在當地設立十個寨，作為開發的據點。顏思齊去世之後，鄭芝龍繼承顏思齊的勢力，壯大整個集團，船隊橫行東南沿海，變成明朝政府的頭痛人物。由於明朝政府無力征討，只好招撫鄭芝龍，讓他擔任海防游擊，從此，鄭芝龍的海上貿易事業轉變成合法，掌握中國東南海域的海權。

鄭芝龍接受招撫之後，一六四四年，流寇李自成殺進紫禁城，逼得崇禎皇帝在煤山上吊，明朝政府岌岌可危，為了保住鄭氏家族的根基，在福王朱由崧被殺害之後，一六五四年，鄭鴻逵和鄭芝龍兄弟兩人決定另立新帝，擁護唐王朱聿鍵即帝位，改年號為隆武，鄭氏家族擁立皇帝即位有功，上上下下幾乎升官封侯，鄭芝龍個人的聲勢也達到最高點。

(二)鄭成功的崛起

鄭成功是鄭芝龍與日本人妻子田川氏在平戶生下的兒子，鄭芝龍接受明朝招撫成為官員之後，才將鄭成功接回中國，不過，當時他的名字叫做鄭森，字大木。一六四五年，鄭芝龍將鄭森引薦給南明的隆武皇帝，隆武皇帝見鄭森長的眉清目秀、氣宇軒昂，大為喜愛，詢問國家大事，鄭森也能侃侃而談。隆武皇帝龍心大悅，直說：「真恨我沒有女兒可以嫁給你啊！」更下令由鄭森掌管禁軍，以駙馬都尉行事，還賜鄭森朱姓，賜名「成功」，希望鄭森的父親看到這個名字，就能想起自己肩負的任務。從此之後，人人都稱鄭森為國姓爺，而鄭森本人則自稱為鄭成功，以顯示自己不忘本。

一六四六年，清廷派明朝降將洪承疇向鄭芝龍招降，鄭芝龍見大明國勢江河日下，認為如果接受清朝招撫才能夠保住鄭氏家族的根基，因此，他不顧其弟鄭鴻逵和兒子鄭成功的反對，執意投降清朝。不料，鄭芝龍降清之後，隨即被押往北京，清廷率領大軍進攻他的故鄉安平，鄭芝豹和鄭芝鵬不敢正面迎戰，率領家中大小聚集船艦棄城到海外，鄭成功的母親田川氏卻不肯離開，直到聽到大清軍隊兵臨城下的消息，毅然決然拔劍自殺。原本鄭成功勸阻父親不成，帶著部分兵將出走金門，聽聞清軍攻打安平，又聞母喪，連忙帶兵趕回家鄉迎戰。母親殉難給鄭成功很大的打擊，決定投筆從戎，投入反清復明的事業。

鄭芝龍的發跡

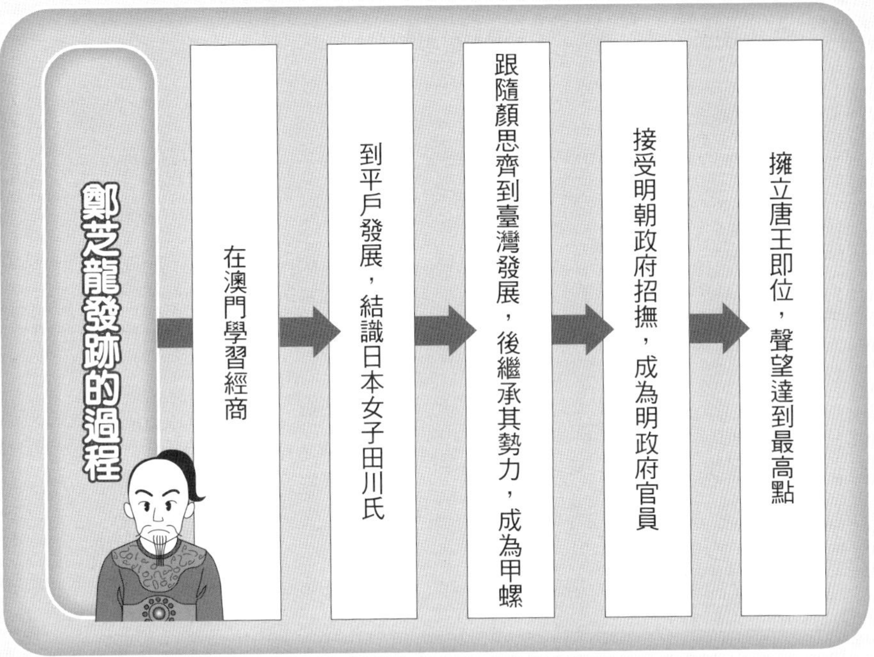

鄭成功的崛起

鄭成功崛起的過程

在平戶出生，原名鄭森

↓

鄭芝龍將他引薦給隆武皇帝，
受賜姓「朱」，並取名為成功，從此自稱為鄭成功

↓

因父親鄭芝龍降清，而與父親決裂，
投筆從戎，投入反清復明的行動

↓

為了建立反清復明的基地，驅逐荷蘭人占領臺灣

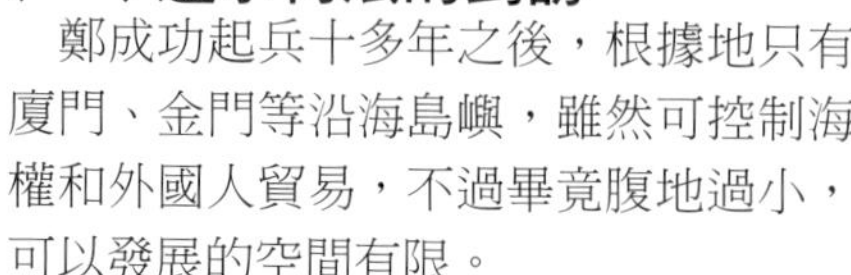

UNIT 2-8 驅逐荷蘭深根臺灣

（一）通事何斌的到訪

鄭成功起兵十多年之後，根據地只有廈門、金門等沿海島嶼，雖然可控制海權和外國人貿易，不過畢竟腹地過小，可以發展的空間有限。

一六六一年，鄭成功又打了幾場敗仗，正當為日後的動向心煩不已時，在臺灣的通事何斌突然來訪。何斌占用荷蘭駐大員長官揆一（Fredrick Coijet）的庫銀，害怕被清算，所以跑來依附鄭成功，希望遊說鄭成功驅趕荷蘭人。何斌不斷的告訴鄭成功占領臺灣的好處，他說，臺灣沃野千里，氣候適中，只要命人耕種，就不會有糧食匱乏的困擾，且雞籠、淡水等地還有豐富的硫磺可以開採，對於軍事行動也極有幫助。此外，臺灣地理絕佳，可廣開貿易，對外通商，如果將士兵及眷屬遷移到臺灣，十年生聚、十年教訓，進退都足以和清朝相抗衡。鄭成功聽了大為心動，再加上何斌獻上臺灣的水道圖，因此決定進兵臺灣。

（二）鄭荷大戰

何斌告訴鄭成功，荷蘭人在臺灣蓋了兩座城堡，一座是一鯤身的熱蘭遮城；一座是臺灣本島的普羅民遮城，兩座城堡互為犄角，船隻若要通過臺江海域，都會在兩座城堡砲火的射程之內。不過，有個小島叫做北線尾，島的北邊和臺灣本島間有一條小水道，稱為鹿耳門，鹿耳門水道狹窄，淤積嚴重，船隻行經此處非常容易擱淺。荷蘭人以為不會有船隻冒險走這條水道，因此並沒有派兵防守，不過，只要看準時間，鹿耳門還是有漲潮的時候。鄭成功聽從何斌的建議，決定經由鹿耳門進入臺江內海，當鄭家軍的船隻抵達在北線尾時，鄭成功命人擺起香案，誠心地向上天祝禱，不久之後，海面上果然湧起大水，將鹿耳門變成一條水道，鄭成功的船隊得以登陸。

鄭成功順利進占普羅民遮城，接著由海、陸兩面包圍熱蘭遮城，試圖脅迫荷蘭人投降，這時，荷蘭東印度公司從巴達維亞調遣援軍抵達，帶來大量補給品和火藥，荷、鄭兩軍在臺江內海展開激烈海戰，荷蘭人分水、陸兩路輪番猛攻，未料中了鄭家軍的計謀，船隻駛向擱淺的水道，荷蘭軍隊大敗，只得退回熱蘭遮城，不敢主動再出城應戰。

鄭成功久攻熱蘭遮城不下，眼看糧食逐漸短缺，決定改變戰略。鄭成功命人攻下熱蘭遮城附近一個叫做烏特列支的圓堡，居高臨下，熱蘭遮城的一舉一動都在鄭成功的掌握下。揆一見大勢已去，終於修書給鄭成功，表示願意放棄一切抵抗，先決條件是鄭成功要休兵，其次則是要有優惠的報償。雙方展開長達十天的談判，最後，荷蘭人留下倉庫中的銀兩、火藥、火砲等戰備資源，其他金銀財寶全數搬上船，鄭成功順利地接收臺灣。

小博士解說

烏特勒支堡

荷蘭人堅守熱蘭遮城，鄭成功強攻不下，眼見糧食日漸短缺，於是賄賂一個荷蘭降兵，降兵告知，熱蘭遮城附近高地有一個烏特列支堡，堡壘居高臨下，俯視熱蘭遮城，只要攻下那個堡壘，就可攻進熱蘭遮城。於是鄭成功調來最好的巨砲，將烏特勒支堡夷為平地，才使戰事急轉直下。

占領臺灣的好處

- 臺灣土地肥沃、氣候適中，適合農耕，不會有缺糧的問題
- 雞籠、淡水有豐富的硫磺可以開採，有利軍事行動
- 臺灣地理位置良好，可以廣開貿易，對外通商

鄭成功進攻臺灣的路線

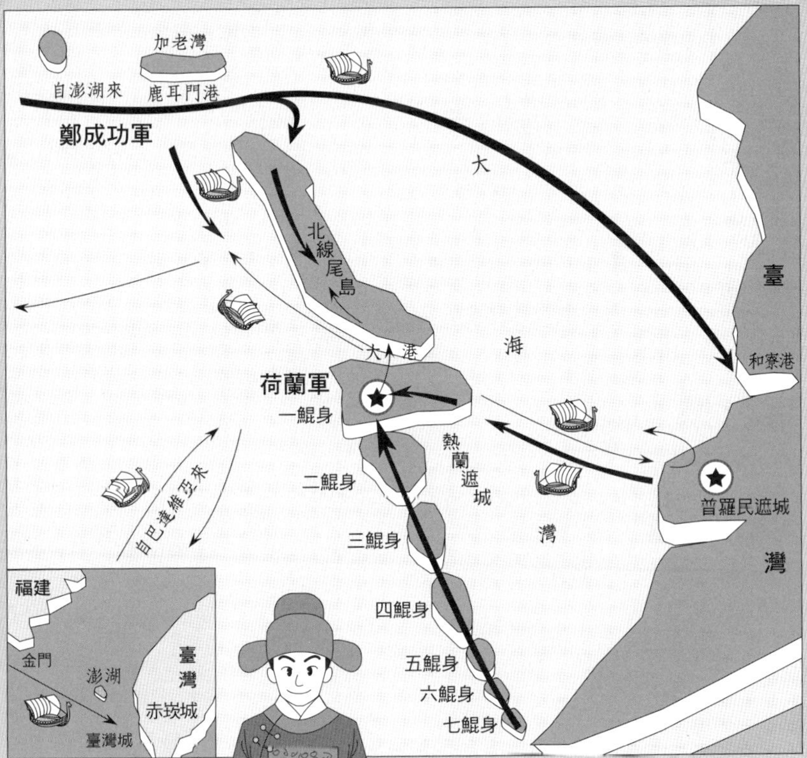

鄭成功採用何斌的建議，從鹿耳門水道進入臺江內海，先占領普羅民遮城之後，再圍攻熱蘭遮城，迫使荷蘭人投降。

UNIT 2-9

鄭氏家族在臺灣的經營

(一)鄭成功的經營

一六六一年十二月，荷蘭人退出臺灣，臺灣成為鄭成功反清復明的根據地。為了傳遞善意，領有臺灣隔日，鄭成功即到大員附近各社與原住民的頭目交流，還送袍帽和靴帶給他們當作見面禮，卸除原住民的戒心。而為使來臺的數萬官兵民眷獲得安頓，鄭成功決定仿效古代軍事家寓兵於農的戰略決策，全力推行屯田制度。

他親歷南、北各社，頒布開墾條例，鼓勵將士圈占、開墾土地。不過很多地方由於是新墾地，沒有地名，為了辨識起見，士兵們自己取起地名來，例如：宣毅左鎮屯墾的墾地取為左鎮，中提督前鎮設屯的墾地取為前鎮，今日許多臺灣的地名，就是當時留下來的。鄭成功還把荷蘭時代的王田改為官田，由官府供給生產工具，租給隨他來臺灣的官民耕種；此外，禁止各鎮軍民圈地開墾時，混圈原住民及當地百姓耕作的農地，保護原住民的權益。

(二)繼承父業深根臺灣

一六六二年鄭成功來臺短短一年，就因為積勞成疾不幸病死，他的兒子鄭經為了鞏固臺灣的政權，十月東渡臺灣，並且在隔年三月放棄中國沿海的據點，將兵力集中臺灣、澎湖。

鄭經將東都改名為東寧，以「東寧國王」自稱，在陳永華的籌劃下，保留承天府，將天興縣和萬年縣改為天興州和萬年州，並除澎湖設安撫司外，另設南、北路兩安撫司，成為一府、兩州、三司制，行政機構則設吏、兵、戶、禮、刑、工等六部。經濟上，陳永華建議鄭經，與英國東印度公司合作，鄭經同意和他們簽訂通商協定，在臺灣設商館通商，輸出蔗糖、鹿皮等臺灣物產，一切進口貨物只徵收百分之三的關稅。貿易嗅覺靈敏的英國人，決定派人到臺灣設立貿易據點，應邀來臺灣設置商館，還尊稱鄭經為臺灣王、福爾摩沙王，稱臺灣為臺灣王國或福爾摩沙王國，雙方於一六七二年簽訂通商條約，英國東印度公司商船隨後抵達安平。鄭經不但開闢財源，還透過英國獲得火藥和兵器，此外，英國人幫助鄭軍訓練砲兵，鄭經也借用英國砲兵打戰；除英國東印度公司外，鄭經也大量輸入日本的銅、鉛、盔甲等戰爭物資，和日本的貿易量在一六七二年達到高峰。

為了推廣儒家思想，鄭經採納陳永華的建議，在承天府鬼仔埔鳩工興建孔廟，一六六六年一月，臺灣第一座孔廟落成，旁設明倫堂，鄭經率領文武百官舉行落成典禮，有數千人觀禮。鄭經任命陳永華為學院、葉亨為國子監助教，在地方設立學校，年滿八歲就要入學，更制定科舉辦法，在天興州、萬年州，每三年有二次州試，州試得名者送府，府試得名者送院，院試得名者送太學，成績優異者由太學補六官。為了推動漢化，陳永華對入學的原住民，特別免除他們的徭役。陳永華教化工作推行極為順利，又重民族精神教育，效果影響臺灣社會極深。

鄭成功的屯墾制度

屯田制度

- 軍屯 → **鄭氏在臺時，最重要的拓墾方式**
  由各地駐紮的軍隊就地開墾，從事農耕，農暇時才進行軍事訓練
- 民墾
- 官墾

今日臺灣軍屯的遺痕

- 臺南市
  - 新營
  - 左鎮
- 高雄市
  - 左營
  - 前鎮
  - 林鳳營

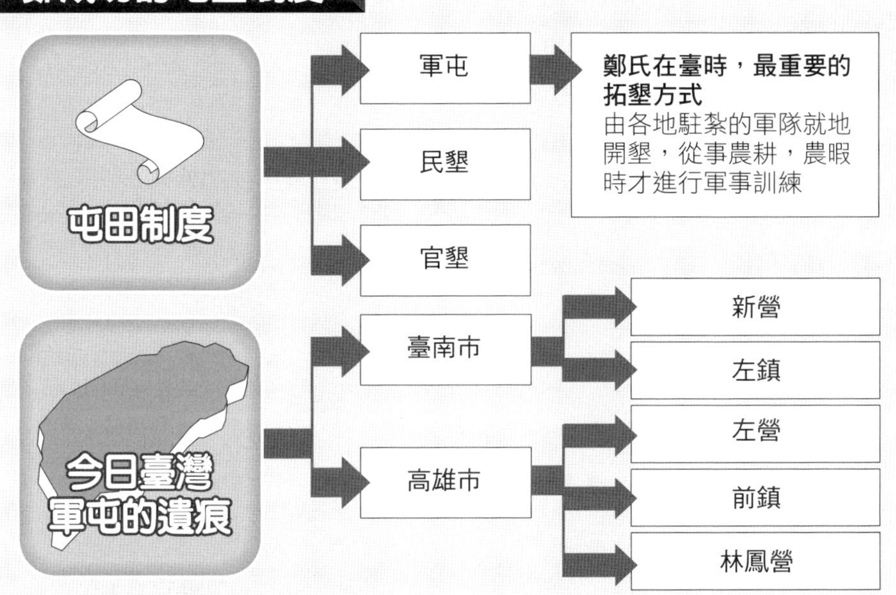

鄭經在臺灣的經營

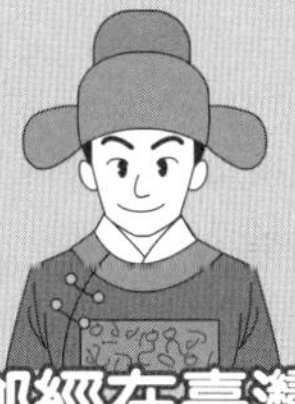

鄭經在臺灣的經營

- 改革行政區劃
  - 將東都改為東寧
  - 保留承天府，改天興縣、萬年縣為天興州和萬年州
  - 設澎湖、南路、北路三安撫司
  - 設吏戶禮兵刑工六部
- 擴展貿易
  - 與英國東印度公司合作，簽通商協定
  - 英國可到臺灣設商館
  - 英國稱鄭經為臺灣王
- 提倡文風
  - 蓋全臺首學，成為臺灣第一座孔廟
  - 設學校，制定科舉辦法
  - 免除入學原住民的傜役

UNIT 2-10 鄭氏王朝的衰落

（一）東寧政變

鄭成功死後十年間，在陳永華的努力下，臺灣逐漸成為一塊樂土，不過，這一切卻因鄭經渡海西征而起了變化。一六七四年，鄭經響應三藩渡海西征，卻全軍覆沒，當時臺灣財富大多用於供應鄭經西征的經費，鄭經西征失敗，使臺灣財務嚴重透支，幾乎破產。

鄭經響應三藩渡海西征之後，將臺灣的事務委託給勇衛陳永華，陳永華為使政令下達更有正當性，請立鄭經的長子鄭克壓為監國。鄭克壓擔任監國之後，為人靈敏果斷，相當有為，人稱克壓「頗有乃祖之遺風」，不料卻受到他的叔叔們嫉妒。而馮錫範西征敗北，受到不少譏笑，嫉妒陳永華受到百姓喜愛，憤而與劉國軒合謀，陷害陳永華，陳永華抑鬱而死。

鄭經西征失敗意志消沉，將政事完全丟給長子鄭克壓，終日飲酒作樂。後來縱欲過度，引發痔瘡暴脹、大腸緊閉，終於過世。鄭經過逝之後，馮錫範以鄭克壓是螟蛉子，無法繼承王位為由，害死了鄭克壓，另立鄭經次子鄭克塽為新任藩主。鄭克塽即位時，年僅十二歲，由鄭經的弟弟鄭聰輔政，鄭聰雖有輔政公之名，但他為人懦弱怕事，實際政事操縱在馮錫範手上，馮錫範擁立鄭克塽即位有功，被封為忠誠伯，管侍衛兼參贊軍機，獨攬大權。

（二）施琅征臺

東寧政變發生，臺灣官員向心力開始動搖，閩浙總督姚啟聖認為征臺的時機來臨，在姚啟聖的推薦之下，康熙皇帝冊封與鄭成功有世仇的施琅為福建水師提督，統籌平臺事宜。施琅認為澎湖是臺灣的門戶，進攻臺灣應先取澎湖。

一六八三年，施琅率戰船抵達澎湖，兩軍開戰之初，鄭家軍原本勝券在握，未料午後風向突然轉變，鄭家軍的船艦來不及因應而相撞，無情的浪水將鄭家軍的船艦瞬間吞沒，處於迎風逆水狀況的鄭家軍水師，逐漸力不能支，被清軍打得落花流水，劉國軒趁亂狼狽逃回臺灣。澎湖一戰大敗，鄭氏王朝人心潰散，為了減少傷亡，鄭克塽決定降清，派馮錫範和劉國軒兩位大將親自到澎湖遞降書。

（三）臺灣的棄留論

清朝政府將臺灣納入版圖之後，對平臺有功之將領論功行賞，功勞最大者為統帥福建水師提督施琅，受封為靖海侯。但是清朝政府只想剷除鄭氏的勢力，對於怎麼處理臺灣並沒有特別的想法，朝中不少人認為，臺灣孤懸海外，容易群聚盜賊，建議康熙皇帝放棄臺灣，只要專守澎湖即可，但是施琅卻不認為。一六八三年十二月，施琅上陳〈臺灣棄留疏〉，剖陳臺灣棄留的利弊，認為若遺棄臺灣，極有可能被不肖之徒竊據滋事，到時若想再出兵爭討，在重洋波濤阻隔下，是否能成功無法確知，就國防的觀點來看，臺灣、澎湖實為一體，臺、澎又是沿海四省的門戶，形勢相當重要，施琅從國防出發的論點，最終說服康熙皇帝，將臺灣納入中國版圖。

東寧政變的原因

- 陳永華支持鄭克壓 → 馮錫範設計陳永華並害死鄭克壓，擁立鄭克塽，獨攬東寧王朝大權
- 馮錫範支持鄭克塽 → 東寧政變之後，鄭氏王朝面臨崩潰，清朝政府趁機派遣降將施琅進攻臺灣，將臺灣收為帝國的版圖

臺灣棄留的爭議

臺灣棄留的爭議

- 主張保留者 → 施琅認為若是放棄臺灣，有可能被不肖之徒占據，趁機滋事，且臺灣、澎湖實為一體，臺澎又是沿海四省的門戶，形勢相當重要 
- 主張放棄者 → 認為臺灣孤懸海外，容易群聚盜賊，建議放棄臺灣，守澎湖就好

澎湖

結果

康熙皇帝最後採用施琅的建議，將臺灣納入帝國的版圖內

學習重點

1. 能了解清朝領臺初期消極的統治政策
2. 能了解清領時期臺灣移民拓墾土地的方式
3. 能了解清領時期開發臺灣各地有功的人物及其開發土地的過程
4. 能了解清領時期臺灣漢人移民與原住民的互動關係
5. 能了解清領時期臺灣行郊的興起及其功能

導讀

鄭克塽降清之後，臺灣成為清朝版圖的一部分，然而清廷政府對臺灣並沒有占有的野心，反而視為燙手山芋，大多數的清朝官員建議，乾脆將居住在臺灣約二十萬的漢人全部遷回，放棄臺灣，讓這個島自然荒蕪，這樣就不會再產生如鄭氏王朝一樣，據有臺灣島嶼，造成滿清多年的夢魘。不過，就在棄臺論響徹朝廷時，征臺大將軍施琅力排眾議，堅持一定要將臺灣收為版圖，他向康熙皇帝提出一份奏摺「恭陳臺灣棄留疏」，以國防和戰略地位強調臺灣的重要性，占據臺灣並不需要動用到中國的錢財支援。施琅建議康熙皇帝，以不許官兵久留的班兵制度，渡臺移民不能攜眷，以及臺灣不許築城等配套措施，化解漢人降兵可能造反的疑慮。在施琅的殷切指陳下，康熙皇帝才決定將臺灣收入大清版圖之中，不過，清朝領有臺灣並不情願，因此對臺灣的統治政策有許多根本上的缺陷，移民也就在清朝政府且戰且走的策略中，篳路藍縷的展開臺灣拓荒之旅。

第3章

清代前期的政治與經濟發展

章節體系架構 

UNIT 3-1 帝國邊陲

(一)為防臺而理臺的政策

清朝領有臺灣之後，新設臺灣府，以及臺灣、鳳山、諸羅三縣，隸屬福建省管轄。但事實上，清廷收復臺灣，只想消滅海外的反清勢力，對如何經營臺灣卻沒有具體的看法，認為臺灣是一塊孤懸海外之地，容易變成逃犯聚集的地方，不宜擴大開墾，以免成為罪惡的淵藪。因此，清朝政府連續頒布了許多法令，對臺灣實施無理的限制和防範，嚴格實施驅逐臺灣無妻室產業的居民，嚴禁中國人民偷渡到臺灣，禁止人民攜帶眷屬入臺等措施，種種規定稱為渡臺禁令。

除了制訂各種嚴厲的禁令，限制漢人入臺，在被動防治的消極政策之下，清廷政府也採取一些特殊的相關措施。其一、清代初期，在臺文武官員的任用相當特殊，禁止家屬同行，任期屆滿立即調回中國。其二、為了避免駐臺的軍隊成為中央不易節制的邊陲勢力，規定駐臺兵員全部從福建省綠營抽派整編成軍，每三年就調回內地歸建，也不准官兵攜眷來臺。其三、為了避免城垣成為叛軍的堡壘，臺灣的府、縣行政中心不准築城，一直到朱一貴事件之後，才開始創建木柵代替城垣，林爽文事件之後，才開始興築磚造城垣。

只是，雖然政府嚴格管控，但是十八世紀以來，中國沿海的福建、廣東、江蘇、浙江等省分人口急遽增加，土地兼併問題嚴重，龐大的人口壓力下，為了生存，當地冒死偷渡到臺灣的住民相當多。

(二)漢番隔離政策

領臺之初，清朝政府對原住民採取放任的政策，只要原住民不起而反抗，清廷就不主動用兵征討，但是，為了防止原住民和漢人同聲一氣，清廷想將漢人和原住民隔離起來，不准漢人擅自進入所謂的「番界」，也不准漢人娶原住民女子為妻。可是，由於移入臺灣的漢人大多是農民，拓墾是主要的出路，漢人侵入原住民的區域墾殖越來越嚴重。

為了維護原住民的權益，一七二二年，清朝政府實施封山政策，在全臺灣的沿山隘口設立石碑，或是立界規範，嚴禁漢人進入山區作亂，或是與原住民發生衝突；一七六〇年用「挑溝推土」做成土堆的方式畫立界線，以此區隔漢人和番人的生活區。從地圖上來看，這條界線從北部的汐止畫到南部的林邊，規範漢人的生活區域，民間稱其為土牛，在地圖上是一條紅線，而實際界限的土堆外型如臥牛，因此這條界線又俗稱土牛紅線。不過，這樣的措施並沒有收到成效，中國大陸不斷有移民偷渡來臺灣，越界到原住民區域的情形非常嚴重，以致界線不斷往山區遷移，更靠近高山族的生活領域，壓迫到高山族的生活空間，漢人和原住民的衝突更加激烈。

小博士解說

平埔族的漢化

原本居住在臺灣西部平原的原住民，面對來自中國漢人大量入侵，處在弱勢族群的他們，只能在政治上歸順清朝政府，因為跟漢人大量接觸和通婚，清政府也對原住民實施漢人教育、改風俗及賜姓氏等措施，導致平埔族逐漸被漢化，失去原來的精神。

中國人怎麼看臺灣

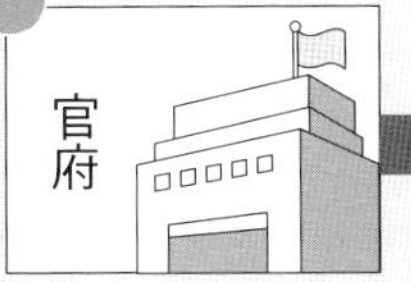

臺灣是一塊孤懸海之地，容易變成逃犯聚集的地方，不宜擴大開墾

不堪沿海省分的人口壓力，臺灣擁有適合農作物生長的氣候和廣大未開發的土地，吸引許多人冒險渡臺

消極的治臺政策

為防臺而理臺的政策

- 限制漢人渡海來臺
  - 須有原籍地方政府許可
  - 不許攜家帶眷，以免臺灣人口增加太快
- 漢番隔離制度
  - 將近山地帶畫為原住民地區，禁止漢人侵入開墾
  - 不准漢人和原住民通婚，以免漢番聯合作亂
- 對官員和軍隊的管理
  - 駐臺官員任期三年即調離
  - 駐軍三年即輪調換班
  - 臺灣的府縣中心不准築城

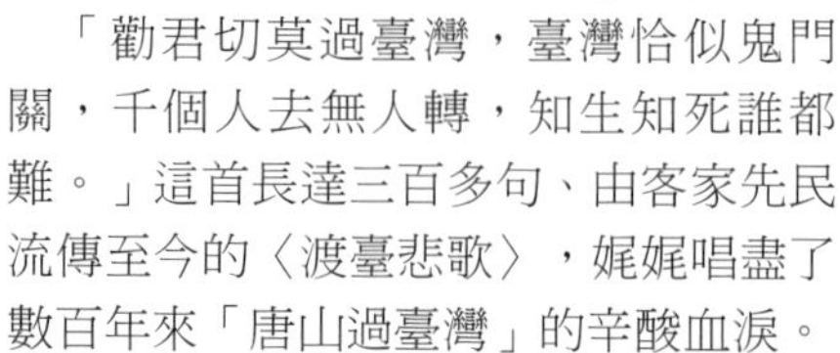

UNIT 3-2 渡臺悲歌

（一）臺灣最早的人蛇集團

「勸君切莫過臺灣，臺灣恰似鬼門關，千個人去無人轉，知生知死誰都難。」這首長達三百多句、由客家先民流傳至今的〈渡臺悲歌〉，娓娓唱盡了數百年來「唐山過臺灣」的辛酸血淚。

清廷政府的移民政策雖然門檻很高，但臺灣當時還是地廣人稀有待開發的地方，而閩、粵沿海省分人口多耕地少，經濟壓力甚大，有些早一步來到臺灣的移民，回去跟他們故鄉的人說，在臺灣這個地方，非常容易生活，當時，中國內地時常會聽到一句俗話：「臺灣好賺食，臺灣錢淹腳目。」就是因為這句俗語，讓許多貧窮省分的居民對臺灣十分嚮往。

雖然渡海到臺灣有許多的限制，但是為了求生存，移民們還是源源不斷，為了要管制往來的人民，清朝政府乾脆指定開放府城、鹿港及八里三地，作為臺灣與中國大陸相互往來的港口，還在這些港口設立海關及檢查哨。不過，由於移民的資格限制很多，想循正當管道並不容易，當時偷渡的風氣非常盛行，甚至有人專門經營載運偷渡客的生意，叫作「客頭」。這些客頭只想賺錢，根本就不把移民者的生命當一回事，他們只用一艘破船將他們載運到海上，因為船破，在海上就很容易發生海難沉沒，如果偷渡客溺死在海中就叫作「灌水」，被魚吃掉就叫作「餌魚」。還有一些沒有良心的客頭，船隻還沒有抵達臺灣海岸，就叫偷渡客下船，這種行為叫作「放生」，這些可憐的偷渡客，如果不小心陷入泥淖中而喪命，就叫作「種芋」。從這些隱語就可以知道，清朝初期移民到臺灣的過程多麼艱辛。

（二）唐山過臺灣，心肝結歸丸

雖然臺灣是移民的新天地，但是要渡過黑水溝到臺灣，一路過於艱險，交雜著期待和惶恐，當時移民們流傳著一句話：「唐山過臺灣，心肝結歸丸。」意思就是說，只要想偷渡到臺灣來，心中就糾結萬分，因為此去充滿艱險，命運未卜。因為在渡海的過程中，可能會遭遇海難溺水死亡，抵臺之後也可能因水土不服而生病，或是與原住民族發生衝突，或者是因為原住民的出草而喪命。臺灣當時還流傳一句俗語：「六死、三留、一回頭。」也就是說，移民臺灣的，十個人裡面，有六個會死亡，只有三個會存活下來，還有一個則是來了以後因為生活過於困頓，只得放棄又再返回大陸，可見當時移民臺灣的漢人，必須歷經多少苦難，才能夠落地生根。

小博士解說

清領時期臺灣人口的變化

清廷雖然採取渡臺禁令，限制閩、粵人民渡臺開墾，但因閩粵地區山多田少，人滿為患，生存不易；臺灣地廣人稀，易於謀生或致富，故偷渡者仍絡繹不絕。

一六八三年，清廷領臺初期，臺灣人口只有七萬人左右，到了一七八二年，臺灣漢人已經達到九十一萬二千九百二十人；一八一一年時，更高達一百九十萬一千八百三十三人，這個階段的人口增加，大部分都是「社會增加」，也是漢人渡海到臺灣的高峰期。

渡臺悲歌

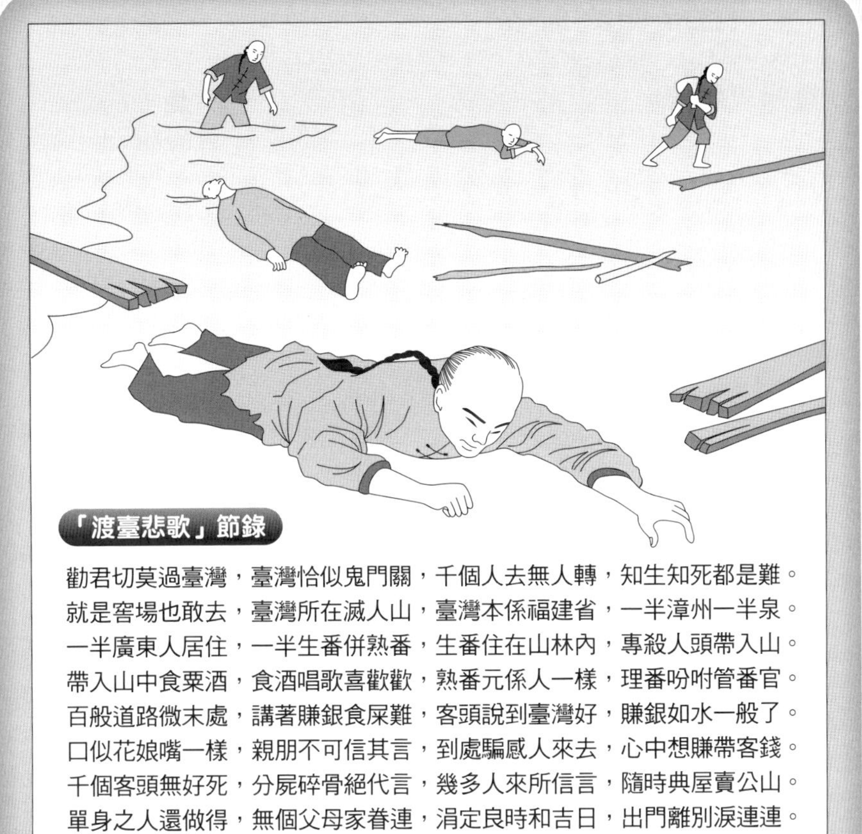

「渡臺悲歌」節錄

勸君切莫過臺灣，臺灣恰似鬼門關，千個人去無人轉，知生知死都是難。
就是窖場也敢去，臺灣所在滅人山，臺灣本係福建省，一半漳州一半泉。
一半廣東人居住，一半生番併熟番，生番住在山林內，專殺人頭帶入山。
帶入山中食粟酒，食酒唱歌喜歡歡，熟番元係人一樣，理番吩咐管番官。
百般道路微末處，講著賺銀食屎難，客頭說到臺灣好，賺銀如水一般了。
口似花娘嘴一樣，親朋不可信其言，到處騙感人來去，心中想賺帶客錢。
千個客頭無好死，分屍碎骨絕代言，幾多人來所信言，隨時典屋賣公山。
單身之人還做得，無個父母家眷連，涓定良時和吉日，出門離別淚連連。

唐山過臺灣，心肝結歸丸

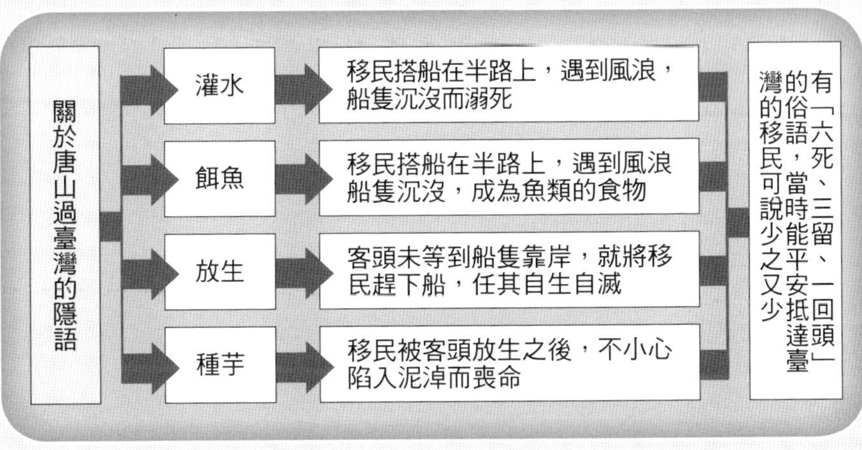

UNIT 3-3

拓荒者的腳步

（一）墾照與墾號

鄭氏王朝之前，臺灣的政治、經濟空間仍局限於南部，不過隨著移民的進入與南島民族的漢化，臺灣土地的開發由府城南北一帶，逐漸向北延伸，越過斗六、半線（今彰化）及竹塹，到大甲溪以北至桃園附近。清政府本身對臺灣的開發政策相當消極，往往都是跟在人民的腳步之後。在當時，移民如果打算開發土地，必須依照一定的程序向官府提出申請。

首先，拓墾者必須先到縣府所在地申請開墾權，將開墾區域的所在地、東西南北的界線等資訊書寫清楚，這時候官府會派人前往勘查，確定實際狀況與申請書的內容無異，就會在開墾預定地內公告申請書的內容，五個月之後，如果沒有其他人有異議，就會發給拓墾者開墾執照，也就是所謂的「墾照」。墾戶申請到墾照之後，就可以用「墾號」的名義招徠佃農從事拓墾，所謂「墾號」就是土地開發公司。墾戶在規定時間內開發土地成功，就必須向政府繳納正供，也就是賦稅，這樣就可以取得土地的所有權。

早期移民在臺灣的拓墾型態，往往都是先由墾戶向官府申請給照開墾，繳納一定的正供，官府承認墾戶為業主，業主再招來佃戶力墾者，收取一定的租額。當時來臺開墾的移民大致有三類：第一類是向生番、熟番或官方承租「番地」開墾。第二類則是挾帶資本從事海外貿易的商人，不過這兩類人來臺的動機，很明顯都是以求利為主。第三類人，則是「內地無籍之民」，他們來臺灣完全是靠著勞力和血汗，多半是想在臺灣落地生根的農民。

（二）從地名看臺灣的開墾

現在臺灣各地有許多地名，還保留著清領時期土地開墾的遺跡，例如：有許多地方以「股」為名，緣由就是當年墾首合股共同出資，向官方領得某地域的墾照，墾成後以「股」為名，例如：五股、七股等，意味著土地共有數位出資者。也有以「分」或「份」為名的，也就是合力出資開墾者，在墾成之後將其分得的土地再細分，後來在該地形成聚落時，以某墾首分得的份名為地名，例如：五分埔、頭份、十分寮、九份等。

也有以「結」稱地名的，例如：在宜蘭地區，墾首採結首制度，「結」是移民的組織單位，數十人合成一結，以分段數目命名，例如：一結、二結、五結等。此外，土地開發前後，移民們常會用土堆、木柵等建築材料做成圍牆，防堵原住民的攻擊，因此又出現許多有「圍」、「堵」、「土城」、「木柵」之類的地名。例如：基隆的五堵、七堵、八堵；臺北的木柵；屏東的車城，原稱為柴城；宜蘭的頭城原稱為頭圍，宜蘭市原稱為五圍等，都是因防禦設施而產生的地名。從這些地名中，不難看出先民開發臺灣的痕跡。

早期的拓墾程序

移民到臺灣的開墾

1. 到府縣所在地申請開墾權
2. 申請書必須詳載墾地範圍和所在地
3. 官府派人前往勘查
4. 在開墾預定地內公告
5. 發給移民墾照
6. 墾戶即可用墾號招徠佃農拓墾
7. 墾成後向政府繳納賦稅

從地名看臺灣的開墾

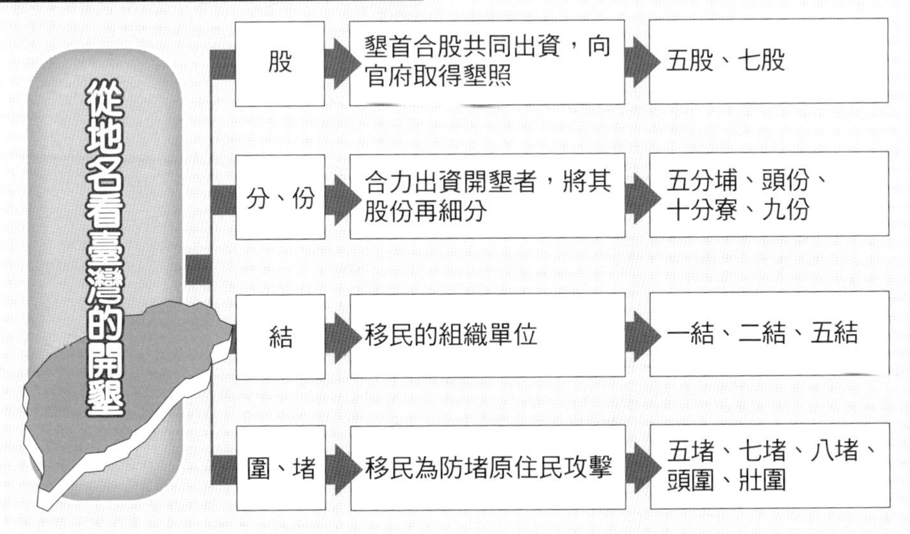

從地名看臺灣的開墾

地名用字	意義	例子
股	墾首合股共同出資，向官府取得墾照	五股、七股
分、份	合力出資開墾者，將其股份再細分	五分埔、頭份、十分寮、九份
結	移民的組織單位	一結、二結、五結
圍、堵	移民為防堵原住民攻擊	五堵、七堵、八堵、頭圍、壯圍

UNIT 3-4

施世榜在彰化的拓墾

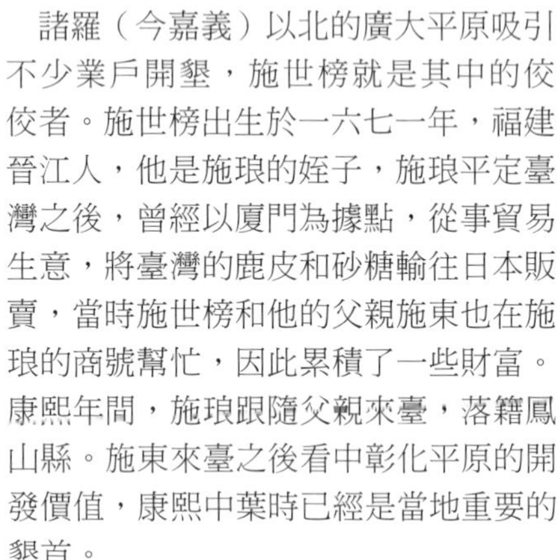

(一)施世榜與八堡圳

諸羅(今嘉義)以北的廣大平原吸引不少業戶開墾，施世榜就是其中的佼佼者。施世榜出生於一六七一年，福建晉江人，他是施琅的姪子，施琅平定臺灣之後，曾經以廈門為據點，從事貿易生意，將臺灣的鹿皮和砂糖輸往日本販賣，當時施世榜和他的父親施東也在施琅的商號幫忙，因此累積了一些財富。康熙年間，施琅跟隨父親來臺，落籍鳳山縣。施東來臺之後看中彰化平原的開發價值，康熙中葉時已經是當地重要的墾首。

施東去世之後，施世榜繼承父親的開墾事業，向政府申請了「施長齡」的業戶名號，將拓墾的範圍往東南延伸，不管是墾母、開圳，還是建築魚塭，都是以「施長齡」的名號來進行。為了加快開墾的速度，施世榜派人回到中國，招來更多墾民從事開墾，「施長齡」墾號拓地日廣，不出數年，開墾的土地幾乎遍及彰化平原東南部，施世榜也成為半線地區的大墾首。

(二)神祕的林先生

在拓墾的過程中，施世榜看出灌溉水源的缺乏，將會成為彰化平原發展的阻力，決定招募手下的佃農及遊民，開闢水圳。一七〇九年，施世榜獲准開墾水圳，打算引濁水溪的水灌溉八堡，共一百零三庄，灌溉一萬二千餘甲的土地。剛開始開鑿水圳時並不順利，挖好的溝渠總是無法暢通引水，正當施世榜束手無策時，他貼出了一張布告，希望能找尋擅長水利之人，如果能夠順利使水圳興建完成，他必定千金致謝。

有一天，突然一名穿著樸素、談吐風雅的男子求見施世榜說：「聽說施先生要興築水利工程，這對地方發展的功勞很大，只可惜興建的方法不對。我願意幫您完成這項工程。」施世榜聽了既高興又期待，連忙請教男子的大名，男子卻笑而不答，在施世榜一再追問下，男子告訴施世榜，只要稱呼他林先生即可。林先生與施世榜前往工地視察，並指導施世榜利用繩子懸吊燈來觀察地勢，還親自繪圖，詳細指明工程缺失之處。林先生建議應該從鼻仔頭設立圳頭，引濁水溪水到圳頭，再開鑿渠道引導溪水流入，在林先生的指示下，水圳果然順利完成。

水圳完工之日，施世榜高興地大張旗鼓宴客，林先生自然也是座上佳賓。宴席結束之後，施世榜依約拿出黃金千兩給林先生，林先生卻不肯接受，且在眾人不注意時消失無蹤，沒有人知道他去了哪裡，留給人們很多想像。

耗資九十萬兩，前後歷時十年才完工的水圳，灌溉面積達到一萬九千二百零五甲，由於流經八個堡區，所以稱為八堡圳，是清代臺灣最偉大的水利工程。現在八堡圳源頭彰化縣二水鄉鼻仔頭地方，還建有一座林先生廟，每年的七月十五日都有祭典舉行，林先生的傳奇故事也成為地方父老津津樂道的話題。

施世榜開拓彰化的過程

施世榜拓墾彰化的過程

曾經與父親施東在施琅的商號幫忙，累積財富

↓

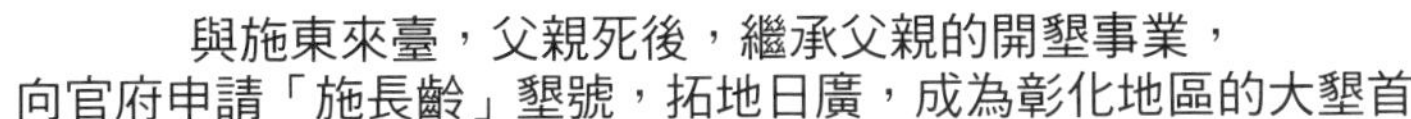

↓

開墾彰化平原的過程中，看出灌溉水源的缺乏，決定開闢水圳

↓

獲得神祕的林先生幫助，耗資九十萬兩，歷時十年，
完成可流經八個堡區的「八堡圳」，成為清代最偉大的水利工程

清代重要的水圳

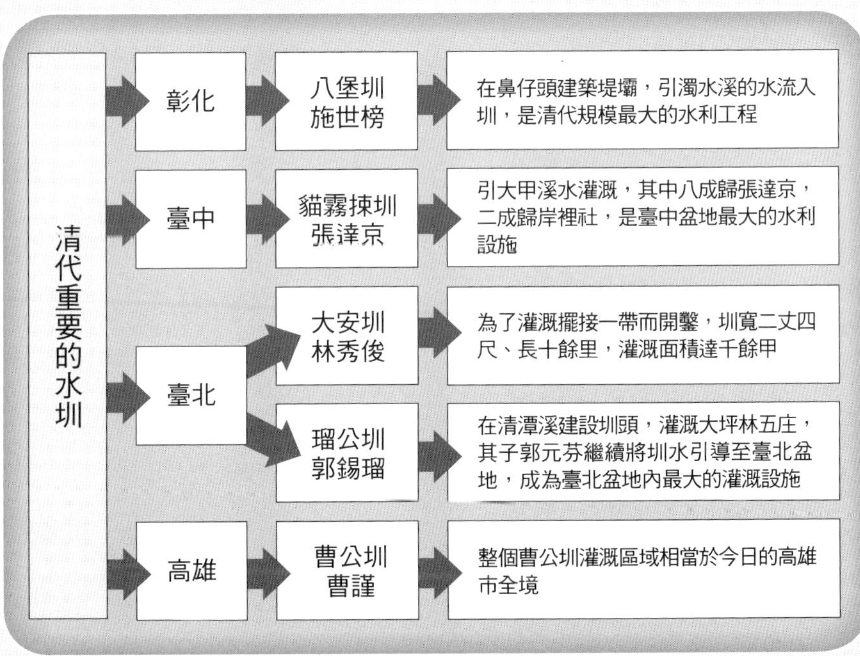

UNIT 3-5 張達京與臺中盆地的開發

(一)平埔駙馬

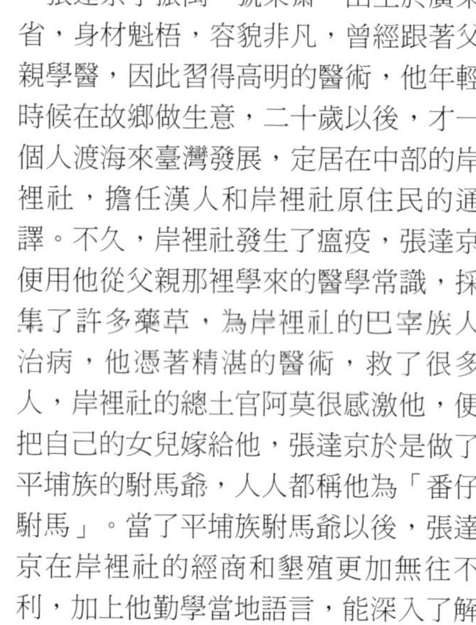

張達京字振萬，號東齋，出生於廣東省，身材魁梧，容貌非凡，曾經跟著父親學醫，因此習得高明的醫術，他年輕時候在故鄉做生意，二十歲以後，才一個人渡海來臺灣發展，定居在中部的岸裡社，擔任漢人和岸裡社原住民的通譯。不久，岸裡社發生了瘟疫，張達京便用他從父親那裡學來的醫學常識，採集了許多藥草，為岸裡社的巴宰族人治病，他憑著精湛的醫術，救了很多人，岸裡社的總土官阿莫很感激他，便把自己的女兒嫁給他，張達京於是做了平埔族的駙馬爺，人人都稱他為「番仔駙馬」。當了平埔族駙馬爺以後，張達京在岸裡社的經商和墾殖更加無往不利，加上他勤學當地語言，能深入了解平埔族各社的風俗習慣。一七二三年，張達京被任命為岸裡社五社總通事，一七三一年，他偕同土官潘敦仔帶領社內鄉勇平定大甲西社之亂，為清廷立下大功，事件平定後，還與潘敦仔一起前往北京，受到雍正皇帝召見受封。

(二)割地換水

雖然就一個通事來說，張達京的聲望已經到了顛峰，不過那不是他最終的志向，具有商人眼光的張達京，不久設立了「張振萬」墾號，投入臺中盆地的開墾工作。張達京遊說潘敦仔向官府申請大片荒地開墾，他以張振萬墾號的名義，和陳周文、秦登鑑、廖朝孔、江又金、姚德心等五人經營的墾號，合組六館業戶，聯合與岸裡社的原住民訂立「割地換水」的墾約，載明由六館業戶聯合出資、出力開發葫蘆墩圳(又稱貓霧捒圳)，引大甲溪的水灌溉臺中盆地，換取臺中平原的大片土地。

一七三三年，在張達京的協商下，六館業戶順利與岸裡社土官潘敦仔簽訂割地換水條約，由六館業戶負責籌資興建水圳，引進大甲溪的水灌溉農田，圳內的水分為十四分，每業戶各配水二分，留二分灌溉岸裡社農田。這項以水換地的合約，為漢人與原住民共同開墾立下典範，一時傳為美談，不過，事後卻爆出張達京乃六館業戶其中一員，有失公允的爭議。

原本岸裡社民都覺得「割地換水」是一種互惠的方式，後來卻發現振萬居然就是張達京的字，張達京是「張振萬」墾號幕後的老闆，通事兼業主，日後雙方如果發生糾紛，該找誰裁判?針對這個疑問，張達京卻輕描淡寫的說，做這種事情的又不只他一人，北部的林成祖也是以通事轉型為大墾戶，開墾的田地比他還多呢!張達京不理會外人的疑慮，又著手開發葫蘆墩、神岡、潭子、大雅、石岡等地區，擁有良田萬頃，成為當時臺中地區的首富。

後來，臺灣各地陸續爆發通事入侵番界開墾的弊案，還有通事串通「生番」出草的事情，家大業大的張達京也受到官府注意，不久，擔任通事長達三十四年之久的張達京被革去職務，遣送回原籍，由岸裡社土官潘敦仔繼任為岸裡社通事。

然不可否認，張達京對臺中盆地的開發貢獻很大，至今臺中市神岡區社口的萬興宮，還供奉著張達京的祿位。

張達京的發跡

張達京發跡的過程

二十歲以後渡海來臺，定居中部的岸裡社，擔任通譯

↓

利用醫術救活了岸裡社的原住民，總土官阿莫將女兒許配給他，張達京成為「番仔駙馬」

↓

被任命為總通事，偕同土官潘敦仔平定大甲西社之亂，獲得雍正皇帝褒獎

↓

成立「張振萬」墾號，與其他五間業戶聯合和岸裡社訂「割地換水」條約，為漢人和原住民共同開墾立下典範

↓

又著手開發葫蘆墩、神岡、潭子、大雅、石岡等地區，成為臺中地區的首富

割地換水

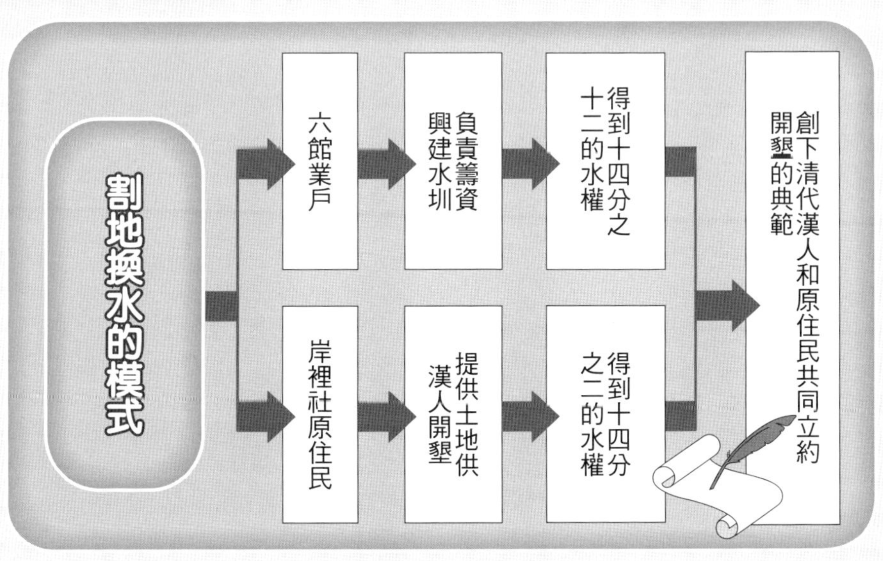

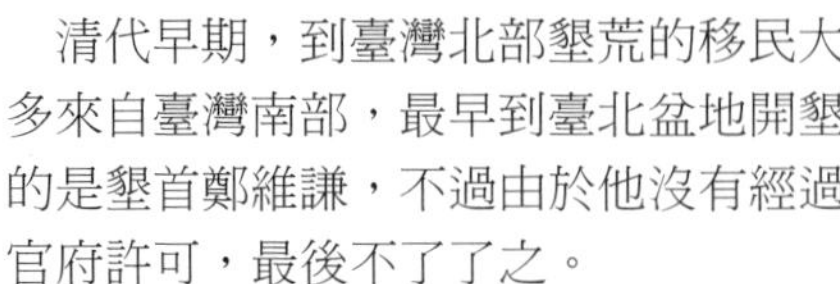

UNIT 3-6 臺北盆地的拓墾

（一）陳賴章的拓墾

清代早期，到臺灣北部墾荒的移民大多來自臺灣南部，最早到臺北盆地開墾的是墾首鄭維謙，不過由於他沒有經過官府許可，最後不了了之。

直到一七〇九年，五位泉州人：戴天樞、陳憲同、陳逢春、賴永和、陳天章合股，組成開墾組織「陳賴章」墾號，向諸羅縣官府申請，優先獲准開發「大佳臘」地區，這是臺北盆地正式開墾的開端。開墾範圍東以雷里、秀朗為界（今臺北中和、永和一帶）；西至八里坌、干脰（今臺北八里、關渡一帶）；南至興直山腳（今臺北林口台地東緣）；北至大浪泵溝（今臺北圓山基隆河舊河道附近），請墾範圍涵蓋了大部分的臺北盆地。

墾民從南部走到臺北盆地，必須聘請原住民當嚮導，沿途沒有道路，地面凹凸不平，要歷經幾十次的跋山涉水，走在前面的人還必須負責披荊斬棘，後人才能通行。濃厚的瘴癘之氣常令人頭暈，途中還會經過數十個原住民的部落，雖然大多數的原住民很友善，但偶爾也會遇到「出草」的凶悍原住民，這批墾民足足走了二十天才到達臺北盆地。一行人抵達淡水河北岸之後，先向當地的原住民承租土地，以酒、米、布、糖等一些生活貨品來交換，獲得原住民同意之後，開始墾荒。

陳賴章墾號是臺北地方漢人較具大規模墾殖的開始，對臺北的開發具有相當的影響，自從陳賴章墾號開墾臺北盆地之後，陸續前來的移民者漸多，大臺北地區也逐漸開發。

（二）林成祖的拓墾

「林成祖」是以福建漳浦林氏移民為主組成的墾號，最知名的墾首是林秀俊。林秀俊，字茂春，出身農家，自小務農，一七三四年來到臺灣，他用家鄉朋友資助的幾百兩銀子，在大甲承租原住民的田地耕種，由於承租的土地肥沃，一年可以兩熟，收入逐漸增加，家資日益富裕。

一七五〇年，林秀俊以龐大的資金及經驗北上，組織「林天成」墾號到新莊平原開墾；又組織「林成祖」墾號開墾擺接平原，由於轉移陣地需要龐大的資金，於是他賣出新莊平原的經營權，全力拓墾擺接平原的荒地，開挖灌溉用的水圳。拓墾範圍遍及今日的板橋區、中和區、土城區、士林區及新莊區。當時擺接平原屬於原住民擺接社所有，林秀俊的開墾遭到原住民強烈阻撓，後來，擺接社發生流行性傳染病，許多原住民染病身亡，林秀俊懂些醫術，救了很多人，頭目非常感激，就把女兒許配給他。於是，林秀俊順利取得土地開墾權，夫婦合力經營，原住民也和漢人雜居通婚，漸漸接受漢人文化。

林秀俊去世後，他的三個兒子繼承家業，表現比起父親絲毫不遜色，除了繼續拓墾原來的土地之外，還合夥成立新的「林三合」墾號，回墾新莊平原，利用天然的大安陂開鑿一條大安陂圳，水圳長達數公里，引水灌溉面積達到一千甲以上。

陳賴章墾號

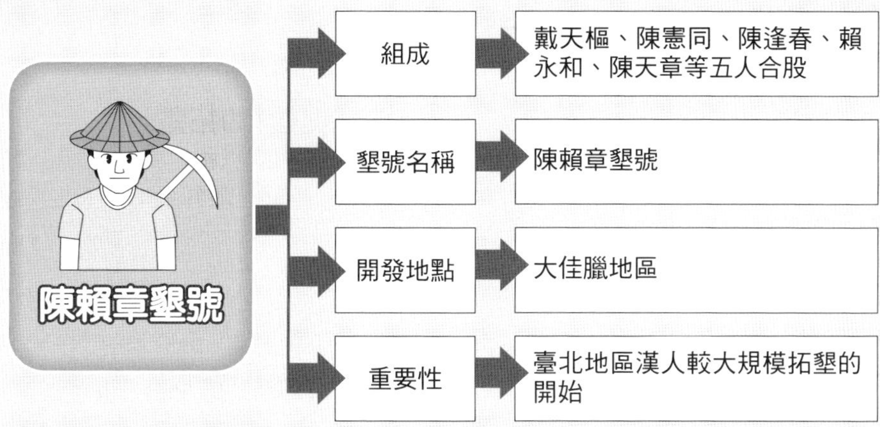

林成祖墾號

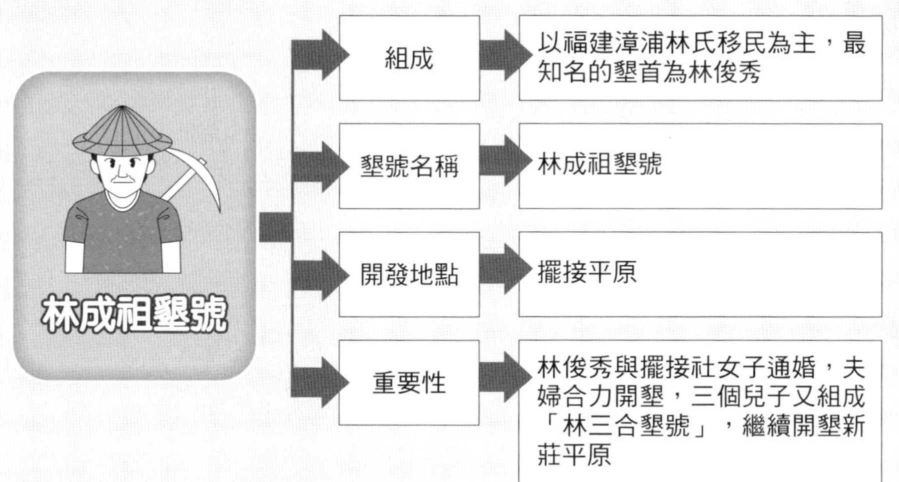

知識補充站 ★大安圳

一七六〇年，林成祖及其他業戶共同出資興築大安圳，自大漢溪的支線三峽河右岸媽祖田堰，取水灌溉板橋、土城一帶的擺接平原田地。大安圳寬二丈四尺，長十餘里，主要分為圳頭、圳底、圳岸、陡門、水汴、浮梘等六個部分，灌溉區域包括今天的土城區、中和區及板橋區一帶，灌溉面積達千餘甲。大安圳的設計頗具巧思，圳路穿越旱溪時，還在河床下埋設水管，以利圳水通行，水圳兩岸築有相思樹保護圳岸，設計相當周到。大安圳促進了擺接地區的開發和繁榮，一八二九年姚瑩北巡時，稱讚擺接十七庄是北部第一勝景，能造就這番美譽，大安圳可說功勞不小。大安圳促進了擺接地區土地的開發、經濟的繁榮，可以說一部大安圳開發史，就是一部擺接地區的開拓史。

UNIT 3-7 林本源家族與板橋

(一)經營米店致富的林平侯

只要一提起板橋，大多數人都會想到林家花園，這座美麗的花園就像是板橋的肺，讓板橋人可以深深地大口呼吸，開闢花園的主人就是林本源家族。林家可以追溯到最遠的祖先是林廷竹，他是福建漳州人，以耕讀為生。林廷竹的長子林應寅因為家貧、生計困難，一七七八年，冒險到臺灣經商，剛開始住在新莊，以應聘為私塾老師為生。

一七八六年，林應寅的兒子林平侯渡海來臺灣尋找父親，在新莊米商鄭谷的店工作，因為他非常刻苦耐勞，獲得鄭谷賞識，鄭谷借他一筆錢，讓他自立門戶創業，於是，林平侯做起了運米和賣米的生意。當時碰巧遇上林爽文事件，臺灣米價大漲，林平侯將所藏的米大量賣出，賺了一大筆錢，這筆錢變成日後投資的重要資金。林平侯還跟新竹的林紹賢合辦臺灣鹽務，財富累積更為迅速，他也購買帆船，運輸貨物到華南和南洋等地販賣，並經營樟腦買賣，獲利不少。

林平侯致富之後，考慮到新莊河港淤積，以及漳泉械鬥嚴重，決定將家族從新莊遷到大嵙崁(今桃園大溪)。大嵙崁是一個正在開發的新興地區，他在大嵙崁購地開墾，促進當地的繁榮。一八二四年，林平侯為了防禦原住民及械鬥，開始興建大嵙崁城，同時他也不忘回饋社會，回到原籍龍溪縣設立「永澤堂」義莊，濟助貧苦族人，捐錢興建鳳山縣城、淡水廳城，戰爭時也捐錢助餉，其他像是捐學田、造橋鋪路等義行也不勝枚舉。一八五三年，漳泉械鬥再起，林家又遷回臺北，這次選擇漳州人聚居的板橋重建家園。

(二)興建林家花園

林平侯去世前，將家產分給五子，分別成立「飲、水、本、思、源」等五記，等於是五家公司，其中以三子國華的「本記」和五子國芳的「源記」最為突出。一八三二年，這兩家公司結合在一起，組成「林本源」，林本源經營有成，越來越有名氣，既是墾號也是商號。

一八四五年，林家為了生意上方便，在板橋建造「弼益館」，是一棟收納田租的租館。一八五三年，林家遷到板橋，為了解決居住的問題，建造了一座豪華的三落大厝，屋宇建築宏偉，雕飾精美，是當時北臺灣最美的一座建築。此外，林家還領導板橋紳民捐款共築板橋城，使得板橋在一八八二年臺北城建築之前，成為臺北盆地唯一築有城牆的市鎮。一八九三年，林家又重新修建新大厝和花園，建築規模更大、更富麗堂皇，面積占板橋城一半，是臺灣目前所存最為華麗的古代大宅。在林國華、林國芳兩兄弟的努力下，林家日漸茁壯，到了第三代林維源，與臺灣巡撫劉銘傳合作，成為臺灣近代化的功臣，林家的聲望達到最高峰。

小博士解說

林維源

中法戰爭結束之後，林維源捐出五十萬給清朝政府作為善後的經費，於劉銘傳擔任臺灣巡撫期間，在撫番、清賦、建築鐵路、港灣等自強新政上，都是重要的核心人物。板橋林家更因此獲得政府的信任和協助，從中獲得不少產業經營上的特權，而成為清末臺灣的首富。

板橋林家的發展

第1代	第2代	第3代
林平侯	林國華、林國芳	林維源
① 獲得米商鄭谷賞識，自立創業，時遇林爽文事件，米價大漲，賺了一大筆錢，成為投資的資金。 ② 將家族從新莊遷到大嵙崁，並興建大嵙崁城。	① 結合「本記」和「源記」組成「林本源」商號。 ② 將林家遷到板橋，成為板橋地區的漳人領袖。 ③ 興建林家宅第、大厝和花園，成為板橋地區重要地標。	① 林家聲望達到高峰。 ② 與巡撫劉銘傳合作，推動各項新政，成為臺灣近代化的功臣。

林本源家號的由來

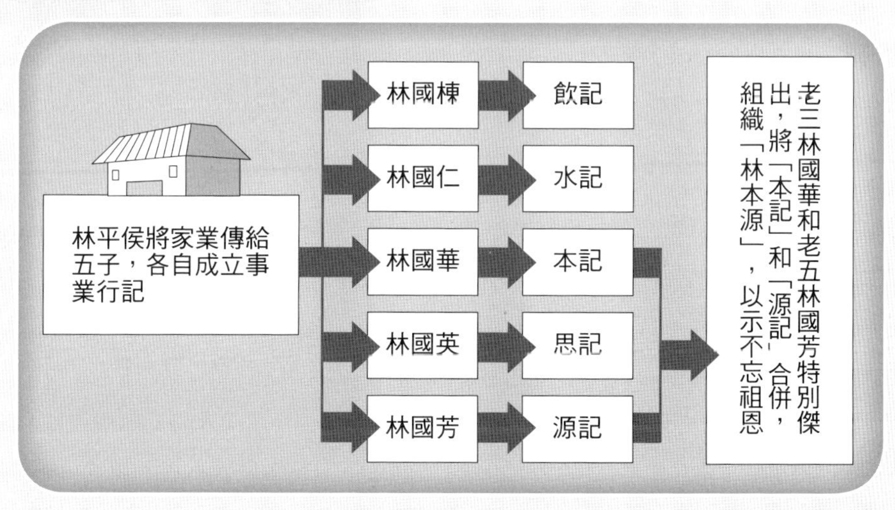

UNIT 3-8

吳沙與蘭陽平原的拓墾

(一)吳沙其人其事

吳沙是福建漳州人，一七七三年，他移居臺灣發展，這時年四十三，剛開始，他在三貂嶺做山地產物交易的生意。吳沙做生意講義氣、守信用，童叟無欺，很快地名聲便傳開了，一些窮困潦倒的漢人來投靠他，他不僅來者不拒，還發給他們一斗米、一把斧頭，讓他們入山伐木，自給自足，歸附的人越來越多，使他成為移民團體的領袖。

因為做生意的關係，吳沙常常往來蛤仔難（今宜蘭），他見該地平坦肥沃，卻乏人耕作，深覺可惜，油然而生前往蛤仔難拓墾的念頭。不過，前進蛤仔難開墾可不是好玩的事，那裡是原住民噶瑪蘭人的地盤，其實在一七六八年的時候，有個叫作林漢生的漢人曾經冒險進入蛤仔難開墾，卻慘遭原住民殺害，一、二十年來，還沒有漢人能拓墾成功，因此蛤仔難一直是無人開拓的狀態。不過吳沙對開發蛤仔難充滿信心。

林爽文事件爆發之後，淡水同知徐夢麟擔心匪徒逃至後山，請吳沙協助防範，因而默許吳沙的開墾事業。一七九六年，他得到金主贊助，募集足夠的款項後，率領一千餘人，與二十三名懂原住民的人，大舉入墾，在烏石港登陸後，於港口南方築起土圍，揭開宜蘭平原開發的序幕。

(二)以醫藥化解噶瑪蘭人心房

吳沙帶領漢人開墾，墾地不斷推進原住民的棲息地，終於驚動了噶瑪蘭人，為了捍衛土地主權，噶瑪蘭人全族出動，與吳沙的陣營展開一場大火拼，吳沙的弟弟也在一次的拼殺中戰死。這時吳沙發現，若是硬拼恐怕犧牲慘重，心想只能智取，於是退回三貂嶺，苦思化解之道。後來，吳沙決定略施小計，派人對原住民說：「我們是奉官府的命令，要來保護你們的。因為官府聽說海賊就要來犯，我們開墾蘭陽是為了駐兵屯田，這樣才可以保護你們！」噶瑪蘭人聽了半信半疑，不再發動強悍攻勢。一七九七年，噶瑪蘭部落發生天花，許多族民得病而死，噶瑪蘭人恐慌不已，以為是上天發怒降災懲罰，準備遷移到別的地方居住，幸好吳沙略懂醫藥，他親自熬煮湯藥，給噶瑪蘭病患服用，就這樣救活了上百人，噶瑪蘭人感激涕零，對吳沙奉若神明，不但相信他，還願意分出土地給吳沙拓墾。

後來，海寇蔡牽停靠在蘇澳，打劫馬煙番社，吳沙依照當地原住民的風俗，埋石設誓防堵海賊，並保證不再侵奪原住民的土地，漢人和原住民的衝突逐漸減少，之後，吳沙再度進入烏石港，設隘寮，終於建立頭圍。但那一年，吳沙卻因沒有得到官方同意，私自開墾，而被查獲，於是他回到淡水廳申請開墾執照，正式獲得官方給予的「吳春郁」墾照，開始用墾首的身分招佃繳租，並立鄉約，開闢道路，奠定開發蘭陽的基礎。

吳沙領導民眾拓展至三圍之後，於一七九八年病逝，由於吳沙的開墾，清朝政府在一八一二年建噶瑪蘭廳，正式派官治理。一八五八年，頭圍縣丞王兆鴻為感念吳沙開蘭有功，特在烏石港前立下「昭績碑」，紀念吳沙開蘭的貢獻。

吳沙往蘭陽推進的過程

吳沙入墾蘭陽的過程

一七九六年得到金主贊助，率領一千餘人，大舉入墾蛤仔難，在烏石港登陸，在港口南方築起土圍

↓

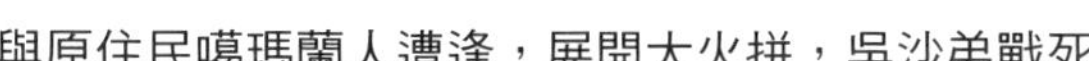

與原住民噶瑪蘭人遭逢，展開大火拼，吳沙弟戰死

↓

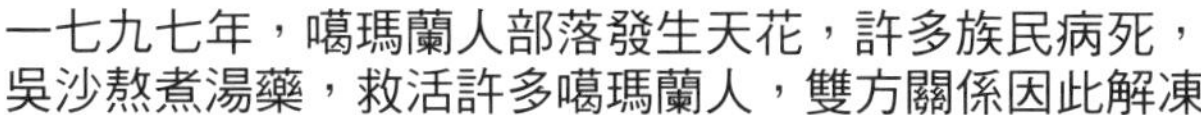

一七九七年，噶瑪蘭人部落發生天花，許多族民病死，吳沙熬煮湯藥，救活許多噶瑪蘭人，雙方關係因此解凍

↓

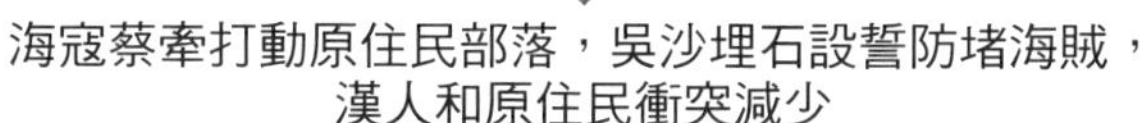

海寇蔡牽打動原住民部落，吳沙埋石設誓防堵海賊，漢人和原住民衝突減少

↓

吳沙回到淡水廳申請「吳春郁」墾照，奠定開發蘭陽的基礎

↓

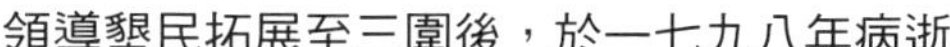

領導墾民拓展至三圍後，於一七九八年病逝

★宜蘭的地名

「圍」是宜蘭普遍可見到的地名，例如：頭圍、二圍、壯圍等。「圍」的由來，與吳沙開墾蘭陽地區息息相關。吳沙在蘭陽建立的第一個拓墾據點稱做頭圍，也是開蘭第一城，吳沙的拓墾就是從頭圍開始，之後墾成的據點依次稱為二圍、三圍、四圍……。

一八二三年，清廷沿襲吳沙取的名字，在頭圍設立頭圍堡，派遣官吏治理，此後，頭圍這個名稱一直使用到日治時期和戰後初期，直到一九四六年九月九日，才改名為頭城，並且沿用至今。

UNIT 3-9

金廣福拓墾北埔

(一)公館的由來

公館這個地名相信大家都不陌生,除了名聞遐邇的臺北市羅斯福路周邊外,臺灣其他擁有「公館」這名的地方還真不少,例如:苗栗公館、新竹公館等。那麼,公館在臺灣開發史上究竟是什麼涵義呢?

「公館」是早期臺灣移墾社會常見的公共建築,除了作為佃人繳交田租給墾戶的場所,也是佃人聚會棲息之場所。最典型的例子,就是新竹北埔的「金廣福公館」。金廣福公館是為了因應閩、粵籍墾戶辦理竹塹城東南山區墾隘業務之需所設立的,建立的背後與新竹的開發有密切關係。

(二)閩粵合資共同開墾

一八三一年,淡水同知李嗣鄴見新竹東南地區的北埔、峨眉、寶山一帶,因為鄰近泰雅族的世居地,仍是一片未經開墾的處女地,深感可惜,為了強化「防番」並增闢耕地,於是,他諭令粵籍從事「防番」開墾工作多年的姜秀鑾,與閩籍墾戶周邦正共同開墾。對姜秀鑾來說,除了要面對剽悍的泰雅族人和賽夏族人之外,還得與閩南人合作,這對常常發生械鬥流血衝突的閩粵兩籍移民來說,是一項艱鉅的考驗。為了使開墾荒地更為順利,經過一番協商之後,雙方最後放下成見,姜秀鑾與周邦正兩人,各出資一萬兩千六百銀元,加上李嗣鄴提供官銀一千銀元,共組「金廣福」墾號,開墾新竹東南部。「廣」意指廣東的客家人,「福」則是福建的福佬人,而「金」則是因當時商人喜歡以「金」字冠號,代表開墾順利,取個好采頭的意思。

金廣福成立之後,閩籍墾首周邦正住在竹塹城內,主管有關衙門公事和會計事務,並掌管戳記;粵籍墾戶首姜秀鑾則進駐墾區,擔任守隘「防番」和督工開墾的任務。姜秀鑾積極地招募佃農,設置防隘哨站,從事土地開墾工作,他以武力驅逐原住民,並設置防隘據點共四十餘座,每個據點都有隘丁守衛,人數多達兩百人,各隘之間以敲木魚或竹筒的方式作為聯絡記號,由於各隘串連的防禦區域十分遼闊,因此被稱為「金廣福大隘」。金廣福與原住民戰鬥數十次,也曾被出草襲擊,其中規模最大的一次是在一八三五年,泰雅族大撈社發動全族與墾民激戰於麻布樹排(今北埔東北),雙方死傷多達數百人。

金廣福不只有人力,又有足夠的資金,墾荒的過程中雖有死傷,卻頗有進展,短短十年間,不僅將北埔開墾成田園,鄰近的峨眉、寶山也變成漢人的聚落,姜秀鑾家族更成為地方巨富。

隨著開墾面積的擴大,姜秀鑾與周邦正以北埔作為「金廣福墾號」據點,建築「金廣福公館」,辦理竹塹東南山區墾隘業務。雖然之後因隘墾困難重重,需費資金龐大,閩籍股東紛紛退出,金廣福大半由粵籍的姜秀鑾所主導,不過在閩粵械鬥盛行的時代,金廣福開發的案例,仍然具有重要的族群融合意義。當年金廣福公館設於北埔,至今仍然保留完整,被指定為一級古蹟。

公館的意義

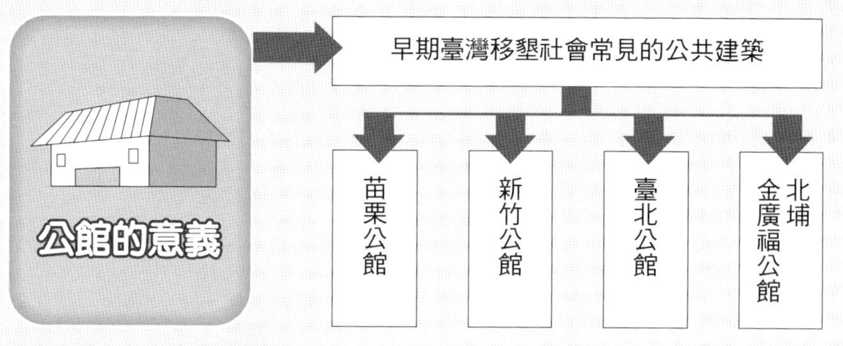

金廣福的意義

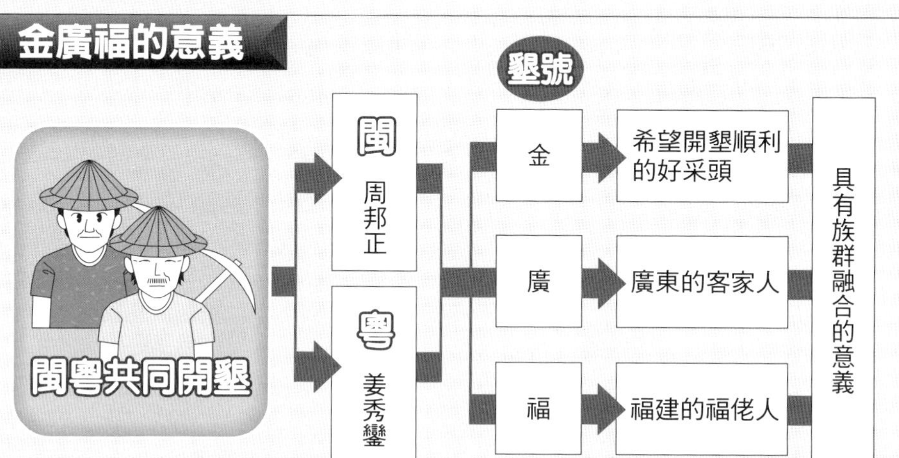

金廣福的責任分工

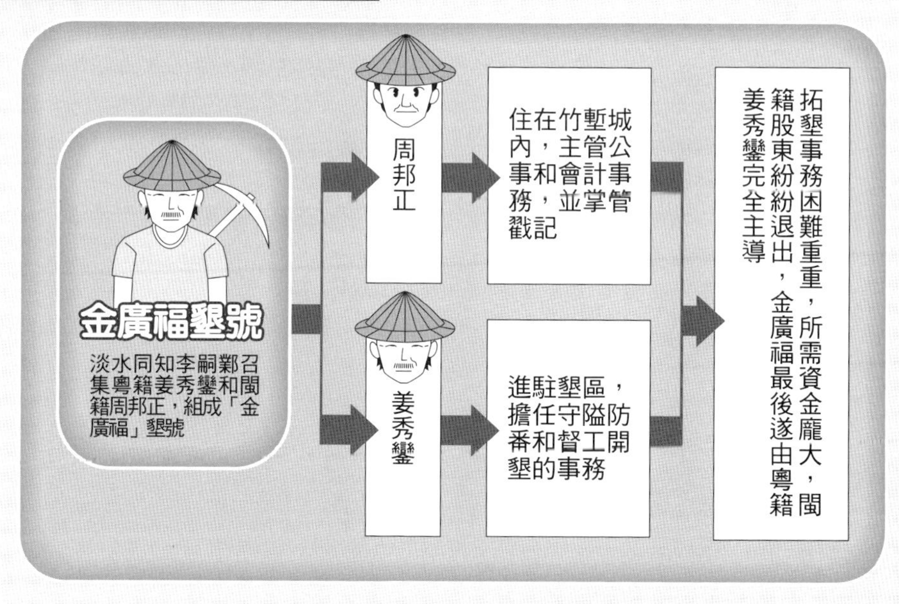

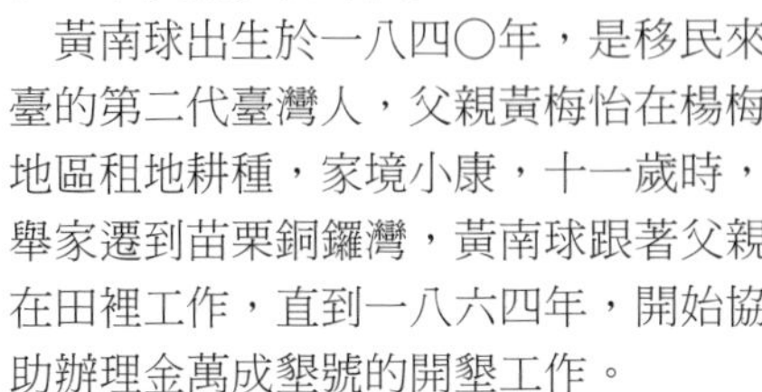

UNIT 3-10 黃南球開墾苗栗

(一)黃南球的出生

黃南球出生於一八四〇年，是移民來臺的第二代臺灣人，父親黃梅怡在楊梅地區租地耕種，家境小康，十一歲時，舉家遷到苗栗銅鑼灣，黃南球跟著父親在田裡工作，直到一八六四年，開始協助辦理金萬成墾號的開墾工作。

由於苗栗山區是賽夏族的世居地，墾民常與賽夏族人起衝突，墾戶為了安全起見，便在開墾地區設置防隘據點，並聘用羅漢腳充當隘丁。黃南球到墾號之後，為了強化防隘功能，改由墾民充當隘丁，而且不發口糧，由墾民自種自給，為了保護自己的產業，墾民們不得不盡力守隘。黃南球也率領鄉勇，對賽夏族發動攻擊，據說黃南球身材孔武有力，勇於戰鬥，賽夏族人難以匹敵，被迫退到偏遠的山林裡。在黃南球的帶領下，漢人的勢力漸漸布滿苗栗地區。

(二)自立門戶

一八七六年，黃南球自立門戶，成立「黃南球」墾號，積極開發苗栗地區的三灣、南庄、獅潭等地。黃南球勇於拓荒，他的膽識不僅為自己累積了不少財富，也受到官方信賴，官方將招撫原住民的重任託付給他，黃南球的墾殖之路更為廣闊。一八八一年，福建巡撫岑毓英來臺視察，計畫招撫生番，黃南球接辦苗栗一帶的撫番工作，並取得「新竹總墾戶」的頭銜，開墾事業突飛猛進。

一八八六年，受到首任臺灣巡撫劉銘傳重用，協助辦理撫墾局業務，管理新竹縣轄內的隘墾，並且代收隘租。一八八九年，黃南球與北埔姜紹祖、林振芳等客籍開墾首領，聯合組成「廣泰成」墾號，不僅為他和姜家帶來更多財富，也讓漢人的勢力更深入內山地區。一八九一年，他協助官方平定桃園的泰雅族動亂，獲得賞戴藍翎，聲望達到高峰，幾乎獅潭縱谷地區都落入黃南球的拓墾勢力範圍，他白手致富，成為臺灣首屈一指的大地主、富豪。

(三)痾屎嚇番

黃南球開墾土地時，有一個「痾屎嚇番」的故事在民間流傳，傳說他的墾號與原住民爭奪土地、水源時，雙方連年征戰，後來，黃南球想出用竹筒裝滿香蕉，擠成長條狀，用來嚇阻原住民。原住民一看到漢人留下的「黃金」那麼大條，以為漢人身體魁武壯碩，才會有那麼大的「屎」，驚嚇之餘，趕快退走八卦力後山，於是黃南球取得獅潭縱谷的掌控權。

不過，黃南球開發土地的過程也引發不少爭議，他與賽夏族人征戰時，除了有長銃、火藥等配備精良的武器外，還有一群為他出生入死的悍將勇士，其中有一位最傳奇的勇士叫作羅成。羅成精於槍法，百發百中而且武功高強，並與張大滿、謝鳳朗、湯龍、劉發等人結為結拜兄弟，一起投入黃南球開墾陣營，人稱黃家五虎將。後來因為黃南球墾地分配不均，羅成心生絕望，又覺得在黃南球開疆闢土的過程中，殺害太多原住民，罪孽太重，最後在石觀音削髮出家。

黃南球開墾的經過

1840年

出生於楊梅，十一歲遷往苗栗銅鑼灣

1864年

協助辦理「金萬成」墾號開墾

1876年

自立門戶，成立「黃南球」墾號，積極開發三灣、南庄、獅潭等地

1881年

接辦苗栗一帶的撫番工作，並取得「新竹總墾戶」的頭銜

1886年

受劉銘傳重用，協助辦理撫墾局業務

1889年

與北埔姜紹祖、林振芳等客籍首領聯合組成廣泰成墾號

1891年

協助官方平定泰雅族動亂，獲得褒獎，聲望達到高峰，獅潭縱谷地區都落入他的開拓範圍

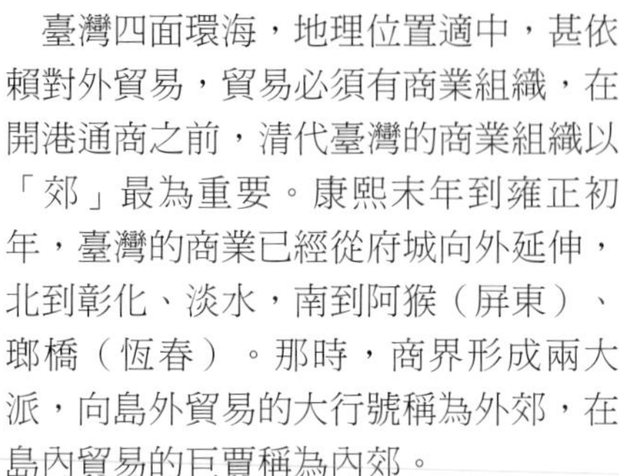

UNIT 3-11 行郊與商業發展

(一)清代的郊商

臺灣四面環海,地理位置適中,甚依賴對外貿易,貿易必須有商業組織,在開港通商之前,清代臺灣的商業組織以「郊」最為重要。康熙末年到雍正初年,臺灣的商業已經從府城向外延伸,北到彰化、淡水,南到阿猴(屏東)、瑯橋(恆春)。那時,商界形成兩大派,向島外貿易的大行號稱為外郊,在島內貿易的巨賈稱為內郊。

郊,簡單的說就是一種商會,是商人間的聯合組織,就像今日的代理商一樣,主要功能在解決貨物配運事宜。最早成立的郊,都是以貿易地為郊名,如臺南的北郊、南郊,鹿港的泉郊、廈郊,艋舺的泉郊、北郊等。之後,隨著商業的發展,某些特定貨品的需求量增加,以特定貨品為名的郊就逐漸成立,如糖郊、布郊、藥郊等。郊的行會性質較濃,可以操縱貨物的價格,郊的成立,一定要有某些數量的郊商為基礎,因此郊的多寡,也可反應一地商業發達的情形,在臺灣開港通商之前,郊行可說掌握了臺灣島內的貿易和日常生活消費品的命脈。

(二)臺南三郊

臺南是臺灣最早出現郊的地方,一七二五年,有三位閩南鉅商來臺南經商,為了避免相互競爭,因此組織三郊畫界各自經營,分別是北郊「蘇萬利」、南郊「金永順」、港郊「李勝興」。北郊以福建以北的上海、寧波、天津、煙臺、牛莊等處為貿易對象;南郊以金廈兩島、漳泉兩州、香港、汕頭、南澳等地為貿易對象;港郊則是以安平為中心,對東港、旗後、雞籠、鹽水港、滬尾等島內港口進行貿易,通常由港郊採購米糖等貨物交給南、北郊,或是向兩郊購買進口或轉售。這三大郊商還進一步合併成一個大組織,就是「府城三郊」,其他地區類似的例子,還有「鹿港八郊」和「淡水三郊」等。

(三)艋舺行郊的興衰

一八二〇年到一八六〇年是艋舺的黃金時代,當時艋舺商業鼎盛,不過在繁華表象的背後,卻藏著衝突的危機。從事輸入販賣業的商人組成行郊,依照地域可分為「頂郊」與「下郊」,頂郊是由晉江、惠安、南安三縣移民所組成。他們是最早來到艋舺的移民,居住在淡水河沿岸,以龍山寺為中心,操縱當地的商業和運輸業。下郊則是由同安人組成。由於同安人來得晚,他們只得集結在艋舺東側的八甲庄。雖然同安隸屬泉州,但是在地理上卻和漳州比較相近,與泉州的晉江反而疏遠,所以同安人容易與漳州人合作,常與晉江、南安、惠安人相競爭。

三邑人與同安人間的競爭,隨著商業的擴張而升高,三邑人久占淡水河岸碼頭,同安人雖晚來,卻也想從事臺北與廈門的貿易,於是與三邑人搶奪地盤。一八五三年,雙方碼頭挑夫發生嚴重衝突,頂郊三邑人聯合來自山區的安西人,攻擊同安人聚居的八甲庄,結果同安人大敗,八甲庄被焚毀,同安人及協助同安人的漳州人向北遷徙,建立大稻埕,掌握了對廈門的貿易。另一方面,艋舺因頂下郊火拼而元氣大傷,艋舺段的淡水河道逐漸淤淺,不適合大型船隻停泊,一八六〇年以後,艋舺商業逐漸被大稻埕所奪,商況也告衰落。

清代的郊商

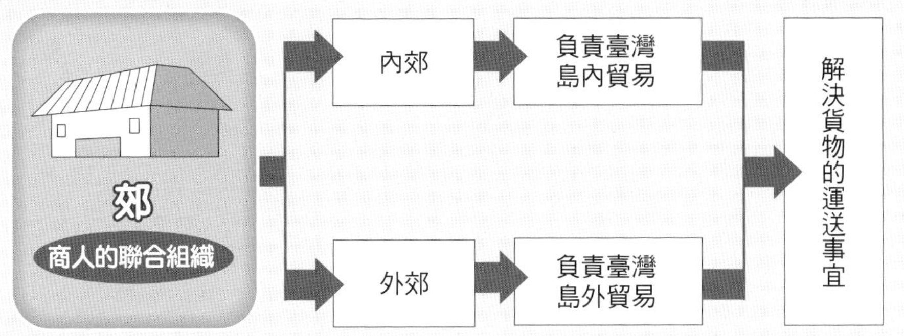

郊的區別

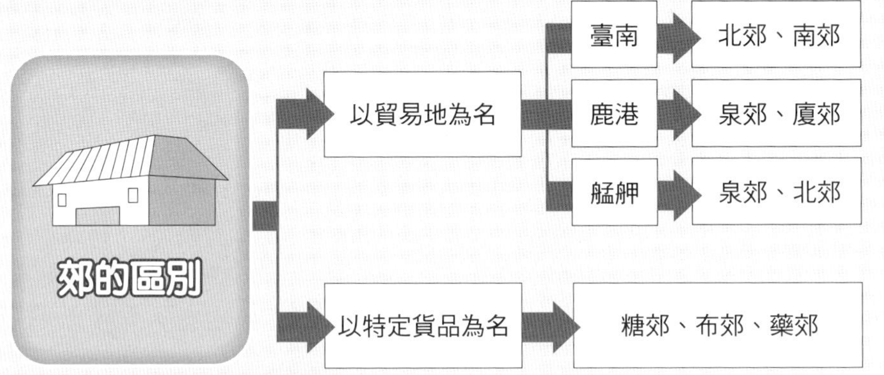

郊商的聯合組織

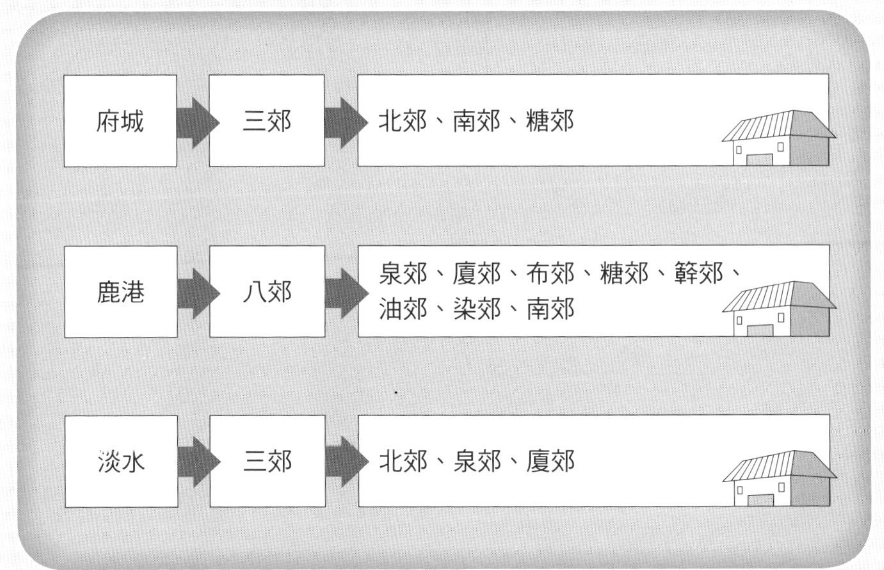

第3章 清代前期的政治與經濟發展

學習重點

1. 能了解清代臺灣移民社會中羅漢腳的角色
2. 能了解清代臺灣分類械鬥和抗官事件頻繁的原因
3. 能了解三大抗官事件發生的原因、經過及影響
4. 能了解清代臺灣社會的文教設施
5. 能了解清代臺灣社會的宗教信仰和休閒娛樂

導讀

清廷政府領有臺灣初期，嚴格限制移民攜家帶眷，來臺灣開墾者多是單身年輕的男子。年輕男性血氣方剛，加上官吏貪殘侵逼、會黨勢力、移墾社會民風較為強悍等因素，導致清代臺灣抗官事件與分類械鬥層出不窮，而有「三年一小反，五年一大反」之說，這些動亂對清朝時的臺灣社會影響很大。到了清代中期，隨著移民社會的安定，臺灣陸續有府學、書院及書房等文教機構，是臺灣人成為仕紳階級的重要管道。移民在臺灣落地生根後，基於同樣的地緣關係，常會組成各種組織，作為凝聚共識的中心，剛開始為了祈求平安抵達臺灣，而從原鄉攜帶神祇前來，到臺灣之後則是為其興建寺廟以延續香火，因此臺灣人常以寺廟為中心，組成以地緣為主的各種團體，也發展出許多不同的娛樂活動。

清代前期的社會與文化變遷

章節體系架構 

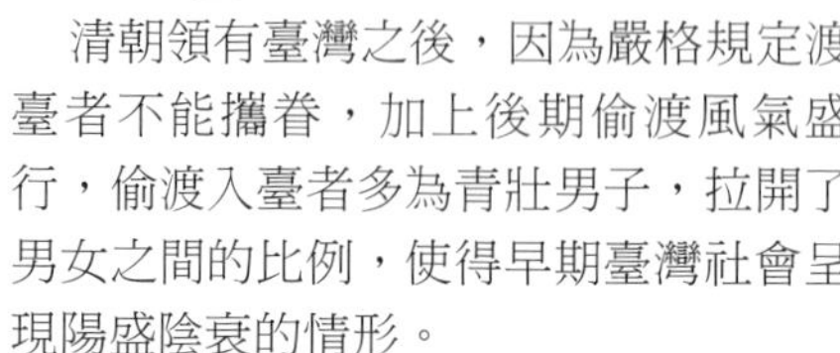

UNIT 4-1 臺灣社會的羅漢腳

（一）娶一個某，恰贏三個天公祖

清朝領有臺灣之後，因為嚴格規定渡臺者不能攜眷，加上後期偷渡風氣盛行，偷渡入臺者多為青壯男子，拉開了男女之間的比例，使得早期臺灣社會呈現陽盛陰衰的情形。

由於漢人女性甚為缺少，基於成家與生理的需求，許多漢人男子會入贅平埔族家庭，與平埔族女子結為夫妻，但這只是少數的例子，多數人無法那樣幸運，只能打光棍，變成遊民。這些遊民遊食四方，衣衫不整，終日赤腳，外型像佛家的羅漢，被謔稱為「羅漢腳」。

臺灣俗諺中有「娶一個某，恰贏三個天公祖」的說法，意思就是說，娶個老婆勝過家裡有三個佛祖庇佑，可見當時的臺灣社會若能娶個妻子是相當地珍貴。

（二）羅漢腳與有應公

羅漢腳在臺灣沒有家庭，終日在外遊蕩，當時臺灣社會形容這些人「有路無厝」、「病無藥、死無蓆」、「死無人哭」，用字戲謔，卻可清楚傳達他們的處境。他們舉目無親，流離失所，死後遺骨暴露，任由風吹雨打，有時民間善心人士會幫忙收殮，為其立廟祭祀，成為臺灣社會特有的有應公廟。

這些有應公廟常出現村落邊緣、田園路旁，或墓地附近，廟裡堆放著一層層的「金斗」（甕子），金斗內藏的就是客死異鄉、無親無故的孤魂野鬼。

臺灣有一句俗諺說：「少年若無一次戇，路邊哪有有應公。」意思就是，如果不是那些憨少年離開原鄉來臺灣開墾，以致客死異地，路邊哪來這麼多有應公供人膜拜呢？有應公的信仰，也反應了臺灣移民社會的辛酸。

（三）羅漢腳與社會衝突

清朝時期的臺灣，羅漢腳常是社會不安的根源，移民們遠離鄉土來到異地，存在著生存競爭的壓力，有時因爭奪田地或爭奪水源等原因，難免相互結黨私鬥，發生分類械鬥，這樣的情形在移民社會屢見不鮮。所謂的「分類械鬥」就是群體與群體間的武裝衝突，「分類械鬥」中的分類，常以地域分類為主，初期多屬省籍別衝突，如閩、粵械鬥；中期多屬州籍別對立，如泉、漳械鬥；後期多屬縣籍別的械鬥。

由於清朝政府無力仲裁紛爭，遇到衝突事件時，好事者又常呼朋引伴，結黨私相逞鬥，羅漢腳往往扮演煽風點火的角色，讓衝突一發不可收拾。分類械鬥時間短者數日，長者達數年，而且互相結仇，累世不解，規模大者常造成重大傷亡，甚至族群遷徙，阻礙經濟與文化的發展，前文提過的艋舺頂郊和下郊之械鬥即是一例，分類械鬥始終是清代臺灣社會的根本問題、各地不安的癥結。

抗官事件亦然，清代臺灣規模較大的三次抗官事件分別是：康熙年間的朱一貴事件、乾隆年間的林爽文事件、同治年間的戴潮春事件。清廷往往得派兵渡海前來鎮壓，才能將事件平息，根據統計，這些抗官事件的參與者，有百分之六十到七十是羅漢腳或接近羅漢腳的人物。

有關羅漢腳的諺語

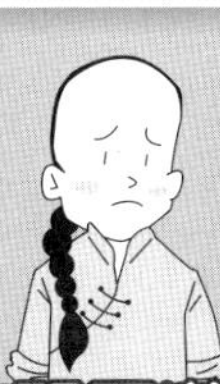

有關羅漢腳的諺語

諺語	意義
娶一個某，恰贏三個天公祖	娶個老婆勝過家裡有三個佛祖庇佑
有路無厝	形容羅漢腳孤苦無依的處境
病無藥、死無蓆	形容羅漢腳孤苦無依的處境
死無人哭	形容羅漢腳孤苦無依的處境
少年若無一次戇，路邊哪有有應公	如果不是這些憨少年來臺灣開墾，以致客死異地，路邊哪有這麼多有應公供人膜拜呢？

羅漢腳與社會衝突

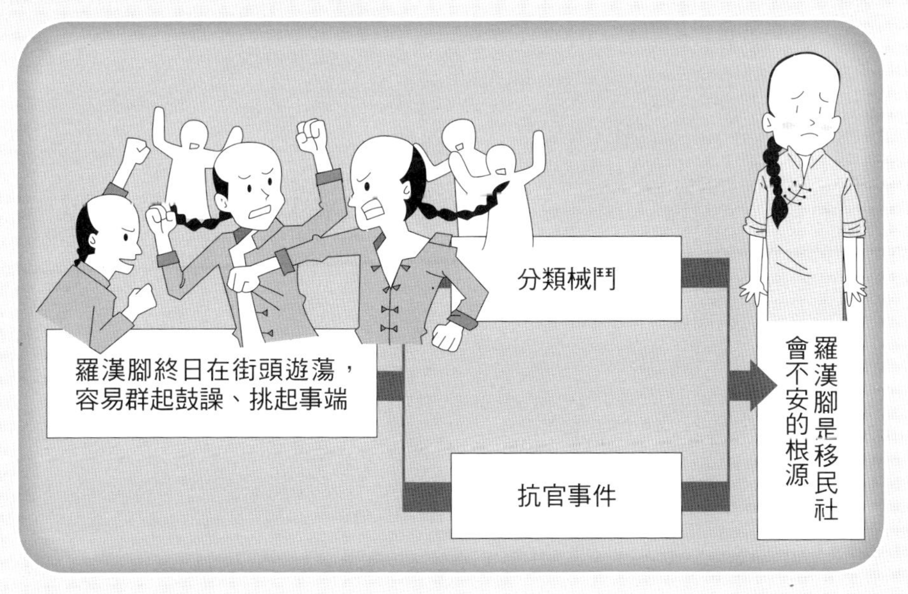

UNIT 4-2 朱一貴事件

(一)鴨母王傳奇

朱一貴,一六八九年出生於福建漳州,一七一四年移民來臺灣,在羅漢門(今高雄內門)溪畔搭寮養鴨為生。他日夜與鴨群相處,對於鴨子的習性瞭如指掌,一大群鴨子在他的竹竿指揮下,不僅出入井然有序儼若軍隊,還會隨著他的號令變換各種隊形,附近的民眾都戲稱他為「鴨母王」。

一七二一年春天,鳳山縣令的職位因故出缺,臺灣知府王珍私自派他的次子兼代,父子兩人狼狽為奸,硬說民眾為了祈求平安請戲班酬神的行為是拜把結盟,誣賴百姓密謀抗租造反,大肆逮捕了四十多人嚴刑拷打。王珍在逼供的時候,知道有人私伐山林卻沒有繳稅,更加怒不可抑,又逮捕了一百多人,通通處以極刑,此舉更加深了民眾的憎恨。在眾人的鼓動下,那年四月,朱一貴正式豎旗起事,號稱「中興大元帥」,但起義軍畢竟只是臨時聚集的百姓,未受過訓練又缺乏武器,沒多久便潰散而逃。

清朝政府下令懸賞誅殺「朱黨」,殺賊一名賞銀三兩,殺賊目一名賞銀五兩。原住民好功,為了賞錢到處濫殺無辜,提著人頭冒充是朱黨,藉以換取賞錢,造成當地民眾恐慌,只得四處躲避,或是乾脆加入抗清的行列,讓朱一貴陣營增加到兩萬多人。朱一貴起事不久,下淡水溪(今屏東平原)的粵籍人士杜君英打出「清天奪國」的旗號,與朱一貴聯手進攻府城,結果清軍大敗。

五月,朱一貴順利進駐府城,舉行登基大典,稱中興王,還煞有其事的大封群臣。但開國來得太突然,根本就沒有時間準備,只好向戲班借戲服替代,怎料官員太多了,戲服有限,借光了各地戲班的戲服,衣冠還是湊不齊全,使得朱一貴的登基大典,出現了「頭戴明朝帽,身穿清朝衣」的滑稽畫面。

(二)閩粵族群的衝突

臺灣城淪陷的消息傳回廈門,閩浙總督覺羅滿保親自坐鎮廈門,命令福建巡撫呂猶龍籌措糧餉軍需,福建水師提督施世驃和廣東南澳鎮總兵藍廷珍負責實際軍事行動。此時,朱一貴王朝發生嚴重的內亂,杜君英進入府城之後,自認為是開國元勳,妄自尊大起來,隨意搶奪民女,朱一貴大為震怒,派人前去責問,杜君英惱羞成怒,雙方爆發激烈衝突,以朱一貴為主的閩人和以杜君英為主的粵人兩個集團決裂,發生血腥的大殘殺。

內訌讓朱一貴集團元氣大傷,更給清軍可趁之機,不久,清兵大舉壓境,兩軍在安平城展開殊死戰,朱一貴軍隊不敵敗逃,客家莊卻在此時豎起「大清義民」的旗幟襲殺閩人,使朱一貴處境更加艱難。最後,在清軍緊追不捨下,朱一貴在溝仔尾莊兵敗被擄,被捆在牛車上押解至府城,被判處凌遲致死。朱一貴從興兵起事到自立為王,只有短短十幾天,由於新王朝內訌,閩粵自相殘殺,使得他的政權曇花一現,杜君英藏匿山中,直到九月中旬才出來自首,被押解到北京城處斬。

朱一貴事件的經過

背景：朱一貴移民來臺後，在羅漢門養鴨為王，對鴨子的習性瞭如指掌，人稱「鴨母王」。朱為人豪爽，樂於助人，結交不少友人

原因：臺灣知府王珍父子狼狽為奸，激起人民不滿，朱一貴在眾人鼓動之下豎旗起事

經過：朱一貴號稱中興大元帥，豎旗起事，和粵籍首領杜君英聯手進攻，攻陷府城。後朱一貴集團內訌，爆發衝突。客家莊也開始殺害閩人

最後：朱一貴兵敗被俘，被清廷判處凌遲致死；造成閩粵族群之間的矛盾與衝突

清廷的善後措施

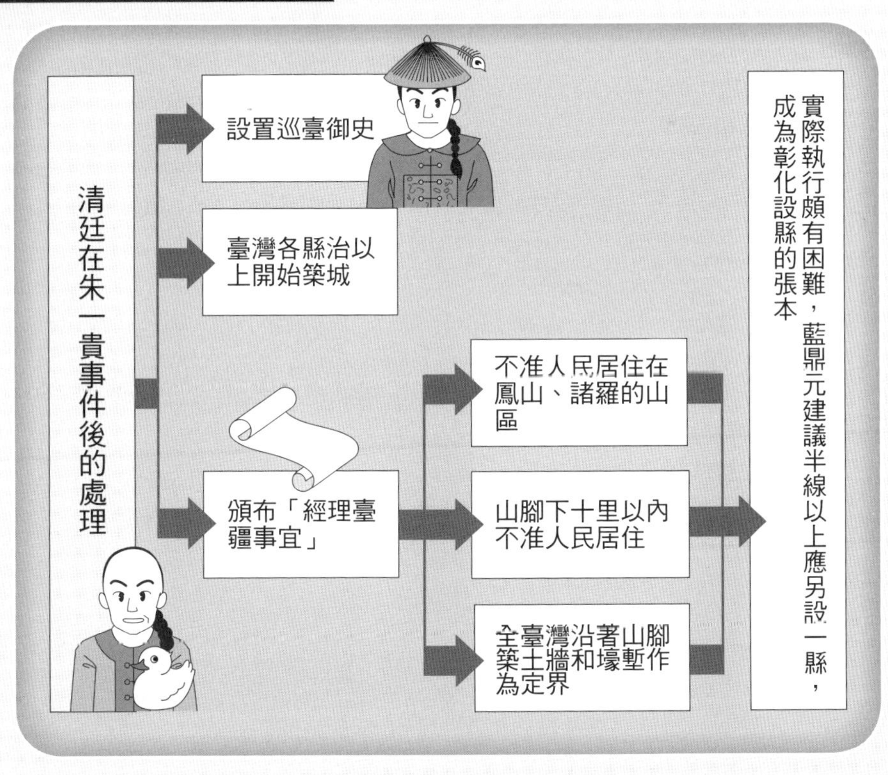

UNIT 4-3 林爽文事件

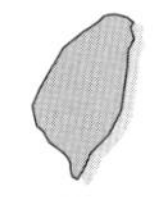

（一）天地會在臺灣

林爽文一七五七年出生於福建漳州，十七歲時隨著父母偷渡到臺灣，定居在大里杙（今臺中大里），偶然間，林爽文結識了來臺傳播天地會的同鄉嚴煙，在嚴煙的鼓吹下，林爽文也加入天地會。一七八六年六月，諸羅縣有一對楊氏兄弟爭奪家產，各自結黨明爭暗鬥，還向官方告發對方結黨，諸羅知縣派人前往緝拿，楊氏兄弟先後被捕，其餘逃往大里杙投靠林爽文。

原本這件事情已經平息，沒想到，新任彰化知縣俞峻上任之後，得知林爽文祕密結黨又窩藏逃犯，立刻下令清查會黨，負責緝拿會黨的衙役藉此大肆敲詐勒索、搜刮財物，如果民眾稍有不從，就放火燒屋，濫殺無辜，讓百姓相當不滿，鼓吹林爽文起兵抗清。

（二）大里杙起事

原本林氏家族深怕此事危及林家在臺灣的基礎，希望息事寧人，經商議過後，他們把林爽文軟禁起來，不准林爽文從事抗官活動。沒想到，臺灣鎮總兵柴大紀到彰化巡閱，俞峻向柴大紀借調三百名士兵到大里杙搜捕，還威脅林氏宗族必須立即交出林爽文，否則將大里杙夷為平地，臺灣知府孫景燧也率領文武官員，從府城趕到彰化坐鎮。無奈之下，林氏長老只得讓林爽文出來主持大局。

林爽文宛如猛虎出閘，率領會眾偷襲清軍的營盤，清兵措手不及，數百人被殺，俞峻也死於這場戰役中。十一月，林爽文殺進彰化縣城，清軍大敗，臺灣知府孫景燧、海防同知劉亨基等官員在這場戰役中喪命。林爽文起事短短幾天，累積將近十萬人會眾，他們沿著苗栗、新竹往北前進，沒多久攻占淡水廳，彰化以北全在林爽文掌握之中，十二月，林爽文被推舉為「順天大盟主」，在彰化縣署設盟王府。

（三）福康安來臺平亂

起事後，林爽文繼續南下，攻破諸羅城，轉眼就兵臨府城。鳳山縣的莊大田也前來助陣，與林爽文合力圍攻府城。清廷雖然數次從中國調派軍隊來臺平亂，但都無法打破僵局。一七八七年一月，福建水師提督黃仕簡和陸路提督任承恩，率領軍隊抵達臺灣，在精銳部隊的火力支援下，海壇鎮總兵郝壯猷攻下鳳山，臺灣鎮總兵柴大紀也收復諸羅。

十一月，大學士福康安也選調各地精銳部隊來臺，他整頓鹿港駐兵，自鹿港長驅直下，在諸羅與林爽文的軍隊正面交鋒，林爽文不敵退回大里杙。福康安兵分兩路繼續乘勝進擊，攻入大里杙，大里杙被夷為平地，林氏家族慘遭滅族。

一七八八年一月，林爽文在淡水廳老衢崎（今苗栗竹南）被入山搜索的番軍尋獲，綁赴府城，隨即押往北京受審，被判處凌遲致死。二月，莊大田也在柴城（今屏東車城）被擒。

林爽文事件的經過

林爽文事件的經過

- **背景**：林爽文在偶然間加入了天地會，收留了被官府緝拿的犯人
- **原因**：彰化知縣俞竣上任後下令清查，負責緝拿的官吏卻大肆敲詐勒索，引起民眾不滿
- **經過**：林爽文率領天地會眾人偷襲清軍，進攻彰化縣城，向北推進至淡水廳，林爽文被推舉為「順天大盟主」

結果：林爽文退回大里杙，不久兵敗被俘；莊大田也在柴城被擒

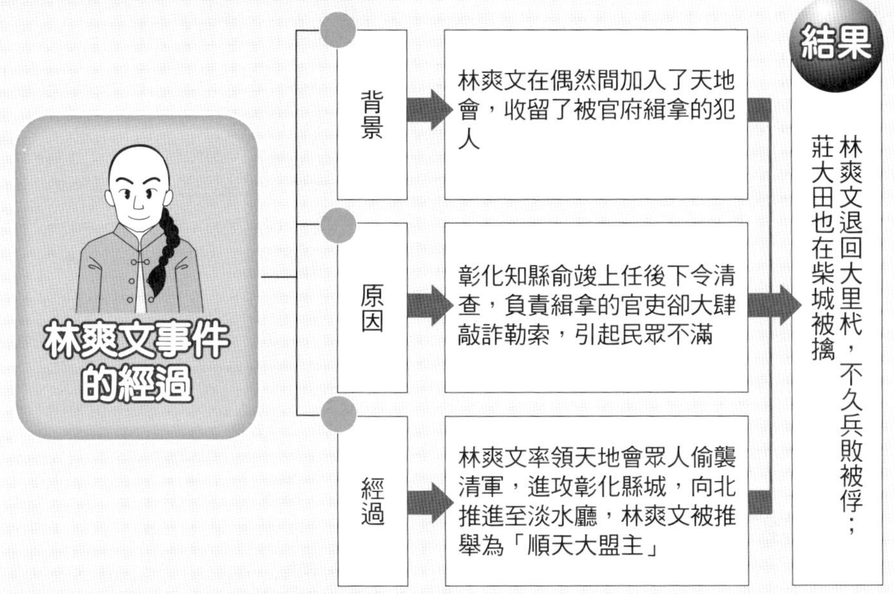

林爽文事件的影響

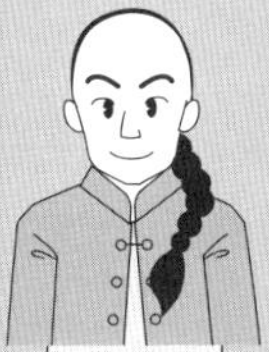

林爽文事件的影響

- **清廷對臺灣施政的補救**
  - 認為諸羅縣民合力守城，為了嘉獎其義行，將諸羅縣改名為嘉義縣
  - 下令義民組織繳交刀、矛等武器，嚴禁私鑄武器，企圖弱化義民組織的力量義民信仰的產生
- **義民信仰的產生**
  - **原因**：竹塹地區林姓族長率領客家族人援助清軍，對抗林爽文
  - **結果**：地方仕紳將犧牲的義民合葬於新埔枋寮庄，乾隆皇帝頒布「褒忠」，令地方仕紳合資興建義民廟

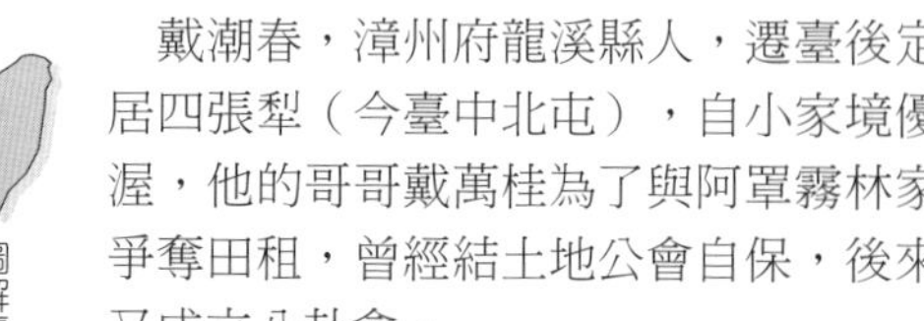

UNIT 4-4 戴潮春事件

(一)戴潮春與天地會

戴潮春，漳州府龍溪縣人，遷臺後定居四張犁（今臺中北屯），自小家境優渥，他的哥哥戴萬桂為了與阿罩霧林家爭奪田租，曾經結土地公會自保，後來又成立八卦會。

戴潮春以戴萬桂的八卦會眾為基礎，擴大規模成立天地會，辦理團練協助官府維持治安。戴潮春的團練發揮了一些功能，因此彰化縣前後兩任知縣高廷鏡、雷以鎮對他相當倚重。加入天地會的人越來越多，連彰化縣各衙門的書吏、皂役都入會。

但是，天地會勢力擴大之後，會眾的成分也越來越複雜，戴潮春雖然是彰化一帶的會首，卻無力制止會眾橫行鄉里、破壞治安的行為。

由於天地會勢力越來越大，一八六二年三月，道臺孔昭慈認為天地會勢力太大，可能危及治安，遂帶領兵勇到彰化查辦，在大墩（今臺中北屯區）與戴潮春陣營遭遇，雙方發生激戰。戴潮春攻破彰化縣城，身穿黃馬褂，頭包黃巾，自稱「大元帥」，在鑼鼓喧天中進入彰化縣，還命百姓蓄髮，遵照明朝制度。

(二)阿罩霧庄攻防戰

因戴潮春和霧峰林家有宿怨，他攻陷彰化城之後，率領三萬多人截斷阿罩霧水源，打算一舉消滅林家。當時阿罩霧兵多數跟隨林文察、林文明兄弟赴浙江作戰，庄中只剩七十二名壯丁，但是在林文鳳指揮之下，靠著大砲等強大火力還擊，雙方展開激烈的攻防戰，期間林家幾乎失守，但是在林家人日夜死守之下，終於擊退戴潮春的軍隊。圍攻阿罩霧失敗之後，戴潮春部下林日成轉而以鹿港、嘉義為目標。

由於鹿港城居民多為泉州人，戴潮春起事後大肆屠殺泉州人聚落，鹿港居民在士紳領導下奮勇抵抗，勇首施九梃招募六百名鄉勇協助，大戰三天之後終於擊退戴軍。六月，掌管臺灣北部軍務的鹽運使林占梅攻占大甲，戴潮春軍隊率領圍攻，並斷絕城中飲水，大甲城民請貞婦余林氏祈雨，當天果然下起雨來，解除城中水的問題，並且在代理淡水廳職務的張世英、千總曾捷步、把總周長桂，以及勇首羅冠英的支援，將戴潮春的軍隊擊退。

(三)戴潮春事件的結束

沒多久，霧峰林家的林文明回臺協助平亂，林家另一位將領林文察也出任平臺將領，回臺灣幫助平定亂事，林文察以援助彰化戰事為由，假意讓各軍撤離斗六城外，僅留下數營人馬，並燃燒煙柴，要士兵作出慌亂的樣子，誘使城內敵軍開門襲擊，再讓埋伏在甘蔗田裡的士兵衝出，大敗戴潮春的軍隊，順利收復斗六。收復斗六後，清軍開始掃蕩林日成、洪欉、陳弄及嚴辦等戴軍強將。清軍以優勢兵力圍攻，戴潮春陣營不敵，歷時最久的抗官事件終於宣告結束。

事件之後，林家因平定有功，得到清廷給予全福建省（當時包含臺灣）樟腦收購權的獎賞，加上林文明攻略各庄與事後清點「叛產」，和收「罰捐」時侵占部分錢財土地，使林家頓時由地方土豪崛起，成為臺灣五大家族之一。

戴潮春事件的經過

背景 → 戴潮春利用其兄的八卦會為基礎，成立天地會，辦理團練，維護治安

原因 → 天地會的成員越來越多，成分複雜，導致道臺孔昭慈到彰化查辦時，雙方發生激戰

經過 → 戴潮春攻陷彰化城後，圍攻阿罩霧，在林家人死守下失敗，轉而攻擊鹿港、嘉義

結果：霧峰林家的兩大戰將，林文明和林文察回臺平亂，戴潮春最後不敵敗亡

戴潮春陣營中的女性

巾幗不讓鬚眉

- 將領陳弄妻妾數人，猛悍勝於男子
- 將領鄭大柴陣亡後，其妻為夫報仇，屢攻寶斗街
- 將領王新婦戰死後，其母參加嚴辦的部隊，為子報仇

戴潮春事件的影響

戴潮春事件的影響

→ **中部豪族勢力重整**

- 霧峰林家因平亂有功，獲得福建省樟腦收購權，並致力於經濟擴張，強化林家的宗族活動和社會事業，成為中部的首要地方領袖
- 戴潮春、林日成等人因抗官失敗，政治、社會地位崩解，退出中部地方頭人的地位

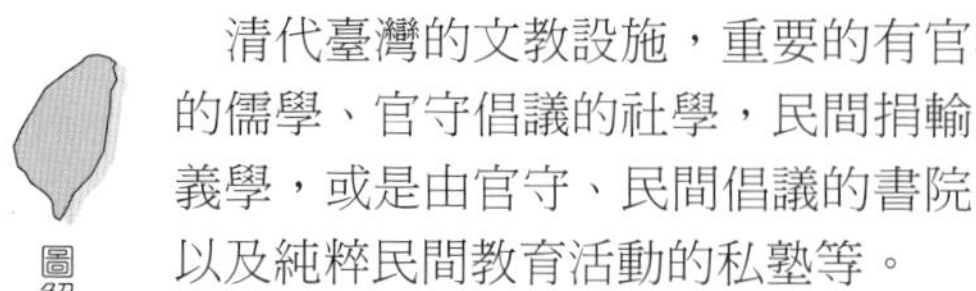

UNIT 4-5 清代臺灣的文教設施

(一)儒學

清代臺灣的文教設施，重要的有官辦的儒學、官守倡議的社學，民間捐輸的義學，或是由官守、民間倡議的書院，以及純粹民間教育活動的私塾等。

清代的地方制度，省之下為府，府設有府儒學，是一府最高教育機關，由教授掌管；府之下有縣，縣設有縣儒學，由教諭掌管。臺灣府縣儒學每三年舉行兩次入學考試，考生必須歷經縣試、府試及院試等三次考試，院試及格後可以進入府縣儒學就讀，成為一個生員，也就是俗稱的秀才。生員又依照成績高下分為廩生、增生及附生三種，前兩者的名額有定員，稱為「學額」。清代臺灣總共有三所府儒學、十所縣儒學，尤其是到清朝中葉之後，臺灣已經由移墾社會發展成文治社會，追求科舉功名成為當時的價值取向，儒學一方面是地方最高教育機關，也是培養人才的搖籃，不少士子經過儒學的訓練而金榜題名。

(二)書院

由於府、縣才能設儒學，根本無法滿足臺灣人求學的需求，因此清代臺灣書院相當發達。書院大多是由官司或由民間義舉，由院長主講，監院督導，每月舉行官課與師課考試，還會發給「膏伙」(獎學金)，用來作為優秀學生的獎勵。制度跟中國大陸的書院一樣，創立都是根據章程，各地的書院也會自訂學規，規定學生保身立志的道理，以督促學業的進步為目的。入學考試、月課、宣講等，都照預定的方針進行，特別重視人格教育，以及倡導學術研究自由的風氣，對傳遞漢族文化與維護道德傳統頗有貢獻。

(三)書房

書房是初等教育的輔助機構，可能是教師自行開設，可能是鄰里共同出資延聘教師，也可能是富豪之家獨立聘請教師。教師通常由具有貢生、生員、童生等科舉功名的士人擔任。通常七、八歲的孩童即可入學，修業年限按貧富、智愚有所差別，少則二、三年，多則七、八年，甚至十餘年都有，課程內容以讀書和習字為主，也頗為重視道德人倫的陶冶。學童入學之初，首先傳授較容易誦讀的三字經及四書，接著研讀五經、四書集注及古文詩賦，學生通常被要求要能點讀、背誦、默寫，然後再由教師講解教科書的字意及文意。

(四)社學

除了府、縣學以外，鄉里之中還有社學，聘請「文義通曉、行誼謹厚者」擔任社師。一六八三年，臺灣知府蔣毓英在臺灣縣建立兩所社學，目的在教育無力從師的貧寒子弟，其後，在地方官支持下，各縣紛紛成立社學。康熙末年，受到朱一貴事件的影響，社學曾經一度廢絕。朱一貴事件結束之後，一七二八年，來臺參贊戎務的藍鼎元指出，教化是治理臺灣的一大急務，認為臺灣應多設社學，除了幫助孤寒生童外，並行社會教化功能，在他的倡導下，各地的社學才逐漸恢復。其後，社學組織改變，經費來源以民間義捐為主，因此也稱為義學，經費充足的義學，甚至像書院一樣施行會課，已經不僅僅是聚集清貧學生的場所了。

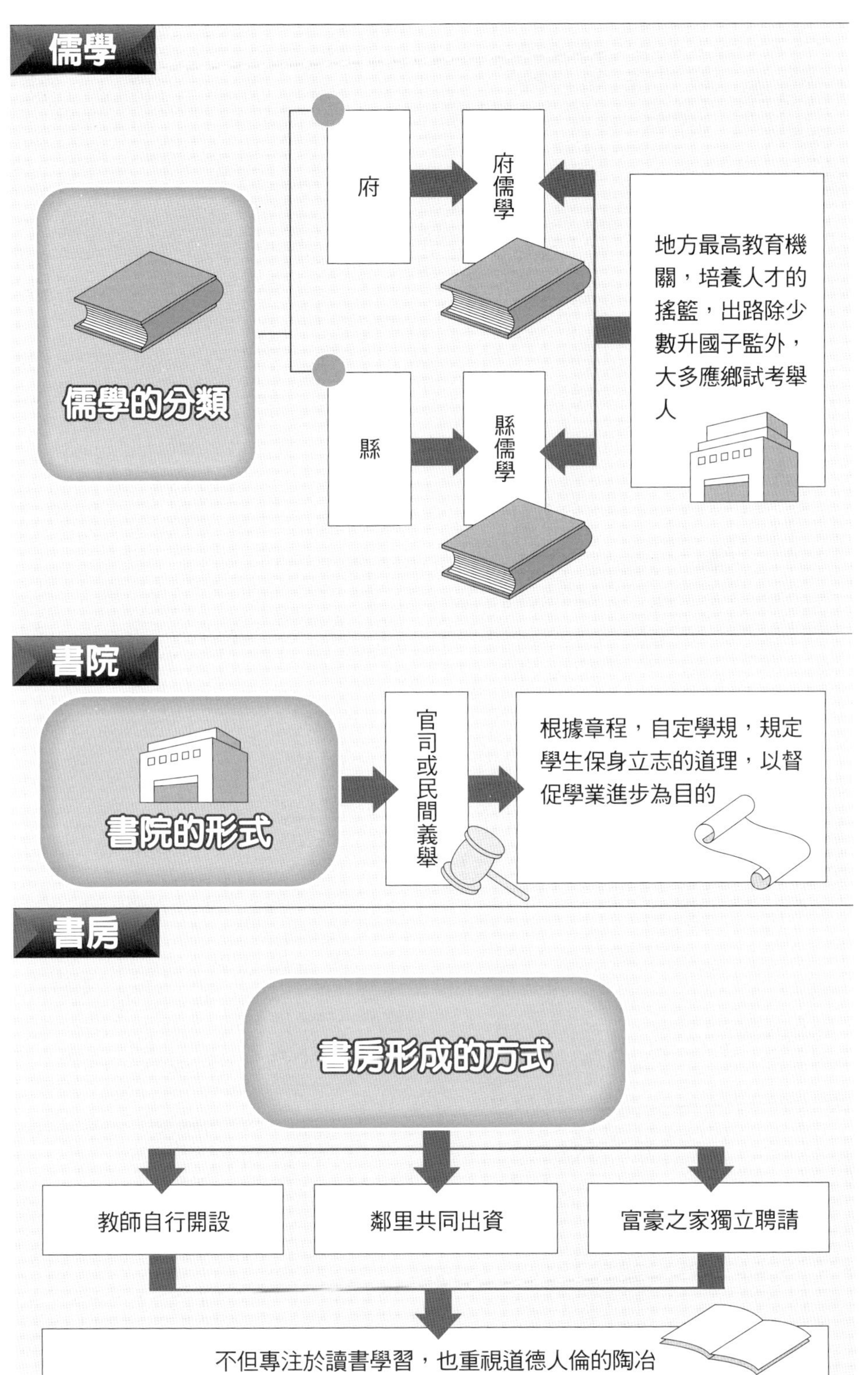
儒學
儒學的分類
府
府儒學
縣
縣儒學
地方最高教育機關，培養人才的搖籃，出路除少數升國子監外，大多應鄉試考舉人
書院
書院的形式
官司或民間義舉
根據章程，自定學規，規定學生保身立志的道理，以督促學業進步為目的
書房
書房形成的方式
教師自行開設
鄰里共同出資
富豪之家獨立聘請
不但專注於讀書學習，也重視道德人倫的陶冶

UNIT 4-6 開臺進士鄭用錫

(一)鄭用錫的出身

鄭用錫原籍漳州府漳浦縣，他的先人原本以捕魚和經商為生，到臺灣之後定居在新竹。他的父親鄭崇和憑藉著博覽群書的學識，在當時文風不太興盛的新竹教書。不少富家子弟前來就學，因此得到很多束脩，累積了一些財產。

鄭崇和相當懂得利用仕紳的身分，投資土地的開墾工作，一八〇五年時，已經是地方上知名的人物。後來，海盜蔡牽侵犯淡水地區，鄭崇和募集鄉勇防守海盜，得到清朝政府嘉許；還化解許多地方的械鬥，避免糾紛和殺戮，可見他在地方上有不小的影響力。鄭崇和也常從事地方公益活動，發米賑濟災民，施藥救人，設立義塾教育地方貧窮子弟等，對新竹地區貢獻很大。

一七八八年，鄭用錫出生於竹塹北門，小時候就展現過人天分，博通經史百家，尤其精於《易經》，一八一〇年，錄取為彰化縣學廩生；一八一八年，第二次應鄉試考中舉人。一八二三年，鄭用錫赴京會試，中進士三甲及第，這是開臺以來，首次有臺灣籍考生登科成為進士。事實上，在鄭用錫之前，臺灣已經有陳夢球、王克捷及莊文進三人考中進士，但陳夢球是陳永華之子，籍隸滿州正白旗，其他兩人則被認為有以內地人冒臺灣籍應考的嫌疑，鄭用錫考取進士是開創臺灣及第風氣的第一人，被稱為「開臺進士」。

(二)回饋鄉里不遺餘力

鄭用錫進士及第之後，新竹鄭家的社會地位驟然攀升，鄭用錫也善盡身為地方仕紳的職責，用家族雄厚的資產和充沛的聲望，從事種種回饋社會的公益事業。其實，一八一七年，當他還只是廩生時，及聯合新竹其他文人，建議在淡水廳內興建文廟。一八二四年，文廟完成之後，鄭家還捐獻田租作為學田的經費。後來，淡水廳常發生分類械鬥，造成治安上的紛擾，一八二六年鄭用錫聯合仕紳，向淡水同知建議築城為當務之急。一八二九年，淡水廳磚造石城完工，鄭用錫也因督建城池，功加同知銜。此外，鄭用錫還在農作歉收的時候發白米賑災；遇到瘟疫時施藥救人，也參與修補南北大路、興建陸橋等工作。

鄭用錫對維護地方秩序不遺餘力，鴉片戰爭其間曾經募集鄉勇協防大安港，又在土地公港（今臺中大甲）捕獲匪徒。一八五三年，發生頂郊、下郊拼鬥的時候，為了平息械鬥的紛爭，親自撰寫〈勸和論〉來平息紛爭。鄭用錫還以同安籍的身分，親自移駐三邑人李姓人家中，用行動化解械鬥，解救不少性命。

鄭用錫對教育的貢獻也為人所稱道，他自京城辭官回臺灣之後，即致力於教育事業，前後八年的時間，在明志書院主講，親自為文作詩，作為諸生模範，並且著手編纂《淡水廳志》，雖然未刊，卻是後來《淡水廳志》的張本。此外更以身作則，繼承父親鄭崇和所奠立的書香傳統，以開臺進士及鄭家族長的身分，勉勵族中子弟讀書應舉，使新竹鄭家科名之盛冠於全臺。

鄭用錫其人與其事

鄭用錫發跡的過程

1788年

出生於竹塹北門外的書香世家

1810年

錄取為彰化縣學廩生

1817年

聯合新竹地區其他文人，建議興建淡水廳文廟

1818年

參加鄉試，高中舉人

1823年

赴京參加會試，高中進士三甲及第，成為臺灣入清版圖百年以來首位進士

1824年

文廟完成後，捐獻田租作為學田的經費

1826年

聯合士紳向淡水同知建議築淡水廳。歷時兩年完成，鄭用錫因督建有功加同知銜

1853年

頂郊、下郊拼鬥時，鄭用錫撰寫〈勸和論〉平息紛爭，還以同安籍的身分移駐三邑人李姓人家中，用行動化解械鬥

UNIT 4-7

移民社會的宗教信仰

(一)冒險渡海

相信大家都有到寺廟參拜的經驗，寺廟是臺灣文化重要的元素，各地奉祀的寺廟主神不同。其實，臺灣的民間信仰是從清代開始發展，特殊的生活環境造就不同的信仰內涵。清代臺灣民間信仰的特質可以從移民自中國遷移到臺灣的過程中看出，分為冒險渡海、開墾拓荒及定居發展等三個步驟，從中可以看到宗教力量所扮演的角色。

最初航海技術比較簡單，加上臺灣海峽水流湍急，颱風頻傳，移民渡海來臺時，多隨船供奉與海洋有關的神明，保佑一路風調雨順，包括媽祖或玄天上帝等，平安抵達臺灣之後，就會把隨船的神像供奉在廟宇中，臺灣四面環海的地理環境，更促進了媽祖信仰的發展。有趣的是，臺灣的媽祖信仰雖然來自中國大陸，但在臺灣多年之後，儼然已發展出獨特的信仰內涵。媽祖原本是海神，又發展成雨水之神，當雨水太多造成水災，又有所謂「掃溪路」的靈力阻止風雨，可說具有呼風喚雨的控水能力；臺灣的溪水湍多水急，又使媽祖衍生水利神之性格；臺灣社會重視農耕，農耕最怕稻蟲害，媽祖也發展出驅蟲的靈力。在臺灣，媽祖可說是有求必應的萬能之神。

(二)開墾拓荒

移民者平安渡過海峽到達臺灣之後，拓墾初期，首先面臨的問題，就是瘴癘瘟疫的肆虐。在移民開拓的社會裡，醫生與醫療設施極為缺乏，初期移民多藉奉祀瘟神以安定恐懼的心理，因此，臺灣移民普遍信仰的神祇還有王爺。王爺本來是閩南系統居民崇拜的神明，具有驅逐瘟疫的力量，拜瘟神時，常見有紙糊或木製的王爺船，在祭典後燒掉或送出海，就是把瘟疫驅送出境的意思。在臺灣的鄉村中，到處都可以看到王爺廟，有時作為一個村落的共同崇拜中心，有時在村落中，成為某個角頭供養的神明，扮演社區內的保護角色。

(三)定居發展

在渡過險惡的海峽並避開初期的瘟疫之難後，先民開始定居，但是定居下來之後問題又陸續出現了，首先是防備原住民的攻擊，其後又要與不同移民群體爭土地，還要組織不同群體以建造大規模的灌溉系統，要解決這些問題，最重要的是要組成堅強的社群團體，形成一股內聚力，他們藉著同鄉同村的關係作為組織的根據，原本共同供奉的神明，自然地被當作團體整合的象徵。這些地域性的信仰包括粵籍客家人信仰三山國王、漳州人信仰開漳聖王、泉州人祭拜廣澤尊王、同安人拜保生大帝，和安溪人拜清水祖師等，它們也都成為臺灣最普遍受供奉的神明，在臺灣傳統的農村社會中，發揮很大的整合力量。

小博士解說

多神信仰的社會

清廷領有臺灣以後，由於官府力量有限，移民為了生存，往往同鄉群居一村，沿用原鄉地名，興建廟宇供奉共同信仰的神明，結合成祭祀組織，藉以凝聚祖籍或地緣意識，形成不同祖籍的移民，供奉不同神明的狀況，不過，漢人移民仍然有的共同信仰，例如：玉皇上帝（天公）、媽祖、關帝、福德正神（土地公）等，總之，臺灣屬於一個多神信仰的社會。

清代臺灣民間信仰三階段

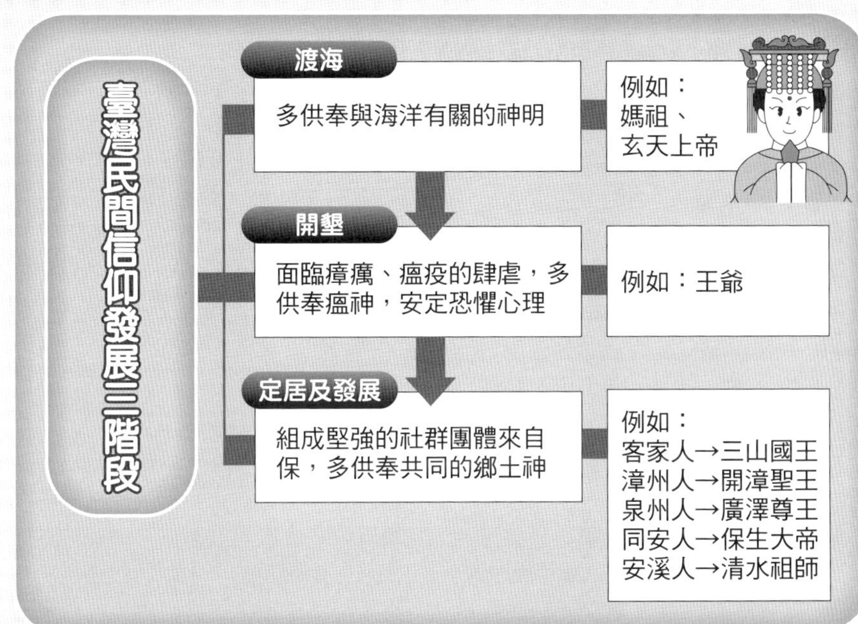

移民的鄉土神

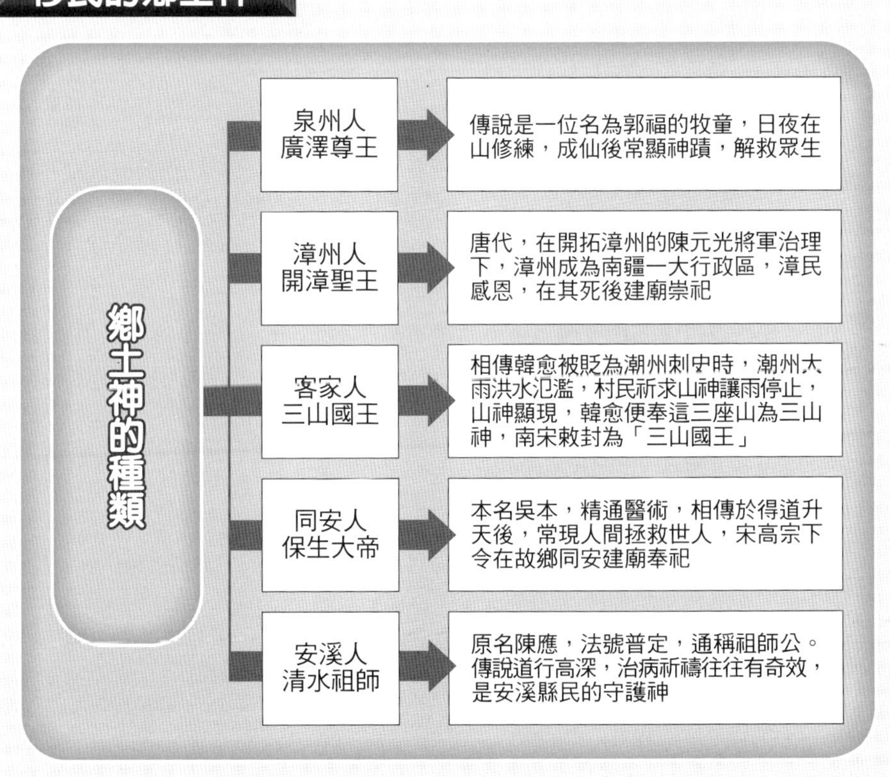

UNIT 4-8

清代臺灣社會的休閒和娛樂

(一)民俗節慶的社會功能

臺灣開發早期，由於移民生活艱困，無暇兼顧娛樂活動，不過，隨著農耕社會來臨，民眾生活漸趨穩定，休閒娛樂變成農閒時不可或缺的一部分。清代時期，臺灣並沒有週末和星期假日的休閒風氣，尤其是農村社會一年到頭終日勞動，能夠休閒的時間，除了過年，就是寺廟的神誕或建醮等祭典。每當祭典之日，善男信女們除了捐金做神明戲來熱鬧一番，有錢人家少不了殺豬公敬神明，此外，家家戶戶亦設宴請客來聯絡感情，既可以迎神拜拜又可以溝通人情，祭典表現了敦睦親友的交誼特色，同時具有娛樂休息的社會功能。

(二)神明慶典迎熱鬧

神明祭典中，各種酬神節目往往是重頭戲，不論是宋江陣、大鼓陣、車鼓陣、藝閣等藝陣，或是各種戲曲，都是農村社會最重要的娛樂。清朝時期，臺灣流行的戲曲以原鄉盛行的劇種為主，還有皮影、布袋、傀儡等偶戲，以及清朝中葉以後所興起的北管等，這些戲曲在演戲酬神風氣盛行下，很快地在臺灣生根發展。

清代中葉之後，臺灣社會商業逐漸發達，人民生活水準提高，臺灣戲曲於是朝著娛樂的方向改變，衍生出許多融入臺灣地方色彩的小戲，像是車鼓戲、採茶戲、公背婆、跳鼓陣、乞丐戲等，還有揉合說場、亂談及京劇等劇種的精華，在臺灣大受歡迎的歌仔戲。

這時候，由於戲劇活動演出頻繁，為免村莊寺廟慶典時找不到陣頭或戲曲表演者，村落中便有子弟班的興起。子弟班是臺灣民間因戲曲而結社的組織，參加人員都是地方上有錢或有閒人家的子弟，因為喜歡看戲，又為避免無所事事，誤入歧途，便由父老出錢出力組織子弟團，平常利用固定時間練習，一方面自娛，打發時間，一方面若遇到村中有神明壽誕或喜慶的日子，更可以粉墨登臺，扮演酬神慶典的角色。

(三)西皮與福祿之爭

在臺灣，北管俗稱亂彈，因為風格非常熱鬧，相當符合早期臺灣喜愛熱鬧的民風與廟會慶典的訴求。清朝中葉，北管戲在臺灣興起，帶動子弟戲的興盛，到了清朝末年，子弟班更是空前發展，只要稍具規模的寺廟都擁有子弟班，許多商業工會及職業工會也各自訓練屬於自己的戲班，如此百家爭鳴的景象，造成子弟班由於派別不同而惡性競爭，形成了臺灣戲劇史上有名的西皮福祿之爭。

西皮和福路是北管的兩個派別，兩派各自有自己的曲風、樂器及信仰的樂神，在「輸人不輸陣、輸陣歹看面」的心理因素下，兩派人馬常因為相互競爭畫分地盤，而有樹黨相互對抗，產生械鬥的情形，加上羅漢腳常趁機滋事，西皮和福祿的鬥爭，往往造成社會很大的不安；直到日治時期，在日本政府強力的壓制下，西皮福祿之爭才慢慢消退。

神明慶典的功能

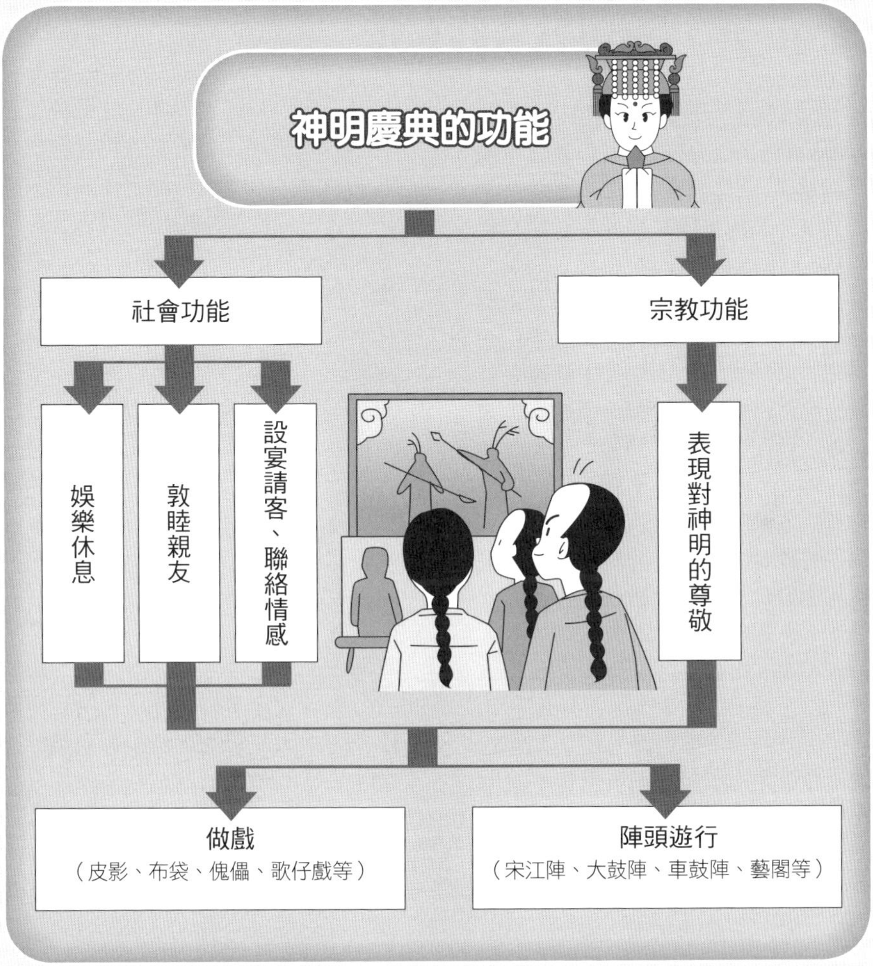

神明慶典的功能
社會功能
宗教功能
娛樂休息
敦睦親友
設宴請客、聯絡情感
表現對神明的尊敬
做戲
（皮影、布袋、傀儡、歌仔戲等）
陣頭遊行
（宋江陣、大鼓陣、車鼓陣、藝閣等）

西皮、福祿之爭

子弟戲的派別
西皮
供奉
田都元帥
以吊規子為
代表樂器
福祿
供奉
西秦王爺
以椰胡為
代表樂器
兩派各自招兵買馬來壯人聲勢，引起械鬥事件。清朝時期很嚴重，直到日治之後才慢慢消退

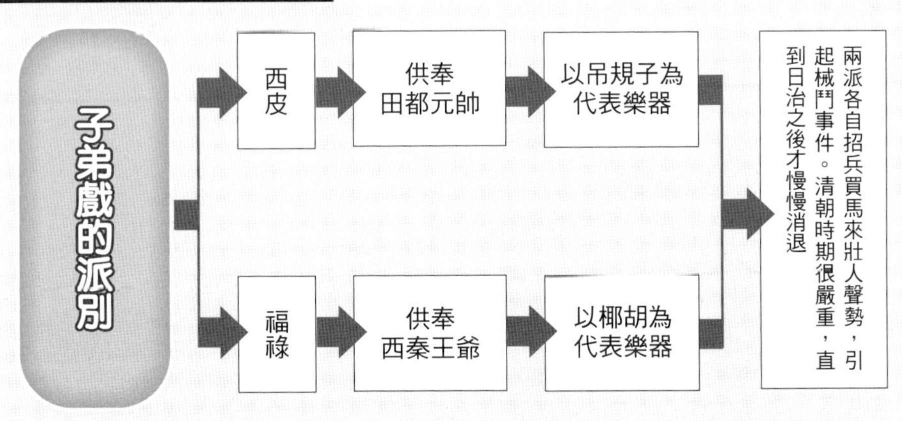

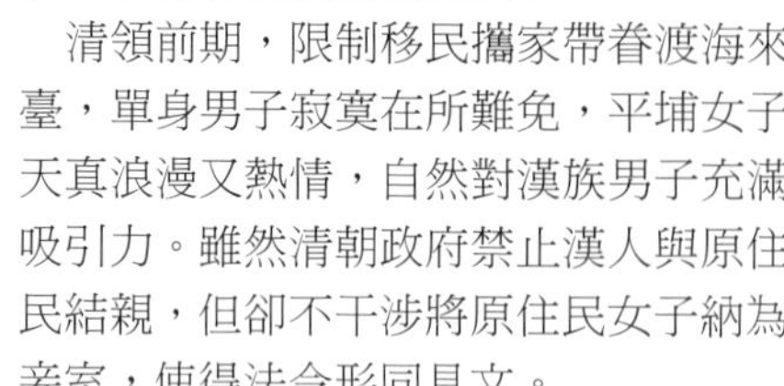

UNIT 4-9

清代臺灣社會的女性

(一)移民社會的女性

清領前期，限制移民攜家帶眷渡海來臺，單身男子寂寞在所難免，平埔女子天真浪漫又熱情，自然對漢族男子充滿吸引力。雖然清朝政府禁止漢人與原住民結親，但卻不干涉將原住民女子納為妾室，使得法令形同具文。

漢埔通婚最著名的例子就是張達京，岸裡社土官阿莫將女兒嫁給張達京，使他成為「番仔駙馬」，憑著女方的財力和勢力，加上本人個性也頗積極，張達京的人生，自娶了平埔族女子之後，有了極大的轉變。根據平埔族的傳統，平埔族女性擁有土地財產繼承權，但因大清律法不承認女性有繼承家產的權利，不少利欲薰心的漢族男子為了騙取土地，往往想盡辦法入贅到平埔族家庭，以掌控女方的土地與財產。這種欺瞞的手法，從康熙末年以來蔚為風行，原本屬於平埔族的土地，因為這樣紛紛轉移到漢人手上。

另一方面，或許是受到移民社會的剽悍風氣影響，臺灣婦女的表現也不讓鬚眉，林爽文事件發生時，他的陣營有兩位女軍師，據說能夠念咒請神助陣，也會替人畫符治病。戴潮春事件時，更出現許多代夫親征，親赴陣頭督戰的婦女，有些女性被形容為「勇悍過男子」，甚至是「與官兵戰，無役不從，在陣頭指揮，勁不可抗」，戴潮春的下屬鄭大柴戰死之後，他的妻子「為夫報仇，屢攻寶斗街」等例子，也可以看出清代臺灣婦女各種不同的面貌。

(二)貞節牌坊與節孝祠

除了移民社會的色彩，臺灣女性也受傳統漢人禮教影響甚深，傳統漢人社會對婦女持節侍孝的觀念甚為倚重，婦女被要求要永遠對丈夫守貞。雖然臺灣地處邊陲，但隨著各地逐漸開發，官方開始有了旌表婦女的措施，被表彰的女子人數不斷攀升，一六九一年，蔣毓英修《臺灣府志》的時候，僅列了貞節烈女六人；一七六〇年，余文儀再撰《臺灣府志》的時候，已經多達五十三人；到了一八九四年，光是鳳山一縣就有一百二十八人，可見攀升速度之快。

官方旌表婦女有賜匾、給銀建坊及入祀節孝祠三種方式。匾額懸掛在婦人家中正廳梁上，牌坊和節孝祠通常立於公共場域，多建在熱鬧的大街或受表揚者的住宅前，藉以教化人心。整個清朝時期，臺灣共有十七座節孝坊，後來，官方更廣設節孝祠，婦女只要獲得官方旌表，不論存歿，都有入祀節孝祠的資格。這樣的措施似乎達到某種成果，越到清領後期，禮教規範對臺灣婦女的約束越強。

某些受旌表的婦女，居然衍生一些不可思議的傳說故事，例如：至今仍供奉在大甲鎮瀾宮的「貞節媽」林春娘，傳說她曾經三次為大甲祈雨，讓官兵擊退戴潮春之亂，往後大甲地區只要出現乾旱，就把「貞節媽」請出祈雨，據說次次靈驗，從中可看出傳統的禮教束縛多深入當時的臺灣社會。

移民社會的女性

平埔女子

漢埔通婚，漢人男子藉此獲得土地和權勢，張達京為一典型的例子

不讓鬚眉

林爽文事件時
有兩位能夠請神助陣的女軍師

戴潮春事件時
代夫出征，親赴前線督戰，「勇悍過男子」

清代官方旌表女性的方法

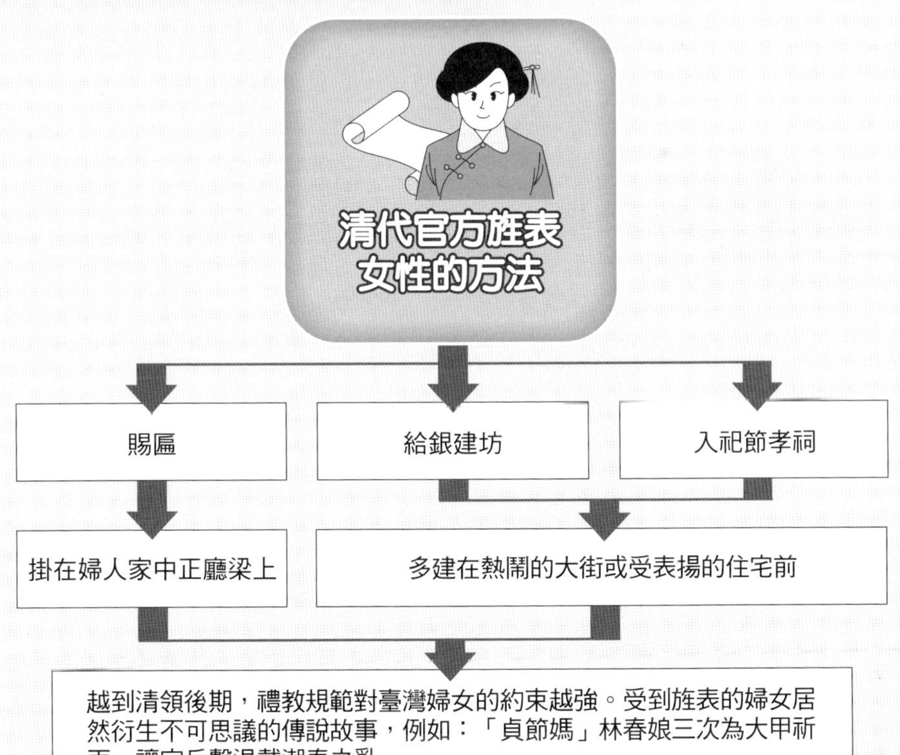

學習重點

1. 能了解清代末期西方人對臺灣虎視眈眈的原因
2. 能了解牡丹社事件的經過及其影響
3. 能了解中法戰爭的經過及其影響
4. 能了解開港通商之後臺灣社會和經濟的變化
5. 能了解沈葆楨和劉銘傳等人在臺灣推行的自強新政

導讀

臺灣煤、硫磺、樟腦等物產產量相當豐富，西方列強相當覬覦這些物產，十九世紀時，英、美等國都曾有意經營臺灣，但是遭到滿清政府的反對。英法聯軍之役後，清廷政府相繼開放雞籠、淡水、臺灣、打狗等四個港口作為通商口岸，臺灣正式開港通商，西方人終於能夠在臺灣開設洋行，進行國際貿易，茶、糖、樟腦成為臺灣外銷商品的大宗，大量出口商品的需求，造成臺灣社會結構的重大變遷。此外，隨著外商進駐，傳教士也來到臺灣，在臺灣進行傳教、醫療及教育，西方文化逐漸影響臺灣社會。另一方面，由於臺灣與外國人接觸機會大增，涉外事件頻傳，牡丹社事件與中法戰爭之後，清廷政府逐漸注意到臺灣的重要性，陸續派遣沈葆楨、丁日昌、劉銘傳等人，在臺灣推展開山撫番、道路、郵政、電信、鐵路、西式教育等各種自強新政，頗有成效，使臺灣成為清朝統治下最進步的一省。

外力衝擊與清末的近代化

章節體系架構

UNIT 5-1
通商港口的開放

(一)臺灣的貿易位置

臺灣社會具有濃厚的商業特性，再加上物產豐富，一直是西方國家覬覦的對象。一八四〇年，英國以大砲打開清帝國閉關自守的門戶，爆發鴉片戰爭時，就試圖侵犯臺灣，曾經抵達雞籠，與清兵發生過零星衝突。

一八四七年時，英國還到雞籠當地調查煤礦的產量，認為雞籠的煤礦品質佳，易開採，對此頗有興趣，不過，當英國駐華公使向兩廣總督提出開採煤礦的需求時，卻被清廷悍然拒絕。當然英國也不是省油的燈，他們轉而要求更改通商口岸，因為《南京條約》開放的福州港不甚理想，虧損甚多，想另換臺灣地方開港，這個要求又被清朝政府拒絕，當時臺灣兵備道徐宗幹還訂有《全臺紳民公約》，明定不可設通商口岸，不准外國人登岸，臺灣並不是外國人可以來的地方，對英國的接觸全然採取反抗的態度。

不只英國，美國也知道臺灣的利權和地理位置頗為優越，屢次探勘臺灣，對經營臺灣頗有興趣。一八五四年，美國東方艦隊司令培理(Matthew Calbraith Perry)到臺灣從事礦產勘查，測量雞籠港的港灣地勢，回國後主張占領臺灣，認為中國的治權並不包括臺灣全島，臺灣東部大部分是土著所有，甚至還有美國官員主張將臺灣買下來。可見臺灣豐富的物產和重要的戰略地位，多麼受到西方列國垂涎。

(二)「正港的」貨品

南京條約訂立之後，來到東方的外國船隻與日遽增，不僅頻頻在臺灣外海遭到海難，也常聽到外人遭到劫掠傷害的事件，如果臺灣能正式開放，就可以派遣駐外交領事人員，便於處理各種事宜。英法聯軍之後，清廷先後與列強簽訂《天津條約》和《北京條約》，其中，英、美、俄三國都提及希望臺灣開港通商，法國的《天津條約》則是將淡水列入通商口岸的條件。閉關自守的清廷視開港為割肉，不願意多開港口，但是臺灣四面環海，可停泊的港口甚多，早在正式開港之前，就有不少外商聚集在打狗、臺灣、雞籠、滬尾等港口貿易，其他較小的港口也有走私貿易在進行，若只開臺灣、滬尾二口，那麼其他港口的走私將受到禁絕，這對外商而言將是利益受損。

一八六二年，法國一位駐福州的海關稅務司美理登(Baron de Meritens)於是向李鴻章建議，希望能在臺灣、滬尾二口以外再增加子口，以洋人擔任稅務司，並且對清朝政府說，這樣對清朝的關稅收入將大有幫助。此外，他甚至告訴李鴻章說，港口分為「正口」和「子口」，淡水為正口，基隆是淡水的子口；安平為正口，打狗為安平的子口，因此，合起來只有開放兩個港，並沒有多開。美理登的解釋看似不太合理，卻獲得清廷的認同，決定開放打狗、臺灣、雞籠、滬尾四口。至今臺灣民間還用「正港的」一詞，來稱真正進口的東西，就是從那時候來的。

除了以上四個國家，普魯士、葡萄牙、丹麥、荷蘭、西班牙、比利時和義大利等國，也與清朝訂開港通商條約，各國依照利益均霑的最惠國條款，均享有到臺通商從事貿易的權利，臺灣的對外貿易更加複雜，國際地位也更為重要。

各國都想來臺灣

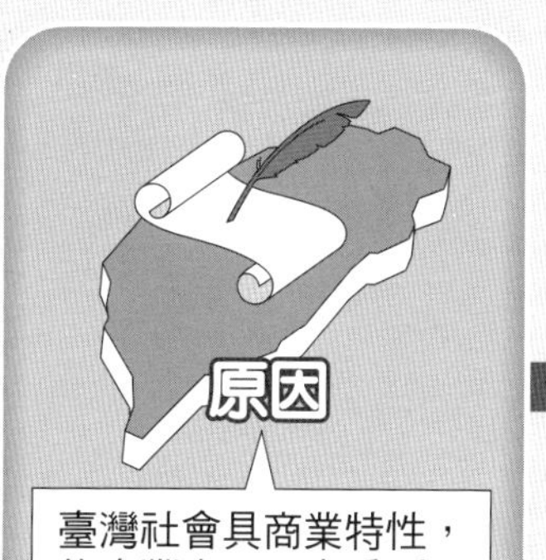

臺灣社會具商業特性，物產豐富，一直受到西方國家覬覦

- 鴉片戰爭時，英人曾經進犯臺灣，抵達雞籠
- 英人到雞籠調查煤礦，對當地的煤礦頗有興趣
- 美國東方艦隊司令培理到臺灣從事調查，並測量雞籠港的地勢，回國後主張占領臺灣

臺灣開港通商

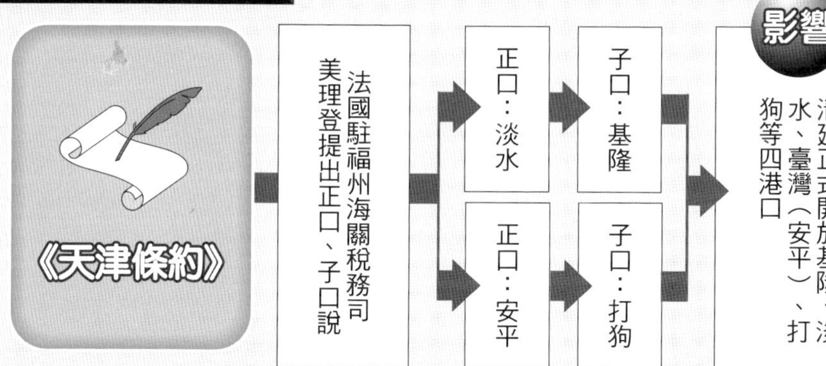

開港通商的影響

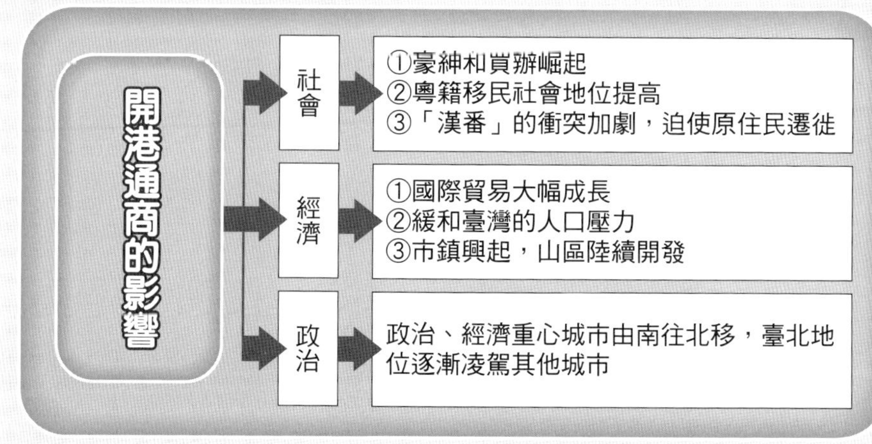

UNIT 5-2 國際貿易的興盛

(一)洋行與洋商

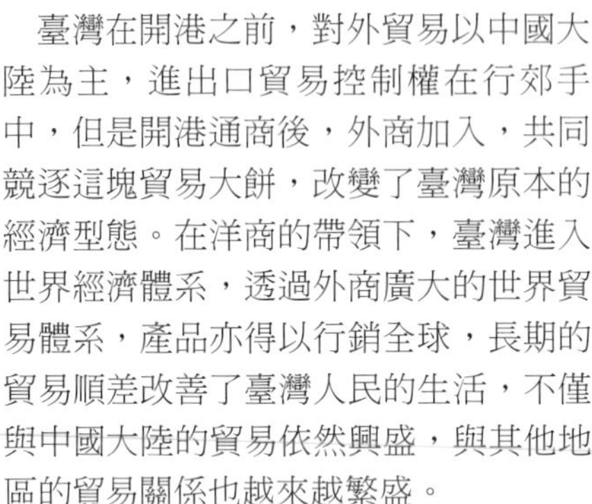

臺灣在開港之前，對外貿易以中國大陸為主，進出口貿易控制權在行郊手中，但是開港通商後，外商加入，共同競逐這塊貿易大餅，改變了臺灣原本的經濟型態。在洋商的帶領下，臺灣進入世界經濟體系，透過外商廣大的世界貿易體系，產品亦得以行銷全球，長期的貿易順差改善了臺灣人民的生活，不僅與中國大陸的貿易依然興盛，與其他地區的貿易關係也越來越繁盛。

臺灣開港通商之後，各國陸續來臺灣貿易，中國大陸與臺灣間的貿易仍然興盛，因此臺灣的進出口貿易量激增，開港後到甲午戰爭前二十餘年間，臺灣對外貿易總值年平均成長率約為百分之八，同時期中國對外貿易總值年平均成長率只有百分之三點四；且自西元一八六八年之後，臺灣貿易總額占全中國貿易總額的百分之一點五九，到了一八八〇年，則提升至百分之五點二五，由此可見臺灣國際貿易成長快速。

(二)臺灣三寶：茶、糖、樟腦

臺灣開港通商之後，出口商品以茶、糖、樟腦為最大宗，占了出口總值的百分之九十四，是臺灣晚清時期的重要收入，龐大的財富不但成為支撐臺灣經濟發展的基礎，就連農村也跟著繁榮起來，臺灣成為大清帝國版圖中，唯一貿易順差的地區，這三樣物產在當時被稱為「臺灣三寶」。

以茶來說，臺灣茶葉出口量在開港通商之後快速的成長，一八七一年，出口量約為一八六六年的十倍；一八七五年增為三十倍；一八九二年時，已經是一八六六年時的一百倍！當時出口的茶葉以烏龍茶為主，占所有茶類的百分之九十，其次為包種茶，主要產地為臺北盆地的周邊山坡及桃園、新竹地區。這些地方所產的茶大多集中在大稻埕加工，再由淡水出口，烏龍茶銷往美國，包種茶銷到南洋地區。由於茶葉的大量外銷，其產地以北部臺灣為主，故提升了北部臺灣的經貿地位。

以糖來說，糖在荷蘭統治臺灣時就是重要的出口商品，在開港通商之後，糖的出口量更是快速成長，一八八〇年已經是一八六六年的四點五倍。糖的主要產地在臺灣南部，因此大多由安平或打狗出口，而且由打狗出口的量逐漸增加，除了出口到中國大陸之外，也銷到日本、澳洲、英國、香港、美國及加拿大地區，後來，由於澳洲本身開始產糖，英國自歐洲國家輸入甜菜糖，美國為保護夏威夷糖等因素，臺灣糖的出口量日趨減縮，只有中國華北和日本是臺灣糖的主要市場。

以樟腦來說，樟腦產地以臺灣中北部丘陵地為主，開港通商之後，樟腦出口量雖然持續增加，但是漢人從事製造樟腦需深入內山，侵入原住民的部落，常引發漢人與原住民間的衝突事件，後來，原住民和漢人的衝突激烈，導致樟腦產量銳減，直到一八九〇年，賽璐珞（Celluloid）工業興起，因為樟腦是製作賽璐珞重要的生產原料，樟腦的開發才逐漸重要起來。

貿易對象的改變

- 開港通商之前 → 對外貿易以中國大陸為主，進出口貿易控制在行郊手中
- 開港通商之後 → 外商加入競逐大餅，在他們的帶領下，臺灣進入世界經濟體系

臺灣出口商品

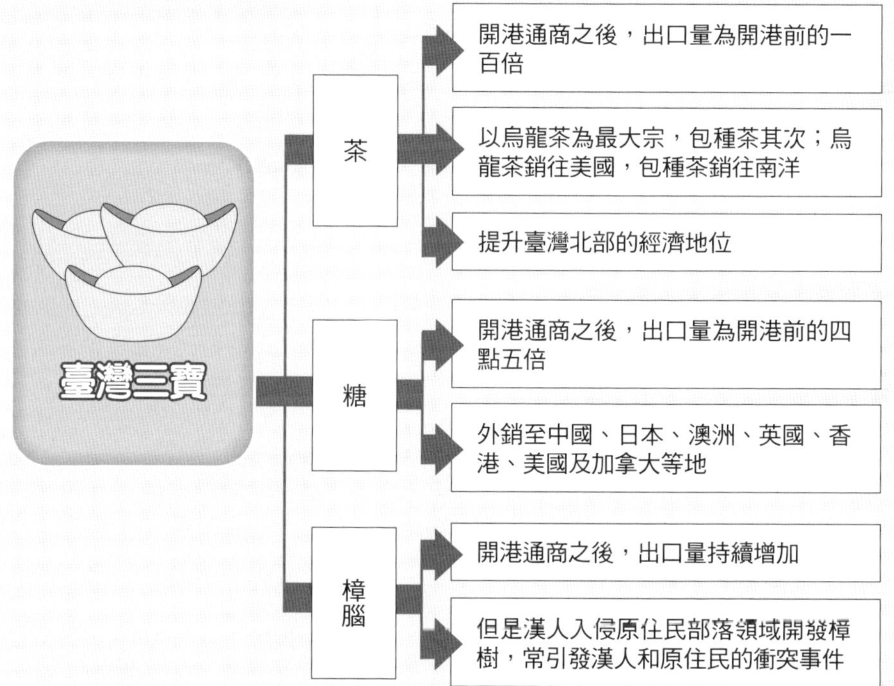

★媽振館

洋行在臺灣買賣的融資來源，主要透過媽振館來進行。媽振館是英文merchant的轉音，通常由廣東、廈門或汕頭出身的買辦經營，在臺北設立分支機構，洋行會透過媽振館把資金交給茶商或茶販，也會直接貸款給茶農，或是利用廈門洋行的資金轉貸給大稻埕的茶商。在這波開港通商的貿易熱潮中，媽振館擔任茶行行銷和融資的仲介角色。

UNIT 5-3 大稻埕鉅商李春生

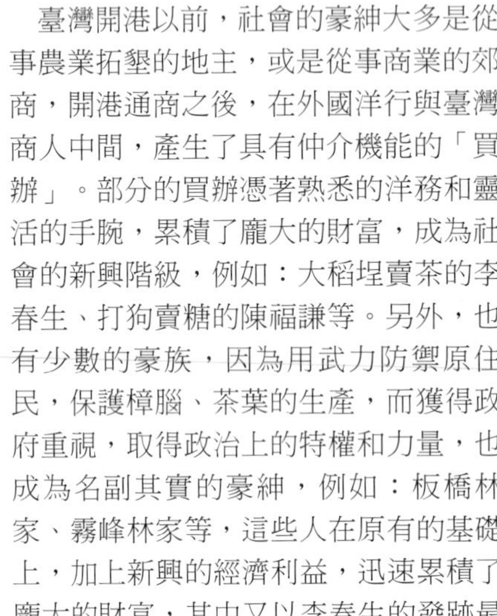

(一) 新興階級的出現

臺灣開港以前，社會的豪紳大多是從事農業拓墾的地主，或是從事商業的郊商，開港通商之後，在外國洋行與臺灣商人中間，產生了具有仲介機能的「買辦」。部分的買辦憑著熟悉的洋務和靈活的手腕，累積了龐大的財富，成為社會的新興階級，例如：大稻埕賣茶的李春生、打狗賣糖的陳福謙等。另外，也有少數的豪族，因為用武力防禦原住民，保護樟腦、茶葉的生產，而獲得政府重視，取得政治上的特權和力量，也成為名副其實的豪紳，例如：板橋林家、霧峰林家等，這些人在原有的基礎上，加上新興的經濟利益，迅速累積了龐大的財富，其中又以李春生的發跡最富有傳奇色彩。

李春生出生於福建廈門，父親是一個船夫，家境並不富裕，小時候為了貼補家用，經常和鄰居帶著糖果沿街叫賣，從此立下日後從商的志向。十三歲那一年，在一個偶然的機會裡，李春生在廈門受洗成為長老教會的教徒；十五歲時，李春生的父親將他送到廈門的錢莊當夥計，由於經常與外國人交往，李春生藉此學會了英語和商業經營。一八五七年，李春生受聘在廈門英商怡記洋行擔任掌櫃，從事洋貨及茶葉買賣，因為做買賣的關係，遊歷許多地方，眼界因而大開。一八六六年，李春生受聘到艋舺擔任寶順洋行的總辦，負責管理茶葉種植和生產。

(二) Formosa Tea 行銷世界

一八六五年，英國商人約翰・陶德（John Dodd）到臺灣考察，發現臺灣北部文山堡和海山堡的土質頗適合栽植茶樹，在李春生的協助下，陶德引進福建泉州安溪的茶苗，貸款給當地的農民，鼓勵農民種茶和製茶，並且全數收購製成的茶葉。陶德將這批茶全數銷往澳門，頗受好評，於是他繼續在艋舺街開設「茶館」，著手製茶，成為臺灣「烏龍茶」（Oolong-Tea）的開端。

在陶德的經營下，一八六九年，二千一百三十一擔的臺灣烏龍茶由淡水銷售到美國紐約，大受洋人歡迎，打著臺灣茶（Formosa Tea）的商標，從此臺灣茶的名聲遠播世界。有了這個成功的案例，外商陸續來臺北設立洋行，福建茶商也來臺設立茶行。一八八一年，吳河洛的「源隆號」由泉州同安縣來臺製茶，專門經營包種茶，獲得好評。臺灣茶的聲譽越來越高，逐漸超越中國茶，一八六五年，臺灣茶輸出僅有十三萬六千斤，但到了一八九三年，增加至一千六百三十九萬四千斤，臺灣茶成功闖入世界舞臺。

看準這波商機，不久，李春生也自製茶葉外銷，並兼營煤油，成功的經營使他的財富迅速累積，很快的與板橋林家並稱為北臺灣最有錢的兩戶人家。一八八九年，李春生與板橋林家的林維源共同建造千秋、建商兩街，出租給洋商，從事茶葉的買賣，帶動大稻埕的繁榮商況。李春生因為精通英語，熟悉洋務，很受洋人和官府的信賴，每當官府與洋人有所交涉時，都會邀請他提供意見或擔任翻譯，因此得到「番勢李仔春」的稱號。在劉銘傳駐臺期間，還協助政府推展各項建設，不僅擔任募集委員，並且不惜投下鉅資，積極推動各項公共工程。

開港通商後產生的新興階級

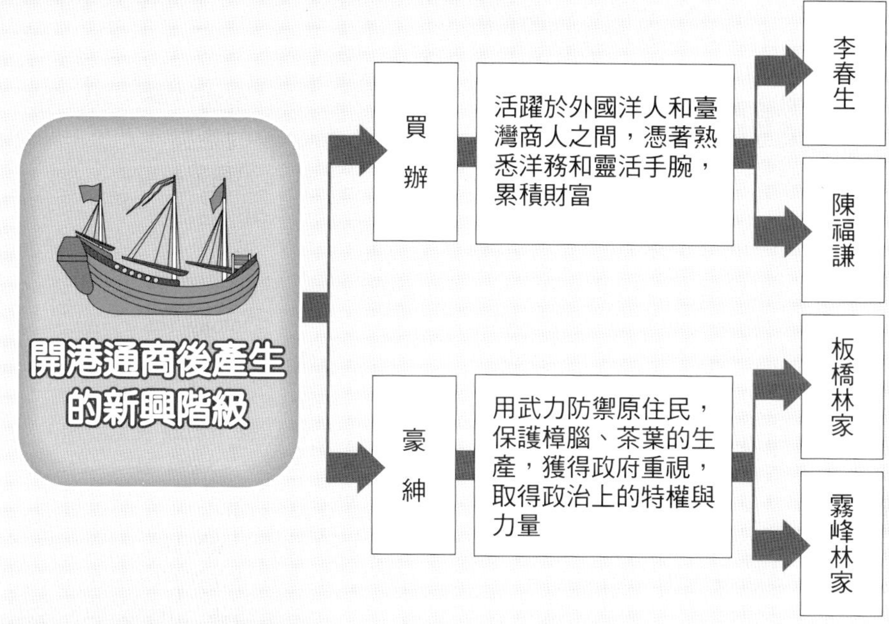

李春生的發跡

1857年

受聘在廈門英商怡記洋行擔任掌櫃，眼界大開

1866年

到艋舺擔任寶順洋行的總辦，負責管理茶葉種植和生產

1869年

協助英商陶德將臺灣茶推向國際，李春生也開始自製茶葉外銷，財富迅速累積

1889年

與板橋林家合作建造街道，租給洋商，帶動大稻埕發展

UNIT 5-4 臺灣樟腦王國

(一)開港通商前的樟腦

在漢人尚未進入臺灣山區時，臺灣山區原始森林遍布，樟樹就是其中重要的組成樹種之一。樟樹有強烈氣味的白色結晶物，原住民雖然知道樟樹不同於其他樹種，卻不知道製造樟腦的方法，直到鄭氏時期，漳州、泉州等地軍民才將製腦技術傳入臺灣，奠定臺灣樟腦事業的基礎。清朝政府領有臺灣之後，為了怕臺灣變成反清的基地，禁止臺灣開發任何跟軍火有關的物產，也不准熬製樟腦，下令封禁番地，不能私入山林伐木製腦，當時所定的法律很嚴格，違者大多處死，不過即使如此，因為樟腦利潤豐厚，甘冒風險犯法入山私煉樟腦的人仍然頗多。

(二)樟腦戰爭

由於販賣樟腦利潤驚人，民間一直有私自熬煮，走私買賣的情形，買主以英國商人最多。在無法禁止之下，一八二五年，清廷政府終於開放民間採伐樟腦，但前提是必須交由軍工局統一收購。清廷政府花八塊錢買進一擔樟腦，轉手賣給外商卻要一倍以上的價格，雖然政府可以牟取暴利，但是如此一來，不但民間業者收入微薄，外商更是無利可圖，民間和外商不願意被剝削，因此很多外商用鴉片或其他違禁品和民間私熬者換取樟腦，走私出境。

開港通商之後，樟腦成為重要的出口貨品，外商為降低成本，牟取更高利益，不願意向清廷購買，直接向製腦者收購。沒料到，一八六三年，艋舺的軍工料館改為腦館，並在新竹、大甲、後龍設立分館，規定外商若要購買樟腦，必須透過腦館和買辦，此舉造成外商極大的困擾。一八六八年，英商「怡記洋行」在梧棲港裝運樟腦準備私運出口，卻被清廷查扣，洋行在臺負責人必麒麟（W.A. Pickering）親往察看，由於梧棲不是通商口岸，必麒麟又沒有許可的遊歷牌照，還仗著武力和《天津條約》的保護，態度頗為囂張，引發樟腦糾紛事件。

在樟腦糾紛發生期間，臺灣又發生數起和英國人的糾紛，清廷唯恐事件擴大，派人來臺灣與英國方面談判，結果談判破裂，英國遂派軍艦到安平示威，並發動砲擊，戰爭一觸即發；後來，臺灣紳商黃應清出面協調，才使事件平息。之後，臺灣道與英國領事因處理此事不當，受到各自國家的懲戒，中英雙方協議簽訂《樟腦條約》，解決歷來的樟腦糾紛。樟腦改為民營且可自由交易，外商行旅臺灣各地也受到相當程度的保障。清廷無法遏止樟腦的私製與外商勢力的介入，一八七三年之後，經由香港轉口到外國的樟腦明顯增加，成為支持臺灣生產樟腦的主要力量，外商有列強的政治勢力作為後盾，以優勢的資金為支柱，入山採購樟腦，獨占臺灣樟腦的經銷權。

小博士解說

禮密臣

為採取樟腦，清政府和豪族入侵深山，侵擾原住民生活領域，原住民被迫遷出世居棲息地，改變生活方式，和漢人相爭也趨於激烈。有一美國人禮密臣（James W.Davidson），來臺擔任記者八年之久，對臺灣社會有很深的體會，他在日記就曾寫到：沒有人知道在貴婦的衣櫥中，用來保護大衣的樟腦，是用多少滴鮮血換來的。

開港通商前的樟腦

- 鄭氏時期 → 漳、泉軍民到臺灣，傳入製腦的技術
- 清領前期 → 禁止開發跟軍火有關的物產，不准熬製樟腦，但非法熬製者很多。一八二五年開放民間採伐樟腦，但必須交由軍工局統一收購，引起民間和外商不滿

樟腦戰爭

- 導火線 → 英商怡記洋行在梧棲港裝運樟腦，準備私運出口，被清廷查扣，洋行負責人必麒麟與清廷發生糾紛
- 事後處理 → 臺灣道和英國領事因處理不當，各自受到懲戒，中英雙方簽訂《樟腦條約》，解決歷來的樟腦糾紛
- 影響 → 樟腦可以自由交易，外商行旅臺灣各地受到保障

★必麒麟

樟腦事件的關鍵人物——必麒麟，是十九世紀的冒險家。他和中國人相處的時間長達四十年之久，能說流利的中國官話和四種方言，對中國的狀況知之甚詳。一八六四年，必麒麟到臺灣擔任打狗海關檢查員，隔年主持安平海關，一八六七年起，受聘於英商怡記洋行府城分店，在梧棲違法走私樟腦，因此引發事端。必麒麟返回英國之後，擔任英國海峽殖民地翻譯官、華人護民官等職務，被稱讚為最了解中國人性格的歐洲人。

UNIT 5-5
基督教的傳播

（一）馬雅各在南臺灣的傳教

臺灣自開港通商之後，外國傳教士紛紛來臺傳教。例如，天主教的道明會在臺灣甫開港通商，隨即派遣郭德剛（Fernando Sainz）與洪保祿（Angel Bofurull）神父到臺灣傳教。

道明會在各教區興建教堂，設立醫館，藉此行醫傳教。來臺灣的基督教會，則是以長老教會最有貢獻，以一八六五年到臺灣南部傳教的英國長老教會，以及一八七一年到臺灣北部傳教的加拿大長老教會為主。

一八六〇年，英國長老教會在杜嘉德牧師（Douglas Carstairs）建議下，將臺灣列入醫療傳道的宣教區，安排具醫師背景的宣教士前往。

一八六五年，馬雅各（James L.Maxwell）以基督長老教會傳教士與醫生雙重身分來到臺灣，他在府城的看西街租了一間民房作為醫館兼禮拜堂。由於馬雅各醫術不錯，來診治的病患不少，一時名聲傳開，不料卻引起本地漢醫恐慌，這些漢醫深怕馬雅各威脅到他們的生意，開始製造紅毛醫生取人心、眼睛製藥的謠言，害怕性命受到威脅的民眾開始暴動，拆掉馬雅各的醫館和傳教所。無奈之下，馬雅各只好到有英國領事館保護的打狗旗後街行醫，直到一八六八年，才從自旗後回到府城，在二老口亭仔腳街開設教會和醫館。

馬雅各醫師行醫傳道共計六年半之久，行跡走遍臺灣中南部，設立三個醫療傳道教區，有極其深遠的影響與貢獻。一八七一年，馬雅各任滿，偕同妻子返回英國。

（二）馬偕在北臺灣的傳教

馬偕（George Leslie MacKay）於一八七二年三月在滬尾下錨，他對美麗的淡水景色大為驚豔，選擇了臺灣北部作為服務的教區。馬偕初期的宣教工作，幾度遭到訕笑、辱罵、啐唾沫、扔石頭，但他從不氣餒，並以醫療服務來輔佐宣教。

馬偕最擅長幫臺灣人拔牙，當時臺灣人認為引起牙齒疼痛的原因，是由於躲藏於已經腐蝕牙齒內的黑頭蟲作怪，為了治療「牙齒的蟲」，一八七三年，馬偕開始在臺灣為人拔牙，剛開始他沒有任何工具，只是順手拿起一塊堅硬木片，將其削尖使用，就地作為拔牙的器具，在拔牙的時候，馬偕還觀察到臺灣人具有強韌的神經，可以忍受開刀的痛苦，讓他覺得實在驚奇！

當他把病人的牙齒拔下來之後，會把它放置在病人的手掌中，因為如果馬偕保留了他們的牙齒，將會引起臺灣人的懷疑，以為馬偕要拿他們的牙齒去作法，或是做不好的事情。一小時內拔掉一百顆牙齒對馬偕來說，是稀鬆平常的事情，到臺灣之後，馬偕總共親手拔除二萬一千顆以上的牙齒，他的教師和學生們所拔的牙齒也達一萬顆左右。

馬偕以醫病開闢傳道的大門，以自己住處作為診所，還免費提供金雞納霜給瘧疾患者服用，由英國購買自倫敦製藥公司所製造的治療腿膿瘡特效藥，醫好不少此類患者而聲名大噪。

外國傳教士來臺灣

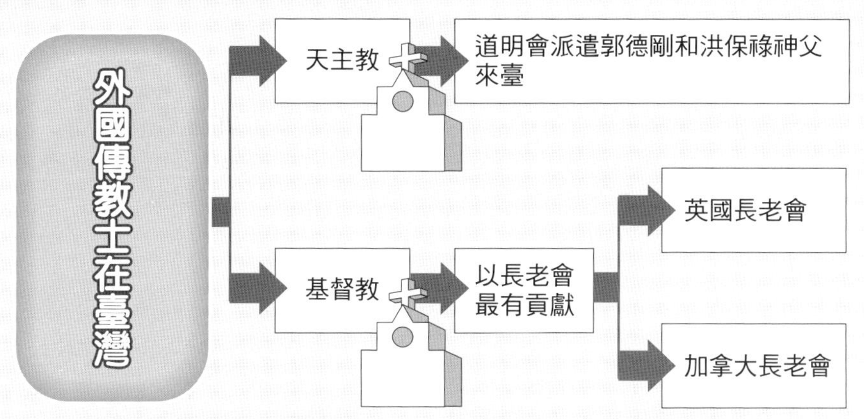

馬雅各在南臺灣

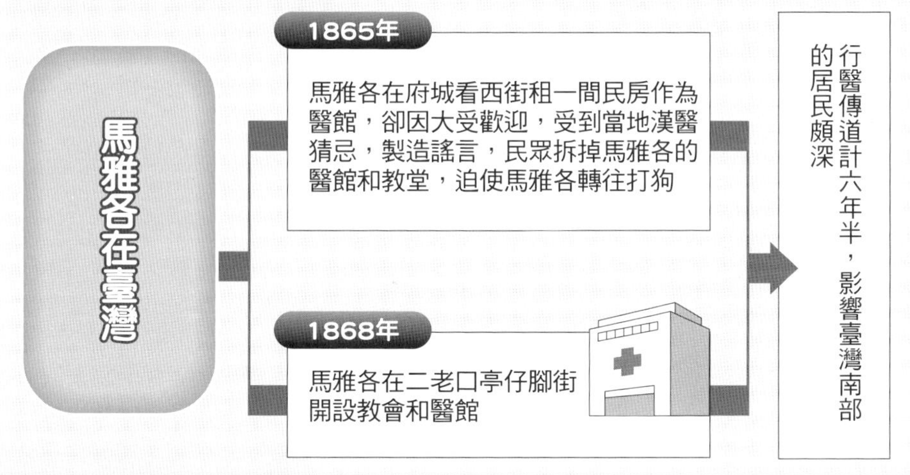

馬偕在北臺灣

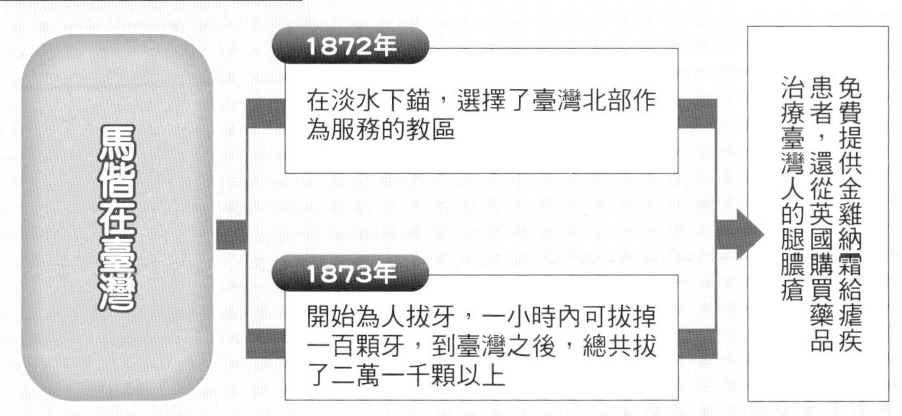

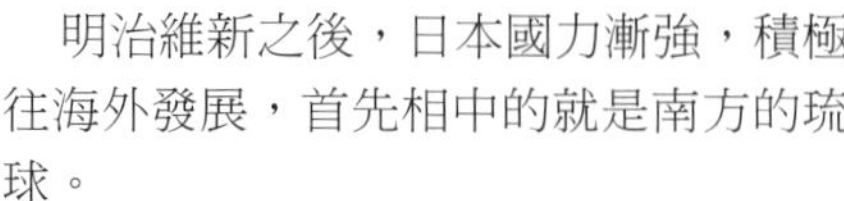

UNIT 5-6 沈葆楨在臺灣的建設

(一)牡丹社事件

明治維新之後，日本國力漸強，積極往海外發展，首先相中的就是南方的琉球。

一八七一年十月，一艘琉球船隻在海上時遭遇颱風，漂流至臺灣東南方八瑤灣，船上六十九名乘客，溺死三人，剩下六十六人登陸，闖入高士佛社原住民的居住地，其中有五十四人因文化認知不同，遭到原住民殺害，幸運逃過一劫的十二人，在當地漢人營救下前往府城，由清朝政府官員安排轉往福州乘船回到琉球。日本獲悉這件事情之後，想藉著這件事情將琉球納入日本版圖。

一八七四年五月十日，日本以西鄉從道為臺灣事務番地都督，率領軍隊三千六百人，從日本長崎出發，向臺灣開征，在社寮(今屏東車城社寮村)登陸，與臺灣抗日派原住民有小規模接觸，戰鬥下雙方互有傷亡。五月二十二日，佐久間左馬太率領日軍一百五十人進抵石門(今屏東牡丹石門村)，遭到抗日派原住民的強烈抵抗，最後日軍陸戰隊攀上峭壁居高臨下，原住民不敵敗逃。

(二)沈葆楨的改革

清廷獲悉日本五月中旬出兵臺灣，隨即在五月下旬派遣船政大臣沈葆楨以巡閱為名來臺，主持臺灣海防及對各國的外交事務，不過由於海防空虛，且有新疆問題尚待解決，清廷最後和日本達成撤兵協議。日本不僅獲得補償款五十萬兩，並獲清廷間接承認琉球人為日本臣民，琉球群島為日本屬地。

牡丹社事件之後，促使清廷正視臺灣在海防與戰略上的重要地位，轉而積極經營臺灣。

沈葆楨在日軍登陸的瑯嶠設置恆春縣，同時奏請設立臺北府，將淡水廳及噶瑪蘭廳分別改為淡水縣及宜蘭縣，淡水廳頭前溪以南地區單獨畫設為新竹縣，雞籠地區單獨設廳，並改名為基隆，北部的行政區比重大增。

此外，還進行開山「撫番」的計畫，促進後山的發展，剿撫各社原住民，並有計畫地使原住民漢化。開山深入山地時，隨時隨地招撫當地番社，使其承諾願意接受漢化，不再以武力狙殺漢人，若有不服招撫或仍以武力抵抗者，便以兵力展開討伐。再者，一八七五年二月，沈葆楨解除過去限制漢人攜眷入臺、禁止漢人偷渡、禁止漢人進入山地，和禁止漢人娶原住民女子為妻等禁令。

為加強臺灣軍事防務，沈葆楨也在臺灣修建新式砲臺，改用機器開採基隆煤礦。沈葆楨積極開發努力建設，將當時正在進行中的自強運動引入臺灣，為臺灣近代化之始。除了自強新政以外，還有一項突破性的措施，沈葆楨抵臺之後，臺灣府進士楊士芳等稟稱，奏請追謚鄭成功，沈葆楨也認為有其必要性，清廷准其奏請，在臺灣府城建專祠，並追謚「忠節」，承認鄭成功在臺灣的地位。

牡丹社事件

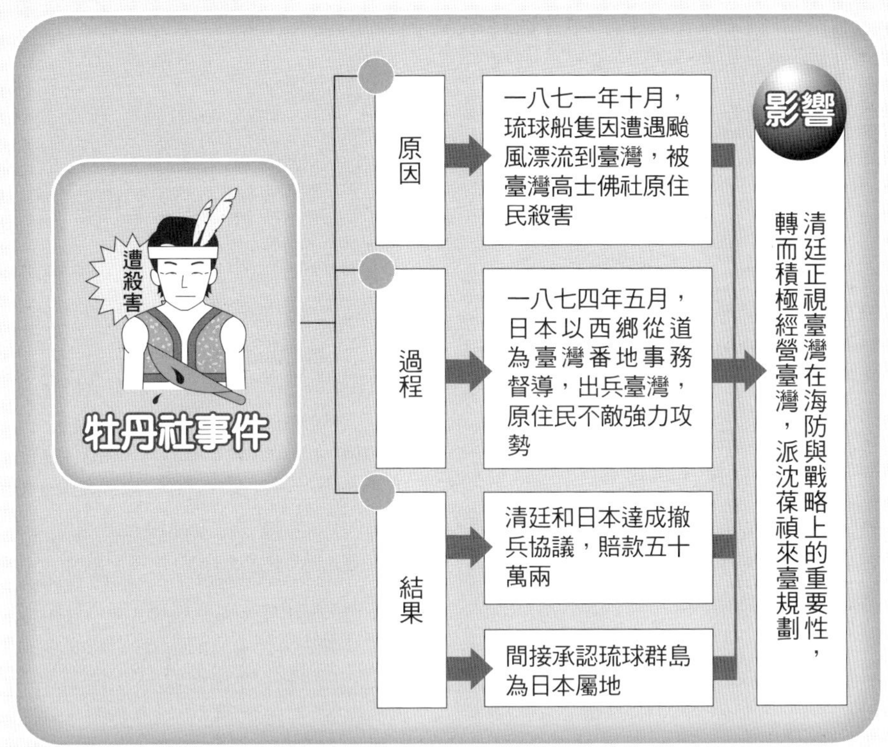

沈葆禎來臺規劃

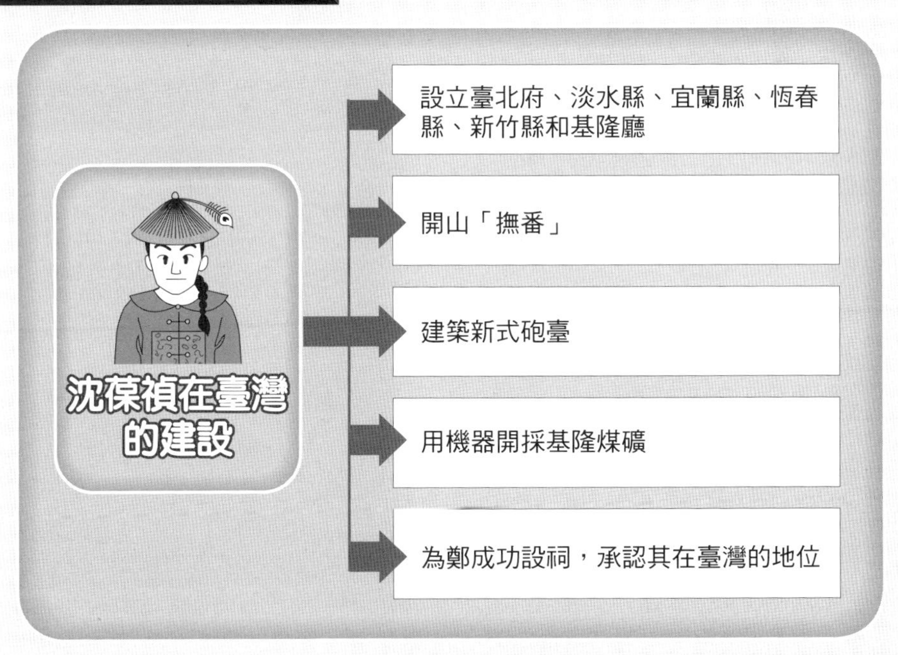

UNIT 5-7 中法戰爭與臺灣

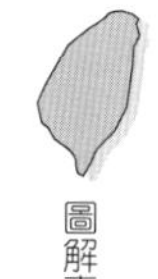

(一)越南問題

牡丹社事件發生十年之後，臺灣又再一次面臨外國軍隊的入侵，那就是一八八四年的中法戰爭。令人啼笑皆非的是，中法戰爭的爆發，導火線卻不是因為臺灣，而是越南。越南原為大清帝國的藩屬，十九世紀之後，法國的勢力逐漸進入越南，陸續取得通商、傳教、外交之權，並企圖由越南北部擴張勢力到雲南。一八八三年，清朝與法國曾兩度在北越發生軍事衝突，李鴻章極力主和，並於一八八四年和法使訂立《天津條約》，但朝中主戰派反對簽訂條約，法國就以清廷違約為藉口，要求清國賠償軍費一千萬磅，並決定以占領臺灣的基隆作為擔保，中法戰爭終於正面爆發。

(二)走西仔反

一八八四年六月，法國軍艦藉口要購買煤礦，強行進入基隆港，一時情勢頗為緊張，清廷警覺到臺灣防務的重要性，派遣劉銘傳來臺督辦軍事防務。八月，法國將領孤拔(Anatole Courbet)率領艦隊對基隆港猛烈砲轟，強行登陸三沙灣，清軍不甘示弱予以反擊，法軍的砲艦被清軍擊中，孤拔只好撤軍轉攻福州，突襲馬尾港，清朝福建水師全軍覆沒。十月時，法軍再度進占基隆，在仙洞附近登陸，進占基隆市區，與曹志忠、林朝棟等清軍將領在獅球嶺發生激戰。法軍雖然以猛烈砲火轟擊淡水，不過，在進占淡水的時候受挫，孤拔只好放棄攻占臺北，於隔年一月，宣布封鎖臺灣全島，並在二月時攻占澎湖媽宮港。

雖然法軍順利占領澎湖，不過由於法軍在越南諒山一戰大敗，使得清法之間戰況改觀，走向議和的局面。四月四日，清廷與法國簽訂和約，不久，法軍解除對臺灣海峽的封鎖，相繼撤離基隆和澎湖。

現今我們將這段歷史稱為中法戰爭或清法戰爭，不過臺灣民間習慣稱為「走西仔反」，意思是法國人攻進基隆時，當地民眾逃難躲避的樣子。當時法軍封鎖臺灣海峽，造成沿海漁民、商人的生命財產頗多損失，基隆的物價還因此上漲，此事至今還是基隆老一輩津津樂道的話題，「西仔」就是金髮碧眼的法國人。中法戰爭在基隆打了八個月，在基隆二沙灣留下了法國公墓，民間也流傳許多「走西仔反」的故事。最為有趣的卻是法軍將蘇打水在戰事空檔賣給基隆人，帶給民眾喝蘇打水的習慣，基隆人稱蘇打水為「法蘭西水」，因為喝的時候會有氣泡，後來這句話就被用來引申為「賭一口氣」。

小博士解說

孤拔

中法戰爭時法國主要的將領孤拔(Anatole Courbet)是海軍中將，一八八三年，出任海軍印度支那艦隊司令。中法戰爭時，他占領越南順化，強迫越南和法國簽訂條約，一八八四年，中法兩國談判破局，他將戰場往北延伸，在該年六月進犯臺灣，於八月之後集中火力攻打臺灣，分別對基隆和淡水展開砲擊。一八八五年一月，法軍在基隆登陸，與清軍在基隆南方丘陵區對峙。後來，中法簽訂天津條約，戰爭結束，兩天之後，他在澎湖病死，遺體運回法國。

走西仔反

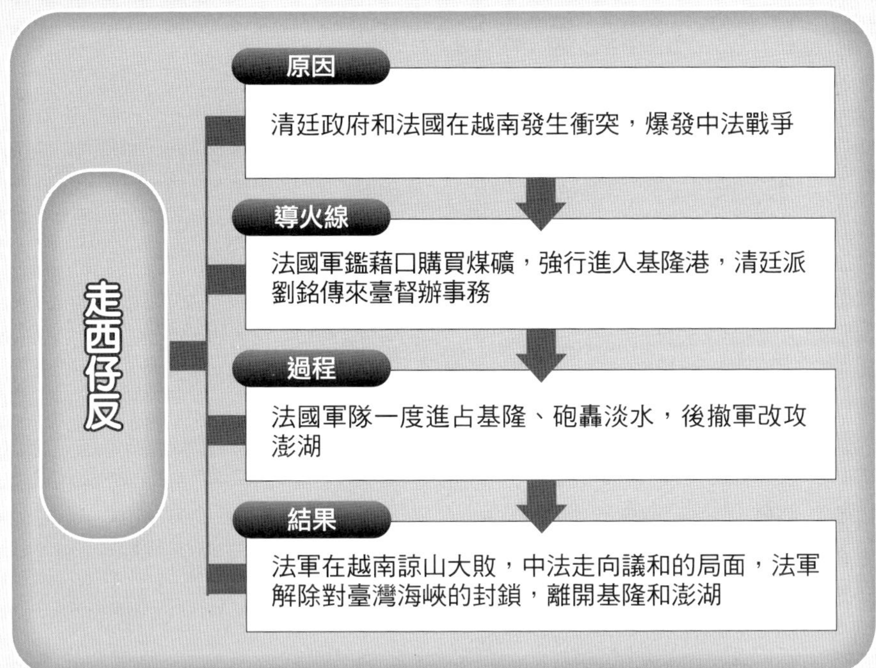

中法戰爭的影響

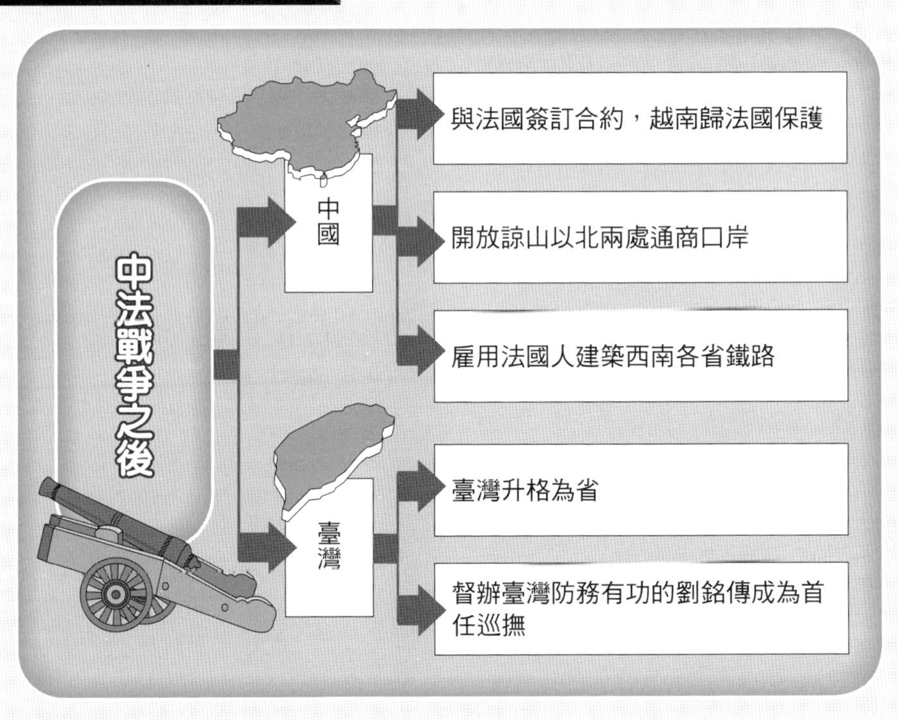

UNIT 5-8

劉銘傳在臺灣的建設

(一)劉銘傳其人

劉銘傳字省三，一八三六年，出生於安徽省合肥縣，劉家歷代務農，劉銘傳年輕時並沒有受過正規的教育，在鄉里以打散工為生。當時正是清朝中衰的時候，很多人民為了維持生計，常鋌而走險做出違法的事情，販賣私鹽的人稱為「鹽梟」，因為獲利頗多，劉銘傳被生活所逼，十五歲時，也跟著他的父親幹起「鹽梟」。

太平天國之亂發生時，地方紛紛組團練自衛，劉銘傳也號召數百位青壯之士，組織團練保衛鄉土。一八五四年，為了平定太平天國之亂，李鴻章創建淮軍，年僅十八歲的劉銘傳被推舉為「堡塞長」，所率領的軍隊號稱「銘字營」，從此展開殺敵衛民的軍旅生涯。

太平天國之亂平定後，劉銘傳又奉命出剿捻匪，建立不小的戰功。一八八三年中法戰爭時，來臺督辦軍務，有效防衛臺北與淡水，在基隆戰役中重創法軍。中法戰爭之後，清廷有意積極治理臺灣，一八八五年，決定在臺灣建省，由於劉銘傳在中法戰爭有功，因此，任命他擔任首任臺灣巡撫，劉銘傳因此續留臺灣推動新政。

(二)在臺灣的建設

劉銘傳知道臺灣百廢待興，他大膽建設臺灣，期許能夠「以臺灣一隅之設施，而成為全國之模範；以一島之建設基礎，增益國家之富強」。他主張充實國防，安定秩序，整理財政，推動了很多重要措施，例如：擴大撫番、增設郡縣、清理賦稅、發展交通、推廣農業、設新式學堂、架設電燈、電報等，所推行的各項建設對臺灣邁向近代化，具有承先啟後的功用，意義極為重大。

劉銘傳在臺灣的新政堪稱近代中國最具規模、最廣泛的革新運動，從國防到經濟、教育都包含在內，這些事業不論是在臺灣或在全中國，都是走在時代前端。這些新的措施對近代化觀念的傳播影響頗大，例如：劉銘傳透過丹麥電氣工程師的協助，在臺北城衙門裝設了電燈，主要街道也架起電燈，雖然這些電燈因為維持費用太貴，只設立了幾盞，不過在當時仍然傲視全國，是中國數一數二進步城市的現代化建設，也讓臺北只比倫敦、紐約、上海晚三年，卻比東京早兩年開始有電燈。傳教士馬偕在日記上亦曾經說過，他帶學生去發電所參觀電燈呢！

此外，劉銘傳為了落實國防和治安，大力建設交通，首先恢復海運，以「飛捷」、「威利」、「萬年青」等船隻來往臺灣海峽間；其後又有「駕時」、「斯美」兩艘船隻，航行臺灣、上海、香港、新加坡、西貢及呂宋等地，使臺灣的海運呈現頗為活躍的景象。劉銘傳對臺灣的建設，不僅改變了臺灣的面貌，也提高了臺灣的地位，一躍成為大清帝國最進步的一省。

小博士解說

劉銘傳的鐵路建設

在劉銘傳主政下，臺灣開始興建北自基隆南至新竹的鐵路，這是臺灣最早興建的鐵路。但興建過程並不順利，臺灣人害怕風水遭破壞，賄賂官員更改鐵路路線，用急遽的彎曲來避免鐵路經過祖先的墳墓，最後這條耗費鉅資興建的鐵路也因施工不良，沒有實用價值，被後繼的統治者日本人拆除。

關於劉銘傳

1836年
出生於安徽省合肥縣，十五歲時跟著父親成為鹽梟，太平天國之亂發生時，組織團練，保衛鄉土

1854年
加入李鴻章的淮軍，招募的兵勇稱為「銘字營」，立下不少戰功

1883年
中法戰爭時，奉命督辦臺灣軍務，有效防衛臺北與淡水，重創法軍

1885年
臺灣建省，成為首任巡撫，在臺灣推動新政

劉銘傳在臺灣的建設

劉銘傳在臺灣的建設

❶調整行政區劃
在北中南分置臺北、臺灣、臺南三府，下轄十一縣三廳

❷整頓財政
清丈田賦，實施樟腦、硫磺專賣

❸設撫墾局和番學堂

❹發展交通建設
創辦新式航運；興建基隆到新竹的鐵路；架設臺灣南北，並及於澎湖和福州的電報線；創辦新式郵政，設郵政總局

❺充實國防建設
建砲臺，購買巨砲、兵船，建機器局和軍械所

❻推行新式教育
創辦西學堂、電報學堂等

學習重點

1. 能了解臺灣割讓給日本的原因
2. 能了解日本時代的殖民統治政策
3. 能了解臺灣人從武裝抗日到體制內抗日的變化
4. 能了解臺灣人武裝抗日運動的經過及影響
5. 能了解臺灣知識分子爭取臺灣人政治權益的過程

導讀

一八九四年，中日甲午戰爭爆發，結果清廷戰敗，在《馬關條約》中，將臺灣、澎湖割讓給日本，臺灣又換了一個主人。日本占領臺灣之後，建立臺灣總督府作為政治中心，在臺灣最高的長官稱為總督，臺灣總督擁有行政、立法、司法和軍事權，一方面用嚴厲的手段鎮壓抗日行動，一方面採取尊重臺灣舊有風俗民情的漸進式統治策略，實施各種利於殖民地施政的調查，巧妙地利用保甲制度、警察制度、壯丁團等，懷柔和高壓恩威並濟的方式統治臺灣人民。在強力的壓制下，迨後藤新平擔任民政長官，已經能夠有效壓制武裝抗日。臺灣人的武裝抗日雖然失敗，但是一九一〇年代之後，在教育普及與世界風潮的影響下，轉而試圖在體制內爭取臺灣人的權益，先有六三法撤廢運動、臺灣議會設置請願運動，後有臺灣民眾黨和臺灣地方自治聯盟的成立，終於在一九三五年，總督府實施不完全的自治，臺灣人能夠間接選舉協議會議員。

臺灣總督府的殖民統治

章節體系架構 

UNIT 6-1 甲午戰爭與乙未割臺

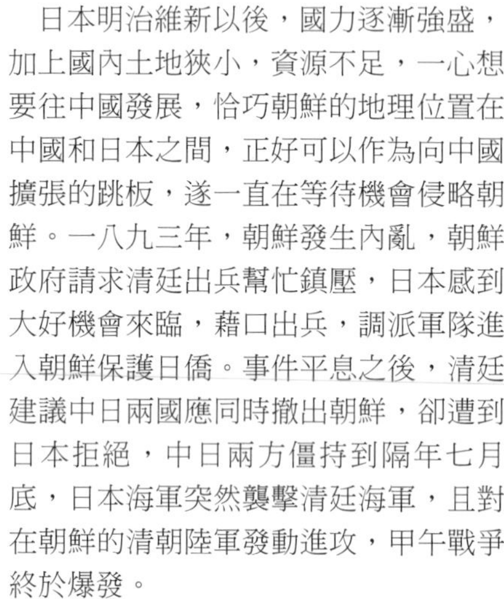

（一）甲午戰爭

日本明治維新以後，國力逐漸強盛，加上國內土地狹小，資源不足，一心想要往中國發展，恰巧朝鮮的地理位置在中國和日本之間，正好可以作為向中國擴張的跳板，遂一直在等待機會侵略朝鮮。一八九三年，朝鮮發生內亂，朝鮮政府請求清廷出兵幫忙鎮壓，日本感到大好機會來臨，藉口出兵，調派軍隊進入朝鮮保護日僑。事件平息之後，清廷建議中日兩國應同時撤出朝鮮，卻遭到日本拒絕，中日兩方僵持到隔年七月底，日本海軍突然襲擊清廷海軍，且對在朝鮮的清朝陸軍發動進攻，甲午戰爭終於爆發。

戰爭爆發，兩軍對峙，清廷當時擁有遠東最新穎的北洋艦隊，自認為勝券在握，沒想到，短短三、四個月，清軍連連失利，損失慘重。朝廷眼看大事不妙，一度請求美國出面幫忙試探調停，想不到，日本不僅不加理會，反而變本加厲。日本渡過鴨綠江、侵入遼東，大連、旅順兩地相繼失守，破壞清廷苦心建置的新式砲臺、槍械、船塢等設備，更在旅順展開瘋狂大屠殺。

一八九五年一月，清廷引以為傲的北洋艦隊在黃海戰役中全軍覆沒，清廷知道大勢已去，馬上指派總理衙門大臣戶部侍郎張蔭桓、湖南巡撫邵友濂等人前往日本廣島議和。沒想到，日本全權大臣伊藤博文認為這兩個官員「全權資格不足」，拒絕他們代表清廷議和，還告訴他們說，如果清朝有心求和，一定要選擇有名望的官爵，足以擔保實行條約之人員擔此大任。在日本的要求下，清廷授權李鴻章為頭等全權大臣。

（二）馬關條約

李鴻章一到馬關，立刻向日本政府開口要求停戰，但是當時日本作戰順利，根本無意和談。就在和談陷入僵局的時候，一八九五年三月二十四日，發生李鴻章被狙擊的事件。當天，李鴻章結束了冗長的會議，乘轎準備返回行館，突然被一個無業遊民正面攻擊，一槍正中左臉頰，當場昏厥送醫。那位狙擊者被逮捕之後說：「清朝現在國力這麼弱，我們根本就該一舉將整個北京拿下，為什麼還要議和？」這或許是當時許多日本人的想法，但是來訪大使遭到襲擊，畢竟不是一件小事，面對國際輿論的指責，日本只好同意就此停戰議和。

一八九八年四月十七日，中日雙方正式簽訂《馬關條約》議和，條約中，中國必須承認朝鮮是獨立自主國，全部廢除朝鮮原本向中國的貢獻典禮，還必須割讓遼東半島，以及臺灣、澎湖所屬島嶼給日本，賠償鉅款，以及開沙市、重慶、蘇州、杭州等港口作為通商口岸，臺灣的命運也就因此決定。

小博士解說

為什麼要臺灣？

臺灣與甲午戰爭的發生沒有關係，也不是戰場，為什麼日本會想取得臺灣呢？其實，日本早就有併吞臺灣和澎湖的野心。臺灣的地理位置，正好在日本和南洋的中間，若是能夠取得臺灣，就可以把臺灣當作「南門的鎖鑰」和「南進的基地」。另一方面，早在牡丹社事件之前，日本就派人調查過臺灣，發現臺灣是一個擁有豐富資源的地方，豐饒的物產讓資源貧瘠的日人大為驚豔。

甲午戰爭的經過

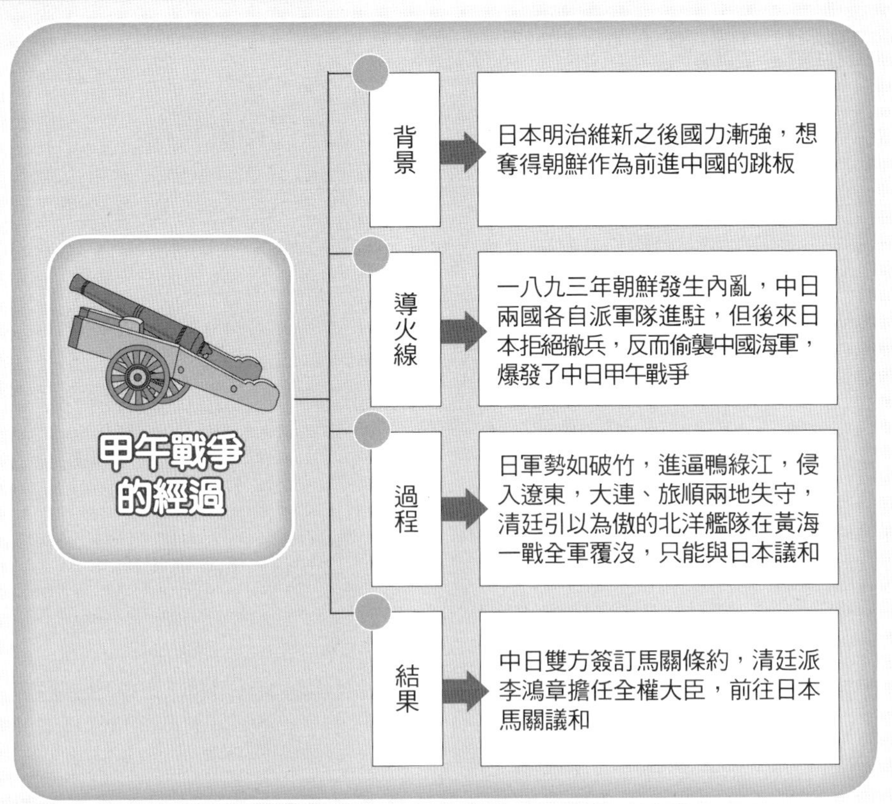

馬關條約的簽訂

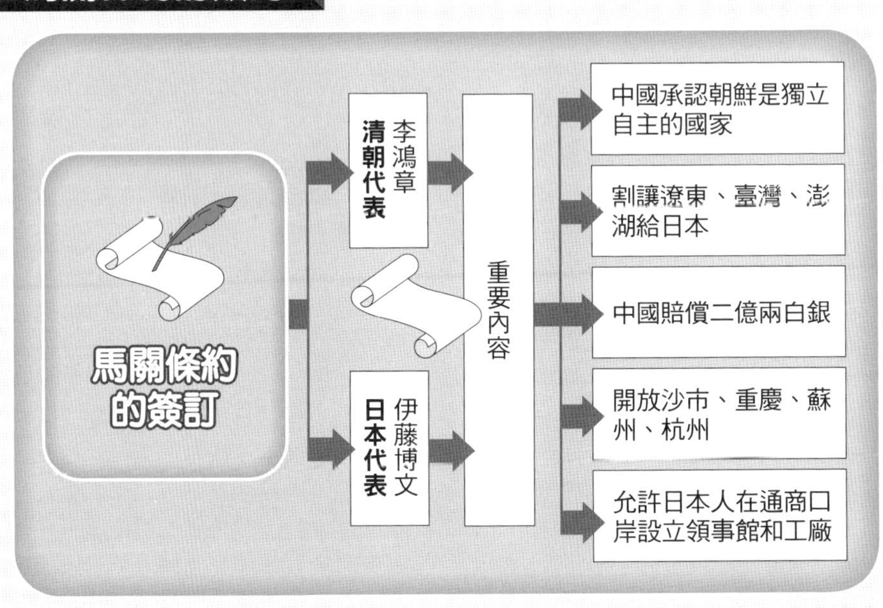

UNIT 6-2 臺灣人的抗日活動

(一)臺灣民主國的抗日

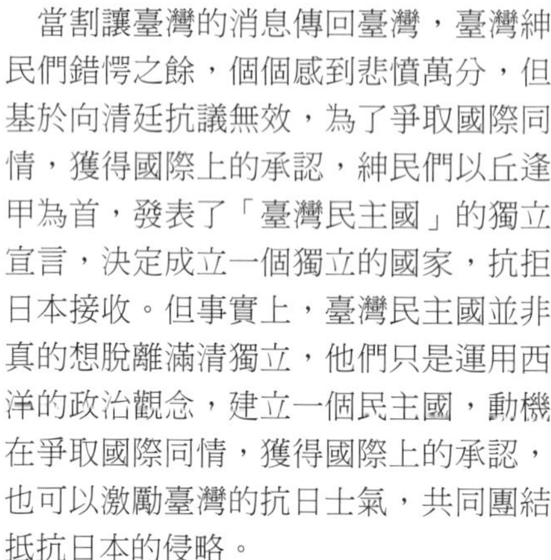

當割讓臺灣的消息傳回臺灣，臺灣紳民們錯愕之餘，個個感到悲憤萬分，但基於向清廷抗議無效，為了爭取國際同情，獲得國際上的承認，紳民們以丘逢甲為首，發表了「臺灣民主國」的獨立宣言，決定成立一個獨立的國家，抗拒日本接收。但事實上，臺灣民主國並非真的想脫離滿清獨立，他們只是運用西洋的政治觀念，建立一個民主國，動機在爭取國際同情，獲得國際上的承認，也可以激勵臺灣的抗日士氣，共同團結抵抗日本的侵略。

一八九五年五月二十五日，「臺灣民主國」在臺北成立，紳民們遊說臺灣巡撫唐景崧擔任總統，建年號為「永清」，以示永遠不忘大清帝國，以藍地黃虎為旗，表示他們是隸屬在清朝龍旗之下。唐景崧就任總統後，成立中央政府，下設軍務、內務與外務部，還設有議院，由臺北的紳商擔任議員。他們還找來板橋林家第三代林維源擔任議長，不過被林維源拒絕。

不久，日本政府派近衛師團前來接收臺灣，由於兵力懸殊，臺灣守軍不戰而潰。其實，唐景崧身為一個守土疆臣，當然不願意輕易放棄臺灣，可是他會當臺灣民主國的總統，其實有很大部分是被慫恿的，對他來說，最好的打算就是盡快回到中國。因此，日軍攻占基隆之後，唐景崧與其他官員眼見苗頭不對，決定閃人為妙，迅速搭船逃回中國大陸。隨後，日軍進駐臺北城，臺灣民主國就此瓦解。六月十七日，首任臺灣總督樺山資紀在臺北舉行「始政典禮」，宣告正式開啟日本在臺灣的殖民統治。

(二)中南部的抗日

雖然在六月中的時候，日本已經在臺灣北部建立政權，不過，南臺灣的民眾仍然堅持不放棄，臺南紳民們公推南澳鎮總兵劉永福繼任臺灣民主國總統，繼續領導抗日活動。不過，劉永福雖然主張繼續抗日，也標榜民主國，發行印有「臺灣民主國」字樣的紙幣，以及有老虎記號的郵票，卻拒絕繼任民主國總統。

不久，日軍從臺北南下，臺灣中、南部的抗日活動陸續展開。劉永福以他的黑旗軍為主，雲、嘉、南等地義軍為輔，雖然曾使日軍陷於苦戰，但最後還是因為兵力、武器等設備，與日軍相差懸殊而節節退守。撐到十月下旬，劉永福眼見局勢無法挽回，也帶著親信搭船內渡廈門，離開臺灣。臺南城內陷入一片混亂，臺南紳民眼見大勢已經不可違，只好仿照臺北城的模式，開城門請日軍進城；十一月，臺灣總督府宣告平定臺灣全島。臺灣軍民因為抗日而死亡者，約有一萬四千人，日軍在作戰過程中因為傷病而死亡者，也有數千人。

小博士解說

鄉土保衛戰

日軍進入臺北城之後繼續往南挺進，在北臺灣的淺山丘陵地帶，三峽、桃園、新竹、苗栗等地，遭受到以客家人為主的抗日志士頑強的攻擊。如吳湯興在桃園一帶與日軍纏鬥；徐驤、姜紹祖等人領導其手下抗日。這些人是清末開發樟腦、茶葉的土豪，為了保衛鄉土及產業，進行激烈的鄉土保衛戰。他們為了保護家園，視死如歸，對日軍迎頭痛擊，日軍為了報復，還以殘酷的殺戮。

臺灣民主國的抗日

一八九五年五月二十五日，成立臺灣民主國，唐景崧擔任總統

↓

日本近衛師團攻占基隆之後，唐景崧逃回中國

↓

日軍在辜顯榮的帶領下進駐臺北城，並於六月十七日宣告在臺灣始政。抗日重心轉向南部

臺南紳民公推劉永福繼續領導抗日

↓

劉永福與日軍展開激戰，最後兵力懸殊而退守

↓

劉永福離開臺南，臺南城陷入混亂，士紳援用臺北模式請日軍進城

↓

同年十一月，臺灣總督府宣告全島平定

★臺灣末代巡撫唐景崧

唐景崧因中法戰爭時招劉永福抵抗法軍有功，一八九一年，出任臺灣布政使司；一八九四年，接替邵友濂出任臺灣巡撫。馬關條約簽訂後，發表「臺灣民主國獨立宣言」，更於一八九五年出任臺灣民主國總統。然卻於同年六月，日軍攻占基隆後，棄職逃亡回到廈門。

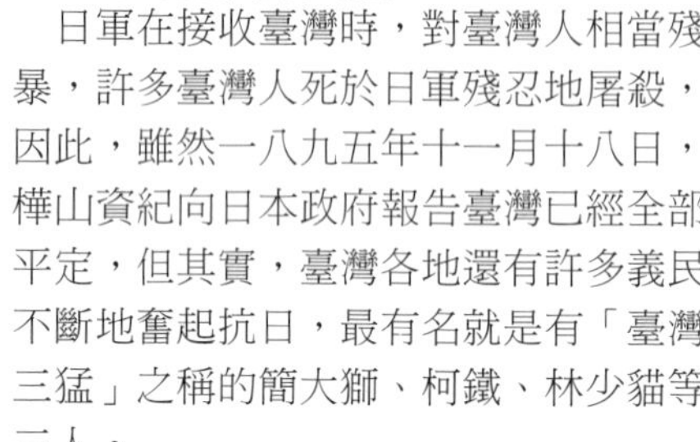

UNIT 6-3 「臺灣三猛」的武裝抗日

(一)北部簡大獅

日軍在接收臺灣時，對臺灣人相當殘暴，許多臺灣人死於日軍殘忍地屠殺，因此，雖然一八九五年十一月十八日，樺山資紀向日本政府報告臺灣已經全部平定，但其實，臺灣各地還有許多義民不斷地奮起抗日，最有名就是有「臺灣三猛」之稱的簡大獅、柯鐵、林少貓等三人。

日軍攻進臺北城的時候，簡大獅的母親、妻子、妹妹及嫂嫂都被日軍凌辱致死，一家十餘口均死在日人殘忍的屠殺中。悲痛萬分的簡大獅，決定起來領導抗日，一八九六年二月，簡大獅率領一群抗日義軍攻進臺北城，準備對日軍展開攻擊。雖然有臺北城內的居民作為內應，簡大獅一度攻進城中，但是大批日軍趕來救援，簡大獅一夥人不敵，只能退出戰鬥。直到一八九七年五月八日，為了打擊日軍的氣焰，簡大獅再度率領抗日軍隊圍攻臺北，無奈日軍的兵力過於強大，簡大獅終究寡不敵眾，逃回漳州，最後被清廷捕獲。日本政府威脅恐嚇清廷，一定要交出簡大獅，清廷害怕日人，於是把簡大獅引渡回臺灣，簡大獅最後被處死在臺北的監獄中。

(二)中部柯鐵

雲林有個叫作大坪頂山的地方，當地人習慣稱為鐵國山，是一個民風頗為強悍的地方。一八九六年六月，簡義和柯鐵勢力聚集在山上，改元為「天運元年」，立誓要把日本人趕出臺灣，他們出手襲擊雲林斗六一間日本商店，隔天，又襲擊日軍入山平亂的討伐隊。抗日軍陣容壯大，屢屢傳來捷報，日軍因為在臺灣四處遇到襲擊，而認定雲林地方無良民，開始進行無差別的殺戮，六千多名百姓無辜喪命，這樣的舉動激發抗日分子同仇敵慨的心情，中南部地區也起來響應柯鐵和簡義的抗日行動。日軍在不得已之下，開出優渥的條件作為誘餌，透過辜顯榮向抗日分子招降，允許柯鐵屯兵在鐵國山，可以自行保護鄉民，企圖分化瓦解抗日的力量。

在日人的招降政策下，簡義在十二月時下山投降，柯鐵則被擁立為「鐵國山總統」，繼續抗日。一八九九年，柯鐵放棄反抗日軍，雖然他不滿日軍態度反覆不定，曾經再度興兵抗日，但是最後身染重病，病死在深山中。

(三)南部林少貓

林少貓原本是劉永福的部下，劉永福離開臺灣之後，堅持繼續抗日活動。一八九八年，林少貓聯合高屏地區的義民起來武裝抗日，三千多人圍攻潮州辨務署和憲兵隊，激戰數日之後，因為寡不敵眾而撤離戰場。總督兒玉源太郎見林少貓的勢力如此龐大，想用暗殺的手段，但是無法得逞，後來改用誘騙的方法，由熟悉臺南事務的《臺南新報》社長富地近思牽線，讓打狗首富陳中和出面與林少貓談判。

林少貓對日軍心生警惕，提出許多苛刻的條件，想藉機刁難，沒想到日人幾乎全都照辦，還派阿猴廳辨務署長親自將許可書送給林少貓。林少貓見日人頗有誠意，於是在一八九九年五月，放棄武裝抗日，開始經營事業，短短三年，經營有成，呈現一片欣欣向榮，各路抗日分子望風而歸，聲望越來越高，這是總督府不願意見到的情況。一九〇二年五月，日人誣陷林少貓暗中培養實力抗日，調動大軍發動突襲，林少貓措手不及而壯烈犧牲。

臺灣三猛的抗日活動

北部

簡大獅

一八九二年二月，率領抗日軍隊進攻臺北城，一度攻進城中，但最後不敵敗退

一八九七年五月，為了打擊日軍氣焰，再度率領軍隊進攻臺北，最後寡不敵眾，簡大獅逃回漳州，被清軍捕獲

清廷在日方的壓迫下，將簡大獅引渡回臺灣，被處死在臺北監獄

中部

簡義、柯鐵

一八九六年六月，和簡義聚集在雲林鐵國山，改為「天運元年」，立誓要把日人趕出臺灣，攻擊日本人開設的商店

隔天又襲擊日人的討伐軍隊，致使日人開始進行無差別的殺戮

柯鐵一度放棄抵抗，但是因不滿總督府的政策而再度出兵，最後病死山中

南部

林少貓

一八九八年，聯合高屏地區的義民起來武裝抗日，三千多人圍攻辦務署和憲兵隊，最後寡不敵眾撤離戰場

總督府暗殺不成，改用招降的方式，給林少貓許多利權，林少貓因此放棄武裝抗日，開始經營生意

一九〇二年五月，總督府誣陷林少貓暗中培養實力反日，率領大軍攻擊，林少貓措手不及壯烈犧牲

UNIT 6-4
政權替換時期的獲利者：辜顯榮

(一)日軍嚮導

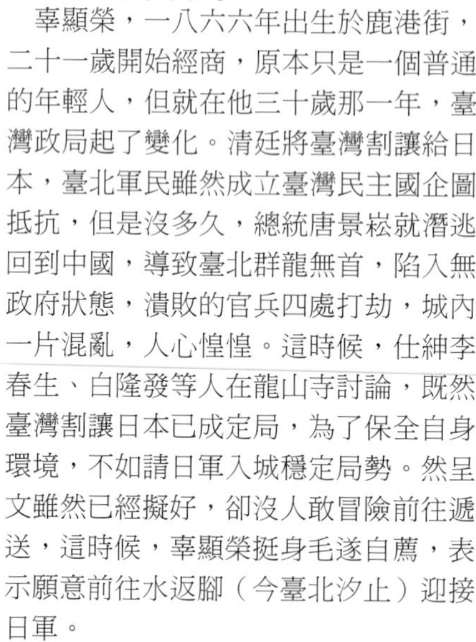

辜顯榮，一八六六年出生於鹿港街，二十一歲開始經商，原本只是一個普通的年輕人，但就在他三十歲那一年，臺灣政局起了變化。清廷將臺灣割讓給日本，臺北軍民雖然成立臺灣民主國企圖抵抗，但是沒多久，總統唐景崧就潛逃回到中國，導致臺北群龍無首，陷入無政府狀態，潰敗的官兵四處打劫，城內一片混亂，人心惶惶。這時候，仕紳李春生、白隆發等人在龍山寺討論，既然臺灣割讓日本已成定局，為了保全自身環境，不如請日軍入城穩定局勢。然呈文雖然已經擬好，卻沒人敢冒險前往遞送，這時候，辜顯榮挺身毛遂自薦，表示願意前往水返腳（今臺北汐止）迎接日軍。

剛開始，由於語言的隔閡，日軍不清楚辜顯榮的來意，一度誤以為他是間諜，後來才知辜顯榮「出迎皇軍」的來意。當時水返腳、錫口（今臺北松山）之間，鐵路年久失修，枕木露出，布滿大小礫石，又有抗日分子暗中埋伏，無從判斷軍情，日軍行進相當困難，辜顯榮的到來，無疑給日軍打了一劑強心針。辜顯榮熟悉路徑，一面指引方向，一面解說現在臺北城的狀況，讓日軍輕易進入臺北城。日軍順利進駐臺北後，辜顯榮還跟隨北白川宮軍團進軍臺灣南部，據說當時由於斗六久攻不下，必須囤糧駐軍，日人命辜顯榮回到故鄉鹿港高價購買糧食，但辜顯榮卻在滿倉米穀的鹿港買不到一升米，因為百姓都不想賣米給日本人，百姓根本不願意接受日本人的統治。

由於辜顯榮領軍有功，幫助日軍順利平定臺灣，十二月，他跟著民政局長水野遵到東京，獲頒敘勳六等，受單光旭日章，回臺之後擔任保良局長，展開他顯赫的政治生涯。

(二)展現政商實力

日本領臺第二年，辜顯榮開始經營事業，他開設「大和行」，取得總督府的食鹽專賣特許，經營製鹽、樟腦外銷等買賣，獲利豐厚；又在鹿港、臺中以及濁水溪南岸的虎尾購地，並開鑿埤圳，灌溉荒地。事業觸角除了官鹽、鴉片總批發之外，還包含糖業、金融、建築、漁業等項目。一九〇〇年四月，辜顯榮被推舉為全臺批發組合長，開始承包工程，又開發鹿港鹽田二百四十七甲，不到十年就成為百萬富商。

總督府對他也頗為倚重，延攬他擔任各種職務，一八九七年，辜顯榮獲頒紳章；一九〇九年擔任廳參事；一九二一年，獲選為總督府評議員；一九三四年更獲選為貴族院議員。日本統治時期，臺灣只有四人擔任過貴族院議員，而他比其他三人早了十一年。

小博士解說

保良局

日治初期，臺灣總督府一面以軍事手段鎮壓各地抗日勢力；一面對臺灣仕紳階層採取籠絡和利用政策，准許各地紳商成立保良局，作為對付反抗勢力的輔助工具。一八九五年七月，臺北各堡士紳代表倡議設立保良局，獲臺灣總督府同意辦理，同年八月，保良局在大稻埕建昌街泉興茶館成立，主要功能是協助總督府分辨良民與土匪，達到穩定社會治安，保護良民的功能，不過存在時間並不長，主要功能被「士商公會」和「紳商士庶公會所」取代。

辜顯榮發跡的過程

辜顯榮發跡的過程

1866年

出生於鹿港街，後浪跡於臺北

1895年

臺灣民主國瓦解之後，辜顯榮帶領日軍進入臺北城。又跟近衛師團南進鎮壓抗日勢力有功，跟隨民政局長水野遵到東京接受褒獎

1896年

被任命為臺北保良局長；開設「大和行」，取得鹽、樟腦等專賣的經濟特權，又在鹿港、臺中及虎尾購地，並開鑿埤圳，灌溉荒地，奠定富裕的基礎

1897年

獲頒紳章

1900年

被推舉為全臺批發組合長

1909年

當選為臺中廳參事，獲得鴉片經銷權

1921年

獲選臺灣總督府評議員

1934年

被昭和天皇敕選為貴族院議員，是臺籍第一人

1937年

赴東京出席貴族院臨時會議時，因宿疾發作而病逝

UNIT 6-5

殖民統治體制的建立與鞏固

（一）土皇帝的權力

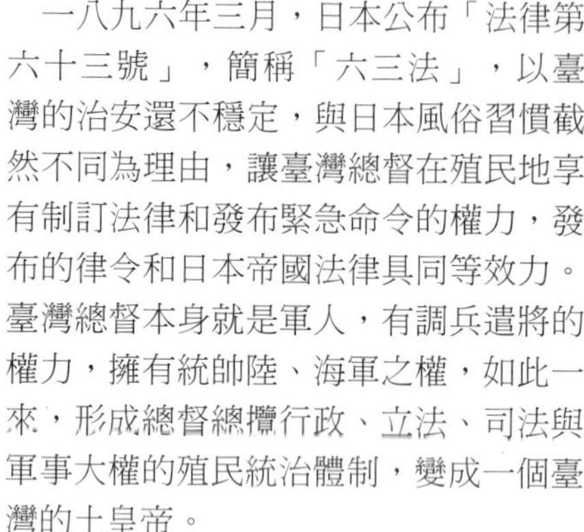

一八九六年三月，日本公布「法律第六十三號」，簡稱「六三法」，以臺灣的治安還不穩定，與日本風俗習慣截然不同為理由，讓臺灣總督在殖民地享有制訂法律和發布緊急命令的權力，發布的律令和日本帝國法律具同等效力。臺灣總督本身就是軍人，有調兵遣將的權力，擁有統帥陸、海軍之權，如此一來，形成總督總攬行政、立法、司法與軍事大權的殖民統治體制，變成一個臺灣的土皇帝。

之後，由於臺灣島內外人士的反對，加上治安已經有明顯改善，一九〇六年，日本國會通過「法律第三十一號」，簡稱「三一法」，以此法取代原來的「六三法」，規定總督的命令或法律不能和日本本國的法律或勅令牴觸，不過總督仍然大權在握。一九二一年，又公布「法律第三號」，簡稱為「法三號」，原則上日本本土的法律可施行於臺灣，而臺灣總督得在必要時才能制訂法律。

（二）警察政治

日治初期，臺灣總督府內務部設有警保課，主管警察、保安事務，由於當時還是軍政時期，為了避免警察和軍憲業務重疊，警察當時主要負責事務是衛生和戶口調查。一八九七年，總督府實施三段警備制，警察負責的警備區為平靜地帶，對治安的維持屬於輔佐軍憲的地位。不過，一八九八年，後藤新平到任之後，開始改革警察制度，在各地大量增設派出所，設置警察訓練機關，增加警察人員，還募集臺灣人擔任巡查補，輔助日本警察，將維持治安的任務完全交給警察；同時，還在總督府內設置警察本署，設警察總長掌握一切警察權，指揮全臺的警察機關。

日治時期，警察的權力是無所不在的，嚴密的警網和充分的警力遍布全臺，警察權不斷的擴大，幾乎無所不管，不僅維持法律和公共秩序，協助地方政府處理行政事務，還有執行經濟統制措施，長期強有力的控制臺灣社會。

（三）保甲制度

保甲本來是清代臺灣的地方自衛組織，後藤新平利用原來就存在於臺灣社會的制度，於一八九八年八月發布「保甲條例」，實施連坐制度，規定十戶為甲，十甲為保，保立保正，甲設甲長，保甲由戶長推選，經地方官認可後出任，變成警察行政的輔助機關。保甲的主要任務包括：調查戶口、監視出入者、預防傳染病、修橋鋪路、義務勞動等，也常被利用來協助總督府推行放足斷髮、改良風俗、破除迷信、推廣日語運動等各種政策。

日治時期各種政策能夠順利實施，保甲起了很大的作用，不過，雖然保甲是動員人力的主要機關，但其實是無給的名譽職，無辦公的事務所，必須在自己家中處理事務，總督府因此節省了巨額的行政費。

殖民地基本法的演變

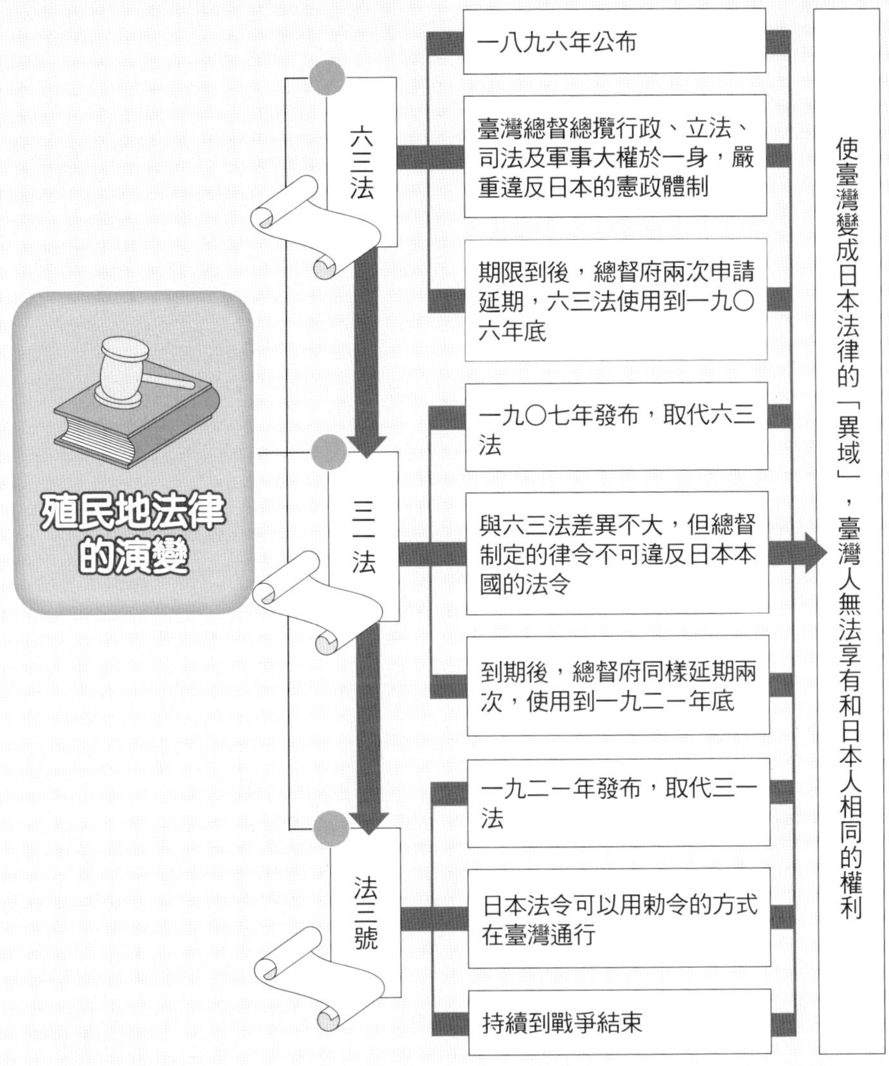

知識補充站 ★保甲與壯丁團

日本統治臺灣初期，為協助保甲制度順利運作，各保甲還設有「壯丁團」，根據一八九八年頒布的「保甲條例」，保甲為了警戒防禦匪賊及水、火災，可以設置壯丁團。屬義務性質的無給職，由年滿十七歲且未滿四十歲的男子所組成，平時受警察指揮，幫忙維持地方治安、冬防警戒、災變救難、奉仕作業等工作，壯丁團每天必須派團員到派出所當值，冬天晚上要輪流巡更，對於當時人力不足的派出所來說，壯丁團可說在地方的治安上扮演舉足輕重的角色。

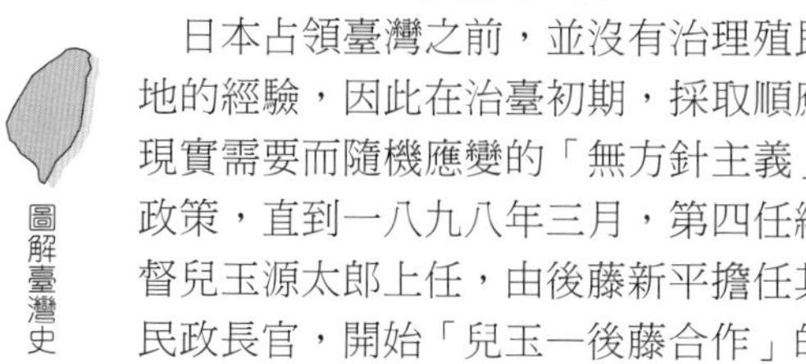

UNIT 6-6 後藤新平的殖民政策

(一)兒玉・後藤體制

日本占領臺灣之前，並沒有治理殖民地的經驗，因此在治臺初期，採取順應現實需要而隨機應變的「無方針主義」政策，直到一八九八年三月，第四任總督兒玉源太郎上任，由後藤新平擔任其民政長官，開始「兒玉—後藤合作」的時代。

由於兒玉源太郎擔任總督任內，兼任陸軍大臣（一九〇〇年十二月）、內務大臣和文部大臣（一九〇三年七月），當日本和俄國關係惡化時，他辭去內務大臣轉任參謀本部次長，日俄戰爭爆發之後，就任滿洲軍總參謀長，根本無暇顧及臺灣統治，被稱為「缺席的總督」。因此，臺灣實際上一切治理措施皆委任後藤新平，後藤新平是奠定日本統治臺灣基礎的重要人物。

(二)生物學原理

本乎漸進主義原則，後藤新平上任之後，沒有對臺灣強制實施「同化政策」，對於治理臺灣，他自有一套獨特的看法。後藤認為，就像是鯛魚的眼睛長在頭的兩邊，比目魚的眼睛則長在頭的同一邊，不能因為比目魚長相古怪，硬要把它的眼睛改裝成像鯛魚那樣，這是違反了生物學的原則。政治上也是如此，首先該把臺灣的舊制度好好做一番科學調查，然後實施順應民情的殖民地施政，之後再慢慢地實施新的政策。不了解這個道理，只想把日本的法制強制輸入臺灣，就像是把比目魚的眼睛突然改變成鯛魚的一樣，是真正不懂政治的人。

後藤新平根據這個生物學原理，一面鎮壓抗日分子，一面設立各種調查機關，進行舊慣調查、地籍調查及人籍調查，依據調查的報告書設計各種統治臺灣的政策及法律；推行統治臺灣與移植日本資本主義必要的「基礎工程」，臺灣財政的獨立也在他手上確立起來。

(三)鞭子與糖果

後藤新平統治臺灣人的方法，是一種鞭子與糖果並用的政策，說穿了就是懷柔和高壓並濟的策略。他一方面對臺灣人實施苛刻統治的控制，另一方面用懷柔政策，消弭臺灣人的抗日情緒。

後藤新平認為，臺灣人有三個弱點：❶怕死；❷愛錢；❸愛面子。他利用臺灣人的弱點，對症下藥進行治臺政策。為了懷柔臺灣人，後藤新平想出幾個招數，他招待八十歲以上的臺灣老人出席「饗老會」，還邀請讀書人參加發表詩作或吟詩的「揚文會」，並且優待仕紳和名士授予他們「紳章」。

此外，後藤新平也承襲第三任總督乃木希典的「土匪招降策」，除了赦免投降者的罪名，又給他們創業的資金和工作。每當有「土匪」投降，後藤新平就會舉行隆重的「歸順儀式」，為了防止他們再次犯罪，還會替投降者照相並且登錄姓名，以隨時查驗。就在這樣軟硬兼施的策略下，一九〇六年，後藤新平離開臺灣時，臺灣大規模的武裝抗日運動幾乎完全消聲匿跡。

後藤新平的治臺政策

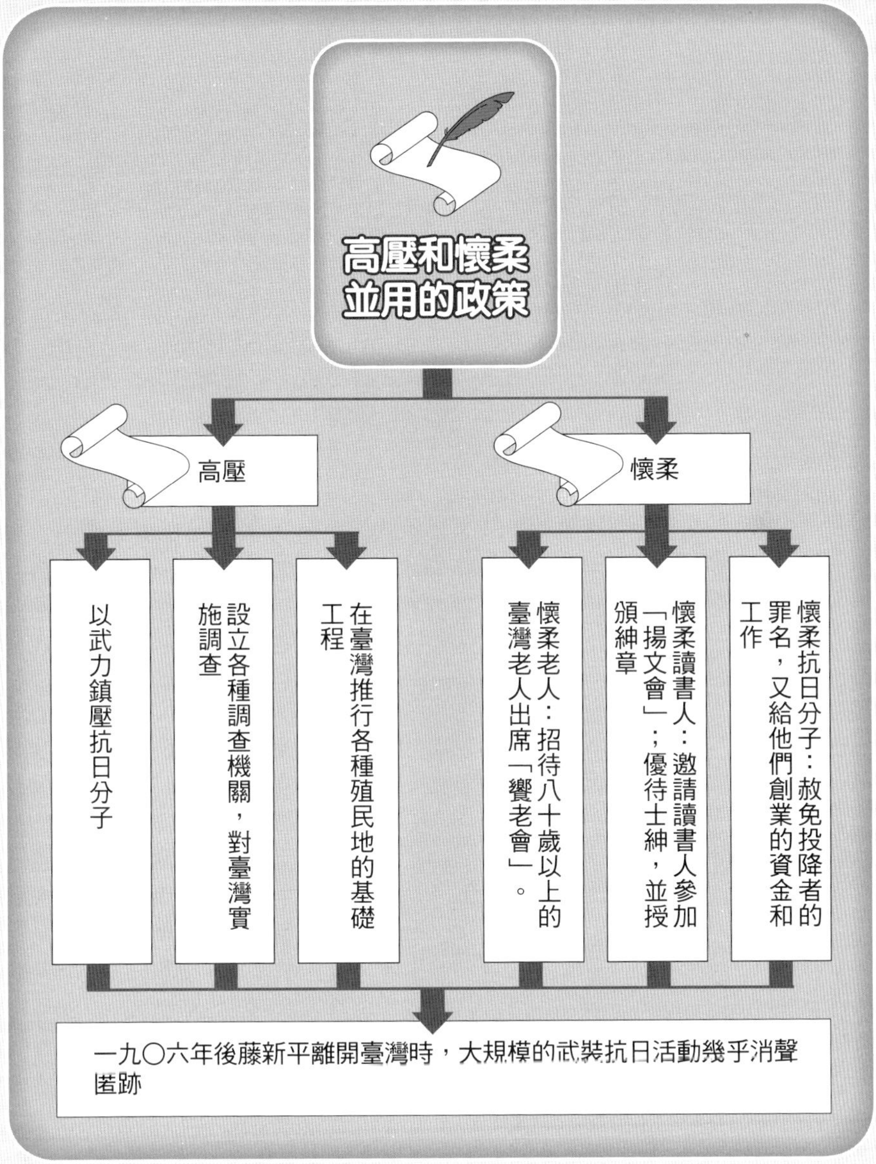

高壓和懷柔並用的政策

高壓
- 以武力鎮壓抗日分子
- 設立各種調查機關，對臺灣實施調查
- 在臺灣推行各種殖民地的基礎工程

懷柔
- 懷柔老人：招待八十歲以上的臺灣老人出席「饗老會」。
- 懷柔讀書人：邀請讀書人參加「揚文會」；優待士紳，並授頒紳章
- 懷柔抗日分子：赦免投降者的罪名，又給他們創業的資金和工作

一九〇六年後藤新平離開臺灣時，大規模的武裝抗日活動幾乎消聲匿跡

★紳章制度

是總督府為拉攏臺灣士紳和富豪所頒之榮譽章制度。一八九六年，總督府頒布「臺灣紳章條規」，授章給具有科舉功名、有學問、資產或名望的臺灣仕紳。由於獲得者在地方上頗有名望，輿論也要求以具紳章資格者出任地方基層官職。故此制度可説發揮籠絡士紳，穩定殖民統治的功效。

UNIT 6-7

三大調查的實施

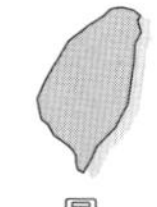

（一）舊慣調查

後藤新平主張對臺灣進行有系統、學術性的完整調查，再根據調查結果訂出一套管理辦法，詳細了解臺灣舊有的風俗習慣，可以幫助奠定對臺灣的統治基礎，在其任內實施三次重要的調查，分別是舊慣調查、土地調查及人口調查。

一九〇一年，後藤新平聘請當時日本司法界權威，也就是京都帝國大學教授岡松參太郎，主持臨時臺灣舊慣調查會，完成《臨時臺灣舊慣調查會第一部調查第一回報告》三冊、《臨時臺灣舊慣調查會第一部調查第二回報告》四冊、《臨時臺灣舊慣調查會第二部調查經濟資料調查報告》二冊、《臺灣私法》十三冊、《清國行政法》七冊、《蕃族調查報告》等豐富的資料，不僅作為總督府立法和施政的參考，也成為研究清代臺灣社會經濟史重要的資料。

（二）土地調查

由於清朝政府統治不確實，臺灣土地的所有權混亂，導致政府常找不到地主，收不到稅，後藤新平認為，地籍和人籍是施政的根本，必須確定土地面積和所有人。一八九八年七月，總督府發布〈臺灣地籍規則〉和〈臺灣土地調查規則〉，動員八百多位調查員，測量全臺灣六十三萬三千餘甲的土地，先後完成地租改正、地價修正、地力考訂，也解決關於土地民法的問題。後藤新平進行土地調查的原因非常單純，就是要徵收臺灣租稅，透過土地調查，可以查出隱田，以多報少者，或是不願繳租者；此外，原本日本人不了解臺灣的地形、地貌及地物，透過這次的調查，繪製了精確的地圖，也可用來對付隱匿的抗日志士，對總督府來說，是非常重要的調查事業。

（三）人口調查

後藤新平留學德國時，曾經參觀過德國統計局，對德國的人口調查留下深刻印象，即使日本因為日俄戰爭決定延後調查，也堅持臺灣這個殖民地一定要如期實施。

一九〇五年十月一日，總督府以第一次臨時臺灣戶口調查的名義，展開首次人口調查。調查結果顯示，一九〇五年時，臺灣總人口數三百零三萬九千七百五十一人，男性一百六十一萬八百一十六人、女性一百四十二萬八千九百三十五人；陸續出版《臨時臺灣戶口調查要計表》、《戶口調查集計原表》、《臨時臺灣戶口調查顛末》及《臨時臺灣戶口調查記述報文》等調查報告書；一九〇八年一月，又公布關於臺灣人出生、死亡、結婚、離婚、移入、移出之「人口動態統計」與彙集臺灣人職業四千二百九十九種的《戶口調查職業名字彙》。

這次的調查是東亞首次的人口調查，重要性自然不在話下，其後，總督府又分別於一九一五、一九二〇、一九二五、一九三〇、一九三五、一九四〇年舉行人口調查，一九二〇年之後正名為「國勢調查」，這七次調查所提供的人口資料，足以具體觀察日治時期臺灣人口變遷大勢。

三大調查事業

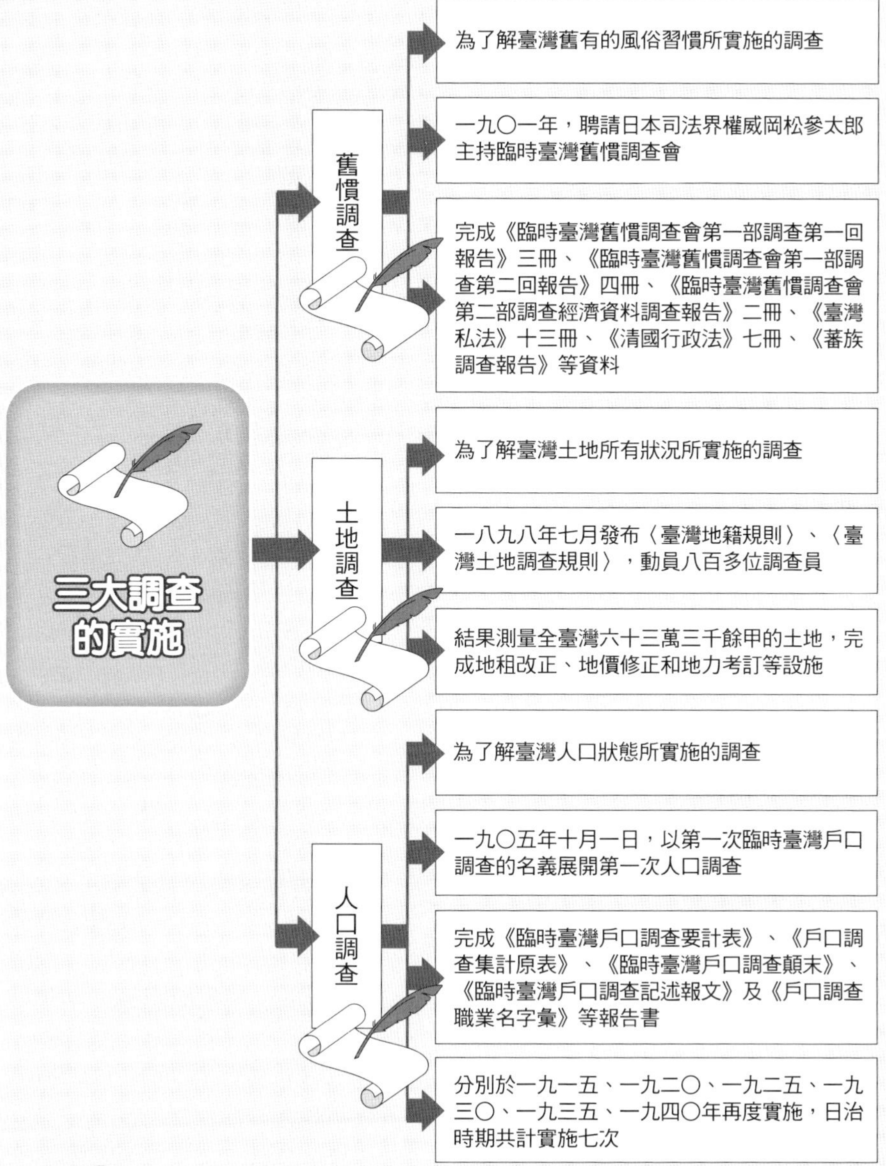

知識補充站 ★水科七三郎

水科七三郎於一九〇三年八月來臺擔任總督府技師，負責統計調查業務，一九〇五年五月臨時臺灣戶口調查部成立之後，擔任主事兼調查課長，臺灣第一次人口調查可說是由他一手擘化，之後的各項報告書也是出自其手，或是在他的監督下完成的。一九〇八年，總督府將統計業務自文書課獨立，成立統計課，水科七三郎成為統計課的首任課長。

UNIT 6-8 西來庵事件

(一)事件始末

一九一五年夏天，臺南發生西來庵事件，是日本統治期間規模最大的武裝抗爭事件。噍吧哖地點在今日的臺南玉井，由於這個事件主要的戰役均發生於此，所以稱為「噍吧哖事件」；又因這個事件是余清芳、羅俊和江定等人不滿日本殖民統治意圖發動武裝抗爭，建立自己的領導政權，因此也稱為「余清芳事件」。余清芳等人常在一間叫做「西來庵」的王爺廟聚會，所以這個事件又被稱為「西來庵事件」。

余清芳在臺南開設一間碾米廠，工作之餘，經常到西來庵從事宗教活動，因而結識西來庵董事：蘇有志、鄭利記，又進而認識江定和羅俊兩人。余清芳利用送善書的名義聯絡全臺寺廟，積極宣揚西來庵神明靈驗的事蹟，又以賣神符和建醮的名義對外募款，宣稱日本領臺二十年氣數已盡，將是改朝換代的時候，決定在該年八月發動抗日戰爭，不料，五月底就被日警查獲，同年六月底，羅俊被捕。余清芳和江定攻擊派出所，殺害數十名日警，八月初，在噍吧哖虎頭山與日本軍兵鋒交接，卻不敵日本軍隊的機關槍和大砲，死傷慘重，余清芳兵敗被捕，九月二十三日被處以死刑。隔年四月，總督府透過地方人士的交涉，說服江定自首，江定於九月被處以死刑。

余清芳和江定被日軍捕獲處死後，日本警察為了斬草除根，大舉進入山區搜查圍捕，許多村落一夕之間變成焦土，臺灣人因此事件被捕者計有一千九百五十七人。一九一六年五月起，在臺南地方法院開設臨時法庭，九月判決時，計有八百六十六人被處死刑；四百五十三人被處有期徒刑；兩百一十七人被處行政處分；八十六人獲判無罪；三百零三人不予起訴。由於因此案被判死刑的人數太多，導致總督府當時天天都在執行死刑，引起日本國會中較具人道精神的議員反對，因此在執行九十五名死刑犯後，其餘皆被改判為無期徒刑。

(二)王爺公沒保佑

西來庵事件之後，臺南民間流傳著一句諺語：「王爺公沒保佑，害死蘇有志。」蘇有志原本被日本政府聘為臺南廳參事，他召集碾米業者共創米穀公司，後來被日本商人騙取股票，中計吃了大虧，最後必須變賣田產償還債務，致使他相當痛恨日本人。爾後，蘇有志擔任西來庵董事時，結識余清芳，卻被牽連其中，同時被判死刑。蘇有志熱心公益廟務，但王爺公仔並未保佑他完成革命大業。

民間傳說，余清芳把西來庵當作為起義的根據地，自認為最危險的地方就是最安全的地方，他將槍械放在棺木內抬送到西來庵，安全逃過日警的檢查，自以為一切都有王爺公保佑。由於太相信神明，余清芳異想天開將「名冊」壓在神像底座下面，沒想到黨員越來越多，名冊越來越厚，神像當然也越墊越高。有一位常到西來庵走動的警察，發現神像忽高忽低，甚覺怪異，趁著余清芳等人不在廟內時，偷偷溜到神像背後，抬起神像，猛然發現革命黨徒的「名冊」，此位日警不動聲色地將名冊放回原位，整件事情才這樣爆發開來。

西來庵事件的經過

西來庵事件的經過

原因

余清芳在臺南一間寺廟西來庵中，假借神明的名義來宣揚其抗日活動

宗旨

自稱日本人已經據臺二十年，氣數已盡。他受到王爺的神諭指示，擔任「臺灣人的皇帝」

經過

此事被日人獲悉，立刻展開緝捕行動，余清芳和同夥的江定與日人展開激戰，最後余清芳被捕，江定因糧食缺乏而投降

被捕者多達近二千人，判處死刑者有八百多人

日人開始重視臺灣民間信仰，並實施宗教調查

★宗教調查

日本治臺以來，總督府從未對臺灣傳統的信仰作嚴密控管，但西來庵事件後，為了解民間寺廟和臺人信仰情形，事件發生所在的臺南廳，隨即在同年的八月三日，下令對管轄之各公學校進行宗教調查，將調查結果編成《宗教調查書》。總督府認為實施調查並非控制信仰自由，而是因為有愚昧的民眾誤信邪魔歪教，因此有必要對臺灣固有宗教進行調查和措施。

UNIT 6-9

走向文官總督體制

(一)民族自決

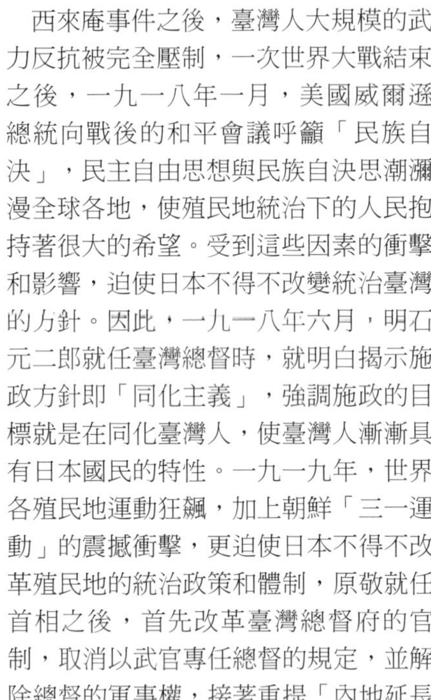

西來庵事件之後，臺灣人大規模的武力反抗被完全壓制，一次世界大戰結束之後，一九一八年一月，美國威爾遜總統向戰後的和平會議呼籲「民族自決」，民主自由思想與民族自決思潮瀰漫全球各地，使殖民地統治下的人民抱持著很大的希望。受到這些因素的衝擊和影響，迫使日本不得不改變統治臺灣的方針。因此，一九一八年六月，明石元二郎就任臺灣總督時，就明白揭示施政方針即「同化主義」，強調施政的目標就是在同化臺灣人，使臺灣人漸漸具有日本國民的特性。一九一九年，世界各殖民地運動狂飆，加上朝鮮「三一運動」的震撼衝擊，更迫使日本不得不改革殖民地的統治政策和體制，原敬就任首相之後，首先改革臺灣總督府的官制，取消以武官專任總督的規定，並解除總督的軍事權，接著重提「內地延長主義」，作為殖民統治的基礎。

(二)內地延長主義

剛好臺灣總督明石元二郎於一九一九年十月去世，因此，原敬任命田健治郎擔任接替的總督，他也是第一位文官總督。田健治郎與原敬都是甲午戰爭後臺灣事務局的委員，同時曾參與策劃臺灣統治基本政策的立案，他相當支持原敬的同化政策。田健治郎以「內地延長主義」政策的殖民者自居，就任後發表施政方針，一面強調臺灣是日本領土的一部分，與殖民地不同，所以臺灣的統治必須使臺灣人變成日本人；一方面強調重視教育和提高臺灣人的政治地位，希望藉以安撫臺灣人，消除臺灣社會方興未艾的民族運動。

在這樣的政策之下，臺灣總督府開始標榜日臺融合，一九二〇年十月，改革地方制度，創設州、市、街、庄的地方制度，標榜實施地方自治，官選地方居民中具學識名望的人，擔任各級協議會員，之後又發布「臺灣總督府理事官特別任用令」，明訂具有適當資格且熟悉臺灣情況的臺灣人，可以出任地方理事官。只是，臺灣人沒有選舉權，各級協議會也沒有議決權，臺灣人出任地方理事官者根本寥寥無幾。一九二二年，臺灣總督府又公布「臺灣教育令」，標榜取消臺人、日人教育的差別待遇，除了初等教育之外，其餘各級學校開放日本人、臺灣人共學，並且改「三一法」為「法三號」，原則上將日本本土法律用於臺灣，其後也將「治安警察法」延長施行於臺灣。從田健治郎總督之後，歷任八位文官總督，這樣的方針一直沒有改變。

小博士解說

田健治郎

第一位文官總督田健治郎是日本兵庫縣人，東京帝國大學畢業後，歷任神奈川縣警部長、崎玉縣警部長、遞信省書記官等職務，之後轉任通信局長。這時日本剛開始統治臺灣，內閣成立了「臺灣事務局」。田健治郎以通信局長的職務兼任「臺灣事務局」的交通部委員，開始涉及臺灣事務。一九一八年，原敬內閣成立，田健治郎與原敬私交甚篤，順勢被任命為臺灣總督，也是第一位文官總督。

內地延長主義的實施

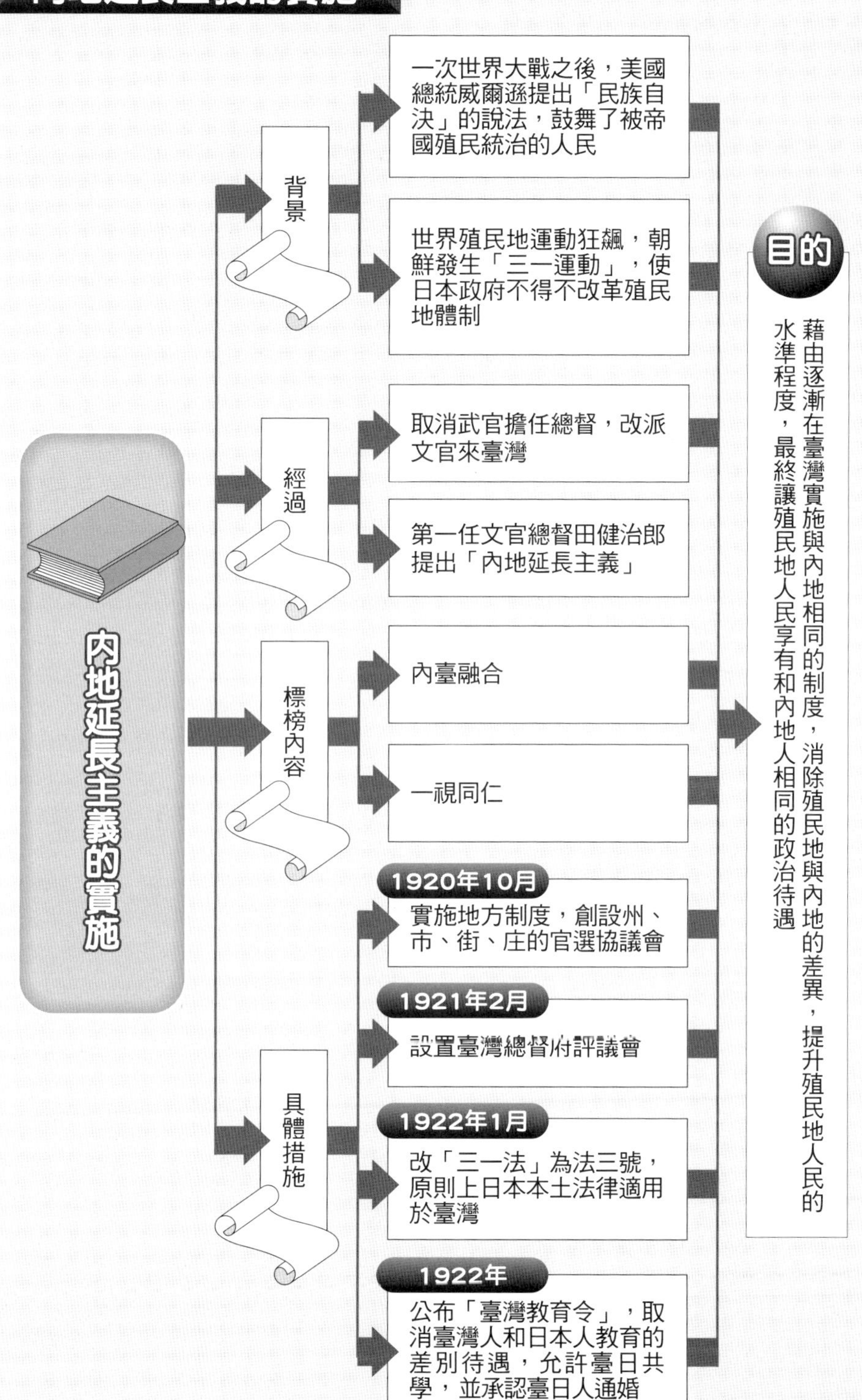
內地延長主義的實施
背景
一次世界大戰之後，美國總統威爾遜提出「民族自決」的說法，鼓舞了被帝國殖民統治的人民
世界殖民地運動狂飆，朝鮮發生「三一運動」，使日本政府不得不改革殖民地體制
經過
取消武官擔任總督，改派文官來臺灣
第一任文官總督田健治郎提出「內地延長主義」
標榜內容
內臺融合
一視同仁
具體措施
1920年10月
實施地方制度，創設州、市、街、庄的官選協議會
1921年2月
設置臺灣總督府評議會
1922年1月
改「三一法」為法三號，原則上日本本土法律適用於臺灣
1922年
公布「臺灣教育令」，取消臺灣人和日本人教育的差別待遇，允許臺日共學，並承認臺日人通婚
目的
藉由逐漸在臺灣實施與內地相同的制度，消除殖民地與內地的差異，提升殖民地人民的水準程度，最終讓殖民地人民享有和內地人相同的政治待遇

UNIT 6-10

南國哀歌：霧社事件

(一)事件的背景

日本領臺之後，霧社地區的原住民被動員從事多項建築、修繕工事的勞役，然勞役工作過重，讓他們早已心生不滿，而且總督府鼓勵警察娶原住民各社頭目或有地位者的女兒為妻，但是這些警察往往在日本已經有妻子，在臺灣迎娶的妻子變得不被法律承認，馬赫坡社頭目莫那魯道的妹妹嫁了日本巡查，數年後丈夫卻行蹤不明，貴為頭目的妹妹竟遭日本人拋棄，族人相當憤恨。

一九三〇年十月，一位日本巡查吉村克己經過莫那魯道家門口，當時莫那魯道正在為一對男女舉行婚宴，莫那魯道的長男拉住吉村的手，邀他入內參觀，誰知道吉村嫌酒宴不乾淨，雙方在拉扯時，吉村居然用手杖打了男孩的手，莫那魯道屢次到駐在所請求官方處置，卻絲毫沒有一點下文，引起他的不滿，決定要發動事變。

(二)事件的經過

一九三〇年十月二十七日，當天是霧社公學校運動會的日子，大家都會集合在霧社公學校舉行學藝會、展覽會及聯合運動會，來參加的日本人不下數百，郡守也依照慣例蒞臨指導。運動會才剛開始，霧社的原住民以升旗為信號，約有兩百名武裝的原住民突然衝入會場，幾乎將所有日本人殺傷，繼而逐一襲擊警察駐在所、辦事處與官舍。三日之後，奪取武器彈藥向山區退去，此次襲擊共有一百三十二名日本人遭到殺害，二百一十五名日本人受傷，還有穿著和服的二名臺灣人因為被誤認是日本人而被殺死。

霧社的族人雖然取得一時的勝利，但是總督石塚英藏請求臺灣軍司令官出動八百餘名軍隊支援，以及武裝警察和臺灣人壯丁團二千七百餘名人力前往征討，還使用轟炸機、毒瓦斯等戰爭武器，經過五十幾天的苦戰後終於鎮壓。

參加此次起義事件的是居住於霧社的十二社原住民中的六社，共有六百四十四名被殺害，剩餘的人被強制遷移到依附總督府的原住民居住地。但是，隔年四月，日本警察又唆使親日派的原住民突襲此居住地，造成兩百多人被殺，稱作「第二次霧社事件」。

霧社事件對臺灣總督府的殖民統治產生很大的衝擊，這發生在日本對臺灣統治已經上軌道，原住民教化也有了進展，「理蕃政策」的成功正被歌頌的時候。總督石塚英藏與總務官人見次郎因此事件引咎辭職，而起義人員中，有一位畢業於總督府立臺中師範學校，且曾任警官，使用日本名字「花岡一郎」的原住民青年，迫使總督府不得不重新檢討對原住民的政策。

霧社事件的發生，造成臺灣社會強大震撼，「所有的戰士都已經死去，殘存些婦兒小女，這天大的奇變，誰敢說是起於一時？」這是詩人賴和一九三一年在《臺灣新民報》上發表名為〈南國哀歌〉的作品，雖然在刊登前已經被日本的新聞檢查單位刪去了一部分，但是從殘餘的作品中還是可以一窺霧社事件發生時的壯烈。

霧社事件的發生

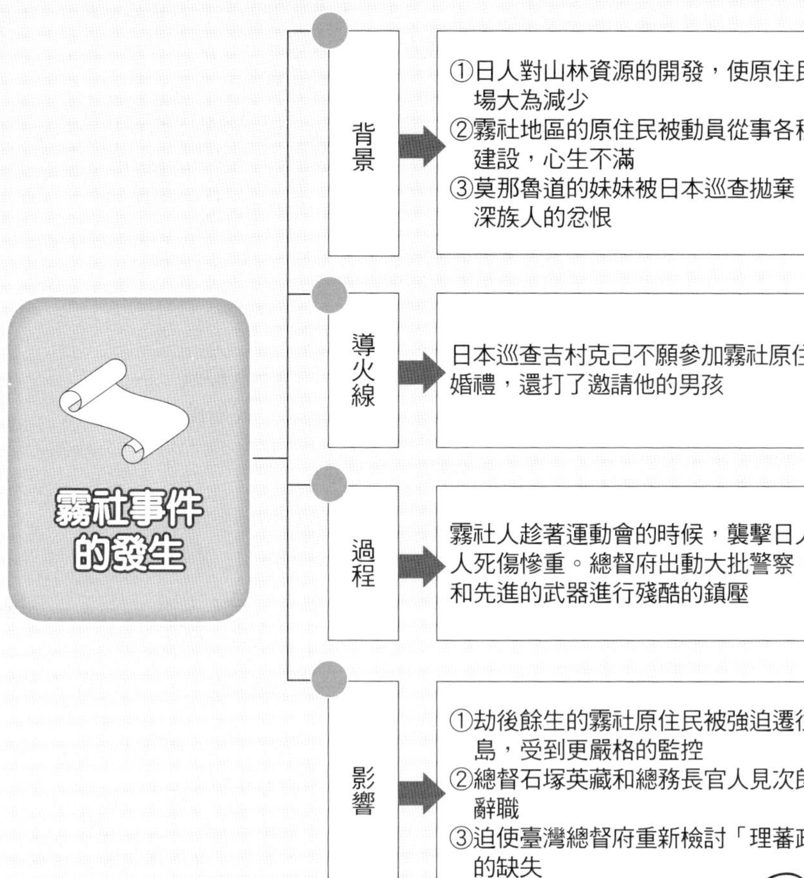

知識補充站 ★莫那魯道

霧社事件領導人莫那魯道，是臺灣原住民賽德克族馬赫坡社的頭目，也是賽德克族霧社群的總頭目，身材魁武、勇敢剽悍。莫那魯道與日本警察相處並不融洽，他的妹妹嫁給日警卻遭人遺棄；兒子又與警察發生衝突。莫那魯道多次前往和解都被拒絕，因此決定發動這場戰役。

形勢對賽德克的戰士們不利，莫那魯道見大勢已去，先槍殺妻子，後在山上洞穴裡自殺。莫那魯道的屍體沒有完全腐化，一半變成木乃伊，一九三三年，遺骸被日本人意外尋獲，日人將其送至臺北帝國大學土俗人種研究室做為標本，直到一九五二年，在族人和長老強烈的要求下，莫那魯道的骨骸才得以遷回霧社的「山胞抗日起義紀念碑」旁下葬。二〇〇一年，中央銀行更進一步正式於二十元硬幣上鑄造莫那魯道的肖像以茲紀念。

UNIT 6-11 林獻堂的政治運動

(一)民族自決的風氣

日本在臺灣實施種族差別待遇的殖民統治政策，臺灣人沒有參政權，不能和日本人通婚，社會存在明顯地差別。隨著時代的演變與臺灣人教育程度的提高，這些差別待遇的統治，刺激了臺灣人的民族意識。不過，自從西來庵事件之後，臺灣人漸漸放棄武裝抗日的模式，轉而採用漸進手段尋求體制內的抗爭活動。一九一九年，一次世界大戰結束之後，美國總統威爾遜提出了「民族自決」的口號，引起了世界各殖民地的注意，在民族運動狂飆下，朝鮮發生以獨立為目標的「三一事件」，這股殖民地解放的世界潮流，對臺灣人產生了不少影響，臺灣人受到激盪和鼓舞，產生民族的自我覺醒，從而組織活動，發行雜誌，展開向日本統治當局要求自由平等權利和尊重民族特性的民族活動。

(二)臺灣同化會的成立

林獻堂出生於一八八一年，是臺中霧峰林家的中心人物。一九一三年，林獻堂到東京，與明治元勳板垣退助伯爵會晤，對板垣退助控訴總督府壓迫臺灣人，獲得板垣退助深深的同情。一九一四年，林獻堂邀請板垣退助到臺灣參訪，板垣退助到臺灣之後，呼籲在臺灣的日本人應該善待臺灣人，他集結了在臺灣的日本人和臺灣人，組成了「臺灣同化會」，主張臺灣的統治應該採取同化主義，希望藉此提高臺灣人的政治地位。但是，由於日本人和臺灣人理念不同，臺灣同化會組織不到兩個月，就被總督府強制解散，卻也因此開啟了臺灣人從事合法政治運動的序幕。

(三)臺灣議會設置請願運動

雖然臺灣同化會被迫解散，但是林獻堂一點都不氣餒，一九一八年，他再接再厲，在東京集結了臺灣人留學生，從事「六三法撤廢運動」，繼而組織「啟發會」。到了一九二〇年，又將組織改組為「新民會」，設立了學生部「臺灣青年會」，他們創立了一個刊物叫作《臺灣青年》，是臺灣人第一本以政治為目的的定期刊物。卻因為刊物的內容是臺灣總督府所忌諱的，所以這本刊物常常被查禁，但是他們不放棄，還是不斷的刊行。一九二二年，這本刊物改名為《臺灣》，隔年，又改名為《臺灣民報》，這是日治時期唯一由臺灣人所開辦的報紙，也是持續刊行最久的機關報紙。

不僅如此，林獻堂還與一批日本臺灣留學生向日本國會請願，要求設立擁有特別立法權和預算審核權的民選「臺灣議會」。一九二三年，以設立臺灣議會為目的的「臺灣議會期成同盟會」在臺成立，但由於違反治安警察法而遭到檢舉，因此將此會移到可以舉行的東京，一直到一九二七年為止，都是以同盟會的名聲發表聲明。然殖民統治者很清楚的了解，如果允許設立具有立法權與預算審核權的臺灣議會，臺灣就會變成一個獨立的自治體，這點是日本人所不能容許的。

林獻堂的政治運動事蹟

林獻堂的政治運動事蹟

1881年

出生於阿罩霧，是霧峰林家的子孫

1907年

①在日本與梁啟超見面，受到梁啟超的啟發
②梁啟超鼓勵他用非武力運動的方式對抗日本人的殖民統治

1913年

聯合臺灣北、中部士紳向總督府請願，申請成立公立臺中中學

1914年

邀請板垣退助來臺訪問，並成立同化會，不過隔年就被解散

1919年

與蔡惠如等人，以在東京的臺灣留學生為主體，於東京成立「啟發會」，隔年改名為「新民會」

1921年

向日本國會提出《臺灣議會設置請願書》，求設立議會，從此展開十四年的臺灣議會設置請願運動，同年十月，與蔣渭水成立臺灣文化協會

1927年

與蔣渭水和蔡培火另組臺灣民眾黨

1930年

脫離臺灣民眾黨，與蔡培火籌組「臺灣地方自治聯盟」

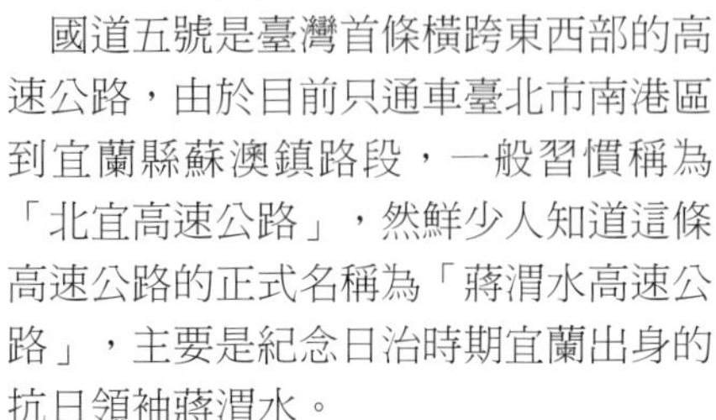

UNIT 6-12
蔣渭水與臺灣文化協會

(一)蔣渭水其人

國道五號是臺灣首條橫跨東西部的高速公路，由於目前只通車臺北市南港區到宜蘭縣蘇澳鎮路段，一般習慣稱為「北宜高速公路」，然鮮少人知道這條高速公路的正式名稱為「蔣渭水高速公路」，主要是紀念日治時期宜蘭出身的抗日領袖蔣渭水。

蔣渭水的父親在宜蘭城隍廟以相命為業，所以蔣渭水自小就熟悉臺灣宗教民俗活動，他曾經受業於宿儒張茂才，接受私塾漢文教育。一九〇九年，蔣渭水考進臺灣總督府醫學校；醫學校畢業之後，在臺北市大稻埕太平町開設大安醫院，專門治療內科、小兒科及花柳科。蔣渭水頗有生意頭腦，一九一七年，還取得宜蘭名酒甘泉老紅酒的代理權，開設春風得意樓。他廣結人脈，經常邀集醫師、學生與社會人士討論有關臺灣社會弊病與興革方法。

(二)臺灣文化協會的成立

一九二〇年一月，總督府醫學校的學生受到東京留學生的影響，醞釀組織一個啟蒙團體，啟發臺灣人的文化，經由介紹，得知大稻埕有位開業醫生是他們的學長，對社會運動一向熱心。拜訪之後，這名三十出頭的醫生認為，不做則已，要做就要做大規模的組織，文化協會的構想就此誕生，成為臺灣島內的啟蒙運動團體，這位年輕的開業醫生就是蔣渭水。

當時參加的會員以醫師、公學校畢業生、留學生與地主為主，這些臺灣的新興階層，由於受過新式教育，受到新思想的啟發，不滿臺灣人在日本殖民統治下所遭受的不平等待遇，因此想要改變現狀，以提高臺灣人的政治地位，為獲得公平合理的待遇而努力奮鬥者。

(三)臺灣社會診斷書

蔣渭水最為後人稱道的，就是為一名叫「臺灣」的患者開出疾病診斷書。診療書上寫著：患者名叫臺灣，二十七歲，原籍中國福建省臺灣道，具有黃帝、周公、孔子、孟子等聖賢後裔的血統，所以素質強健，天資聰穎。但是這名患者罹患了道德頹廢、人心澆漓、物欲旺盛、精神生活貧瘠、風俗醜陋、迷信深固的症狀，如果不盡早治療，可能會病入膏肓，有死亡之虞。

那該如何治療呢？蔣渭水說，必須對患者施以最大劑量的正規學校教育、補習教育、幼稚園教育、圖書館、讀報社等，如果患者可以迅速服用這些藥劑，那麼二十年內就可根治。蔣渭水認為，臺灣人必須要吸收大量的知識，才能從異民族統治的壓迫下解脫。因此，臺灣文化協會創立之後，發行《臺灣民報》，在各大市鎮設置讀報社，準備了臺灣本地，以及中國和日本各種新聞雜誌，供民眾閱覽；設立文化書局，引進中、日書籍，使臺灣人能與世界接軌；定期舉辦演講、講習會、電影會等，扮演臺灣人文化啟蒙的角色。

蔣渭水於一九三一年八月病逝，同志為他舉辦了一場五千人參與的「大眾葬」弔念儀式。告別式當天，大稻埕商店休市，道路兩旁掛滿輓聯，弔唁民眾絡繹不絕，盛大的場面被形容為「死渭水嚇破活總督」，足見蔣渭水在臺灣人心目中的地位。

蔣渭水的政治運動

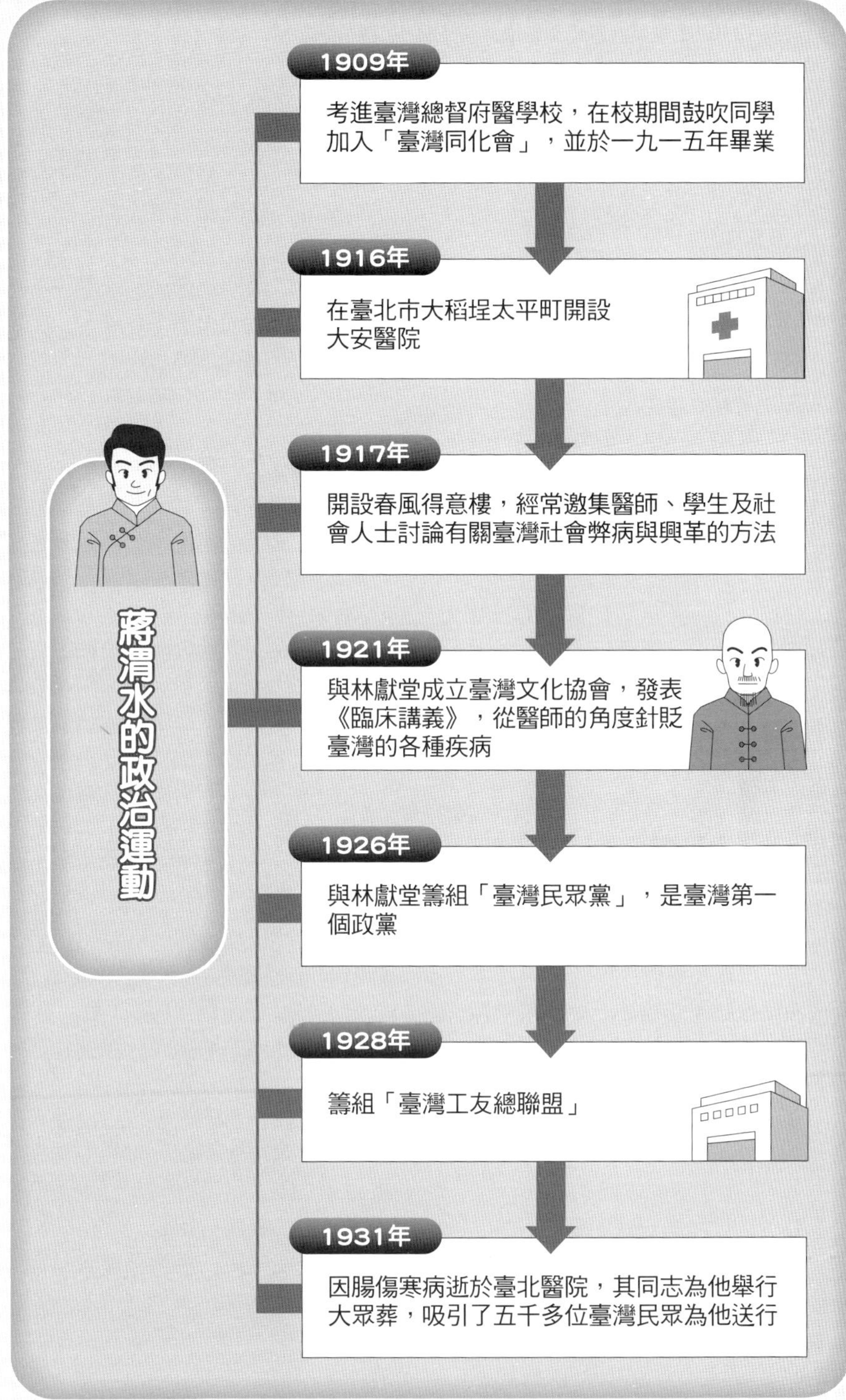

蔣渭水的政治運動
1909年
考進臺灣總督府醫學校，在校期間鼓吹同學加入「臺灣同化會」，並於一九一五年畢業
1916年
在臺北市大稻埕太平町開設大安醫院
1917年
開設春風得意樓，經常邀集醫師、學生及社會人士討論有關臺灣社會弊病與興革的方法
1921年
與林獻堂成立臺灣文化協會，發表《臨床講義》，從醫師的角度針貶臺灣的各種疾病
1926年
與林獻堂籌組「臺灣民眾黨」，是臺灣第一個政黨
1928年
籌組「臺灣工友總聯盟」
1931年
因腸傷寒病逝於臺北醫院，其同志為他舉行大眾葬，吸引了五千多位臺灣民眾為他送行

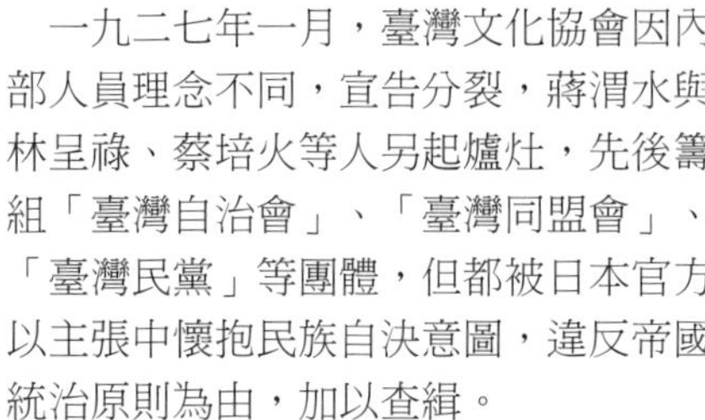

UNIT 6-13

政黨組織與社會團體

（一）臺灣民眾黨

一九二七年一月，臺灣文化協會因內部人員理念不同，宣告分裂，蔣渭水與林呈祿、蔡培火等人另起爐灶，先後籌組「臺灣自治會」、「臺灣同盟會」、「臺灣民黨」等團體，但都被日本官方以主張中懷抱民族自決意圖，違反帝國統治原則為由，加以查緝。

蔣渭水不死心，再接再厲，繼續在臺中成立「臺灣民眾黨」，以確立民本政治，建設合理的經濟組織，改革社會制度的缺陷等理念作為黨綱，終於獲得官方許可。臺灣民眾黨成立之後，積極舉辦各種演講會、電影巡迴班等活動；一九二八年七月，蔣渭水在第二次全島黨員大會中，明白宣示這是臺灣解放運動必經的過程，要以農工民眾作為全民解放運動的主力軍。

一九二八年，在蔣渭水的指導下，「臺灣工友總聯盟」成立，提出保護勞工權利，制訂標準工資、工作時間八小時、保護女工和童工、失業救濟，以及制訂工廠法、健康保險等訴求。四月十四日，高雄市淺野水泥會社任意解雇工人，工友總聯盟發動大罷工，導致水泥工廠停工，臺灣民眾黨、工友總聯盟等團體都來聲援，全臺灣支持這項活動的人約有兩萬人，最後警方逮捕四十二人收場，這是日治時期規模最大的罷工事件。

（二）臺灣地方自治聯盟

由於臺灣民眾黨走農工階級鬥爭路線，發展到後來越來越激進，讓黨內的地主階級者難以適應，權衡之下，林獻堂決定脫離臺灣民眾黨，重新發起新的團體。一九三〇年八月，「臺灣地方自治聯盟」在臺中醉月樓召開發起人會議，確立綱領為爭取臺灣地方自治。「臺灣地方自治聯盟」成立之後，動員了楊肇嘉、鄭松筠、葉榮鐘、蔡式穀、洪石、高天成、曾金泉等幹部巡迴全島，以「政談演說會」為運動中心，舉行「地方自治制改革促進運動」的演講會，並在各地設支部，爭取臺灣地方自治的實現。

（三）臺灣自治歌

當今臺灣社會選舉活動越來越激情，候選人為了吸引選民，很多時候會創作競選歌曲來表達訴求，這個方法其實並非現代社會的創舉。早在一九二〇年代就有這些政治運動歌曲的痕跡。日治時期，這些社會運動和政治運動在表達訴求的過程中，也創作不少政治歌曲讓大家傳唱。

一九二三年，蔡培火因為違反治安警察法而入獄，在獄中創作了著名的〈臺灣自治歌〉：「蓬萊美島真可愛，祖先基業在，田園阮開樹阮種，勞苦代過代，著理解，著理解，阮是開拓者，不是憨奴才，臺灣全島快自治，公事阮掌是應該。玉山崇高蓋扶桑，我們意氣揚，通身熱烈愛鄉血，豈怕強權旺，誰阻擋，誰阻擋，齊起倡自治，同聲直標榜，百般義務咱都盡，自治權利應當享。」歌詞淺顯易懂，作品中充滿了知識分子的苦悶心情，以及對臺灣的遠景，這首〈臺灣自治歌〉於是成為「臺灣地方自治聯盟」每次開會時必定合唱的會歌。

臺灣民衆黨

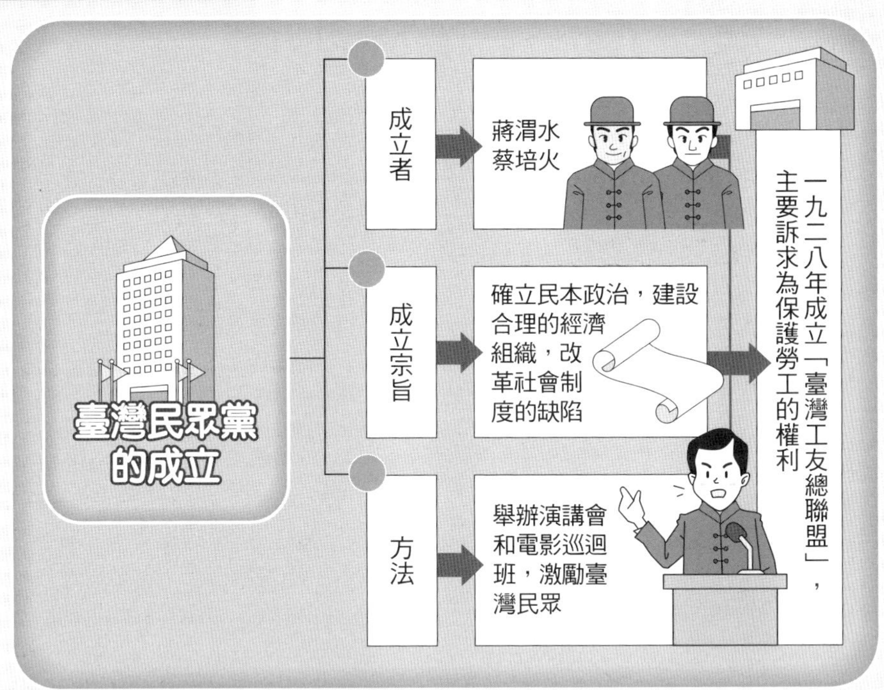

臺灣地方自治聯盟

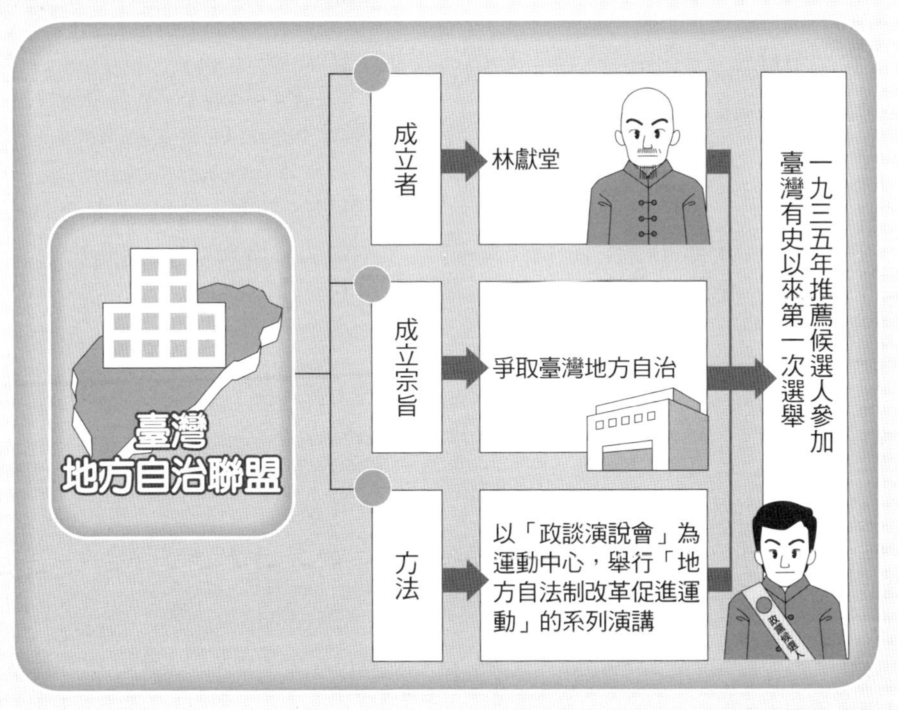

UNIT 6-14

日治晚期的地方自治與選舉

(一)臺灣地方自治的開端

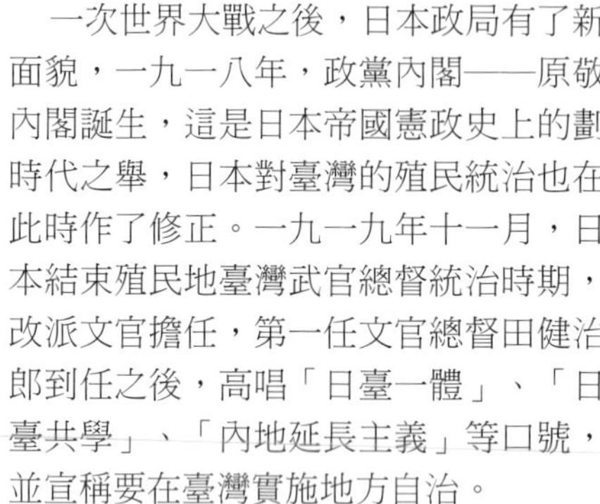

一次世界大戰之後，日本政局有了新面貌，一九一八年，政黨內閣——原敬內閣誕生，這是日本帝國憲政史上的劃時代之舉，日本對臺灣的殖民統治也在此時作了修正。一九一九年十一月，日本結束殖民地臺灣武官總督統治時期，改派文官擔任，第一任文官總督田健治郎到任之後，高唱「日臺一體」、「日臺共學」、「內地延長主義」等口號，並宣稱要在臺灣實施地方自治。

一九二〇年，臺灣地方改制推行，行政區劃有了新的改變。那一年十月，臺灣總督府公布了「臺灣州制」、「臺灣市制」、「臺灣街庄制」，州廳設有四十七個郡、三市（臺北市、臺中市、臺南市）、五支廳等，州設有州知事、廳設有廳長、市設有市尹、郡有郡守、各街庄有街長和庄長，官員都是官派；地方的協議會則是由臺灣總督及州知事任命，並不是民選，且明訂各級議長必須要由州知事、市尹、街庄長兼任。

日本政府自詡這是地方自治，但是這樣的措施，卻引來臺灣仕紳痛加批評。楊肇嘉醫師就曾不客氣的說，田總督制訂的分明就是一個假地方自治制度，評議會沒有決議權，不過是諮詢機關，議員組織並不是由公民來選舉，而是由官廳任命，官選諮詢機關還敢叫作地方自治制度，實在是欺人太甚。

(二)有史以來第一次的選舉

一九三五年四月，臺灣總督府發布地方制度改革事項，命定州、市、街庄為法人及其公共事務的範圍，擴大自治立法權範圍，廢除州、市協議會，改設州、市會，作為議決機關確立選舉制度，規定市會議員、街庄協議會員半數民選，半數由州知事派任，州會議員半數由市會議員及街庄協議會員間接選舉產生，半數由臺灣總督府任命，雖然這一次的改制仍然是不完全的自治，但是臺灣總算開始產生民選議員。

一九三五年十一月二十二日，臺灣舉行有史以來第一次選舉投票，當時的投票不是用圈選的方式，而是在選票上直接寫上被選舉人姓名，只要能辨認被寫者的身分，即算是有效票。當時臺灣民眾黨已經被迫解散，臺灣人沒有合法的政黨，「臺灣地方自治聯盟」身為一個政治運動團體，責無旁貸的推薦候選人參加競選，由於推薦的人選都是高學歷的臺灣人社會菁英，所以選舉結果並不差。這一次的投票率高達百分之九十五點九，當選席次方面，市會部分日人占百分之五十一，臺人占百分之四十九；街庄協議會則是因為日人居臺者較少，僅占百分之八，臺人占百分之九十二。州議員的選舉則是在隔年的十一月二十二日舉行。一九三九年十一月，又舉辦第二屆的市會及街庄協議會員選舉，臺灣人在日治時期總共有兩次的投票經驗。

小博士解說

楊肇嘉

楊肇嘉曾經代表臺灣議會設置請願運動赴東京請願，同時擔任東京新民會常務理事；一九三〇年回到臺灣主持臺灣地方自治聯盟，擔負臺灣民族運動之責，並領導該聯盟在一九三五年第一屆市會及街庄協議會員選舉中獲得勝選。

臺灣地方自治的歷程

1918年

日本出現政黨內閣，因此也修正了對臺灣的統治路線

1919年

改派文官總督治理臺灣，田健治郎到任後有了地方自治的想法

1920年

臺灣地方制度改正，成為州、市、街庄制，州廳設有四十七個郡、三市、五支廳，日本政府自詡為地方自治，但引來臺灣知識分子的批評

1935年

再一次改革地方制度，廢除州、市協議會，改設州、市會，市會議員和街庄協議會員半數民選、半數官派；州會議員半數由市會議員及街庄協議會員間接選出，半數由臺灣總督府任命

1935年

臺灣舉行有史以來第一次選舉，
「臺灣地方自治聯盟」推薦候選人參選

此次投票率高達百分之九十五點九，
臺灣籍參選人也表現不俗

投票率
95.9%

學習重點

1. 能了解殖民地教育措施和種族差別教育
2. 能了解殖民地臺灣的基礎衛生工程
3. 能了解殖民地臺灣的金融建設
4. 能了解殖民地臺灣的糖業改革和稻米改革
5. 能了解殖民地臺灣經濟發展之下臺灣人的處境

導讀

日本領臺之後，為了站穩統治臺灣的步伐，實施一連串便於施政的基礎建設，以國家的力量興辦教育，將西式教育引進臺灣。臺灣的衛生環境與流行疫病，成為日本接收臺灣的最大阻礙。殖民統治初期，總督府首重臺灣衛生工程的改善，交通建設、發電所等也是基礎措施的重心，提供臺灣產業發展的命脈。此外，總督府重視臺灣農業發展，確立可耕地面積，並發展水利灌溉措施，延聘八田與一興建嘉南大圳，並致力於農作物品種改良，聘請新渡戶稻造改良臺灣甘蔗，延攬磯永吉改良臺灣在地米的品種。為了籌措資金與改善臺灣的金融體制，協助日本資本主義順利進出中國與東南亞，成立臺灣銀行，使臺灣的財政得以獨立。一連串的措施，使臺灣逐漸邁向近代化的社會，不過，臺灣的農民卻無法享受這些基礎建設的成果。

殖民地的基礎建設

章節體系架構 

UNIT 7-1
殖民地的教育設施

(一)公學校為主的教育設施

臺灣是日本第一個殖民地，為了將臺灣人教育成優良國民，可說煞費苦心，臺灣總督府引進西式新教育制度，作為貫徹殖民政策的工具，希望臺灣人認同殖民母國。一八九八年七月，總督府頒布「臺灣公學校令」，在臺灣各地設公學校，提供臺灣人學齡兒童就讀。公學校修業六年，修業課程最重要的是日語教學，還教授體操、音樂、修身以及算數等科目。

剛開始，教師來源多是從日本國內招聘，後來改由臺灣的師範學校培養臺灣人教師投入教職。其實，就師資、設備、課程、環境來看，公學校與日人子弟念的小學校有明顯的差別，不過，對臺灣人基礎能力的養成、現代知識的吸收和日語的普及等，具有明顯的功效。在一九一九年以前，公學校擴充速度緩慢，臺灣學齡兒童入學率很低；直到一九一九年之後，進入文官總督時代，公學校增設的速度才漸漸加快；到了一九四〇年，公學校學齡兒童入學率已經接近百分之六十。

一九四三年，臺灣實施六年制義務教育，一九四五年，臺灣學齡兒童入學率已超過百分之八十。其實，公學校最重要的教學目標是教導臺灣人學會日語，由於初等教育越來越普及，懂得日語的臺灣人不斷增加，臺灣成為臺語和日語「雙語並用」的社會，日語也成為臺灣人吸收現代知識的主要工具。

(二)注重實用的中等以上教育

相較於初等教育，日治時期中等教育則較為缺乏，僅因應臺灣經濟發展的需求，設立修業半年至三年的職業講習所，培養初級技術人才。一九一九年以後，在內地延長主義的方針之下，臺灣才得以比照日本，設立中等以上教育機關，中學校、高等女學校、職業學校等紛紛成立，還大量增設職業補習學校，設立修業三年的工業、商業及農林學校，尤其是大量增設修業二年的職業補習學校，使得基層技術人才不再仰賴日本。一九二二年以後，職業補習學校的發展遠比中等普通教育顯著，至日治末期，職業學校已將近百所，職業教育的發達，使臺灣培育出許多技術人才。

(三)臺中中學校的設立

總督府不鼓勵臺灣學生升學，力圖將他們引導到服務社會的方面，滿足殖民地建設對中低人力資源的需求。所以臺灣的普通中等學校最初是為了滿足在臺日人子弟升學的需求而開設，臺人子弟沒有機會就讀，若想繼續深造只能到日本留學。後來，臺灣仕紳呼籲要給予臺灣人更多受教權，醞釀在臺中設立中學校。一九一五年二月，總督府基於統治安定和方便控制的考量，接受由臺灣人出資設立臺中中學校，收臺灣人子弟入學。學校採取日本式管理，希望學生能獲得作為日本國民所必須的知識，在教學內容上，則側重於臺灣地方的需要，安排許多實用性的科目。該校原稱為「私立臺中中學」，後由總督府接收改為官辦，改稱「公立臺中中學校」。一九二一年，更名為「臺中州立臺中高等普通學校」，也就是今日臺中一中的前身。

公學校制度的變遷

一八九八年	一九一九年	一九四三年
總督府發布「臺灣公學校令」，在各地設公學校 ①修業六年，入學資格為八歲以上，十四歲以下的臺籍兒童 ②以日語為主，還有作文、習字、體操、音樂、修身以及算數等科目 ③師資設備與日人子弟念的小學校有所差別 ④成長速度緩慢，入學率頗低，至一九一五年度仍不及百分之十，能完成六年公學校教育者為數甚少	進入文官總督時期，發布「臺灣教育令」，公學校的增設速度加快，一九三〇年入學率增加為百分之三十三，到了一九四〇年，兒童入學率已經接近百分之六十	臺灣實施六年制義務教育，至一九四五年，臺灣的兒童入學率已經超過百分之八十 

①辦學目的是為了讓臺灣子弟成為忠貞服從的日本國民，訓練臺灣子弟具備生活必須的技術能力，協助總督府開發殖民地臺灣的各項資源
②教學目標是教導臺灣人學會日語，由於初等教育的普及，臺灣人懂得日語的人數不斷增加，成為一個臺語和日語並用的社會

★日治時期的初等教育設施

自從明治維新之後，日本就以法國為樣本，建立一套國民教育系統，這也是日本能成為現代化國家、富國強兵最紮實的根基。日本殖民統治前期，基於差別待遇與隔離政策的原則，形成在臺日人、臺灣人與原住民三個不同系統的初等教育制度，小學校以日本人兒童為招收對象，公學校以臺灣人兒童為招收對象，兩者均成立於一八九八年，至一九〇五年，成立原住民就讀的公學校，稱為蕃人公學校，這三種學制修業年限、課程與教科書均有所不同。

UNIT 7-2 基礎衛生工程

(一)瘴癘之地

臺灣位處副熱帶和熱帶氣候的交界，四周環海，四季潮溼酷熱，雖然是一個孕育豐富生命的寶島，卻也是個病菌容易滋生的環境，在清末文獻中有「瘴癘之地」之稱。日本人在南進的過程中，遇到最大的障礙不是臺灣驍勇善戰的原住民，而是溽熱的天氣，一八七四年，牡丹社事件的時候，日軍戰死不過八人，但因病死亡者卻有五百四十七人，且平均每一位軍人就診的次數高達二至三次。

到了一八九五年，臺灣割讓成為定局，日軍準備接收臺灣時，疾病仍然是他們最大的威脅，近衛師團能久親王在八月二十八日占領彰化，之後雖然也想派一支軍隊前進嘉義，但是彰化是臺灣瘴癘最嚴重的地區，近衛師團在這裡停留時，許多軍官都染上熱病，一個步兵中隊二百七十名，有時甚至僅剩十三名是健康的。日人剛到臺灣時，有人在日記上記錄著：「臺灣最大的城市，房舍周圍或院子流出汙水，到處有沼澤，或是人與狗、人與豬雜居，雖然到處都有公共廁所，但是都積滿了糞便。」日人深感衛生工作是治臺的要務，故相當重視臺灣的衛生建設。

(二)現代衛生觀念的建立

舊時臺灣社會醫學常識落後，人們普遍認為疾病是由於吸入瘴氣或者是做壞事導致，臺灣居民面對瘴癘，除了嚼食檳榔以抵禦瘴氣外，還會用宗教的方式治療，祈求神明原諒。清朝光緒年間，短暫來臺的劉銘傳也試圖改善臺灣的衛生狀況，只是新政時間太短，來不及看到成效。日本統治臺灣之後，積極建立近代公共衛生和醫療制度，在各地廣設醫院，從日本引進醫生治病、抑止傳染病爆發，同時進行不少公共衛生工程。一八九六年七月，聘請英國水利工程師巴爾頓（William Kinninmond Burton）來臺，建造自來水工程，供應城市居民乾淨的飲水，修築城市地下排水工程；制訂許多改善衛生的法令，如春秋季大掃除，實施社區環境的清潔活動，建築住宅時注意通風、採光及廁所的設置等。

此外，日人也從教育著手，改變臺灣人的衛生觀念，養成洗澡和上廁所後洗手的習慣，不隨地吐痰和亂丟垃圾，各戶門口必須備有垃圾箱，依規定清理廢棄物。此外，還實施預防注射、隔離消毒、捕鼠活動、強制驗血和給藥等防疫工作，有效地防治鼠疫、瘧疾、霍亂、傷寒等傳染病，破除臺灣人利用宗教信仰治病的觀念。種種公共衛生措施，使臺灣社會傳統衛生觀念產生新的面貌，一九一七年起，臺灣鼠疫全部撲滅，由於有效防治傳染病、大幅減少人口死亡率，加上出生率居高不下，臺灣社會的平均自然人口增加率為世界主要國家的二至十倍，高居全球之冠。

小博士解說

從人口統計看臺灣人口數的變化

一九〇五年，臺灣總人口數是三百零三萬九千七百五十一人；一九一五年時，臺灣總人口數是三百四十七萬九千九百二十二人；一九三〇年時，臺灣總人口數來到四百五十九萬二千五百三十七人；到一九四〇年，臺灣總人口數更來到五百八十七萬二千零八十四人之多。顯示日治期間，臺灣人平均壽命增加，人口數持續增長，醫療衛生環境的改善實在功不可沒。

日人苦於臺灣的風土病

一八七四年

牡丹社事件中，五百四十七人因病死亡，平均每個軍人就診二至三次

一八九五年

日軍準備接收臺灣時，疾病仍然是最大的威脅，在瘴癘最嚴重的彰化，近衛師團一個步兵中隊二百七十名當中，只剩十三名是健康的

日人改進臺灣衛生的具體措施

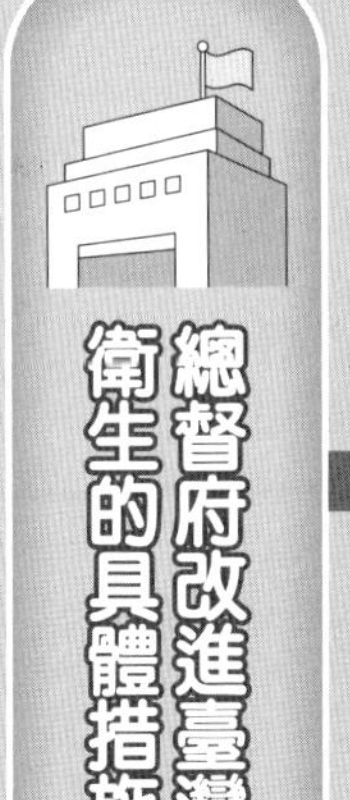

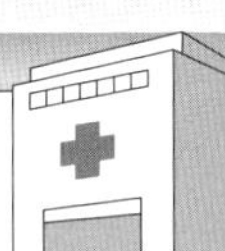

❶廣設醫院
從日本引進醫生，抑止傳染病

❷進行公共衛生工程
聘請水利工程師巴爾頓來臺，建造自來水工程，供應乾淨的飲用水

❸制訂改善衛生的法令
例如：春秋季大掃除，實施社區環境清潔活動，注意住宅通風問題，採光及廁所位置

❹從教育著手
利用教育和宣導，養成洗澡和上廁所後洗手的習慣，不隨地吐痰和亂丟垃圾，家家戶戶備有垃圾箱等

UNIT 7-3 臺灣總督府醫學校

(一)發展沿革

臺灣大學醫學院是臺灣莘莘學子心中的夢幻科系，多少學生寒窗苦讀數年，為的就是有朝一日能進入這所培育名醫的搖籃，它的成立可追溯至一八九八年成立的「臺灣總督府醫學校」。日治時代臺灣公共衛生的推展，除了政策制訂之外，還有一個重要的環節，就是醫學人才教育。一八九七年四月，日人在臺北病院內設立「醫學講習所」，初步試辦醫學教育，這是臺灣公設近代醫學教育的開始。其後，為了徹底改善臺灣的醫療衛生，總督府決定設置一所專門的醫學教育學校。

一八九八年六月，山口秀高被任命為臺灣總督府醫院醫長兼臺北醫院院長；一八九九年三月，成為臺灣總督府醫學校第一任校長。山口秀高認為在臺灣推動醫學教育勢在必行，他希望總督府醫學校的水準可以比上日本國內高等醫學部，有朝一日升格為專門的大學，故對校務的經營頗為用心。一九〇二年三月，高木友枝接替擔任第二任校長，高木友枝畢業於東京帝國大學，是著名的細菌學者，重視「活的學問」是他的教學特色，他常向醫學校學生說：「要做醫生之前，必須做成了人，沒有完成的人格，不能負醫生的職務。」

(二)名氣漸開

總督府醫學校於一八九七年一月開始招生，初創時期沒有入學考試，只要地方長官、公學校校長、各地官立醫院院長、各地公醫等具名推薦即可。學生入學的資格也訂得很低，只需要公學校初等科，聽懂日語，就可以申請入學。然而，剛開始招生即遭遇很大難題，因為當時臺灣幾乎沒有受過普通教育的人，大家不僅對醫學教育無從了解，也不知道西醫的出路為何，根本沒有人前來應考，又聽說修學年限是五年，覺得時間長得不可思議，還有人是不願他們的子弟接受日本人所辦的教育。

風氣漸開之後，醫學校入學人數越來越多，從第五屆開始，醫學校決定採行考試甄選方式，而且規定需要「公學校」畢業才具報考資格。此後，全臺各地亦以家鄉子弟考取醫學校為地方上光榮盛事，無不鼓勵學子報考醫學校。醫學校的聲望逐漸提高，畢業生在全島各地開業診療成績很好，獲得一般人士的尊敬及信用，優秀青年集中於醫學校，成為全島最優秀的學府。第五屆畢業生，開始激增為二十三人，其後畢業人數年年增多，醫學教育的紮根落實也有了成績。

(三)校友成為社會的中堅分子

總督府醫學校和國語學校是當時臺灣人的最高學府，還有人把這兩所學校比擬為英國的劍橋和牛津大學，而這兩所學校出身的畢業生也莫不以母校為榮，該校的畢業生不論在公立醫院就職或自己開業，均受到社會人士的尊重，有子女的家庭，都希望男的去學醫，女的能嫁給新畢業的醫師。當時醫學校出身的醫生都很有成就，累積相當的財富，也可能被推舉為信用組合長，或是州市街協議會議員，甚至被遴選為總督府評議會員，例如：一九一四年畢業於總督府醫學校，也是臺灣第一位博士的杜聰明即是如此。

總督府醫學校的設立過程

1895年

日人在臺北大稻埕創辦大日本臺灣病院

1897年

院長山口秀高創辦醫學講習所，初步試辦醫學教育

1898年

山口秀高被任命為臺灣總督府醫院院長兼臺北醫院院長

1899年

臺灣總督府醫學校正式創立，山口秀高成為首任校長

總督府醫學校的歷任校長

第一任：山口秀高

希望建設成比照日本國內高等醫學部水準的醫學校

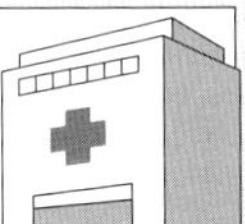

第二任：高木友枝

要做醫生之前，必須做成了人，沒有完成的人格，不能負醫生的職務

總督府醫學校的傑出校友

臺灣第一位博士	杜聰明
臺灣文化協會創立者	蔣渭水
文學家	賴和
農民運動的指揮家	李應章

UNIT 7-4 臺灣第一位博士：杜聰明

（一）杜聰明其人

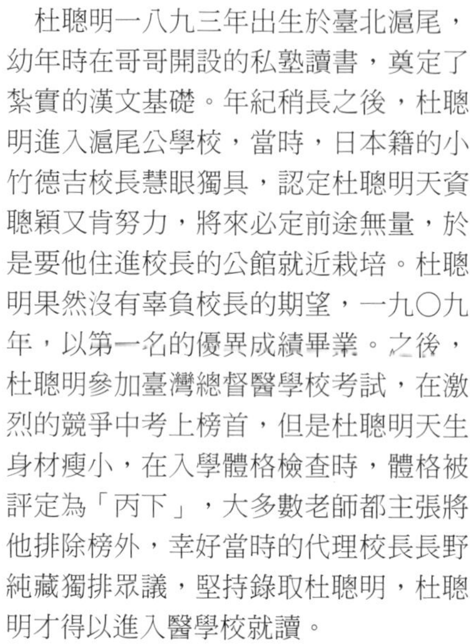

杜聰明一八九三年出生於臺北滬尾，幼年時在哥哥開設的私塾讀書，奠定了紮實的漢文基礎。年紀稍長之後，杜聰明進入滬尾公學校，當時，日本籍的小竹德吉校長慧眼獨具，認定杜聰明天資聰穎又肯努力，將來必定前途無量，於是要他住進校長的公館就近栽培。杜聰明果然沒有辜負校長的期望，一九〇九年，以第一名的優異成績畢業。之後，杜聰明參加臺灣總督醫學校考試，在激烈的競爭中考上榜首，但是杜聰明天生身材瘦小，在入學體格檢查時，體格被評定為「丙下」，大多數老師都主張將他排除榜外，幸好當時的代理校長長野純藏獨排眾議，堅持錄取杜聰明，杜聰明才得以進入醫學校就讀。

在醫學校念書的時候，杜聰明除了維持名列前茅的課業成績，更發奮努力鍛鍊身體，每天固定做體操、洗冷水澡，使他的體育成績也能拿到高分。一九一四年，杜聰明再度以第一名的成績從醫學校畢業，他放棄了擔任公醫或是自行開業的高收入工作，選擇進入臺灣總督府研究所繼續研究細菌學。不久，杜聰明覺得自己所學不足，一九一五年，負笈日本留學，順利考進京都帝國大學醫學部。在日本留學期間，杜聰明各項學術研究都能得到同學與教授的肯定，還結識了日後的妻子林雙隨，愛情的動力促使杜聰明更努力去完成他的學業。

（二）傑出的醫學成就

一九二一年，杜聰明博士學位已經在望，消息傳回臺灣，杜聰明的母校臺灣總督府醫學校，隨即決定聘任杜聰明為講師。接著，臺灣總督府又任命他為臺灣總督府醫學專門學校助教授，並兼任臺灣總督府中央研究所的技師。一九二二年十二月，杜聰明正式獲得醫學博士學位，成為臺灣第一位博士，也是第一個在日本得到博士學位的外地人。這件事在當時相當轟動，各家報紙都顯著報導，各界也紛紛發起慶祝會，連臺灣總督府也大肆宣傳，杜聰明成了全臺灣的風雲人物。

取得博士學位後，杜聰明積極研究戒除鴉片毒癮的方法，先在施乾創辦的「愛愛寮」成立醫務室，實驗戒毒的新療法，獲得不錯的成效。一九三〇年，臺灣總督府成立「臺北更生院」，專門負責戒除鴉片癮，由杜聰明擔任更生院的醫局長，救治了無數的吸毒患者；更值得一提的是，杜聰明還發明一種檢查是否有吸毒的方法，不但享譽國際，更被各國廣泛採用。

杜聰明也是「毒蛇研究」的權威學者，他發現神經性蛇毒可以戒除嗎啡和古柯鹼的毒癮，發表多篇毒蛇研究相關論文，受到國際重視。一九三七年，杜聰明被聘為臺北帝國大學教授；一九四五年，國民政府來臺灣之後，杜聰明的專業能力同樣獲得肯定，他被任命為臺灣大學醫學院院長，又擔任臺灣大學代理校長；一九五四年，在高雄陳家的支持下，一手創辦高雄醫學院，擔任首任院長，直到一九六六年才卸下職務，一九八六年二月，因心臟病而辭世。

臺灣第一位博士杜聰明

杜聰明發展的過程

1893年

出生於臺北滬尾

1909年

畢業於滬尾公學校，同年考進臺灣總督府醫學校

1914年

以第一名成績畢業，先在臺灣總督府研究所研究細菌學，後在校長崛內次雄的幫助下，赴日本求學

1915年

順利考取京都帝國大學醫學部

1922年

獲得博士學位，成為臺灣第一位博士；受聘擔任臺灣總督府醫學校講師

1930年

擔任更生院的醫局長，解救受毒癮之苦的病患；發表多篇毒蛇研究的相關論文

1937年

被聘為臺北帝國大學教授

1945年

戰後擔任臺灣大學醫學院院長

1954年

創辦高雄醫學院，成為首任院長，直到一九六六年才卸下職務

UNIT 7-5
全臺交通網的建立

(一)興建鐵路和公路

為有效地開發和利用臺灣的資源，日人統治臺灣之後，也積極致力於「基礎工事」的整備，尤其是推動公路、鐵路、港口等交通網的建造。在公路方面，日治初期臺灣幾乎沒有公路，只有連接村落與村落、村落與市街之間的小道，後藤新平任內修建寬二公尺者有五千五百公里、寬二至四公尺者有二千九百公里、寬四至五公尺者有八百公里、寬五公尺以上者有八十公里，這些公路大部分都是歸順的抗日分子和原住民義務勞動完成的。

鐵路方面，清領時期完成基隆至新竹間的鐵路約有九十公里，後藤新平主張鐵路官有論，編列三千萬圓的鐵路修築費。一八九九年，制定臺灣事業公債法，提出六千萬圓的事業公債計畫，以確保財源，並且設立鐵道部，由後藤新平自任部長，延攬鐵路技師長谷川謹介負責設計、督造，而於一九〇八年完成基隆到高雄的縱貫鐵路，開始從事客、貨運輸，開啟臺灣陸路交通的新紀元。

(二)興建港口

後藤新平也展開基隆、打狗二港港埠工程的設計和建造，使二港成為近代化的港口，為臺灣的對外交通帶來劃時代的革命。基隆港是臺灣北部的吞吐口，清領時期，一八九九年劉銘傳以林維源總辦基隆港築港工作，奠定基隆港的基礎；到了日治時期，先後展開五次基隆港的築港工程，以一九〇六至一九一二年最為重要。基隆港對外聯絡以日本為主，還擴及中國、東南亞等地。由於基隆港興築的關係，浚港時挖出的土石泥沙，則做海埔新生地之用，日人更於基隆市區實施市街改正，將原來的街道改成棋盤狀街道，建造火車站、郵局及海港大樓等公共建築。

高雄港原名打狗港，清領時期已經是鳳山縣最大的港口，於一八六三年《天津條約》中正式成為通商口岸，並且一躍成為臺灣主要的國際港，但後來港口堵塞不利航運。一九〇〇年，日人在高雄港實施港灣調查，一九〇六年，根據土木局技師川上浩二郎的調查報告，進行高雄港的港灣改良工程，一九〇八年，配合縱貫鐵路開通，更陸續進行多次築港工程，使高雄港成為臺灣南部第一大港。高雄港碼頭、起重機及倉庫等現代設備齊全，日治時期的風景明信片中，亦大量印製高雄港的樣貌，不僅為了展現臺灣的經濟發達，也誇耀了殖民帝國的功績。

日治時期的交通網，對臺灣的發展著實起了無限大的作用，一九四四年，日本統治臺灣的最後兩年，鐵路的乘車總人數突破了六千五百萬，貨物運輸總噸數超過十億公噸，各新築港口的貨物總吞吐量也打破了一千萬噸大關，對日人的殖民統治來說，意義性甚大。

小博士解說

長谷川謹介

日治時期臺灣縱貫鐵道得以完工，總工程師長谷川謹介居功厥偉。一八九九年，受到後藤新平邀請，擔任臨時臺灣鐵道敷設部技師長，除了規劃縱貫鐵路的興築，也進行港口、車站及支線的建設工作。一九〇六年，擔任臺灣總督府鐵道部部長，縱貫鐵路完工後即離開臺灣。長谷川謹介奠定臺灣鐵道多項制度，貢獻良多，被譽為「臺灣鐵道之父」。

全臺交通網的建立

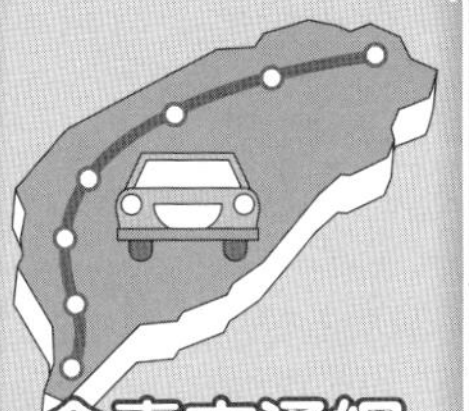

全臺交通網的建立

- 鐵路
  - 後藤新平主張鐵路官有論，編列三千萬圓的鐵路修築費
  - 一八九九年，制訂臺灣事業公債法，提出六千萬圓的事業公債計畫，並設立鐵道部，延攬鐵路技師長谷川謹介負責設計和督造
  - 一九〇八年完成基隆到高雄的縱貫鐵路，開啟臺灣交通新紀元
- 公路
  - 利用歸順的抗日分子和原住民，義務勞動完成總計寬二公尺者五千五百公里；寬二至四尺者八百公里；寬四至五公尺者八百公里；寬五公尺以上者八十公里的公路
- 港口
  - 基隆港
    - 先後展開五次築港工程，以一九〇六年至一九二一年最重要
  - 高雄港
    - 1900年 實施港灣調查
    - 1906年 根據調查報告進行港口改良工程
    - 1908年 配合縱貫鐵路開通，更進行多次築港工程

★阿里山森林鐵路

阿里山森林鐵路原本是為了採伐阿里山的森林資源而鋪設，一九一三年完工通車，一九一六年時，出材量達到七萬五千一百八十立方公尺之多。隔年，森林鐵道開始對外兼營客貨運輸，沿途設有二十多站。隨著森林鐵道對外營業，阿里山的風光景色為人所知曉，來此觀光的旅客日益增多，後來阿里山森林雖然停止砍伐，但森林鐵路卻仍被保存下來，成為阿里山風景區最吸引人的特色之一，直到戰後，迷人的山景和質樸的森林小火車，仍然讓觀光客絡繹不絕。

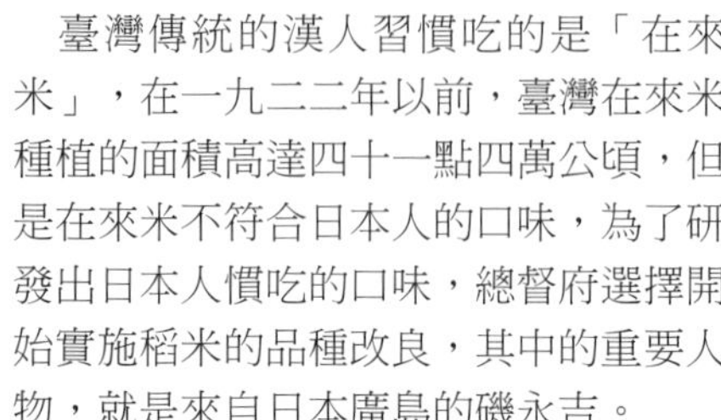

UNIT 7-6

蓬萊米之父：磯永吉

(一)稻米改良

臺灣傳統的漢人習慣吃的是「在來米」，在一九二二年以前，臺灣在來米種植的面積高達四十一點四萬公頃，但是在來米不符合日本人的口味，為了研發出日本人慣吃的口味，總督府選擇開始實施稻米的品種改良，其中的重要人物，就是來自日本廣島的磯永吉。

磯永吉一八八六年生於日本廣島縣，一九一一年七月從日本東北帝國大學農科大學畢業，一九一二年來臺後，擔任臺灣總督府農事試驗場的技手，從此開始他在臺灣從事農業研究及教育四十五年的漫長生涯。一九一二年之後，擔任臺北帝國大學的助教授兼總督府中央研究所技師。當時臺灣生長的水稻以在來米為主，從日本引進的稻種一直難以在臺栽培成功，磯永吉耗費十多年在田間實驗觀察，先把當時良莠不齊的一千多種臺灣稻米，嚴選出三百多種限定栽種，再用日本稻種雜交選育出能在臺灣生長的「蓬萊米」，大大提高臺灣稻米的品質和產量。

一九二六年，「大日本米穀會」第十九屆大會在臺北鐵路飯店召開，磯永吉在會議中提出，一直稱為「內地米」的日本種應該給它一個適當的名字，他建議從❶蓬萊米、❷新高米及❸新臺米三種中選一個名字，這時，主持會議的總督伊澤多喜男說，臺灣有蓬萊仙島之稱，所以決定以「蓬萊米」命名在臺灣所育成的日本型稻，從此蓬萊米變成世界聞名的名詞。

新品種的蓬萊米除了更可口，獲得消費者的偏愛外，生產力又比原來的在來米能多收成百多分二十，米價又高出在來米百分之五到百分之十。此後，總督府大力推廣蓬萊米，運銷回日本，給日本人食用。

總督府透過獎勵措施和強力支配等軟硬兼施的手段，讓農民和地主發現種蓬萊米比種在來米更有利可圖，於是蓬萊米很快就遍布臺灣全島。蓬萊米的品質和日本米相近，價格又便宜，這種米想當然爾一定銷往日本，那麼臺灣人吃什麼呢？臺灣人雖然種出好吃的蓬萊米，不過自己吃的卻是從海外進口比較劣等的米，不過，有米吃還算是幸運，不少臺灣人只能以甘薯為主食，或是粗米和甘薯混合著吃。

(二)終生奉獻臺灣農業研究

因對臺灣農業發展舉足輕重，戰爭結束後，磯永吉是極少數沒被遣返日本，反而被國民政府留用的日籍教授，他留任國立臺灣大學農藝系教授，同時亦應聘擔任臺灣省政府的顧問，協助農林廳所屬各試驗場所之糧食生產技術改良工作，研發改良的農作物還包括甘蔗、地瓜、木瓜、亞麻、咖啡、小麥和豬、雞品種等，不勝枚舉。由於對臺灣農業發展貢獻卓著，一九五七年，當磯永吉博士以七十一歲的高齡返國時，臺灣省議會臨時動議通過，每年贈送他一千二百公斤的蓬萊米作為他的終生年金，以感謝他一生為臺灣農業的貢獻，直到他過世為止。

蓬萊米之父——磯永吉的生平事蹟

磯永吉的生平事蹟

1886年
出生於日本廣島縣

1911年
畢業於東北帝國大學農學科

1912年
來臺擔任臺灣總督府農事試驗場技手

1912年後
擔任臺北帝國大學助教授兼中央研究所技師，展開十幾年的稻種研究生涯

1926年
成功研發出新的稻種，總督伊澤多喜男將其命名為「蓬萊米」

1945年
戰後並未回到日本，被國民政府留用，繼續為臺灣的農業貢獻心力

1957年
以七十一歲高齡返國，臺灣政府每年贈送他一千二百公斤的稻米作為終生年金，直到其去逝為止

★米糖相剋

蓬萊米改良成功後，主要出口到日本，並非自行食用，加上產量和價格比在來米高，推廣效果相當好，於是甘蔗和蓬萊米變成臺灣兩種主要的經濟作物。一九二五年後，日本國人增加，需要更多食米，臺灣稻米種植區域急速擴大，壓迫到糖業生產，造成了「米糖相剋」的問題。

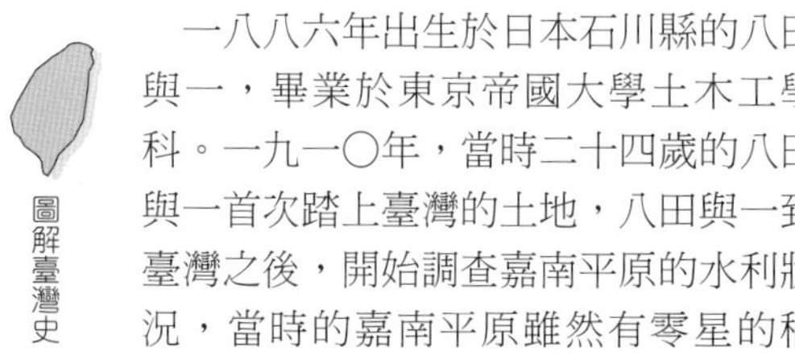

UNIT 7-7

嘉南平原水利之父：八田與一

（一）八田與一來臺

一八八六年出生於日本石川縣的八田與一，畢業於東京帝國大學土木工學科。一九一〇年，當時二十四歲的八田與一首次踏上臺灣的土地，八田與一到臺灣之後，開始調查嘉南平原的水利狀況，當時的嘉南平原雖然有零星的稻田，但是由於乾旱嚴重，稻田都是屬於看天田。

八田與一評估之後，認為只要有水，不毛之地就可以變成沃野，如果在官田溪建築水壩，在嘉南平原上廣設灌溉排水渠，如此一來，不僅可以防洪，還可以蓄水，消除鹽害，農作物產量可以大為增加。八田與一的構想，就是建築烏山頭水庫和嘉南大圳，這兩個構想，總經費預估要花掉臺灣總督府一年歲收的二分之一。

（二）全家進駐開發

一九二〇年，八田與一將妻子接到烏山頭居住，那一年，他的妻子外代樹才二十一歲，第二個孩子晃夫才剛出生，八田與一告訴他的妻子說：「烏山頭是一個天空很藍、空氣很好的地方，只要工程開始就會有人群聚集，那是造鎮的開始。」

為了說服其他土木技師將家人一起帶來，八田與一說：「工程在烏山頭進行，所以才要跟家人們在一起，隨著時間的經過，每個人都會懷念自己的家人，在這種情形下，自然不可能全心全意投入工程，如果每天掛念家人，工作品質是不會好的。」在八田與一和團隊的努力下，十年之後，烏山頭水庫終於完工，這是東洋最大的水庫，同時也是世界排名第三的水庫，水庫完成之後，灌溉面積達到十五萬甲，造就了嘉南平原一年三期稻作，對臺灣農業的發展貢獻卓著。

（三）牽手情深

二次世界大戰發生之後，一九四二年四月，八田與一接受日本政府徵召，前往南洋投入開發水利的工作。他從廣島搭上「大洋丸」前往馬尼拉，不料，「大洋丸」被美軍潛艇擊中而沉沒，大洋丸上罹難人員的遺體隨著潮水漂流四方，八田與一的遺體在六月的時候飄回山口市，日人從衣服口袋中的名片，確定了八田與一的身分。八田與一的骨灰被帶回臺灣，經過三次盛大的喪禮之後，長眠在烏山頭水庫。

大戰末期，盟軍密集轟地炸臺灣，八田的遺孀外代樹從臺北疏開到烏山頭水庫，回到原來和八田與一居住的地方，戰爭結束之後，日本人陸續撤出臺灣，一九四五年八月三十一日，外代樹穿著繡有八田家徽的和服，在烏山頭為丈夫殉情。遺體被發現之後，嘉南農田水利會決定將其遺體火化，一部分骨灰帶回日本，其餘的就與八田與一合葬在烏山頭水庫。

八田與一發展的歷程

八田與一發展的歷程

1886年
出生於日本石川縣

1907年
進入東京帝國大學工學部土木科就讀

1910年
畢業後來臺擔任總督府土木局技手

1914年
升任總督府技師，負責自來水、下水道工程

1916年
到菲律賓爪哇、婆羅州、香港等地考察

1918年
針對嘉南地區水利灌溉進行研究調查，向臺灣總督府提出烏山頭水庫和嘉南大圳的建設計畫書

1920年
亞洲最大的土木灌溉工程正式動工

1930年
歷經十年，烏山頭水庫正式完工，是東洋規模最大、世界第三的水庫

1941年
在往南洋的旅途中，所搭乘的船隻被盟軍攻擊而沉沒，八田與一殉難

UNIT 7-8 糖業改革

(一)新渡戶稻造的糖業政策

日本本土不產糖，所需的砂糖絕大部分必須仰賴進口，每年進口砂糖款項多達一千萬圓，是一筆龐大負擔，因此，殖民臺灣初期，就注意到臺灣豐富的蔗糖產量，希望能夠發展臺灣的製糖業。

一九〇一年，農業學者新渡戶稻造向總督府提出「臺灣糖業改良意見書」，主張改進蔗作農業生產過程，以及讓製糖工業過程近代化，作為臺灣製糖改革的兩大目標。新渡戶稻造認為，總督府必須積極介入糖業的振興，給予製糖業者必要的補助和獎勵，如此才能帶動臺灣糖業的發展。

總督府接受了這個建議，一九〇二年六月，頒布「臺灣糖業獎勵規則」，補助改良糖廍購買製糖機器，給予原料消費補助和製糖原料補助；同時，規定申請設立新式機械製糖場的人，只要獲得政府許可，就可以採取區域原料制度，避免工廠間為爭奪原料而擾亂蔗價，臺灣糖業透過臺灣總督府的關稅保護，有效保護臺灣砂糖在日本的銷售。

(二)糖業帝國主義

日俄戰爭結束之後，日本景氣逐漸好轉，帶動民間企業的勃興，加上臺灣島內治安逐漸穩定，一連串基礎工作的完備，以及「臺灣糖業獎勵規則」的制訂，得以確保甘蔗原料的來源，日本資本家認為臺灣糖業繁榮可期，一九〇五到一九一〇年間，大型的製糖會社，如明治、東洋、新高、帝國等公司，紛紛來臺投資設置新工廠。

新式製糖廠大量增加，造成砂糖產量供過於求，總督府開始抑制新式糖廠的成立，製糖業者則透過糖業聯合會的組織，進行砂糖產量的調控。新式的製糖會社大舉進入糖業市場之後，總督府終止對改良糖廍的保護，全力輔助和獎勵新式工廠，促使製糖業資本主義化快速的進行，呈現日資全面壓制臺灣民族資本的局面。

臺灣糖業在總督府和製糖業者合作之下，日本領臺四十年之後，砂糖產量增加至三十倍，躍升為世界第三糖產國，日本國民糖的消費額由一九〇二年一人平均九斤，躍升為二十四斤。甘蔗成為臺灣農業僅次於稻作的大宗，四十萬戶農家之中，蔗農十二萬戶占百分之三十；蔗作面積十七萬甲，占總耕地面積八十八萬甲的百分之十九；農業生產總值四億圓中，有百分之十六即六千四百萬圓為甘蔗所生產；製糖工業占總工業產值百分之六十，製糖會社資本額更占所有產業資本的百分之八十八。不論是在日本或臺灣，糖不僅自給自足，原料絲毫不仰賴外國。

不過，臺灣糖業的發展統治當局和日本資本家深獲其利，相反的，臺灣蔗農在糖業發展的過程中，面對原料確保的政策剝削，土地受到製糖會社的侵奪收買，成為最大的受害者，因此，蔗農與製糖會社時有衝突發生，一九二五年的「二林蔗農事件」，即是蔗農抗議甘蔗採收價格不公，因而引發的農民運動。

新渡戶稻造的糖業改革

新渡戶稻造的事蹟

1862年
出生於岩手縣盛岡市

1877年
畢業於札幌農學校，並受洗成為基督徒

1883年
自東京帝國大學退學，赴美、德修習農政學和農業經濟學

1887年
在德國獲得博士學位，回國擔任札幌農學校助教授

1901年
受臺灣總督府任命為總督府技師兼代理殖產局長，並提出「臺灣糖業改良意見書」

1902年
擔任臨時糖務局長

1903年
離開臺灣，在後藤新平的推薦下受聘為京都帝國大學法科學教授

糖業改良意見書

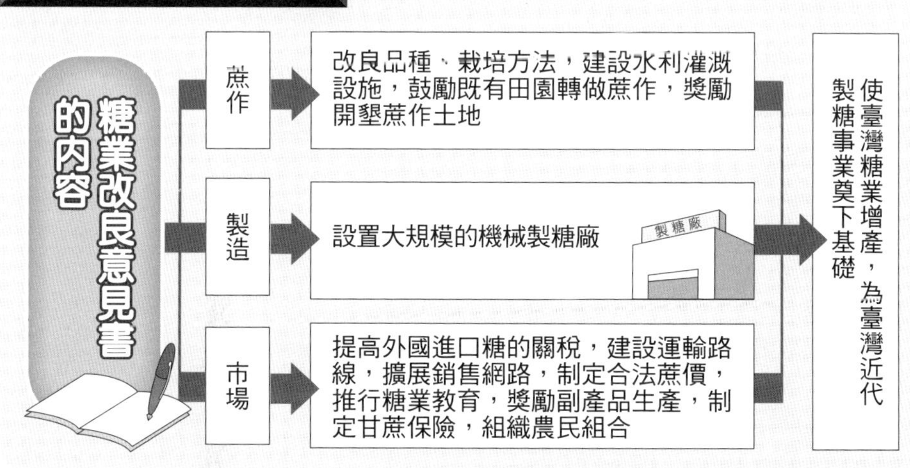

UNIT 7-9 日治時期的糖業鉅子：陳中和

(一)陳福謙與陳中和

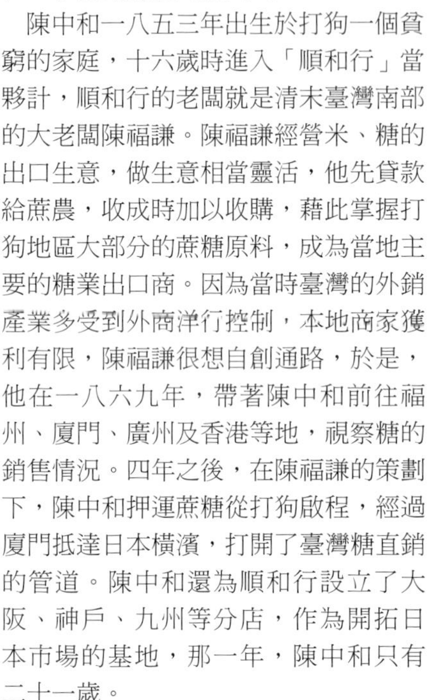

陳中和一八五三年出生於打狗一個貧窮的家庭，十六歲時進入「順和行」當夥計，順和行的老闆就是清末臺灣南部的大老闆陳福謙。陳福謙經營米、糖的出口生意，做生意相當靈活，他先貸款給蔗農，收成時加以收購，藉此掌握打狗地區大部分的蔗糖原料，成為當地主要的糖業出口商。因為當時臺灣的外銷產業多受到外商洋行控制，本地商家獲利有限，陳福謙很想自創通路，於是，他在一八六九年，帶著陳中和前往福州、廈門、廣州及香港等地，視察糖的銷售情況。四年之後，在陳福謙的策劃下，陳中和押運蔗糖從打狗啟程，經過廈門抵達日本橫濱，打開了臺灣糖直銷的管道。陳中和還為順和行設立了大阪、神戶、九州等分店，作為開拓日本市場的基地，那一年，陳中和只有二十一歲。

(二)自立門戶

年紀輕輕的陳中和已經展露無比的商業才能，深受陳福謙的賞識，一八八三年，陳福謙去世之前，還留下了「中和必須重用」的遺言，希望陳中和能繼續為家族工作，可是陳福謙的兒女與陳中和不合，陳中和所幸乾脆脫離順和行，自己創立「和興行」。一八九五年，臺灣進入日本統治時代，這一年，也是陳中和生命中重要的轉捩點，陳中和因為提供土地給日軍搭建臨時守備兵舍，成為抗日行動的攻擊目標。一八九六年，林少貓襲擊陳中和的公司，陳中和受到重傷，因此舉家遷往福建；隔年秋天，在總督府的邀請下又回到臺灣，接受「勳六等」的名銜。因為他多次為日本政府效力，因此，總督府給他很多商業特權，讓他在短短幾年，就一躍成為南臺灣著名的大富豪。

一九〇〇年，日本三井財團投資設立「臺灣製糖株式會社」，陳中和擔任其中的董事之一，三年之後，臺灣總督府頒布「臺灣糖業獎勵規則」，陳中和順應形勢，集結了高雄一帶的資本家，以資本二十四萬圓，設立了「新興製糖株式會社」，在今天高雄縣大寮鄉設立搾蔗能力一百五十噸的製糖工廠，這是第一座臺灣人設立的製糖工廠，也是臺灣人投資興建的製糖工廠中規模最大的一座。原以為從此製糖事業可以一帆風順，豈料一九〇六年，由於日俄戰爭的影響，導致國際糖價大跌，陳中和竟然因此負債五十二萬圓。不過，陳中和並沒有氣餒，他一面向臺灣糖務局斡旋，一面向臺灣銀行申請貸款，積極增加製糖設備，努力將製糖量提高為三倍，同時修建十二英里的輕便鐵道，便利蔗糖運輸，短短三年間，陳中和居然就償還了所有的負債。

(三)多角化經營

一九一〇年，陳中和又創辦「烏樹林製鹽公司」，開闢了鹽田百餘甲、魚塭百餘甲，並鋪設輕便鐵軌，經營岡山到赤崁、岡山到燕巢、烏樹林到路竹等三線輕便車。一九二三年，陳中和又設立「陳中和物產株式會社」，從事他最擅長的貿易事業，穩坐糖業鉅子的寶座。一九三〇年，陳中和以高齡七十八歲辭世，新興製糖株式會社由其四子陳啟峰接掌。

糖業鉅子陳中和

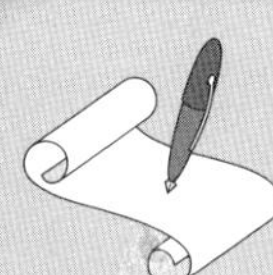

陳中和發展的過程

1853年
出生於打狗，16歲時到順和行做夥計

1869年
跟隨老闆陳福謙到福州、廈門、廣州及香港等地視察市場

1874年
為順和行設立了大阪、神戶、九州等地的分店

1883年
陳福謙過世，陳中和與陳福謙的兒女不和，於是自立門戶，創立「和興行」

1895年
提供土地給日軍搭建臨時守備官舍，成為抗日分子攻擊的目標

1896年
受林少貓襲擊，舉家遷往福建

1897年
在總督府邀請下回到臺灣，接受「勳六等」的名銜

1903年
在打狗三塊厝成立碾米工廠「南興會社」

1904年
在鳳山山仔頂創設「新興製糖工場」；隔年改名為「新興製糖株式會社」

1910年
創設「烏樹林製鹽會社」，開闢鹽田百餘甲

1922年
南興會社改組為陳中和物產株式會社

1930年
辭世，遺體葬於五塊厝

UNIT 7-10
糖業政策下的蔗農

(一)第一憨，種甘蔗乎會社磅

日治時期，在總督府的大力扶植下，臺灣生產大量的蔗糖外銷，製糖成為臺灣最主要的產業，不過，由於甘蔗採收採取區域制度，蔗農所種的蔗糖全部都要交給殖民政府控制的各個製糖會社，每當甘蔗成熟時，製糖會社就會前往收割，蔗農根本無權過問辛苦種植的甘蔗究竟會被運往何處。在採收甘蔗的過程中，斤兩完全操縱在製糖會社的手中，蔗農常有被偷斤減兩的情形，有時連微薄的利潤也不可得。

事實上，一九〇六年，臺灣總督府統一了度量衡，只准官方鑄造標準度量儀器，但是，製糖會社檢查員手中的磅秤，卻在度量衡的標準之外，臺灣俗語說：「三個保正八十斤。」「第一憨，種甘蔗乎會社磅。」三個保正站在秤上總重量也才八十斤，指的就是製糖會社偷斤減兩，蔗農的心血化為烏有，只能怨歎種甘蔗是第一憨的行為，但是大多數的蔗農迫於殖民政府的淫威，不敢反抗，只能任其剝削。

(二)二林蔗農事件

一九〇九年，臺灣首富林本源家族設立的「林本源製糖會社」在臺中溪州二林，長期把甘蔗價格壓得比鄰近糖廠還低，引起許多的蔗農不滿，五百多名蔗農團結要求林本源製糖會社調整收購價格，之後林本源製糖會社讓步，以每甲增加五圓臨時補給金的方式打發農民的抗爭，但是這種措施蔗農仍然無法獲得利潤。

臺灣文化協會知道此事之後，一九二五年六月，理事李應章醫師在二林成立「二林蔗農組合」，開始展開舉辦農民講座，為蔗農爭取權益。李應章堅決主張：「先講價，然後刈取。」他說：「世界上哪個地方有不講價就取貨的蠻人？除強徒（強盜的臺語）、盜賊外，哪個如此？」李應章主張甘蔗過磅時，應由雙方共同監視，但是這樣的訴求被林本源製糖會社拒絕。

一九二五年十月二十二日，林本源製糖會社在重重警力戒護下，強行採收甘蔗，三百多位蔗農群起反抗，與警方和收割工人發生衝突，蔗農們奪下巡察的配刀，導致九名警察受傷。事後，日本警方藉機逮捕蔗農和臺灣文化協會的成員。日本「勞動農民黨」十分同情二林蔗農，派了二名律師來臺幫忙辯護，臺灣文化協會也派二位律師擔任辯護人，最後，總共二十五人被判刑。

一九二七年四月，這個案件結案，李應章被判刑八個月。這個事件影響了臺灣的農民運動，許多蔗農乾脆故意不下田，採取消極的不合作態度，鳳山、麻豆等地也開始成立地方性農民組合，農民紛紛走出土地，為守護自己的利益而站出來。當時有一位教師叫作簡吉，看到這樣的情形，決定挺身而出，一九二六年六月，組成全島性的「臺灣農民組合」對抗日本政府，光是在一九二七年一月，由臺灣農民組合領導的抗爭就有三百四十四件，一九二七到一九二九年間，因農民運動而犯罪的人數高達二千六百八十人，此後，農民的抗爭事件逐年增加，人數和規模也大為擴增。

二林蔗農事件的發生

二林蔗農事件的發生

背景	導火線	結果
日人採取甘蔗採收區域制度，蔗農無法過問甘蔗的去處，也常有收成被偷斤撿兩的情形	林本源製糖會社把甘蔗價錢壓低，並強行採收甘蔗，引起蔗農不滿，群起抗爭，導致九名警察受傷	日人逮捕蔗農和臺灣文化協會的成員，最後二十五人被判刑

遭逮捕及判刑

影響

各地的農民開始組織農民組合，採取不合作的態度，更在一九二六年組成全島性的「臺灣農民組合」對抗日人

★臺灣農民運動的領袖：簡吉

南師範學校講習科畢業之後，擔任公學校教師，平日常研究列寧及孫中山的著作與學說，一九二六年，見到臺灣農民受到總督府壓迫，決定與趙港、楊逵等人創組臺灣農民組合，帶領臺人爭取權益，並於隔年出席日本農民組合第六回大會，向日本眾議院遞交抗議書。一九二八年，決定支持臺灣共產黨，隨即遂於一九二九年二月遭總督府逮捕，判刑四個月；出獄後，仍持續抗爭，一九三一年再度被捕，這次重判十年。二二八事件時，簡吉與臺共黨員張志忠在嘉義組織「自治聯軍」，並出任中國共產黨臺灣省工作委員會山地工作委員會書記，因而遭到國民黨忌諱，於一九五〇年被捕，遭到槍決。

UNIT 7-11 日治時期的金融建設

（一）臺灣銀行的角色

日劇《華麗一族》中，曾經借用臺灣銀行總行的營業大廳，作為劇中虛構的「阪神銀行」總行的拍攝場景，讓座落在臺北市重慶南路的臺灣銀行總行聲名大噪，但是你知道嗎？臺灣銀行的設立，與日本人對臺灣的經濟統治有很大的關係，是日本人殖民臺灣重要的遺蹟。為了臺灣貨幣的統一、產業開發與振興，以及為促進與對岸華南和東南亞的貿易金融，臺灣總督府根據一八九七年四月頒布的「臺灣銀行法」，於一八九九年七月設立臺灣銀行，九月正式開始營業。臺灣銀行扮演著兩個非常重要的角色：其一是臺灣貨幣的發行銀行，其二是臺灣最大的商業銀行。在當時，臺灣基礎工程建設所需要的公債，就是透過臺灣銀行籌措的，可見臺灣銀行擔任的角色如何重要。

（二）改革幣制

臺灣數百年來，由於政權替換頻繁，而且很早就是國際貿易路線的要道，島內流通的貨幣相當紊亂。日本治臺之前，在臺灣流通的貨幣，除了清廷官方許可的銀兩，還有民間私鑄的貨幣，連外國銀元也多達三十種，日治之後，又有大量的日本鈔票和輔幣在市面上流通，缺乏公定的成色和兌換的標準，對商業的發展相當不利。一八九九年，臺灣銀行成立之後，開始扮演殖民地中央銀行的角色，把過去銀兩時代的制度，改為黃金本位的信用制度。一九〇三年，臺灣銀行改革臺灣幣制，建議實施金幣制度；一九〇四年六月，發行金幣兌換券，規定臺灣人除納稅以外，禁止使用銀圓；一九〇五年，進一步禁止使用銀圓納稅。臺灣銀行完善的金融制度改革，改善臺灣錯綜複雜的貨幣制度，與日本國內的制度統一，促進貨幣的正常流通。

（三）臺灣最大的商業銀行

臺灣銀行在日本國內，對岸廈門、汕頭、廣州、上海各地，都設立分行或辦事處，臺灣銀行的成立，對日本企業進入臺灣，提供了一條穩當的道路，成為日資能夠安全投入臺灣的基礎條件，其中以糖業為首的企業勃興特別引人注目。在日本政府的允許下，一九〇八年，製糖株式會社得以延繳砂糖消費稅，利用臺灣銀行的定期存款存摺作為擔保，只要繳付貼現票據以及存款利息，就可以享有六個月的砂糖消費稅延繳期限，對製糖會社來說十分方便，資金運用更為靈活，有利於在市場上的競爭和擴張。

不過，臺灣銀行在國家權力的保護下逐漸壯大，臺灣各家製糖株式會社對臺灣銀行的融資貸款也越來越依賴，變成製糖會社在臺灣的金主，其中，有一家「東洋製糖株式會社」，因為過度依賴臺灣銀行的資金，一九二七年發生金融危機時，臺灣銀行休業，東洋製糖株式會社無法得到臺灣銀行的資金，出現周轉不靈，最後倒閉的情形。

臺灣銀行的成立

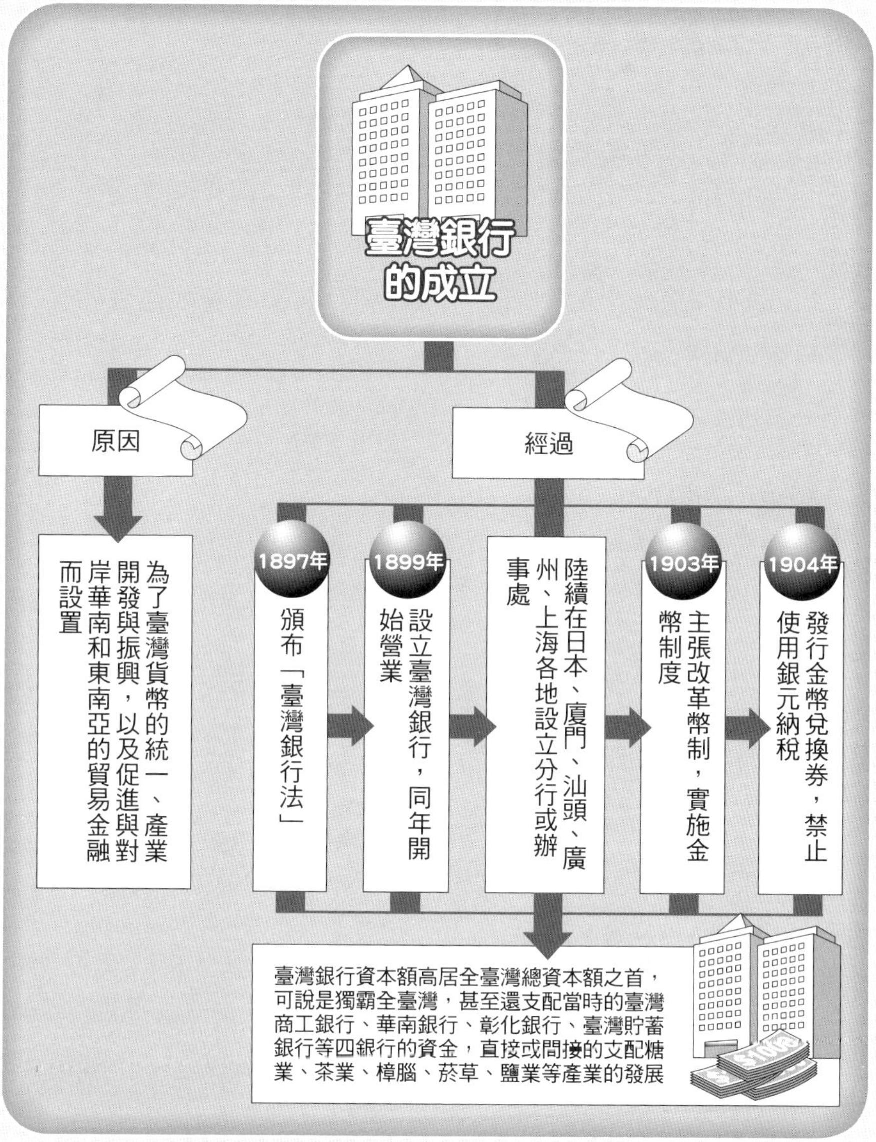

臺灣銀行的成立

原因

為了臺灣貨幣的統一、產業開發與振興，以及促進與對岸華南和東南亞的貿易金融而設置

經過

- 1897年：頒布「臺灣銀行法」
- 1899年：設立臺灣銀行，同年開始營業
- 陸續在日本、廈門、汕頭、廣州、上海各地設立分行或辦事處
- 1903年：主張改革幣制，實施金幣制度
- 1904年：發行金幣兌換券，禁止使用銀元納稅

臺灣銀行資本額高居全臺灣總資本額之首，可說是獨霸全臺灣，甚至還支配當時的臺灣商工銀行、華南銀行、彰化銀行、臺灣貯蓄銀行等四銀行的資金，直接或間接的支配糖業、茶業、樟腦、菸草、鹽業等產業的發展

★存錢

傳統臺灣金融體系不發達，對臺灣人來說，存錢最好的方法就是找一個瓦罐，將金銀財寶埋在自家院子地下。改革幣制之後，紙幣發行量穩定增加，臺灣人慢慢接受了現代的金融觀念，知道有錢應存入金融機關。較常去的是郵局或信用組合，郵局除了有郵政的功能之外，還辦理儲金、匯兌等金融業務；信用組合，除了配合推動官方政策之外，還具備有存放款的功能。

UNIT 7-12 臺灣來電

（一）電火

你知道電燈的臺語怎麼稱呼嗎？叫作「電火」，這麼名稱來自於日治時期。一八八〇年，美國人愛迪生發明電燈，這個驚天動地的發明震撼了整個世界，五年之後，在劉銘傳的施政下，臺北府衙門和主要街道架起電燈，造成一股轟動，只不過，礙於維修費用實在昂貴，劉銘傳的電燈只有寥寥數盞。日本統治臺灣之後，總督府設立了「電火所」，提供電燈能源，電燈最先架設在公共場所。總督府不斷地在全臺各街道架設路燈，提供公共場所照明，但對臺灣人來說，電燈仍然是奢侈的貴族用品，一般民家仍然使用油燈。有了電燈，還需要供應充足的電源，電燈才能永保光亮。

臺灣地形多山，地勢陡峭多雨，水利是臺灣發展工業重要的資源，日人認為若要讓臺灣經濟快速發展，就要有充足電力。一九〇三年，總督府設立臺北電氣作業所，利用淡水河支流——南勢溪的落差，建立臺灣第一座水力發電所，取名為龜山水力發電所，於一九〇五年八月完工並開始供電；一九〇九年，設立小粗坑發電廠。其他較小的城市與偏遠地區，也開放民營電器會社供電，主要城鎮也紛紛創辦公營或民營的中小型發電所。入夜之後，臺灣越來越亮，工業的巨輪也轉動起來。

（二）日月潭水力發電廠

一提起日月潭，你會想起什麼呢？是湖光山色，還是原住民邵族神祕的傳說？傳說在遠古以前，邵族獵人追逐一頭罕見可愛的白鹿，因緣際會發現日月潭這個美麗的地方，從此舉族遷居，日月潭的美麗才為世人所知。不過，要到日治時期，為了興建發電廠，日人引濁水溪上游的溪水注入日月潭，將水位提高，日月潭才有今日所見泱泱大湖的風貌。

一九一八年，臺灣總督府提出「亞洲第一、世界第七」的電廠開發案：「日月潭計畫」，準備建造日月潭水力發電廠，開發大規模的發電資源；隔年，合併各公、民營發電所，組成「臺灣電力株式會社」。一九一九年，日月潭水力發電廠開始動工，大半的投資經費都是從美國募集外債借調而來，臺灣電力株式會社成立之後，曾經創造了臺灣島內一波瘋狂搶股票的行動，其間雖然歷經財務短缺的低潮，不過，在日本政府的擔保下，終於在一九三四年六月竣工，開始發電，發電量高達十萬千瓦。後來，又因為電的需要量增加，第二期發電廠工程始動工，於一九三七年七月完工，發電量四萬五千瓦，是亞洲最大的發電廠。

終戰之初，臺灣一般的發電廠設備約三十二萬千瓦，水力發電為二十六萬七千瓦，而日月潭第一期水力發電量就占了十萬千瓦，可見日月潭水力發電廠的重要性。

小博士解說

工業化的腳步

日月潭水力發電廠完工後，臺灣供電量大增，翌年起，臺灣總督府以低廉電費優待各種新興工業，於是各種新興電力化學工業、新興農產加工業等蓬勃興起，包括製鋁、合金鐵、硝酸鈣及電石等，日人還在基隆開設造船所。在金子常光所繪的臺灣鳥瞰圖中，日月潭電力發電廠位在臺台灣的中央，就可知該發電廠在日治後期工業化中的地位。

臺灣來電

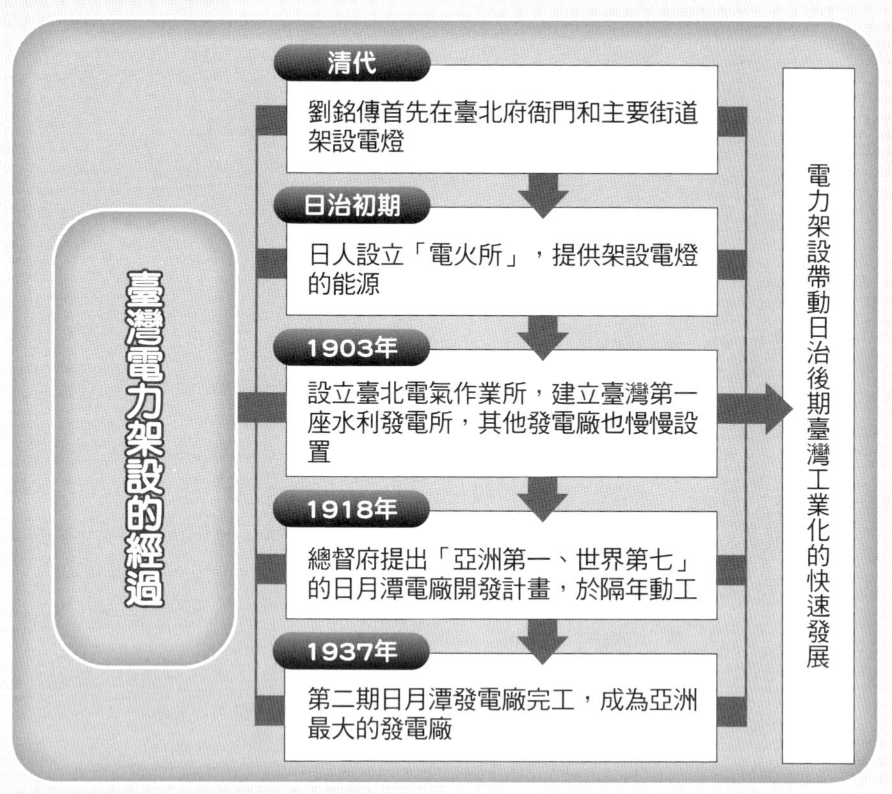

日月潭水力發電廠

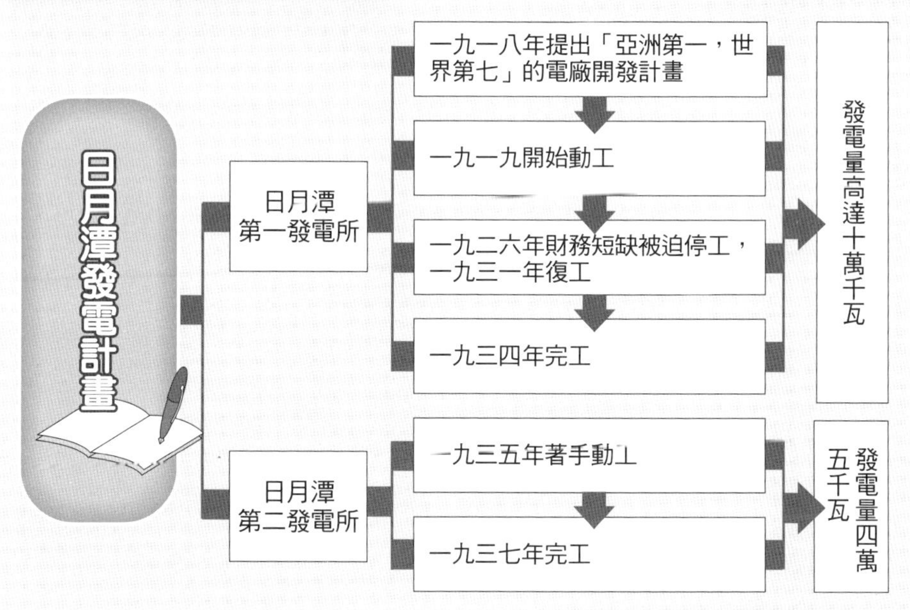

學習重點

1. 能了解殖民政府推動放足斷髮運動的原因和影響
2. 能了解日治時期臺灣各種風俗習慣的變遷
3. 能了解日治時期西方的美術和音樂引進臺灣的過程
4. 能了解日治時期臺灣傳統文化的新發展
5. 能了解日治時期臺灣社會的各種娛樂活動

導讀

在殖民政權具現代化取向的同化政策下，臺灣社會由傳統社會進入現代社會，產生了風俗習慣和文化的變遷。例如：放足斷髮、星期制、近代標準時間制度、近代西方式法律和司法制度、近代公共衛生和醫療制度觀等，臺灣人被強制納入新規範和新制度之中，經過一番調適和抉擇，接受了這些新規範和新制度，從而產生「現代性」的觀念和生活習慣。殖民地教育引進西方新知，臺灣人認識了西洋美術和音樂，產生了許多優秀傑出的藝術人才，這些西方文化在臺灣發酵，在臺灣碰撞出許多不同火花，不只是西方文化，在日治時期，隨著經濟的發達和工商業的發展，臺灣傳統的藝術文化也有了新的生命。

日治時期社會與文化的變遷

章節體系架構 

UNIT 8-1 放足斷髮運動

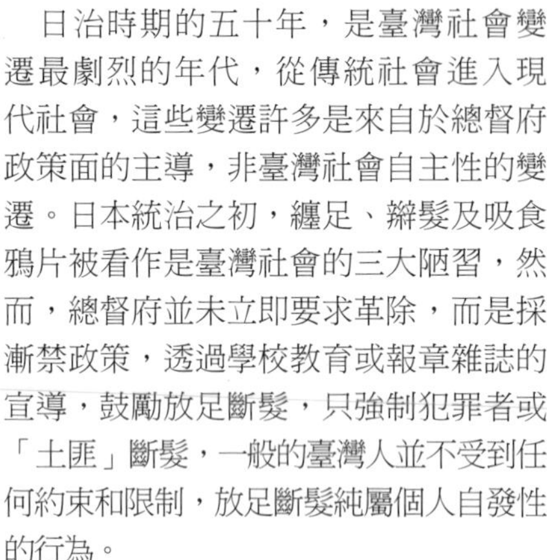

（一）放足斷髮的推動

日治時期的五十年，是臺灣社會變遷最劇烈的年代，從傳統社會進入現代社會，這些變遷許多是來自於總督府政策面的主導，非臺灣社會自主性的變遷。日本統治之初，纏足、辮髮及吸食鴉片被看作是臺灣社會的三大陋習，然而，總督府並未立即要求革除，而是採漸禁政策，透過學校教育或報章雜誌的宣導，鼓勵放足斷髮，只強制犯罪者或「土匪」斷髮，一般的臺灣人並不受到任何約束和限制，放足斷髮純屬個人自發性的行為。

一八九九年，臺北大稻埕一位中醫師黃玉階籌組「臺北天然足會」，開啟臺灣女子放足的序幕。為了鼓勵女子放足，臺北天然足會還製作了一首〈俗諺勸解纏足歌〉：「上蒼創造人，男女腳相同。算是天生成，好走又好行。可惜戇父母，看作纏腳好。愛子來縛腳，情理講一拋。著纏即是娘，無縛不成樣。女子未曉想，不過看世上。別人此號樣，出在爾爹娘。老母心肝殘，腳帛推緊緊。」

臺北天然足會推動放足獲得不錯的成果，有了這個好的開始，各地紛紛成立「解纏會」、「斷髮會」或「風俗改良會」，鼓吹放足斷髮活動。一九一五年，總督府趁勢利用保甲制度全面推動放足斷髮運動，由保正、甲長到各戶調查仍保留纏足或辮髮的人數，限期實行放足斷髮，或是舉辦集體放足斷髮大會，以達到普遍放足斷髮的目標。

（二）從辮髮到斷髮

還記得連續劇「還珠格格」中，男主角爾康和四阿哥的辮髮嗎？這是清朝人的標準裝束，曾經被清朝政府統治過的臺灣人當然也不例外。日本領有臺灣的時候，基於衛生的理由，鼓勵臺灣男人剪去辮髮，不過並沒有強制規定，大稻埕的茶商李春生，在日本剛統治臺灣的時候，應首任總督之邀到東京參訪，被街上的日本小孩譏笑是「豬尾奴」，後來索性剪掉辮子；還有臺北茶商工會會長吳文秀，一九〇〇年奉派到法國參加巴黎博覽會，在香港停留期間斷髮，不過，在一九〇二年之前，斷髮去辮，改留西式頭髮的臺灣人只有二十八位。

但是到了一九一〇年代之後，臺灣人受到西方思潮的影響，醫學校的學生像是翁俊明、杜聰明等人，都紛紛斷髮剪辮，一兩年之後，其他受傳統教育的儒生，也都開始留起西方髮型，不再堅持一定要留辮。其實，臺灣總督府剛開始提倡斷髮去辮的時候，曾經有傳統的儒生堅持反對，認為斷髮去辮就是剪去中華民族的志節，向日本帝國主義靠攏的表現，因而撰寫文章投書抗議。不過，隨著臺灣人衛生觀念的進步，知道留辮髮不太衛生，改留西裝頭較為方便梳理，已經漸漸能夠接受換新髮型了。

小博士解說

職業婦女

因為官方及民間倡導廢除纏足，臺灣女姓纏足比例逐年降低，加上總督府興辦女學，以及鼓勵就業等多項因素，促使臺灣女性得以由家庭走出社會，改變了女性大門不出、二門不邁的傳統，女性受教育也使她們有更多的機會與選擇。日治之後，臺灣產生了職業婦女的角色，許多以女性為主的新興行業應運而生，使女性發展更為多元。

臺灣人的三大陋習

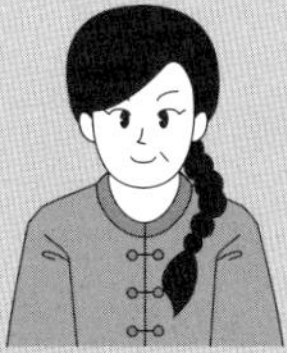

三大陋習

- 纏足
- 鴉片
- 辮髮

日治初期並未立即要求革除而採行漸禁政策，透過學校和報章雜誌宣傳，慢慢達到禁止的目的

放足斷髮的推動

放足斷髮的推動

- **1899年**：黃玉階籌組「臺北天然足會」，開啟放足斷髮的序幕
- **其後**：各地紛紛成立「解纏會」、「斷髮會」或「風俗改良會」用來鼓吹放足斷髮運動
- **1915年**：總督府趁機利用保甲制度，全面推動放足斷髮運動，達到全面放足斷法的目標

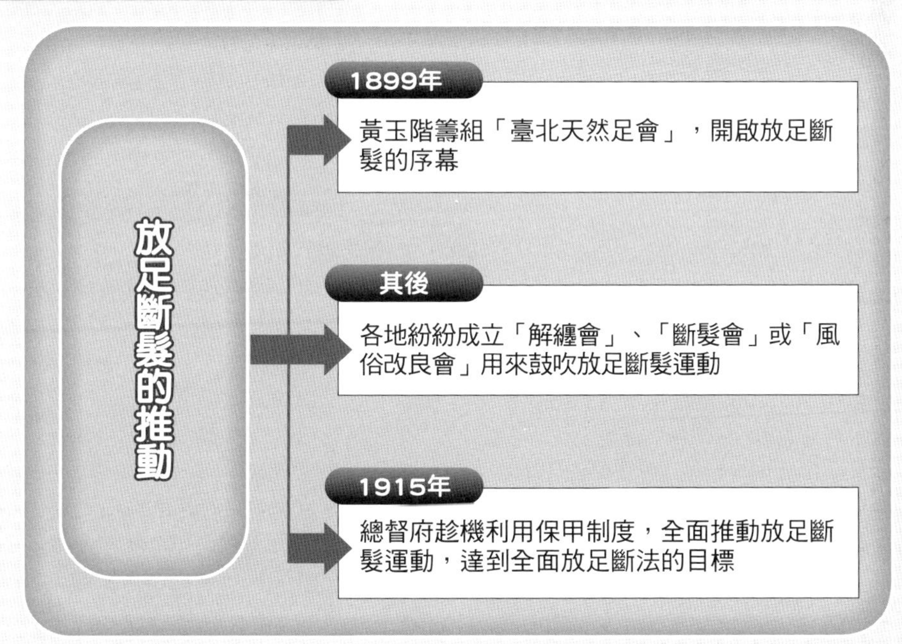

UNIT 8-2 守時觀念的養成

(一)星期制和標準時間的引進

傳統臺灣多以天色明暗來判斷時間，或是用一炷香、日晷等儀器來估計，相當不精準；以農為主的社會日出而作、日落而息，只有農閒時才得以休息，並沒有例假日可言。

日治時期，總督府引進日本行之有年的星期制，規定一週為七天，工作六天，星期日是例假日，每年還有十三天國定假日，所屬官廳、學校、工廠等，都根據這樣的規定作息。同時，一八九六年一月一日起，實施以格林威治子午線作為對時依據的標準時間制度，一天有二十四小時，幾點工作、幾點休息、幾點下班，規定得相當清楚。

不過，當時的時鐘對臺灣人來說，還是相當奢侈的物品，為了讓大家都知道正確的時間，官方利用「午砲制度」來報時，員工上下班，學生上下學，都要對時搖鈴，準時簽到、簽退；學校教導學生守時的觀念，上課不可隨便遲到或早退；鐵、公路交通明訂開車時間表，要求乘客準時搭車，並且準時開車和準時抵達目的地。

一九二一年起，總督府更比照日本國內的慣例，規定每年的六月十日是「時的紀念日」，透過各級機關或團體，舉辦演講、遊行、音樂會，或是張貼海報、散發傳單等方式，宣傳時間的重要性，使臺灣人養成遵守時間規定和養成守時的觀念。這樣的制度，使臺灣社會傳統生活作息產生革命性的改變，臺灣人接受了世界通行的新制度，建立以準確的時間作為生活的規範，守時逐漸成為臺灣社會習以為常的觀念。

(二)休閒活動

如果一個禮拜有七天，卻只能工作六天，多出來的星期日要做什麼呢？那就出外踏青吧！於是，因應星期制的誕生，日治時期，臺灣出現了休閒活動的風氣，許多遊憩和觀光景點也應運而生。禮拜天出現以後，加上鐵公路設施完善，鐵道部開始印製宣傳手冊，介紹臺灣好玩的景點，配合各種鐵路票價搭乘優惠。

民眾可以到各地觀光，各種風景名勝、古蹟、休閒設施也被開發，例如：淡水就開發了海水浴場，除了可供戲水，還有兩間休憩所，提供吃冰和餐點服務。當時，還有動物馬戲團到臺灣公演，最有名的就是「矢野馬戲團」，公演的時候帶來了非洲大獅子、印度虎、鱷魚、駱駝、袋鼠、孔雀、白猿、鸚鵡等七十多種稀奇的動物，也就是在那時候，臺灣人第一次見識到獅子。

不但如此，繁華的臺北市還開了撞球館、電影院、圖書館、博物館、公園等休閒遊憩場所，甚至還有新型百貨公司的開幕，日治時期臺灣人的生活相當摩登，比起現代社會可說絲毫不遜色呢。

小博士解說

臺灣八景

日治時期有許多風景明信片，都以臺灣自然風光為主題。一九二七年，臺灣日日新報社舉辦「臺灣八景票選」活動，選出臺灣八景及「別格」，當時日本帝國第一高峰新高山、阿里山、日月潭、太魯閣等都名列其中。一九三〇年代之後，官方把八景十二勝作為臺灣的標準旅遊系統，規劃不同天數的套裝行程，利用聯運車票和周遊券，促進觀光產業的發達。

星期制的引進

總督府引進星期制，規定七天為一週，一週工作六天，星期日為例假日，每年還有十三天國定假日

標準時間的引進

格林威治子午線	午砲制度	時的紀念日
一八九六年一月　日起，實施以格林威治子午線作為對時依據的標準制度	透過「午砲制度」提醒員工上下班的時間；學校利用搖鈴提醒學生上下課的時間；鐵、公路交通明訂開車時間表，要求乘客準時搭乘	一九二一年起，比照日本國內的慣例，規定每年的六月十日為「時的紀念日」

臺灣人接受了世界通行的新制度，建立以準確的時間作為生活規範，養成守時的好習慣

UNIT 8-3 守法觀念的建立

(一)西方法律制度的引進

明治維新之後，日本擺脫封建社會成為近代國家，一八九五年，統治臺灣之後，本著明治維新法律改革的經驗，也將近代西方式法律引進臺灣，建立專制但有效率的現代化臺灣法律體系。

日治初期的殖民地立法，主要參考中國法律、臺灣舊慣，以及殖民地法制來制訂；日治中期之後，為了加速臺灣人同化，採用內地法延長主義，大量的日本西方法律漸次施行於臺灣。日治時期，臺灣人普遍具有守法觀念和精神，雖然最初是因無力反抗日本的國家權威，不得以只好遵守；後來則是逐漸發現，日本建立的近代化法律體系和可信賴的司法制度頗符合公平正義的原則，切實遵守對臺灣人也有好處。到後來，總督府建立的法律制度已經普遍被臺灣社會所接受。

(二)大人來了

清領時期，漢人移民對官府的法令視若無睹，導致當時的臺灣社會亂象叢生，分類械鬥和抗官事件不斷發生；但是，日本統治下的臺灣人，卻被公認最具有守法精神，為什麼會有這樣的轉變呢？一方面是日本殖民初期即明訂法律，一切依法行事，讓臺灣人有規則可循，二方面是臺灣總督府建立警察制度，臺灣的警網嚴密、警力充分，警察職權更遠大於日本，除了執行法律、維護公共秩序外，也協助地方政府處理一般行政事務。

這些值勤的警察大多負責、盡職，天天巡邏街巷，對地方上不論大小的人與事都瞭若指掌，長期強有力地控制臺灣社會，以令人畏懼的權威處理和干預臺灣人的日常生活。

警察政治加上保甲制度的嚴密控制系統，使臺灣由一個械鬥頻繁的社會，轉變成治安良好的社會，養成人民守法守規矩的態度。臺灣總督府賦予警察相當的司法權，這種權力並不是真正的法律，不用透過法院，警察可以自由心證，針對犯人所犯的缺失來加以懲處。

警察的權力大到讓人不敢輕忽，若是認為民眾不法，就可以抓起來關，一關就是二十九天，臺灣老一輩常說：「你不乖的話，就叫警察把你抓去關二十九天。」原來，拘留一個月以上要由法官來判決，而警察有拘留二十九天的權力，因此也可以關二十九天後先把人放出去，再抓回來關二十九天。由於警察的力量很大，日治時期，臺灣民眾對警察非常畏懼，稱他們為「大人」，如果家中有孩子哭鬧不休，為了不讓小孩再哭鬧，只要跟小孩說「大人來啊！」孩子就會立刻安靜，不敢再吵鬧了。

小博士解說

犯罪即決制

日治時期，刑事案件雖然必須由法院的檢察官和法官裁判，但總督府仍延續清領時期傳統的訴訟程序，地方廳長就像清領時期的知縣，對輕犯罪擁有司法審判的權力，由廳警部或支廳長擔任即決官，代理廳長行使犯罪即決權。

深入人民生活的基層警察，一旦偵察有犯罪嫌疑人，除了移送法院系統接手執行之外，還可移送由高階警察擔任的犯罪即決官，由其偵察、審判，在警察官署內執行。

西方法律制度

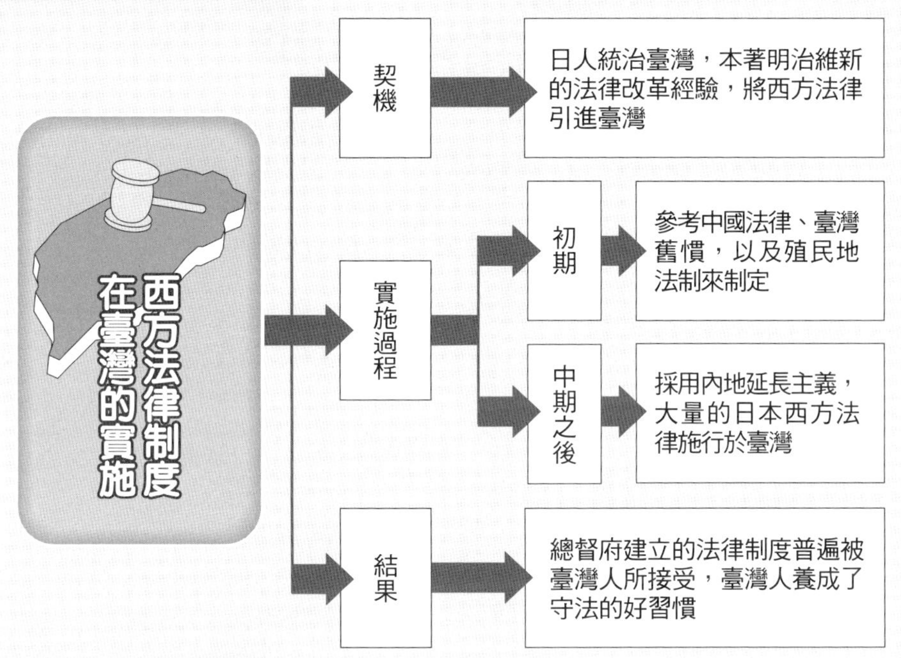

警察的職權

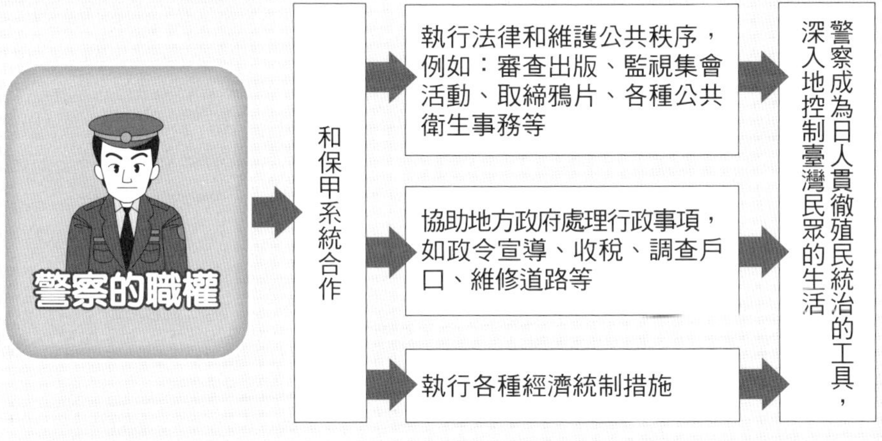

★警察

日治時期臺灣警網嚴密、警力充分，警察職權更遠大於日本，除了負責執行法律、維護公共秩序外，也協助地方政府處理一般行政大小事務，這些警察對地方上的人與事都瞭若指掌，長期強有力地控制臺灣社會，以令人畏懼的權威處理和干預臺灣人的日常生活。

UNIT 8-4
臺灣流行歌謠之父：鄧雨賢

（一）望春風一鳴驚人

日治時期，西洋音樂傳進臺灣，臺灣優秀的音樂人輩出，歌謠大為流行，當時臺灣的創作歌謠以流行歌曲數量最多、影響最廣，最能代表民眾的生活，臺灣最早的創作流行歌謠是在三〇年代，最著名的作曲人則是有流行歌謠之父之稱的鄧雨賢。

鄧雨賢出生於一九〇六年七月，是新竹芎林的客家人，三歲隨父親遷居臺北，就此定居。九歲時進入艋舺公學校，十五歲進入臺灣總督府臺北師範學校，在學期間接觸了風琴、曼陀林等西式樂器，展現音樂才華，個性內向的他，藉琴聲架設他與同學溝通的橋梁，曾隨音樂老師一條湞一郎學習鋼琴。

一九二五年，鄧雨賢被分派到臺北日新公學校擔任教職，三年後辭去教職，將妻子和兩歲的長子留在臺灣，獨自前往日本東京音樂學院深造，不久之後，返回臺灣，擔任臺中地方法院翻譯官。不到一年，鄧雨賢又離開了臺中地方法院，重拾他喜愛的創作音樂。

一九三三年，鄧雨賢加入古倫美亞唱片，當時二十四歲的李臨秋將〈望春風〉的歌詞交給才二十七歲的他譜曲，兩個二十幾歲的青年，首度合作就造成轟動，「孤夜無伴守燈下，清風對面吹，十七八歲未出嫁，見著少年家，果然標緻面肉白，誰家人子弟，想欲問伊驚歹勢，心內彈琵琶。」這首歌儼然成為代表臺灣這片土地的民族歌謠。

二〇〇〇年，在臺北市政府與聯合報合辦的《歌謠百年臺灣》中，〈望春風〉獲得臺灣代表歌曲第一名，並獲得臺灣民眾最受歡迎的老歌票選之冠軍。

（二）雨夜花：一首淒涼的情歌

二〇〇二年十一月，世界三大男高音之一的多明哥到臺灣演唱，他特別挑選了一首代表臺灣的歌謠〈雨夜花〉與女歌手江蕙合唱，天籟般動人的嗓音至今仍叫人津津樂道。

〈雨夜花〉背後有一則淒美的愛情故事，一九三四年，古倫美亞唱片文藝部的周添旺，有一次到酒家應酬，聽到一位酒家女訴說她的悲慘故事，原來，她本是一位純潔質樸的鄉下女孩，離開故鄉來到臺北工作，在臺北愛上了一位男孩，雙方已論及婚嫁，原以為找到值得託付一生的對象，沒想到那個男孩竟然是薄情郎，愛上別的女孩而遺棄了她，她覺得沒臉回家見故鄉的父老，於是一時心碎、失意，竟流落在臺北的酒家。周添旺覺得這位可憐的酒家女就像一朵在黑夜裡被無情風雨吹落的花朵，因此，周天旺寫了〈雨夜花〉這首歌詞，歌詞中所描述的「雨」、「夜晚」、「花」，後來也變成臺語流行歌曲重要的主題意象，影響後來臺語歌詞的創作方向。

〈雨夜花〉這首歌問世之後，大受歡迎，還被改編成不同版本，一九三八年，為了鼓勵臺灣人響應「聖戰」，日人改編為〈榮譽的軍夫〉（譽れの軍夫），用來鼓舞臺灣人踴躍去做日本兵的軍夫。一九四〇年，曾經流傳到中國大陸，改寫成〈夜雨花〉，一九四二年又被改編成日文〈雨夜之花〉（雨の夜の花）。

鄧雨賢的音樂路

鄧雨賢的音樂歷程

1906年
出生於桃園縣龍潭鄉

1921年
進入臺北師範學校就讀，接觸了風琴、曼陀羅等西式樂器

1928年
前往東京音樂學院深造，學習作曲

1932年
加入文聲曲盤公司，創作了「大稻埕進行曲」

1933年
加入古倫美亞唱片公司，創作了〈雨夜花〉、〈望春風〉、〈月夜愁〉等作品

1938年
因皇民化運動之故，日人將其作品改編為日文，使鄧雨賢大受打擊

鄧雨賢的作品

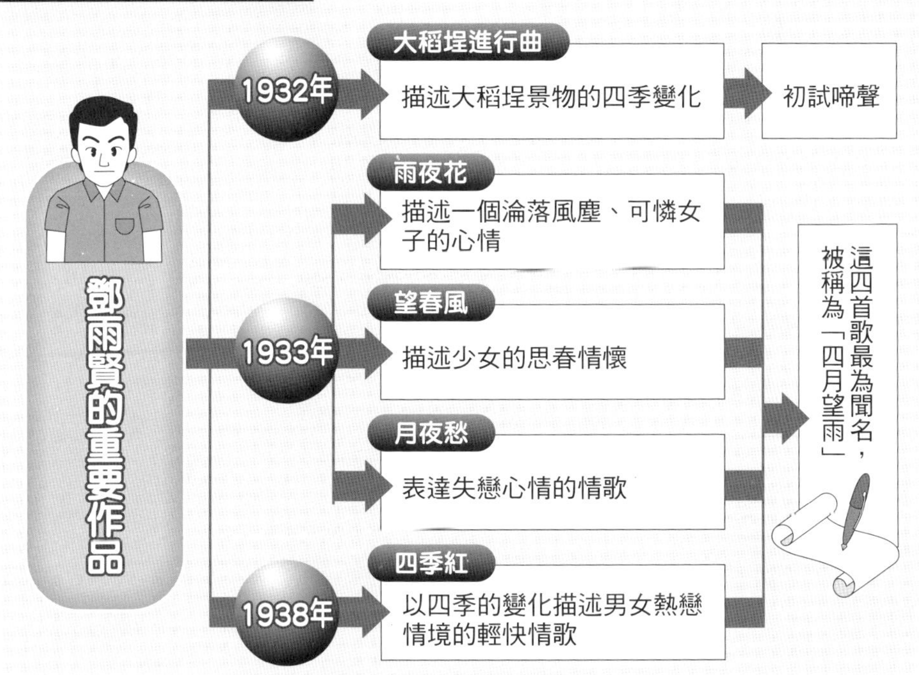

UNIT 8-5

臺灣新美術的發展

(一)臺灣新美術運動的播種者

日本政府在殖民地臺灣開辦的新式教育，與過去傳統的私塾課程不同，有算數、圖畫、體操等新科目，透過學校教育，西方的新式學問也傳到臺灣。當時，臺北師範學校有圖畫課，起初的用意是，希望學生們將來當老師時可以指導學童畫圖，卻因此將西洋的美術傳到臺灣。

有一位任職最久的老師叫作石川欽一郎，一九二四年，來臺擔任臺北師範學校教師，是第一位將水彩畫技法傳入臺灣的人。石川欽一郎致力培養學生的美術興趣，課餘也常帶領學生到郊外寫生，他特別喜歡臺灣各地的高山以及河流的線條，他認為，臺灣的山水風景和日本內地有很大的不同，因此他在授課時，總是特別對他的指導學生強調，希望學生們能仔細觀察眼睛所看到的大地和天空。

對臺灣人影響較深的幾位美術老師有，一九二一年抵達臺灣的鹽月桃甫，他擔任臺北高校及臺北第一中學美術教師，是第一位將油畫技術與素材引入臺灣的畫家；此外，還有一九一七年來臺，擅長東洋畫的鄉原古統。在這些日籍老師的薰陶之下，日治時期的臺灣產生了一批相當優秀的美術人才。

(二)文化英雄：黃土水

黃土水出生於一八九五年艋舺祖師廟的後街，小時候因為家境貧窮，十二歲才進入公學校就讀，後來，因為父親去世，母親帶著他投靠同母異父的哥哥，並為他轉學到大稻埕公學校，黃土水從此開始跟著舅舅逛大稻埕街上的神雕店鋪，接觸了福州系的神明雕像，讓他開始對雕刻產生興趣。一九一一年，黃土水考上國語學校師範部，在國語學校裡，黃土水的「圖畫」、「手工」兩科目成績優異，畢業展木雕更獲得師長一致的讚賞，促使黃土水一心想往雕刻的路上發展。

一九一五年，黃土水獲得臺灣總督府的推薦，進入東京美術學校雕刻班木雕部，開始接受西洋的雕刻教育。一九二〇年，雕刻作品入選日本最權威的「帝展」，他是第一位入選帝展的臺灣人。這個消息鼓舞了臺灣許多喜愛美術的青年，因為當美術家可以成名，也可以成為一種志業，受到黃土水的影響，一九二〇年以後循黃土水成功之路到日本深造的青年越來越多。

(三)油彩的化身：陳澄波

陳澄波一八九五年出生於嘉義，一九二四年，他赴日考取東京美術學校師範科，一九二六年，首次以畫作「嘉義街外」入選日本第七屆帝展；第二年，他又再度以「夏日街景」入選帝展。一九二九年，從東京美術學校畢業之後，陳澄波動身前往上海，參加第一次全國美術展覽會，對中國畫有更多的接觸和認識。

一九三三年，陳澄波返回臺灣嘉義，老家的人物和景色自然經常入畫，陳澄波的作品反應了臺灣特有的氣息與人情文化，對剛起步的臺灣藝壇具有相當大的啟發和引導作用。

文化英雄黃土水

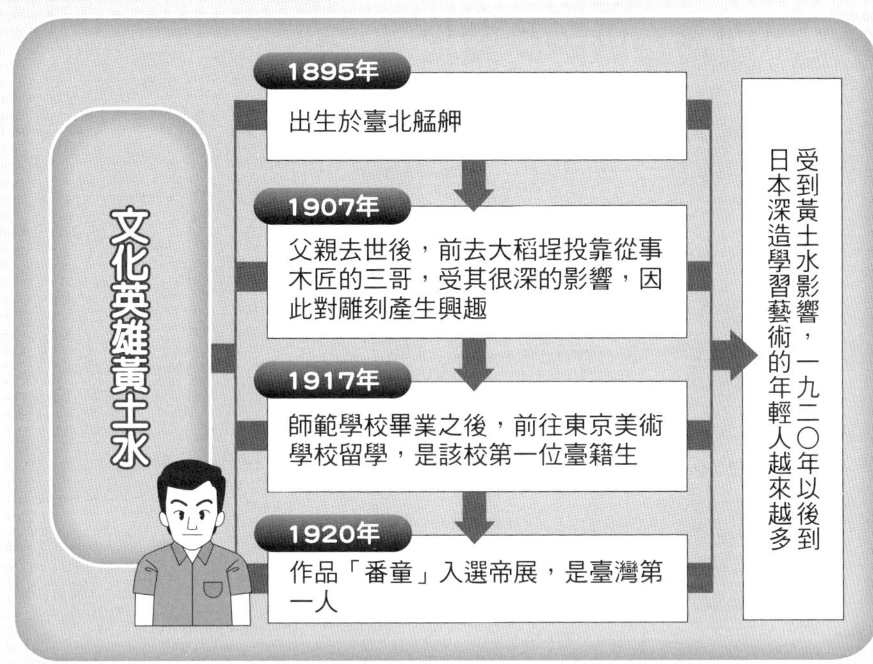

油彩的化身陳澄波

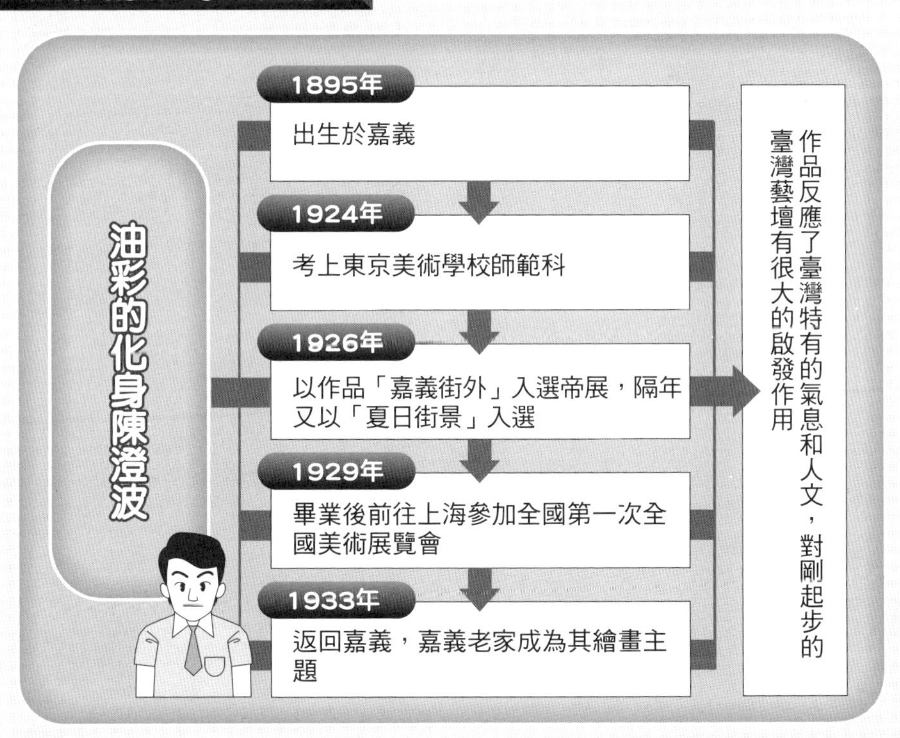

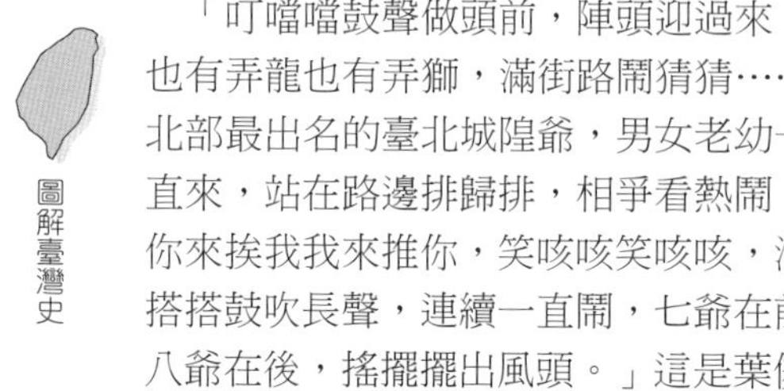

UNIT 8-6 迎神賽會的商業化

（一）大稻埕迎城隍

「叮噹噹鼓聲做頭前，陣頭迎過來，也有弄龍也有弄獅，滿街路鬧猜猜……北部最出名的臺北城隍爺，男女老幼一直來，站在路邊排歸排，相爭看熱鬧，你來挨我我來推你，笑咳咳笑咳咳，滴搭搭鼓吹長聲，連續一直鬧，七爺在前八爺在後，搖擺擺出風頭。」這是葉俊麟所作的臺灣歌謠〈臺北迎城隍〉，描述的是大稻埕中的城隍廟慶典時熱鬧的場面。

因受到十九世紀後半淡水開港、商業區逐漸興起的影響，大稻埕成為臺灣對外貿易的重要城市，當地的城隍祭典也日盛一日。農曆五月十三日這天，臺北人會排開所有事務專心祭神。一九一〇年代之後，祭典與當時新式商業團體結合，成為維繫當地商業盛況的重要方式，一般商家會提供金牌獎賞迎神行列中的優秀隊伍。據一九二一年鐵道部的統計顯示，自農曆五月八日之間，前來膜拜和吃拜拜的外來香客約近二十萬人，再加上臺北及近郊擁進者，共有三十萬人之多。

（二）基隆中元普渡

除了神明慶典外，日治時期臺灣盛大的祭儀還有中元普渡，尤其是基隆的中元普渡，報導記載「其奢華恆為全島之冠」。每年到了這一天，基隆市區燈火整夜通明，在高砂公園內設立樓高三層的主普壇，輔以點綴蜿蜒全市的數以千計彩色電燈、龍燈及小燈頭，將基隆市區妝點成不夜城。

參加中元祭典陣頭遊行的隊伍，除了傳統寺廟子弟陣以外，也不乏各商號盛情參與，為了能博得好彩頭，這些參加的隊伍在陣頭、繡旗或行頭上極盡奢靡，不僅有廣告宣傳，還有各種噱頭，為求祭典豐富有趣，主辦單位往往傾其全力，甚至舉辦陣頭比賽，讓參加者瘋狂投入競賽。當時報紙上便記載，參加陣頭比賽的隊伍，為了求得名次，還會暗中打聽對方行頭為何，還有因未得獎而不服氣的狀況。

（三）文明與迷信之間

臺灣人對傳統民間信仰頗為崇拜，宗教慶典通常是地方大事。日治時期，隨著臺灣工商業發達，人民生活狀況穩定，加上日人並未限制臺灣傳統信仰，導致迎神賽會越演越烈，輪值的爐主除了極力向各團體鼓吹贊助外，贊助的工商行號亦會全心投入準備，想用藝閣或新鮮有趣的廣告方式，趁機吸引商況。鐵道部還會因應神明慶典，架起香客休憩所和臨時售票處，加開臨時班車以紓解人潮，必要時還得加派警力幫忙抒解人潮。

只是，日人對臺灣人如此熱中民間賽會往往詬病，在許多場合持續宣導迎神賽會節約或儉樸；臺灣文化協會因標榜「謀臺灣文化向上」，也對迎神賽會大肆批評，認為因神明祭典而大肆鋪張，是奢侈浪費的行為，且拜拜時供奉的祭品，因烈日高度曝晒衛生堪慮。不過即使如此，也無法影響臺灣人對迎神賽會的喜好。

大稻埕城隍祭

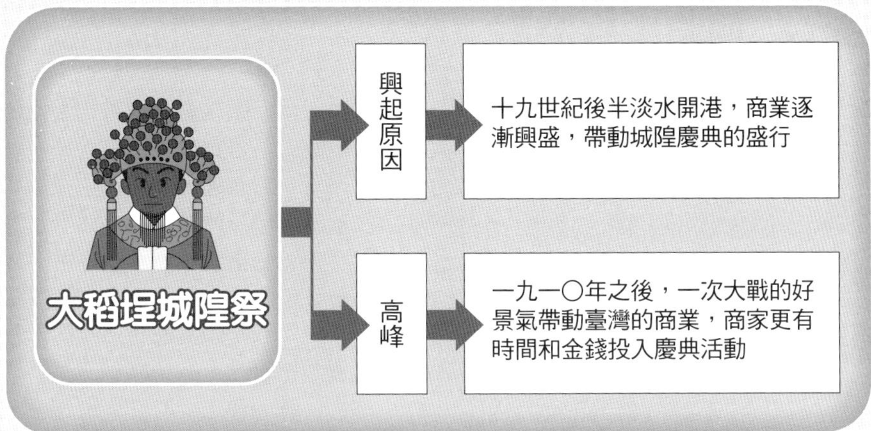

基隆中元普渡

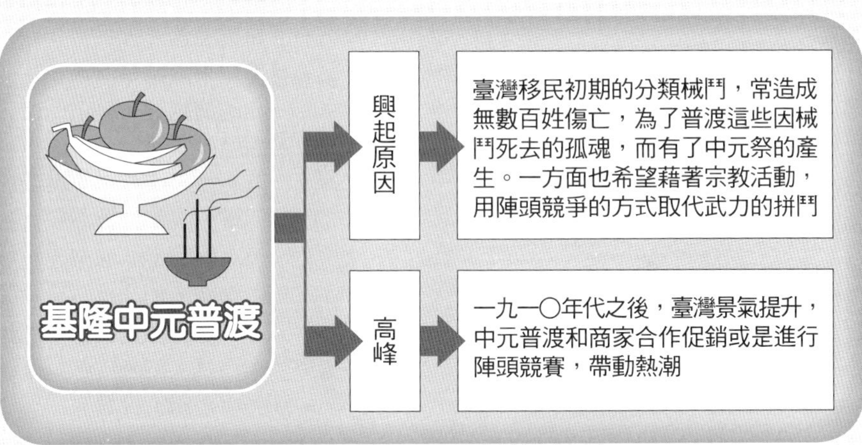

文明與迷信之間

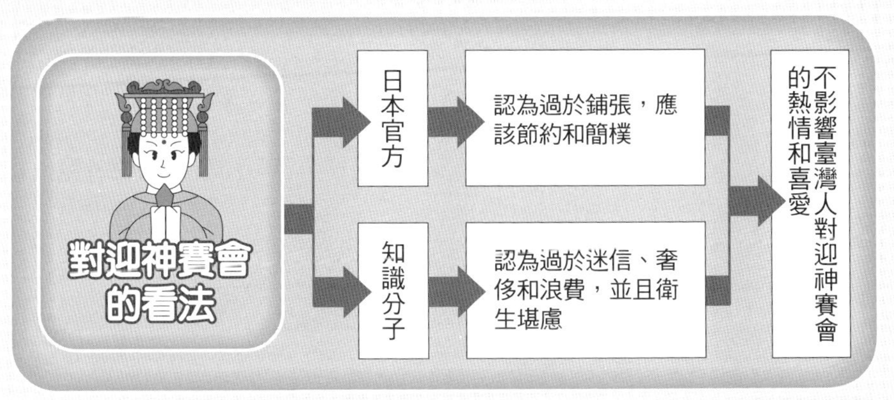

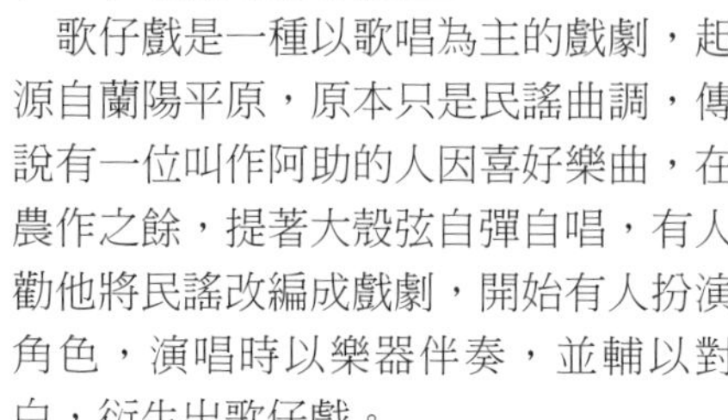

UNIT 8-7 臺灣人好演戲

(一)歌仔戲的誕生

歌仔戲是一種以歌唱為主的戲劇，起源自蘭陽平原，原本只是民謠曲調，傳說有一位叫作阿助的人因喜好樂曲，在農作之餘，提著大殼弦自彈自唱，有人勸他將民謠改編成戲劇，開始有人扮演角色，演唱時以樂器伴奏，並輔以對白，衍生出歌仔戲。

日治時期，臺灣民間信仰並沒有受到壓抑，大小廟宇聳立在城鄉的大街小巷中，祭典演戲仍然十分熱鬧，配合祭典舉行常會有戲曲演出。在傳統社會，戲劇一直是農村唯一的娛樂，每逢慶典時，臺灣民眾不論男女老少會拿著長板凳前去觀賞，常常看到不覺夜深，看戲是他們最大且唯一的安慰，當時日人甚至有「臺灣好演戲」的評語。

(二)人人瘋歌仔戲

一九二五年以後，歌仔戲成為民間最受歡迎的劇種，除了在民間廟會表演之外，也開始在劇院賣票演出。歌仔戲受歡迎的原因，除了因為它可從別的劇種採借戲曲內容外，表演的藝人還可在音樂、劇目上不斷變化旋律，加上歌仔戲的表演自由，戲目也不限於歷史劇或傳奇故事，一些民間傳說或社會新聞都可編成戲文。

例如：戲目《運河奇案》，即是根據當時社會事件編成。一九三二年臺南市發生一起命案，一少爺與一貧女相愛，受到男方父母的阻撓不能結合，雙雙跳入運河自盡。事情發生當天，臺灣歌仔戲班「得樂社」大部分的藝人跑到現場，他們對男女青年的死感到相當同情與惋惜，又被他們的忠貞愛情所感動，幾位老師傅馬上把事件編成戲碼，名為「運河奇案」，兩天後在臺南市演出，轟動一時。

歌仔戲在當時風靡的程度，只要當地歌仔戲班開演，不分男女、不論晝夜，人潮必定擠滿戲園，新式舞臺的負責人也常會裝潢劇場以因應眾多人潮，後來更發展出活動機關的布景，還有在演戲時施放「電光火」的特殊效果。在表演上，歌仔戲的演員們常隨興發揮，或插科打諢，深受觀眾歡迎，對當時的男女青年造成很大的影響。

很多臺灣人常因忘情於演出而妨礙正常的生活，或因入戲太深而過度沉迷劇情，甚至有公學校的學童受其感染，在街頭高唱歌仔戲而不顧學業的狀況；也有地方上的土財主，見歌仔戲女伶活潑可愛，而一擲千金打賞她；更有當一地開演歌仔戲，雙方因為拼陣的關係互相鬥氣、計較長短的情形。這些當然受到知識分子和警察當局的注意，臺灣文化協會相當反對歌仔戲，不斷透過文化演講、文化戲劇運動、放映社教電影等各種手段，宣導歌仔戲對社會人心的負面影響，機關報《臺灣民報》更時常刊登批判歌仔戲的文章，希望透過輿論的圍剿讓歌仔戲禁演。臺灣民眾黨成立之後，在第四次大會提出的社會政策中，也出現「反對准許歌仔戲之演唱」的條文。日本警察受到知識分子輿論的壓力，會不定期的在歌仔戲的公演場合，派員查驗是否出現違反善良風俗的表演，因此，也常有歌仔戲團被警官傳喚到郡役所居留的狀況，但這些都無法影響民眾對歌仔戲的愛好。

歌仔戲的發展

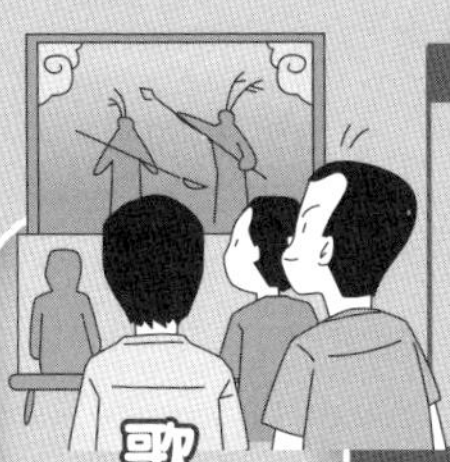

歌仔戲的發展

起源
起源自蘭陽平原，剛開始只是簡單的大殼弦彈唱

日治初期
成為臺灣各地寺廟慶典時最佳的表演項目，受到臺灣男女的歡迎

1925年之後
由於臺灣社會商業發達，城市開始興建劇場，歌仔戲從「野臺戲」進展到「內臺戲」，更受到民眾瘋狂的喜愛

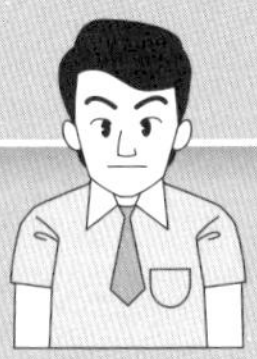

反對者的聲音

臺灣的知識分子
認為歌仔戲粗俗，應該禁止

日本官方
認為歌仔戲傷風敗俗，會影響社會風氣

但不影響台灣人對歌仔戲的愛好，歌仔戲仍受到臺灣人普遍的喜愛

人人瘋歌仔戲

瘋狂的戲迷

公學校學生
在街頭高唱歌仔戲，不顧學業

土財主
見歌仔戲女伶活潑可愛，而一擲千金

男女青年
過度沉迷，而妨礙正常生活

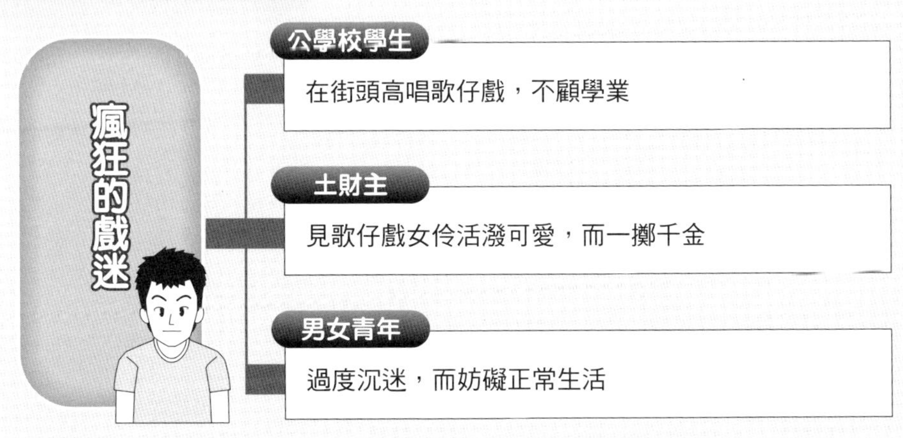

UNIT 8-8 商業劇場的出現

（一）臺灣第一座劇場：浪花座

日治中期，隨著臺灣經濟日漸繁榮，都市發展也隨之而來，因生活需要與商場社交的關係興起了商業劇場。一八九七年十二月，位於臺北城的「浪花座」首先開幕，專供日本人集會及娛樂之用。隔年元月，原為官方聚會場所的「淡水館」也開放，作為臺北市民的集會及娛樂場所。後來城內的「臺北座」也在一九〇〇年五月正式開幕，表演日人歌舞或是作為仕紳聚會場所。不過在初期，戲院大都設在城內日人集中的地區，臺灣人往往不願意前往，且臺灣的戲劇也不太方便在城內戲院開演，一九〇九年，日人才於大稻埕興建「淡水戲館」，供臺灣民眾看戲。

（二）臺灣人的戲館：臺灣新舞臺、永樂座

一九一五年，鹿港富紳辜顯榮自日人手中買下淡水戲館，將其整修改建之後，易名為「臺灣新舞臺」，從此風光數十載，「臺灣新舞臺」外貌類似廟宇，是當時全臺灣最重要的表演場所，邀請的表演團體多半來自上海、福州的京劇團，而後，梨園戲、歌仔戲及其他劇種也在此演出，最熱門的戲碼首推《狸貓換太子》，叫好又叫座。

而永樂座位於臺北市當時的商業重心大稻埕，是富商錦記茶行老闆陳天來眾多事業中的一項，一九二四年永樂座開幕時，建築優美、設備完善，擁有一千二百個座位，為當時最先進的戲劇表演場地，流行一時的福州戲、京戲、歌仔戲，以及萌芽不久的臺灣新劇等，都曾在永樂座上演過。永樂座後來成為日治時期臺灣人專屬的戲劇演出場域，除了演出臺灣電影和話劇外，臺灣文化協會也常在那裡召開大會，一九三一年蔣渭水過世時，告別式就是在永樂座舉行，當日約有五千多位民眾前來致意。

（三）瘋狂的戲迷

劇院的興盛與戲劇演出有相輔相成的關係，劇院提供戲劇發展演出的機會，戲劇也支持了劇院的存在，商業劇院不但是戲劇表演中心，也是都市重要的社交場所，觀眾必須買票入座，也可對某演員或劇團給予賞金。臺北新舞臺曾經發生過一件有趣的事情，當時有觀眾給京班賞金，但當事人竟然因為客人賞金的多寡而有差別待遇，讓獎賞的這些「大戶」們頗不滿意。只見貼在臺前賞金的紅紙上，共有六人各兩枚同樣的金額，賞金四十圓的就稱呼為某某大人，賞金三十圓的就稱呼為某某先生，賞金二十圓的就稱呼某某寶行。

其實，從這些劇院的戲單上來看，這些劇院的票價比起當時的工資、物價其實不低。比方說，一九二二年臺北新舞臺的公演，白天的特等票價要一圓二十錢，一等票價要六十錢，三等票價要二十錢；夜晚的票更貴一些，特等票價要二圓，一等票價要一圓，三等票價要二十錢。當時的豬肉一百公斤是六十六點六七圓，水泥工每日的薪資是二圓，鋸工每日的薪資為一點四圓，臨時小工每日薪資是一點八圓，即便就薪資所得比例來說，戲館的票價不算低，仍吸引許多都市裡有錢有閒者。

商業劇場的出現

日治中期，隨著臺灣經濟日漸繁榮，都市發展也隨之而來，因生活和商場社交的關係興起劇場

日人的劇場

- 浪花座：臺灣第一座劇場，於一八九七年開幕，專供日本人休閒娛樂之用
- 臺北座：一九〇〇年五月開幕，專門表演日人歌舞，或是作為仕紳聚會的場所
- 淡水館：一八九八年開幕，是臺北市民集會和娛樂的場所

臺人的劇場

- 淡水戲館：日人於一九〇九年興建於大稻埕，專供臺灣民眾看戲
- 臺灣新舞臺：「淡水戲館」被鉅商辜顯榮買下，成為臺灣人觀看表演的重要場地，於一九一五年開幕
- 永樂座：一九二四年開幕，大稻埕富商陳天來所創，是當時最先進的表演場地，設備完善，吸引許多劇種演出。後來開始播放電影，臺灣文化協會也常在那裡召開大會，成為臺灣人專屬的活動場域

★新舞社歌劇團

商業劇院也影響臺灣戲劇的表演形式，京劇在臺灣能造成一時之盛，歌仔戲能在短時間之內於各地迅速發展，與都市商業劇院的演出有密切關係。一九三一年，辜顯榮義子楊蚶重整新舞臺內的京班，改名為「新舞社歌劇團」，全面演出歌仔戲，促使歌仔戲揮別落地掃時期，由鄉村的草臺進入了城市的戲院，更造就歌仔戲的風光歲月。

UNIT 8-9 藝旦

(一)未看見藝旦，免講大稻埕

以戲曲悅客的歌伎稱為藝旦，最早是從艋舺開始的，清朝嘉慶道光年間，艋舺船頭行林立，船隻出入眾多，船出海送風或客人從外地來，在碼頭請客都會到藝旦間。日治時期，大稻埕承襲清末以來的商業基礎，洋商雲集，商業鼎盛，積累了大量的資金及各種商業的活動，酒樓、戲院等娛樂場所也應運而生，產生了「藝旦」這個城市性格明顯的身影。

特別是酒店江山樓崛起之後，江山樓附近出現幾家藝旦間，藝旦間與酒家相依為命，可以說是隨著都市的發展而興盛，後來這一帶就被稱為藝旦街。「未看見藝旦，免講大稻埕」，大稻埕藝旦的全盛時期，是在一次世界大戰之後。藝旦掛牌營業的地方稱為「藝旦間」，藝旦間通常有一位鴇母主持，整個藝旦間差不多有九尺長八尺寬，有一張床、八仙桌、桌、椅，通常是朋友一起相約到藝旦間喝酒，藝旦會聯絡附近酒樓叫來下酒菜，客人在那邊喝酒，藝旦則在一邊陪酒賣唱。

(二)藝旦與江山樓

藝旦離開藝旦間陪客就是所謂的「出局」。大稻埕的藝旦以出局到「江山樓」或「蓬萊閣」陪酒獻唱為主。當時的「江山樓」和「蓬萊閣」是全島聞名的大酒樓，並沒有雇用女性服務，純粹賣酒菜而已，飯店氣派豪華雄偉，許多的文人雅士、富商巨賈多在那裡宴客，並且召藝旦執壺清唱，或者朗誦詩詞以娛樂嘉賓。

藝旦的工作除在宴席上的陪侍服務外，也必須能夠應景彈琴奏樂一番，因此藝旦從小就要開始學習彈唱、吟詩和作曲。學習的戲曲尚分大小曲，樂器包括琵琶、三弦、洋琴之類，於酒席間又要能夠猜酒拳助興。藝旦們陪酒時多是大規模宴會，人多熱鬧，通常是以文武場伴奏清唱平劇。曲終人散之後，客人若覺不過癮，還會另邀幾個好友再到藝旦間「續攤」，當時稱為「二次會」，雖然名義上是吃清粥小菜，但實際上還是飲酒，欣賞歌唱。

(三)紅顏薄命的王香嬋

許多能詩能文的藝旦，因為姿色出眾、丰姿綽約而被稱為詩妓，很多的風雅人士或是文人墨客，更喜歡召她們出局或到其香閨飲酒唱和，留下不少風流韻事。日治時期的藝旦日夜周旋於上流社會紳商之間，享盡奢華生活，臺灣最著名且公推最符合藝旦條件的就是王香嬋。

王香嬋本名罔市，出身貧寒家庭，自幼即被送給人家當養女，長大後養母命她為藝旦。她長得十分俏麗，加上天資伶俐，學習平劇很快，當時有一種純由藝旦演出的平劇稱為「藝旦戲」，她時常粉墨登臺演唱青衣，據說色藝雙全、豔名遠播；後來跟大稻埕一位前清秀才學詩，才改名為王香嬋。王香嬋天賦很高，加上十分用功，因此進步神速，被認為是可造之才，只不過紅顏薄命，先後嫁給臺南羅秀惠和新竹謝愷均不如意，據說其晚景悽涼，沒有人知道她的下落。

臺灣藝旦的出現

- 來源
  - 因清末艋舺地區商業發達，人群聚集，為了招攬客人而衍生的行業
  - 日治之後更加蓬勃發展，江山樓崛起之後，帶動附近「藝旦街」的形成
  - → 造就日治時期大稻埕特殊的藝旦風氣，有「未看見藝旦，免講大稻埕」的說法
- 工作方式
  - 在藝旦間 → 藝旦會聯絡酒樓送下酒菜，客人在這喝酒，藝旦在一旁陪酒賣唱 → 曲終人散後若不過癮，還可以再到藝旦間續攤，稱為「二次會」
  - 出局到酒樓 → 藝旦在宴席上陪侍服務，也必須應景彈琴奏樂以娛樂嘉賓

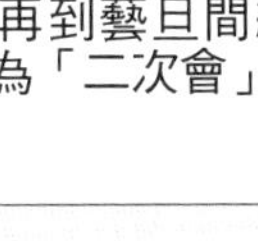

★江山樓

江山樓是日治時期大稻埕最著名的酒樓，成立於一九一七年，正是一次世界大戰剛結束，日本經濟正蓬勃發展的時候，當時大稻埕公司行號林立，許多政商名流、文人雅士來往其間，隨著商業活動的興盛，酒樓和藝旦間應運而生，當時還流傳著一句諺語：「登江山樓，吃臺灣菜，聽藝旦唱曲」，可見當時上江山樓，已經成為騷人墨客的風流喜好。由於江山樓是文人墨客笑談風月的聚會場所，流風所及，江山樓的陪酒女侍或工作人員也都懂一點文藝，尤其是江山樓的大掌櫃郭秋生，長期流轉於文人墨客之間，久之自己也展開了寫作生涯，成為一個文字工作者，一九三〇年，臺灣文藝協會成立，郭秋生出錢又出力，親自擔任幹事長，陸續在各大報刊雜誌發表文章，鼓吹使用臺灣白話文。

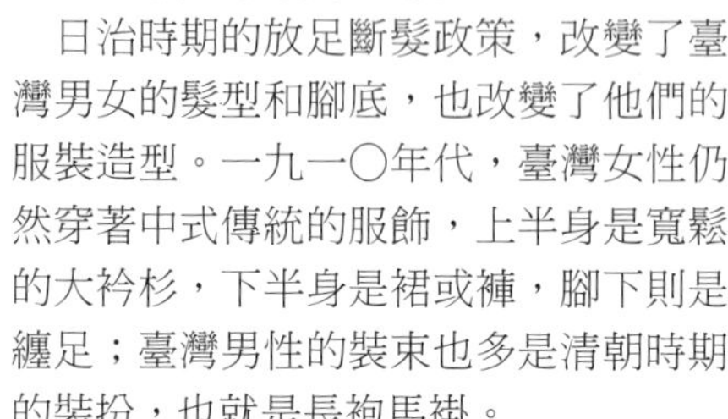

UNIT 8-10 流行時尚

(一)放足斷髮之後

日治時期的放足斷髮政策，改變了臺灣男女的髮型和腳底，也改變了他們的服裝造型。一九一〇年代，臺灣女性仍然穿著中式傳統的服飾，上半身是寬鬆的大衿衫，下半身是裙或褲，腳下則是纏足；臺灣男性的裝束也多是清朝時期的裝扮，也就是長袍馬褂。

至一九一五年，全臺灣開始展開放足斷髮運動之後，臺灣男女的造型有了改變，在過渡時期，由於有守舊人士只願意斷髮，不願意改變裝扮，因此仍然有男子穿著清代的裝束，或是頭帶西式帽、身穿臺灣衫、腳踩日本木屐，這種臺、西、日三者合璧的有趣裝扮。

到了一九二〇年代之後，由於受到西方思潮的影響，臺灣人逐漸能接受西方的裝束，越來越多人穿著整套的西式服裝，也出現了穿著日本和服的男女，一個家庭中，出現中式、西式與日式不同款式的衣服是常有的事情。一九三〇年代之後，隨著風俗民情的轉變，越來越多時髦的女性身穿洋裝、腳踩高跟鞋，在咖啡廳悠閒的喝咖啡或逛街，臺人已經能接受西式的服裝打扮。

(二)百貨公司

愛美的婆婆媽媽在百貨公司周年慶時，常為了限量商品殺紅了眼，這個現象在現今臺灣社會看來已經見怪不見，不過，你知道嗎？在日治時期，臺灣就已經出現了現代化的百貨公司。

一九三二年十一月二十八日，日本人重田榮治在臺北榮町，也就是今臺北市中正區衡陽路與博愛路口，開設了臺灣第一家百貨公司，將其取名為「菊元百貨店」。重田榮治早年曾於中國作戰，二十六歲時來臺創業，從事棉布批發生意，搶在日本老牌百貨公司三越和高島屋之前，在臺北開設了一間樓高六層，號稱全臺最高大樓的菊元百貨店。

在開幕這一天，重田老闆親自帶領來賓參觀，一到四樓是商品賣場，銷售來自日本最新流行商品衣服、化妝品、文具等，五樓是當時著名的菊元食堂，在這可以吃到各種西式料理，頂樓七樓還設有餘興場，提供展覽和演講。菊元百貨店最讓人津津樂道的，就是裝置了升降梯，跟現在一樣，電梯裡還有負責操作的電梯小姐，是當時臺灣少見的設置，吸引許多人前來參觀。

臺北菊元百貨店開幕兩天後，臺南的林百貨店也開幕了，林百貨店由於經營者姓林而得名。林百貨店不輸臺北的菊元，是一棟五層樓的建築，內部也有升降電梯，一樓至四樓為賣場，販賣菸酒、洋菓子、化妝品、食品和鞋子，跟現代的百貨公司沒有太大的差距，化妝品也是一樓門面和招攬生意的最佳利器，二樓賣童裝和雜貨，三樓賣布料和服飾，四樓陳列文具、玩具，五樓也是美食餐廳。菊元百貨店和林百貨店一南一北，成為臺灣現代百貨業的先驅，也是日治時期販賣流行時尚的場所。

小博士解說

毛斷女

解纏足後，帶動服裝和髮型的變化，產生「毛斷女」的說法，就是modern 的臺語音譯，意謂頭髮剪掉就是改變的開始。日治時期第一批接受西式教育的女性知識分子畫家陳進，有一幅畫作，畫中模特兒穿著旗袍、絲襪搭配高跟鞋、髮尾捲燙，是當時女性摩登的最佳形象。

放足斷髮後

衣著打扮的改變

- 1910年
  - 男：長袍馬褂
  - 女：中式傳統服飾
- 1910年
  - 男：長袍馬褂，卻頭戴西裝帽
  - 女：中式傳統服飾，但開始接受西式服裝
- 1920年：中西日三種打扮普遍受大眾接受
- 1930年：越來越多時髦的女性穿洋裝、高跟鞋；男士則多西裝打扮

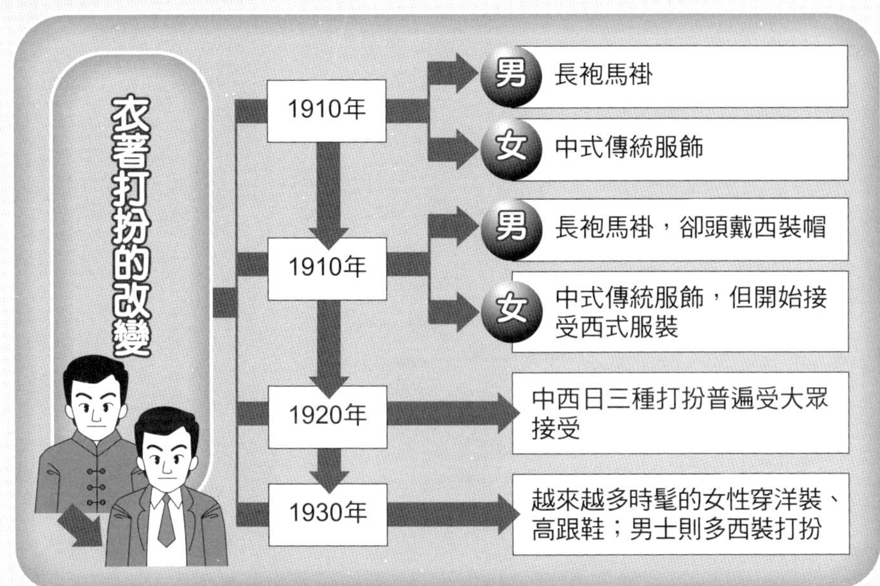

日治時期的百貨公司

百貨公司的出現

- 臺北：菊元百貨
  - 經營者：重田榮治
  - 設施：一至四樓商品賣場
五六樓菊元食堂
七樓餘興場
- 臺南：林百貨店
  - 經營者：林姓商人
  - 設施：一至四樓商品賣場
五樓美食餐廳

兩間百貨公司一南一北成為臺灣現代百貨公司的先驅

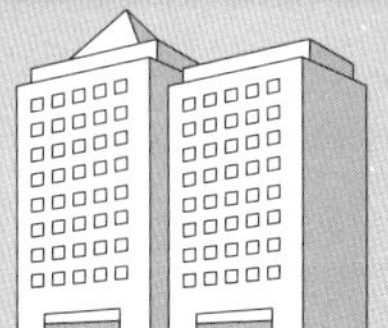

學習重點

1. 能了解日本對外侵略擴張的原因
2. 能了解戰爭時期臺灣所扮演的角色
3. 能了解戰爭時期日本在臺灣的人力和物力動員情形
4. 能了解戰爭時期日本在臺灣的戰爭宣傳
5. 能了解戰爭時期臺灣人的生活

導讀

一次世界大戰之後，日本陷入不景氣，為了解決國內經濟不振，日本軍部勢力抬頭，以對外侵略作為解決國內失業問題的方法，一九四一年，太平洋戰爭爆發之後，美國對日本採取包圍式的突擊戰爭，臺灣被當作攻擊目標之外，也要負擔人力、物力補給的要塞角色，日本政府開始在臺灣徵募軍伕，陸續實施陸軍與海軍的特別志願軍制度，且出現由臺灣原住民組成的高砂義勇隊，臺灣人受皇民化教育的影響，加入志願兵的募集，成為愛國精神的表現。在此同時，日人也實施皇民化運動，透過電影、奉公班等手法，實施精神改造策略，企圖讓臺灣成為徹徹底底的日本皇民，為日本的聖戰貢獻。

第參篇　日本統治下的臺灣

戰爭時期的臺灣

章節體系架構 

UNIT 9-1 邁向戰時體制

(一)經濟大蕭條

第一次世界大戰發生時，世界各國因戰爭而物資不足，日本對歐洲出口貿易有著驚人的成長，在這樣的環境下，一時之間稱為「大戰景氣」的好光景造訪日本，但是只靠歐洲物資不足所支撐的景氣並不長久，隨著歐洲經濟的復甦，日本一下子陷入不景氣中，面臨嚴重的經濟大蕭條。

一九二三年，日本發生東京大地震，造成東京周遭許多工廠倒塌燒毀，對產業造成嚴重的打擊。一九二七年，一部分的銀行經營惡化浮上檯面，存款者一窩蜂擁到銀行擠兌，使得三十二家銀行歇業倒閉。之後，美國紐約引發的經濟恐慌也波及到日本，日本被捲入前所未有的大蕭條風暴中，國民的生活受到嚴重的影響，讓日本原本惡化的經濟更是雪上加霜。

當時倒閉與裁員造成失業者充斥街頭，一九三一年時，失業人數甚至達到兩百萬人。日本政府雖然實施了一些措施，企圖遏止這波經濟危機，但是不僅不能解決問題，反而讓事情更加惡化，與財經界掛勾的問題使得政府受到責難，政府因此失去了人民的信任，國民之間產生了支持軍方以及國家主義的風潮，支持他們為了擴大權益而侵略滿州。

(二)日軍對外擴張

一九三一年九月十八日，駐守中國的日軍破壞瀋陽附近的南滿鐵路，卻誣賴是中國軍隊所為，隨即攻占瀋陽，爆發「九一八事變」；在東北扶植清朝的遜帝溥儀成立滿洲國。事變之後，中國向國際聯盟控訴日本的侵略行為，國際聯盟調查之後，認定滿洲國是日本蓄意扶植的組織，譴責日本的侵略行為，為此，日本正式退出國際聯盟，加上協調軍事武器失敗，在國際上陷入孤立。

一九三七年七月七日，駐守中國華北的日軍在北平附近宛平縣城外的盧溝橋演習時，以士兵失蹤為藉口進攻宛平，中國守軍奮勇抵抗，發生了「七七事變」。八月五日，日本宣布中日全面戰爭開始，但未正式宣戰，這一不宣而戰的戰爭，開啟了此後長達八年中國抗戰的序幕。日本不斷擴大戰爭，派遣大軍到中國戰線，攻陷南京、武漢與廣東各地，迫使國民政府遷都重慶繼續抗戰。

(三)國家總動員

九一八事變之後，日本進入所謂的戰時體制，為了讓日本人民全心投入戰爭，將小學改稱為國民學校，加強軍事訓練，灌輸軍國主義及國家主義思想，強制國民參拜神社。

為了戰爭的長期化，近衛內閣在各方面加強實施國家總動員體制，一九三七年九月，更發動國民精神總動員運動，加強國民的半強制性統治，擴充軍需工廠的生產力。一九三八年一月制訂「國家總動員法」，統治經濟與全體國民，藉以動員國內所有人力和物力資源。臺灣總督府也在五月宣布「國家總動員法」適用於殖民地臺灣，隨著戰事日漸緊迫，開始對許多物資進行管制，並且發動人民義務勞動，推行半強迫性的儲蓄等。

日本對外侵略的背景

日本對外侵略的背景

- 歐洲經濟復甦，日本陷入不景氣中，面臨嚴重的經濟大蕭條
- 一九二三年東京大地震對產業產生衝擊，銀行發生倒閉和擠兌
- 美國紐約的經濟恐慌波及到日本，一九三一年失業人數達到一千二百萬人
- 日本無力解決經濟問題，讓民間產生了支持軍方對外擴張和國家主義的風潮

日本向外擴張的步驟

日本向外擴張的步驟

- 一九三一年九月十八日，日軍破壞中國瀋陽的南滿鐵路，爆發九一八事變，隨即在東北扶植「滿洲國」政權
- 日本不理會國際聯盟的仲裁，宣布退出國聯，國際上陷入孤立
- 一九三七年七月七日，日軍藉口士兵失蹤，進攻北京宛平，爆發七七事變；八月五日宣布中日全面戰爭

→ 中日大戰正式爆發，日本進入戰時體制，臺灣也進入皇民化時期

★昭和恐慌

一次世界大戰結束之後，歐洲無法維持龐大的戰爭債務，只得將剩餘的產品轉向東方市場銷售，支持中國排斥日貨運動，使日本的經濟受到很大的影響。一九二三年，發生關東大地震，經濟遭受很大的打擊，銀行支票跳票，各地銀行發生破產。為解決關東大地震所引起的經濟恐慌，日本實施黃金自由出口的「金出口解禁政策」，結果，外匯繼續提高物價暴跌，幣值增高，失業人口劇增。一九二九年後半，紐約交易所出現股票價格暴跌，波及全世界，日本經濟遭遇到雙重打擊，陷入極端的恐慌狀態，由於發生在昭和年間，因此此波經濟大恐慌被稱為昭和恐慌。

UNIT 9-2 皇民化運動

(一)小林躋造上任

一九三六年九月二日，日本結束派遣文人總督到臺灣，改派海軍上將小林躋造就任第十七任臺灣總督，他上任後一年，日本發動對中國的戰爭，為了因應局勢，提出了「皇民化、工業化、南進基地化」的口號，與日本的政策相呼應，並提升臺灣的工業水準，積極展開皇民化運動，目的就是要把臺灣人訓練為天皇陛下的赤子，讓臺灣人心甘情願的為日本的戰爭奉獻。主要內容包括參拜神社、國語運動、改姓名運動、志願兵制度等。

(二)國語運動

總督府要求臺灣人講國語（日語），學生在學校裡被要求講國語，民眾在社會上獎勵說國語。一九三七年開始，對於二十四小時都用日語交談的知識家庭，則給予「國語家庭」的優待。成為國語家庭必須提出申請，經認可後，官方會在公開儀式中頒發刻有「國語家庭」字樣的牌子，懸掛在住家門口上，國語家庭不只被視為榮耀，也擁有許多優惠。國語家庭的小孩較有機會進入師資較好的學校念書、公家機關得以優先任用，食物配給較多。不過，雖然日本當局大力推行日語，但臺灣的母語並沒有因此而衰微。

(三)改姓名運動

改姓名運動就是將臺灣人原來的漢姓改為日本姓，因為改掉漢姓有數典忘祖的感覺，所以臺灣人並不熱中改姓名，不過，雖說改姓名無強制性，但對在公家機關工作的臺灣人來說，其實就是環境氣氛上的壓力。這時候，聰明的臺灣人有許多變通的方法，第一就是「拆字法」，把自己的姓拆一拆，姓黃的改姓為田中；姓陳的改姓為中里；姓張的改姓為弓長等，如此還是可以看出原本漢姓的蹤跡。這個取巧的方法被日本人發現了，總督府開始禁止使用拆字法，但是懂得變通的臺灣人又想出「郡望法」，也就是利用大陸原鄉的郡望來當作日本姓，陳在穎川，因此將日本姓取為穎川，李在隴西，鄭在滎陽等，希望用這種方法解除改姓名的後遺症。

(四)參拜神社

為使臺灣人能在短時間之內信奉神道教，廢除以道教為主的民間信仰，皇民化運動時期，臺灣各地陸續興建有三、四十座神社，希望臺灣人能去神社參拜。總督府還認為臺灣的寺廟太多，希望能夠兼併或裁撤，不過，並沒有造成太大的影響。

一九三六年，總督府還實施「正廳改善運動」，希望臺灣人在家庭正廳能夠供奉日本天照大神的「神符」，不要再奉祀媽祖、關公、土地公等臺灣傳統的神明。當時很多臺灣人家庭都收到「神宮大麻」，但是接受度不高，臺灣人還是習慣祭拜傳統的神明。而為了躲避查緝，很多臺灣人家庭通常在保正、警察挨家挨戶檢查前，先把家中原先祭拜的神請出來，在牆壁挖個洞請祂們躲一下，或是請祂們稍微委屈在家裡的米缸中暫時待著，待檢查完後再把祂們請出來供奉。總之，在皇民化時期，日人強力推動參拜神社，臺灣的民間信仰則被壓抑。

皇民化運動的政策

皇民化運動的措施

國語運動	改姓名運動	參拜神社
要求臺灣人講國語（日語）對於二十四小時都講國語的家庭，給予「國語家庭」的優待	鼓勵臺灣人將漢姓改為日本姓，讓臺灣人從文化變成日本人	鼓勵臺灣人參拜日本的神社，不要祭拜臺灣傳統的寺廟，還發起「正廳改善運動」，規定家裡的正廳要供奉天照大神的「神符」，不能再供奉媽祖、關公、土地公等臺灣人的神明

把臺灣人訓練成天皇陛下的赤子，心甘情願地為戰爭奉獻

★小林躋造

臺灣第十七任總督小林躋造，廣島縣人，畢業於海軍大學校。在海軍的積極運作下，一九三六年十月出任臺灣總督。小林躋造以「皇民化、工業化、南進基地化」三原則統治臺灣。擔任臺灣總督任內設立臺灣拓殖株式會社；協助日人在南支、南洋的拓殖事業；強力推動皇民化運動；禁止歌仔戲、布袋戲；強制參拜神社；實施管制米穀輸出等各種因應國家總動員的政策。一九四〇年十一月，轉任大政翼贊會中央協力會議議長、翼贊政治會總裁、國務大臣等職務。

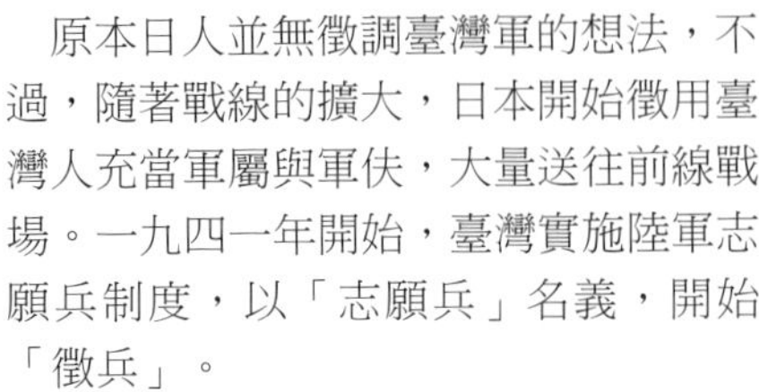

志願兵制度與高砂義勇隊

(一)戰爭的人力總動員

原本日人並無徵調臺灣軍的想法,不過,隨著戰線的擴大,日本開始徵用臺灣人充當軍屬與軍伕,大量送往前線戰場。一九四一年開始,臺灣實施陸軍志願兵制度,以「志願兵」名義,開始「徵兵」。

一九四三年,日本和占領地都受到盟軍猛烈的攻擊,臺灣總督府實施海軍特別志願兵,三千多名臺灣人被徵編成「海軍特別志願兵」,戰局更加惡化的一九四四年五月,約有八千多名臺灣人子弟投入海軍兵團。總督府積極地在臺灣備戰,全臺灣的壯丁都必須有基本的軍事訓練,終於在一九四五年一月實施徵兵制。

當太平洋的戰爭開始往菲律賓、馬來西亞方向前進時,日本軍面對南洋地方整片的熱帶雨林感到束手無策,長久以來定居在臺灣山岳地帶的原住民自然被派上用場,臺灣原住民眼力、腳力極好,夜間行軍對他們而言絕非難事,甚至經常可以用自己的母語與同屬南島語族的東南亞民族溝通,更重要的是他們相當驍勇善戰,所以日本動員高山族組成高砂義勇隊,戰爭期間,參加義勇隊的臺灣原住民有六千至八千人左右,其中有三千人左右戰死,義勇隊傷亡比例頗高,但戰後並沒有獲得任何賠償,也沒有人關心,直到一九七四年,原住民籍日本兵李光輝在印尼被發現後,才引發各界對臺籍日本兵的關注。

(二)望你早歸

「每日思念你一人,昧得通相見,親像鴛鴦水鴨不時相隨,無疑會來拆分離,牛郎織女伊兩人,每年有相會,怎樣你若一去全然無回,放捨阮孤單一回……」這是由那卡諾作詞,楊三郎譜曲的歌曲〈望你早歸〉。二次大戰結束之後,在中國和南洋打仗的日本兵被遣送回國,臺籍日本兵有的已經戰死,有的則流落他鄉不能回到臺灣。這首歌描述一名臺灣的婦女,在臺灣每天盼望著去南洋打仗的丈夫歸回,這種望穿秋水等待盼望的心情表露無遺,楊三郎充分表現柔腸寸斷的情感,牽動了許多人的心,也為那段悲傷的歷史留下見證。

(三)臺灣魯賓遜:李光輝

一九七五年一月,印尼軍方接獲村民通報在森林裡發現一個野人,於是組織成搜索隊,經過三十小時的長途跋涉之後,終於發現了一個離群索居的人:中村輝夫。他從一九四四年十一月間逃進摩祿泰島的叢林之後與世隔離,根本不知道二次大戰結束的消息,獨自一個人生活了三十年,直到一九七四年十二月,才被專機載送離開孤島,返回文明的社會。

原來,中村輝夫是臺東的原住民,中文名字叫作李光輝,原住民名字叫作史尼育晤,二十四歲那一年,被日軍徵調去當兵,僅經過短暫的訓練就被派往南洋戰場。李光輝逃入叢林與部隊失去聯繫,他選擇一處用水方便的山區,蓋了一間小竹屋,憑藉著野外求生的技術,過著自給自足的魯賓遜荒島生活,直到三十年之後才被發現。

從志願兵到徵兵制

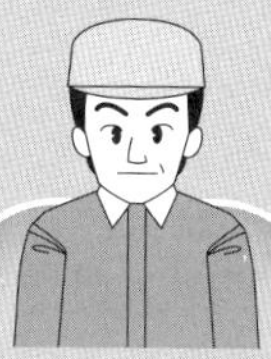

從志願兵到徵兵制

1937年

日人開始徵用軍伕來負擔軍中雜役，後也被徵召擔任翻譯人員

1942年

對臺灣實施「陸軍特別志願兵」制度，當時共有425,921個臺灣人應徵約1,000個志願兵位置

1943年

進一步實施「海軍特別志願兵」制度，共有316,097個臺灣人應徵3,000個訓練生徒的位置

1944年

八千多名臺灣子弟投入海軍兵團，總督府積極的在臺灣備戰

1945年

隨著戰事白熱化，對軍人的需求甚大，終於在臺灣實施全面的「徵兵制」

高砂義勇隊

高砂義勇隊

- 原因 → 原住民眼力好，腳力好，適合在南洋雨林區作戰，更可與同屬南島語族的東南亞民族溝通
- 結果 → 日人動員臺灣原住民組成高砂義勇隊，到菲律賓、馬來西亞等南洋熱帶雨林作戰，參加原住民約有六千至八千人

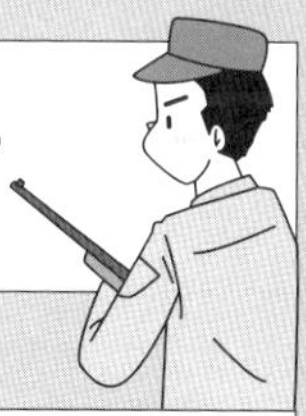

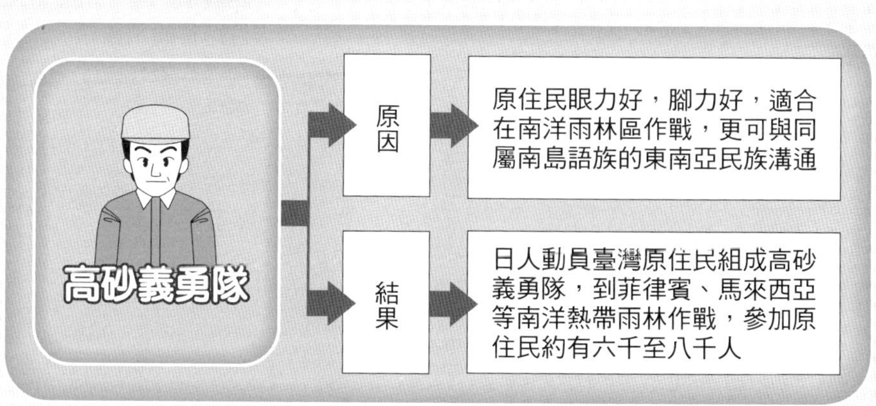

UNIT 9-4
戰爭時期的政治宣傳

皇民化時期，為了徹底灌輸臺灣人效忠天皇的精神，總督府「塑造」兩則故事，作為政治宣傳的手段，透過電影和教科書的力量對臺灣人傳送。最典型的是「沙鴦之鐘」和「皇族少年詹德坤」。

（一）沙鴦之鐘

一九三八年九月二十七日，臺北州蘇澳郡Liyohen社（今宜蘭南澳鄉金岳村）的原住民少女沙鴦，由於勞役輪替之故，代替她的老師，也就是派出所警員田北，的出征令協助搬運行李，途中經過南溪時，不慎從橋上墜落，從此行蹤不明；然而，三年後，一九四一年四月二十五日，報紙上竟然刊出沙鴦被總督長谷川清表揚的消息。報導上說，沙鴦為即將參與太平洋戰爭出征的恩師送行，卻不幸落河溺斃，為了表揚沙鴦為國捐軀的精神，臺灣總督府在沙鴦失足的河邊，立下一口鐘，鐘上刻有「愛國之女沙鴦」字樣，並在河邊立下紀念碑，將這名不幸喪生的少女作為共榮圈人民效忠日本、為國犧牲的樣板。

兩個月後，哥倫比亞公司灌製唱片「沙鴦之鐘」的歌曲，風行臺、日兩地；接著，日本畫家鹽月桃甫在東京舉辦的第二回聖戰美術展中，也以「沙鴦之鐘」為題材展出作品，臺灣人文學家吳漫沙也出版了相關的長篇漢文小說。一九四二年，為了配合戰爭動員的需要，臺灣總督府情報部、滿洲映畫協會及松竹電影公司共同合作攝製的電影《沙鴦之鐘》，這部電影集合當時一流編導、演員，並由日本首席紅星李香蘭主演。在一連串的創作和宣傳的氛圍下，沙鴦被塑造成愛國少女。臺灣義勇隊出發到東南亞作戰前，總督府還把他們帶到臺北集體觀看這部電影。

（二）皇國少年詹德坤

一九三五年四月二十一日，臺灣中部發生大地震，一學生詹德坤在家裡被崩落的土石擊中身體，頭部和腳部都受了重傷，根據當時教科書記載，當他在接受治療時，堅持不使用臺語，理由是「日本人都是使用國語（日語），且學校也有教，因此無論如何不自由，我還是要使用國語交談」。到了隔天凌晨，詹德坤被送到較遠的醫院接受治療，但是他好像有預感將不久於人世，於是告訴父親說：「父親，我好想再唱一次『君が代』！」也就是日本的國歌。

於是，在感傷的氣氛中，詹德坤靜靜的唱了起來，雖然越唱越小聲，但還是把整首歌唱完了，最後，在雙親和老師的不捨淚水中離開人世。據說詹德坤是一新竹州苗栗公館公學校三年級的學生，事件發生一年之後，在校長橋邊一好的提議下，於一九三六年四月二十三日，學校的校園裡放置了詹德坤等身大的銅像，無論老師或學生，每天進出校門前，都要先對銅像敬禮，每年德坤少年的忌日一到，學校也會舉行盛大的追悼會。

小博士解說

李香蘭

李香蘭本名大鷹淑子，滿洲映畫協會成立之後，進入滿洲國電影界，拍攝多部電影，作品大多以中國女子身分扮演崇尚日本皇軍的角色。一九四二年起，到上海發展，拍《萬世流芳》，並演唱主題曲及插曲，紅遍全中國，成為與周璇、白光、張露、吳鶯音齊名的上海灘「五大歌后」之一。

沙鴦之鐘

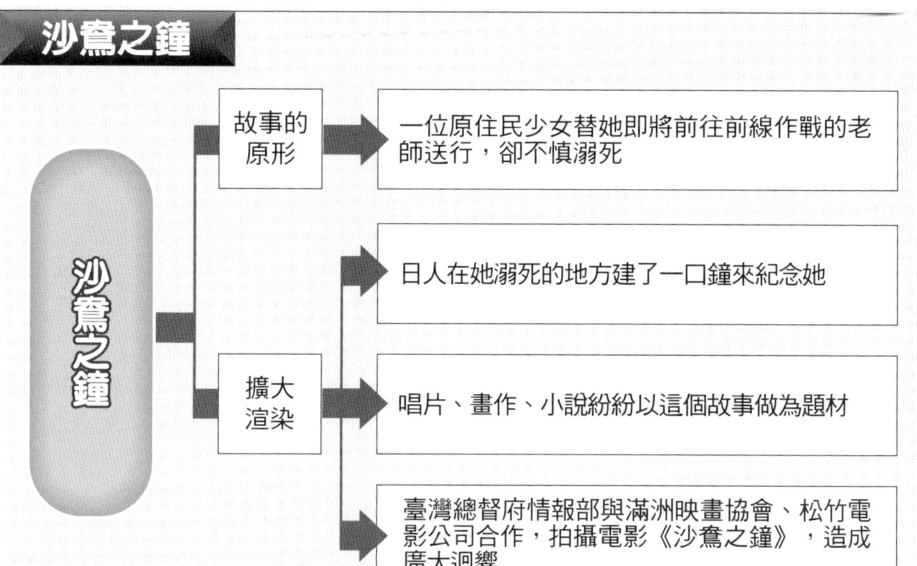

皇國少年詹德坤

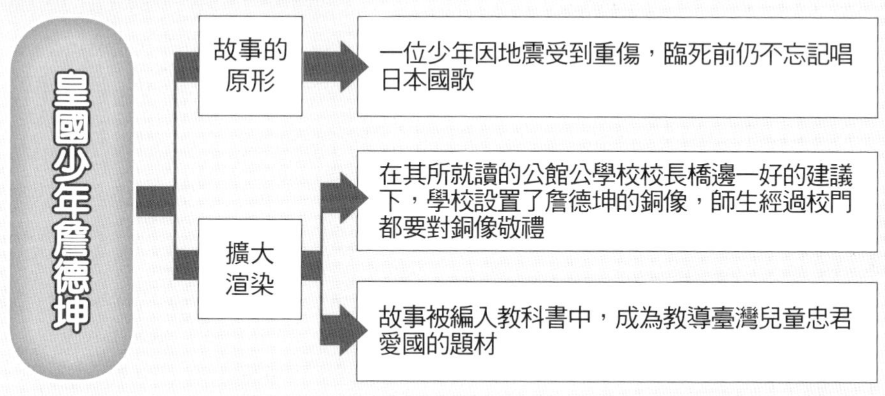

★「君が代少年」學校

詹德坤事件傳開來，有心人士募集不少資金，邀請臺南雕刻家淺岡重治為詹德坤鑄造銅像，一九三六年四月二十三日，詹德坤周年祭的時候，公館公學校盛大舉行「詹德坤少年頌德紀念像」揭幕式，銅像和詹德坤本人等比例，每天師生們上下學經過，都要脫帽站好，恭敬鞠躬後才可離開。公館公學校成為「君が代少年」學校，一躍成名，甚至校歌也改為由校長填詞的「吾等君が代少年」。詹德坤的故事廣為流傳，在日本，教師被要求必須教導學生詹德坤的故事，讓日本學童效法；在朝鮮半島、馬來西亞、新加坡等日本其他的殖民地，詹德坤則被稱是「完全皇民化的異民族前輩」，故事在數千萬不同種族的兒童口中流傳。在日本統治臺灣的歷史中，詹德坤成為流傳海外最廣的臺灣人名字。

UNIT 9-5

物資管控與疏開

（一）空襲臺灣

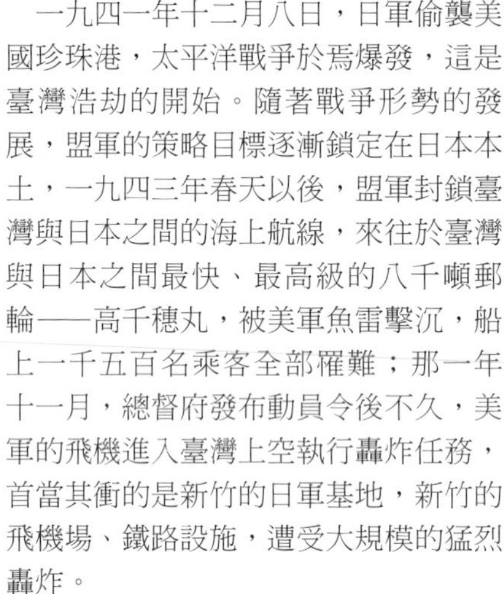

一九四一年十二月八日，日軍偷襲美國珍珠港，太平洋戰爭於焉爆發，這是臺灣浩劫的開始。隨著戰爭形勢的發展，盟軍的策略目標逐漸鎖定在日本本土，一九四三年春天以後，盟軍封鎖臺灣與日本之間的海上航線，來往於臺灣與日本之間最快、最高級的八千噸郵輪——高千穗丸，被美軍魚雷擊沉，船上一千五百名乘客全部罹難；那一年十一月，總督府發布動員令後不久，美軍的飛機進入臺灣上空執行轟炸任務，首當其衝的是新竹的日軍基地，新竹的飛機場、鐵路設施，遭受大規模的猛烈轟炸。

太平洋上的戰火，終於延燒到臺灣島上，美軍從東南亞北進反擊，作為日本補給站的臺灣成為美軍攻擊的目標。一九四四年十月，美軍機動部隊首次對沖繩大空襲，十月二日，美軍航空母艦的飛機於早上七點開始進入臺灣轟炸各大市鎮，以美軍為首的盟軍分五個梯次轟炸高雄、臺南、屏東、臺東、新竹等航空基地及港灣。一九四五年，是臺灣南北各大城市遭到盟軍轟炸最頻繁又最慘重的時刻，一月九日，盟軍大批出動，轟炸臺灣各地，臺灣海空發生全面決戰，臺灣各地的市區、機場、工廠等都遭到嚴重的破壞。

在盟軍的空襲下，臺人死傷慘重，每天都生活在這種全島性的空襲下，住在城市的居民為了閃躲空襲，紛紛「疏開」走避到鄉間，動不動就跑進防空洞，躲警報，死傷慘重，臺灣人不僅在戰爭的陰影中生活，精神上的苦悶更是令人難以言喻。

（二）物資控管的年代

米是當時臺灣人最重要的民生必需品，臺灣在日本的統治之下，農業改良成果豐碩，跨越熱帶與亞熱帶的臺灣，稻米三期作也屬可能，加上品種改良的成功，稻米生產的順利，將米銷售到日本，以補日農生產的不足，被稱為日本的「穀倉」。

隨著戰爭的擴大，食糧統治成為必要，一九四三年，臺灣總督府頒布「臺灣食糧管理令」，開始食糧統治與配給，臺灣人經驗了食糧的嚴格統治與不足。農民生產的米除了自己食用外，多出來的米一定要供出，但是每個人規定的食米量少，並不夠吃，「沒米了！」是當時的臺灣人最先感受到的危機。

臺灣人最初還會東藏西藏，不願意把米充公，有的人把米磨成粉，有的人把米做成糕，有的人把米蒸熟做成飯乾，有的人乾脆將米埋入地下。但是私藏米的罪名可不輕，當時警察和保甲人員組成一個嚴密的監視系統，成群結隊挨家挨戶的搜查，後來，臺灣人只能吃點豆子和可食的植物充饑。

到了戰爭末期，連蔬菜也不容易到手，池塘裡的魚一旦碰到日軍來，就會全數被捕撈，家家戶戶還得分攤交出各種物資，有時被逼急了，好不容易盼到種植的稻米低垂，就把還沒熟的稻子割下，先用開水煮過，再碾去糠皮，將得到的一點點米交差。

空襲臺灣

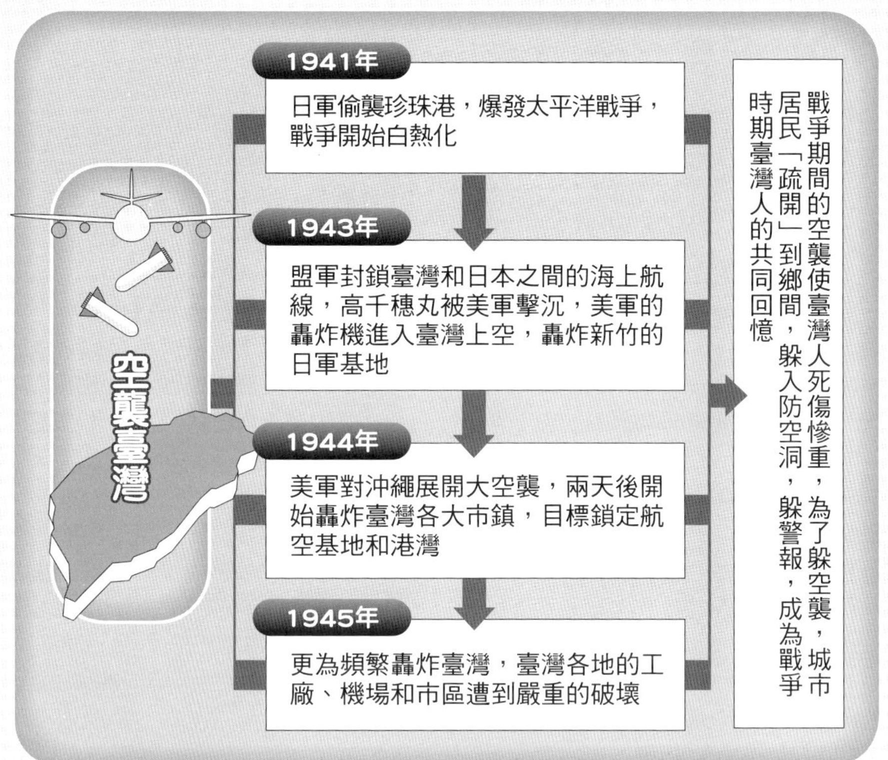

空襲臺灣
1941年
日軍偷襲珍珠港，爆發太平洋戰爭，戰爭開始白熱化
1943年
盟軍封鎖臺灣和日本之間的海上航線，高千穗丸被美軍擊沉，美軍的轟炸機進入臺灣上空，轟炸新竹的日軍基地
1944年
美軍對沖繩展開大空襲，兩天後開始轟炸臺灣各大市鎮，目標鎖定航空基地和港灣
1945年
更為頻繁轟炸臺灣，臺灣各地的工廠、機場和市區遭到嚴重的破壞
戰爭期間的空襲使臺灣人死傷慘重，為了躲空襲，城市居民「疏開」到鄉間，躲入防空洞，躲警報，成為戰爭時期臺灣人的共同回憶

物資控管

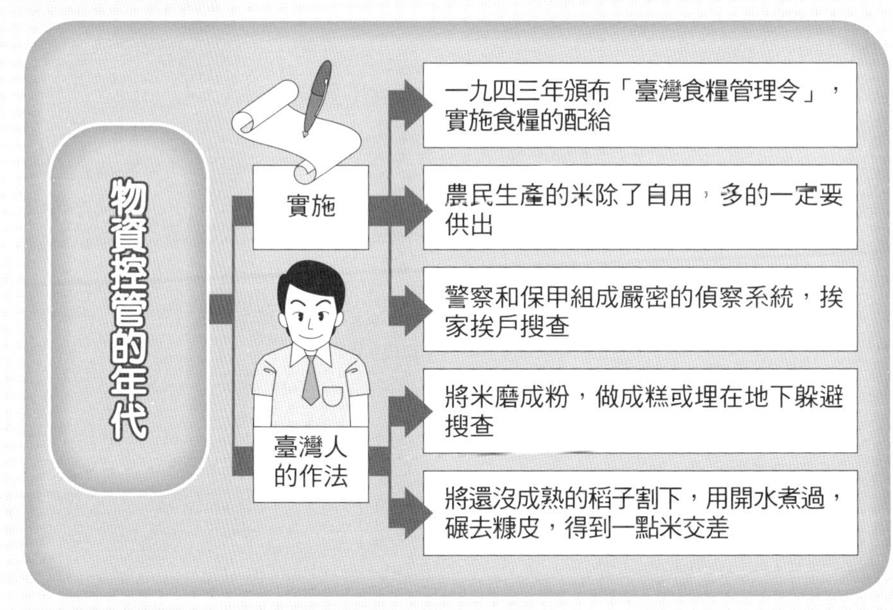

物資控管的年代
實施
一九四三年頒布「臺灣食糧管理令」，實施食糧的配給
農民生產的米除了自用，多的一定要供出
警察和保甲組成嚴密的偵察系統，挨家挨戶搜查
臺灣人的作法
將米磨成粉，做成糕或埋在地下躲避搜查
將還沒成熟的稻子割下，用開水煮過，碾去糠皮，得到一點米交差

UNIT 9-6
日本戰敗

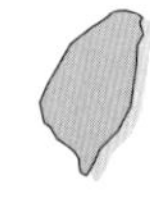

(一)戰敗的日本人

「六十多年前，臺灣光復，日本人撤離。一名日籍男老師隻身搭上了離開臺灣的船隻，也離開了他在臺灣的戀人：友子。無法當面說出對友子的感情，因此，他把懷念與愛戀化成字句，寫在一張張的信紙上。」二〇〇八年七月，電影《海角七號》大賣，不但讓臺灣的國片起死回生，也讓南臺灣恆春的風光明媚成為家喻戶曉的地方，雖然電影是虛構的，但是這樣曲終人散的場景卻的確在臺灣發生過。

一九四五年八月六日和九日，盟軍連續在日本廣島和長崎投下兩顆原子彈，這兩顆原子彈威力驚人，不但炸掉數以萬計日本人的生命，也炸掉日本軍國主義最後的反擊力量。同年的八月十五日，日本宣布無條件投降，二次世界大戰就此結束。

當時，日本統治臺灣已經五十年，許多日本人在臺灣生活許久，隨著日本戰敗，在臺灣約四十八萬八千多的日本人依規定必須返回日本。不過，戰後的日本社會混亂且缺糧嚴重，這些已經在臺灣生活數十年的日本人，早已習慣臺灣的一切，加上當時雖然日本戰敗，但他們卻幾乎沒有受到臺灣人的報復，因此，約有二十萬日人志願留在臺灣。然來臺灣接收的中國政府不准大量日本人留在臺灣，此外，臺灣社會也開始發生物價波動等混亂的現象，故中國政府希望在一九四六年三月前，能夠全部遣送日本人。

這些被遣送的日本人，每人只被准許攜帶現金一千圓，以及途中的食糧、旅行袋等生活必需品，其他的物品一律不准帶回國。他們汲汲營營一輩子，掙了幾十年才得到的財產，瞬間化為烏有。結果，被遣送回國的日本人，包括軍人共計四十六萬人，剩下二萬八千位技術人員及教員被國民黨政權當作「留用者」，留在臺灣。

(二)末代總督安藤利吉

日本投降隔天，臺灣軍司令部的參謀中宮悟郎、牧澤義夫等人，策劃臺灣獨立，擬定臺灣自治草案，總督安藤利吉告誡他們不能輕舉妄動說：「我了解你們的真情，但是體察現在的國際形勢，還是不要輕舉妄動，如果你們堅持要獨立，這是你們的自由，但是基於職責所在，我不會放縱這種運動。」

日本戰敗後，他代表駐臺日軍及臺灣總督府向盟軍投降，並且主持交接事項。安藤利吉是一位典型的軍人，當日本投降的時候，他堅定信念就是和平地交出政權，他與中國派來的行政長官陳儀密切配合，將臺灣各級政府完整移交，並且執行日本軍隊、人民的遣返工作。一九四六年四月十三日，安藤利吉達成這些任務之後，以戰犯的身分被逮捕，四月十九日被送往上海。他因無法忍受身為戰犯的屈辱，不久之後自盡。五月三十一日，日本政府以勅令廢止臺灣總督府，結束在臺灣五十年的統治。

小博士解說

密蘇里艦

密蘇里艦名字來自美國總統杜魯門的故鄉密蘇里州，於一九四四年開始服役即投入太平洋戰爭，參與沖繩島戰役，負責護衛航空母艦戰鬥群，並支援登陸作戰，日本投降之後，被指派駛進東京灣，成為進行受降儀式的地點，從此聲名大噪。

日軍撤離臺灣

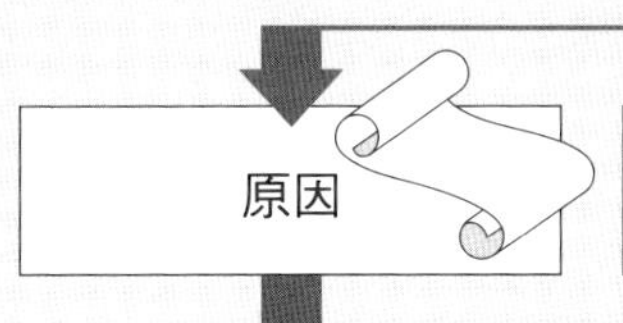 原因	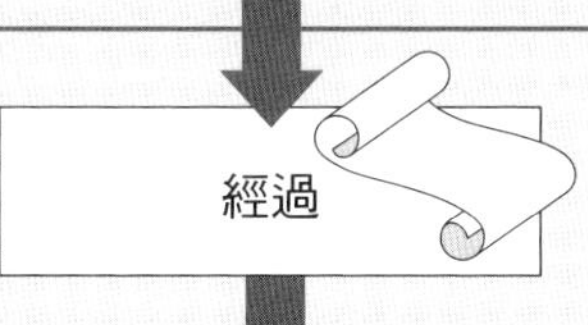 經過	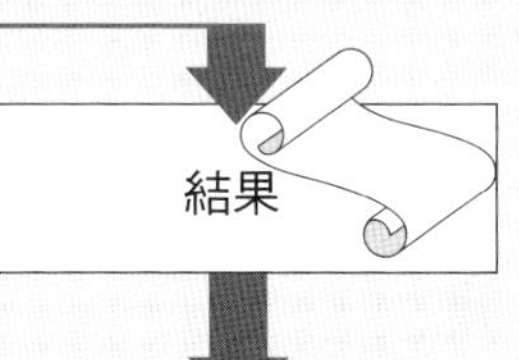 結果
一九四五年盟軍連續在日本廣島和長崎投下原子彈，造成日本本土嚴重的傷亡，日本帝國宣布無條件投降	中國政府派軍隊接收臺灣，大部分的日本人被遣送回日本	日本政權完全退出臺灣，一九四六年勅令廢除臺灣總督府，結束日本在臺灣五十年的統治

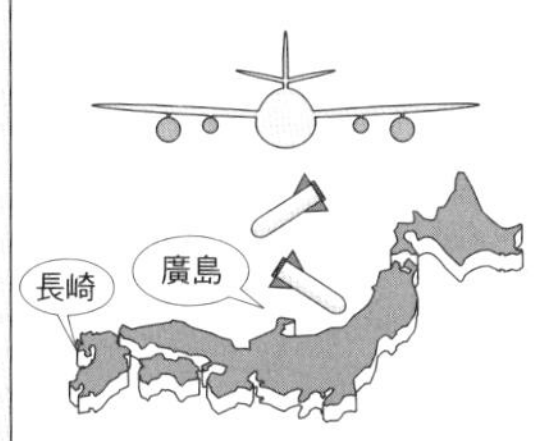

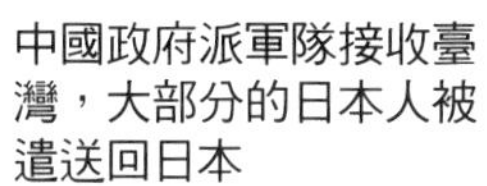

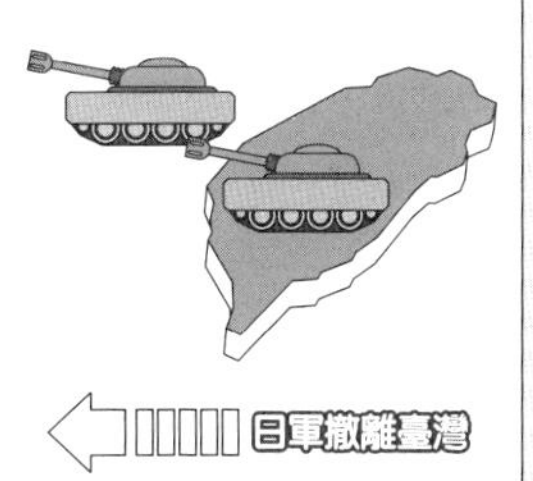

在臺灣的日本人

在臺日人的意向

戰後日本社會混亂，加上對臺灣已有感情，且幾乎未受到臺人報復，而想留在臺灣

中國政府的作法

希望在一九四六年六月前遣送完畢，只發給現金一千圓，和沿途所需的糧食

總計四十六萬名日本人被遣送回國，中國政府只留下二千八百人作為「留用者」

學習重點

1. 能了解二次世界大戰之後，臺灣統治者更替的原因
2. 能了解國民政府來臺之後的統治狀況
3. 能了解二二八事件和白色恐怖的原因和影響
4. 能了解臺灣民主運動發展的歷程
5. 能了解當代臺灣的國際外交困境

導讀

二次世界大戰結束之後，根據聯合國第一號命令，蔣中正代表盟軍接受日本投降，臺灣重新由中國政權統治，臺灣人也對「祖國」充滿期待。不過，臺灣長官公署卻將貪汙掠奪的惡習帶進臺灣，還阻擋臺灣人參與政治，臺灣人理想中的祖國與現實中的祖國有極大的落差，終於導致了二二八事件。事件之後，臺灣菁英階層消失，海外臺獨運動展開，白色恐怖接踵而來，一連串的抗爭事件，啟迪了臺灣人民的政治思維。八〇年代，過去沉默的弱勢族群逐漸走向街頭爭取權益，從反對黨組黨、解嚴、總統直選到政黨輪替，臺灣走向民主憲政。另一方面，一九七一年十月，聯合國通過由北京的中華人民共和國，取代國民黨政府在聯合國的中國席次代表權，一九七九年，美國與臺灣當局斷交後，美國國會通過了《臺灣關係法》，戰後臺灣在國際外交處於弱勢的狀態下，逐漸站穩步伐往前邁進。

第肆篇　當代的臺灣與世界

戰後的政治與外交

章節體系架構 

UNIT 10-1 國民政府接收臺灣

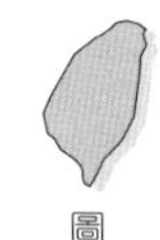

(一)回歸「祖國」

一九四五年八月六日和九日，盟軍兩顆原子彈分別落在日本廣島和長崎，造成慘重的死傷，八月十五日，日本宣布無條件投降。

一九四五年九月二日，停泊在東京灣的美國戰艦米蘇里號上，日本全權代表簽署了一份向聯合國投降的文書，同一天，聯合國軍總司令部發表指令第一號，指令在中國、臺灣以及法領北越的日本軍向中國的蔣介石投降，臺灣和北越因此成為中國軍隊的占領區。國民政府立刻頒布「臺灣省行政長官公署組織大綱」，設立「臺灣省行政長官公署」，任命陸軍上將陳儀擔任臺灣省行政長官兼臺灣警備總司令，葛敬恩擔任長官公署祕書長，並設立「前進指揮所」準備占領臺灣。

一九四五年十月二十四日，陳儀率領長官公署和警備總司令部的幹部，由上海搭乘美國軍機進入臺灣，二十五日上午十時，在臺北公會堂舉行「中國戰區臺灣地區受降式」，隨後，陳儀以無線電廣播向全臺灣人發表聲明，臺灣正式重新成為中國的領土，臺灣所有土地與居民置於中華民國的主權之下。受降式結束之後，當天下午又舉行慶祝「回歸祖國」的「慶祝臺灣光復大會」。於是，臺灣就這樣回歸「祖國」的懷抱，自那天開始，臺灣人的國籍變成為中華民國，稱為「本省人」，由中國來臺的中國人則稱為「外省人」。

(二)臺灣人的反應

八月十五日，當臺灣人從廣播中聽到天皇宣布日本投降的消息，一掃戰爭時躲防空洞的恐懼，多數的臺灣人都含淚歡呼，奔相走告，一面感謝神明保佑，一面祭告列祖列宗，對於即將成為世界四強之一的中國國民報以熱烈的期待，這種悲喜交織的情緒，早已是許多電影、連續劇的場景之一，例如侯孝賢導演的《悲情城市》、林正盛導演的《天馬茶房》等。當時，臺灣人不分老少開始學習國語，學唱國歌，有心人士譜成一首歡迎國民政府接收臺灣的〈歡迎歌〉，也迅速在各地傳唱開來。

十月十六日當天，臺灣人聽說第一批中華民國國軍即將抵達基隆港，熱情的民眾立刻爭先恐後地前往歡迎，熱烈的場合塞爆整個基隆港碼頭，但他們從早上等到晚上，等不到國軍的軍隊進港，熱情的臺灣人不死心，甚至還夜宿碼頭，就為了一睹國軍的風采。直到隔天，才見到國軍乘坐美國運輸艦陸續進港，臺灣人看到國軍終於進港，立刻熱情夾道歡呼。

對臺灣人來說，脫離日本政府的殖民統治，被中華民國政府統治是令人期待的，因為具有相同血緣的中國人，一定可以平等的對待他們，他們一定可以在各個方面大展身手。

小博士解說

國軍歡迎歌

國軍歡迎歌由陳保宗作詞，周慶淵譜曲，歌詞寫著：「臺灣今日慶升平，仰首清天白日清，六百萬民同快樂，壺漿簞食表歡迎，哈哈！到處歡迎，哈哈！到處歡迎，六百萬民同快樂，壺醬簞食表歡迎。」由歌詞中歡樂的喜慶氣氛，可知當時臺灣人是如何熱烈歡迎國軍接收臺灣的。

國民政府接收臺灣

接收臺灣的經過

1945年8月6日和9日
盟軍對廣島和長崎投下原子彈

1945年8月15日
日本宣布無條件投降，由聯合國軍隊占領

1945年9月2日
美國的密蘇里艦駛入東京灣，日本代表在艦上簽訂了向聯合國投降的文書；同一天，聯合國軍總司令部在中國、臺灣以及法領北越的日本軍向中國的蔣介石政府投降

1945年10月24日
陳儀率領行政長官公署和警備總司令部的幹部進入臺灣

1945年10月25日
國民政府在臺北公會堂舉行「中國戰區臺灣地區受降式」，隨後陳儀以無線廣播向全臺灣人宣布臺灣正式重新成為中國的領土

臺灣人的反應

歡迎國軍來臺的臺灣人

- 奔相走告，感謝神明保佑
- 自動學國語、國歌
- 譜成歡迎國軍來的〈歡迎歌〉，迅速在各地傳唱
- 前往基隆港歡迎即將抵達的國軍

→ 期待國民政府接收臺灣後能在各方面大顯身手

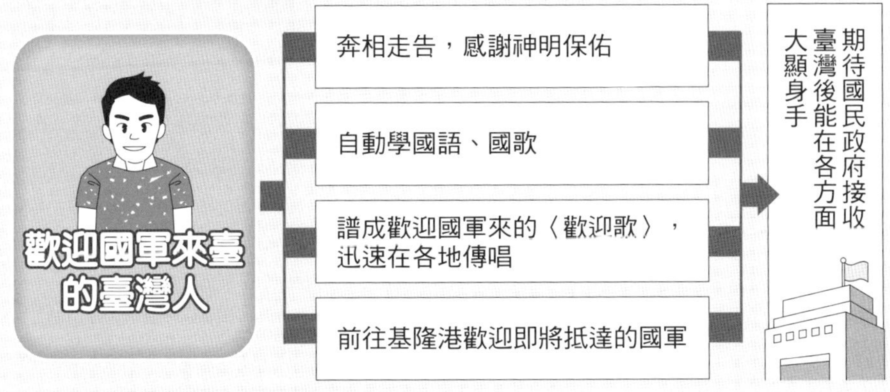

UNIT 10-2

來自中國的統治者

(一)新的「土皇帝」

國民政府到臺灣之後，首先設立政府機關，執行治理臺灣的各種事宜。依照「臺灣省行政長官公署組織大綱」，臺灣行政長官可在職權範圍內發出署令，持有在臺灣施行法規的制訂權，因此臺灣行政長官兼任警備總司令，等於擁有包括軍令與軍政的軍事權力，這不是跟日本統治時代的武官總督，集立法、行政、司法、軍事所有權力於一身的情形相同嗎？說戰後的臺灣省行政長官是新的「土皇帝」一點都不為過。

此外，日治時期的臺灣總督府評議會在戰後改為臺灣省參議會，地方州與市的協議會則改為縣與市的參議會，雖然改了名稱，但是跟從前一樣只是諮詢機構，而不是議決機構。而且，臺灣人雖然擔任公職的機會比以前增加許多，但是頂多只能做到科長，省公署的一級主管沒有一個是臺灣人，讓臺灣人感覺到外省人有意排斥臺灣人。這樣的政治體制跟日本時代的總督府沒什麼兩樣，許多滿懷期待的臺灣知識分子，看到這種體制都失望極了，戲稱它叫作「新總督府」。

(二)文化衝突

臺灣從十七世紀被荷蘭人殖民以來，便充分顯露出海洋文化的特性，與中國傳統的大陸性格大不相同；清末劉銘傳主政下的自強建設，又使臺灣比中國其他地區進步；隨後，歷經日本五十年統治，臺灣與中國已經產生不小的落差。

戰後中國的官員初次到臺灣來時，剛開始受到臺灣人熱情的歡迎，但是雙方在相處過後，彼此間產生了不適應感。特別是臺灣在歷經日本統治之後，充滿濃厚的東洋氣息，走在街上，到處充斥著「町」、「丁目」、「番地」等日式用語；商店老闆禮貌送客時，冒出來的是日語的「ありがとう」(謝謝)；臺灣人寫的公文書中，經常出現日式用詞。這看在剛打完八年抗戰，受盡日本人欺凌的中國人眼裡，非常的刺眼和不自在，許多中國官員批評臺灣人受了日本的「奴化」，但對於這樣的指責，臺灣人自然不能心服。

一九四六年底，新竹市政府下令嚴禁市民使用日式兩齒木屐，還派員警到各製造廠禁止製造，此舉引起臺灣人的不滿。臺灣人也無法接受中國教員遲到、曠課、早退，民眾在公共場合不遵守秩序、沒有公德心等行為。在比較過日本人和中國人之後，有些臺灣人開始懷念過去被日本人統治的時代，中國官員看到臺灣人開始懷念日本時代，開口閉口又是日語、日本歌，於是又痛斥「奴化」，臺灣人被批評後更加不悅，形成一惡性循環。

小博士解說

臺灣省行政長官公署

日本宣布投降不久，蔣中正即任命陳儀為「臺灣省行政長官」，宣布成立「臺灣行政長官公署」，九月二十日發布〈臺灣省行政長官公署組織條例〉。十月二十五日上午十點，中國戰區臺灣省受降典禮於臺北公會堂舉行之後，同一天，臺灣省行政長官公署即正式運作，取代臺灣總督府成為最高行政機關。一九四六年，二二八事件爆發，由於臺灣人對陳儀以及行政長官公署強烈不滿，因此四月，國民政府即廢除臺灣省行政長官公署，改為臺灣省政府。

新的土皇帝

新的土皇帝

- 在臺灣設行政長官公署 → 類似臺灣總督府
- 行政長官兼警備總司令 → 類似武官總督
- 臺灣省參議會只是諮詢機關 → 與臺灣總督府評議會無異
- 臺灣人只能做到科長，無法做到一級主管 → 與日人對臺灣人的差別待遇相同

→ 各項措施與前朝無異，被臺灣知識分子視為「新總督府」

文化衝突

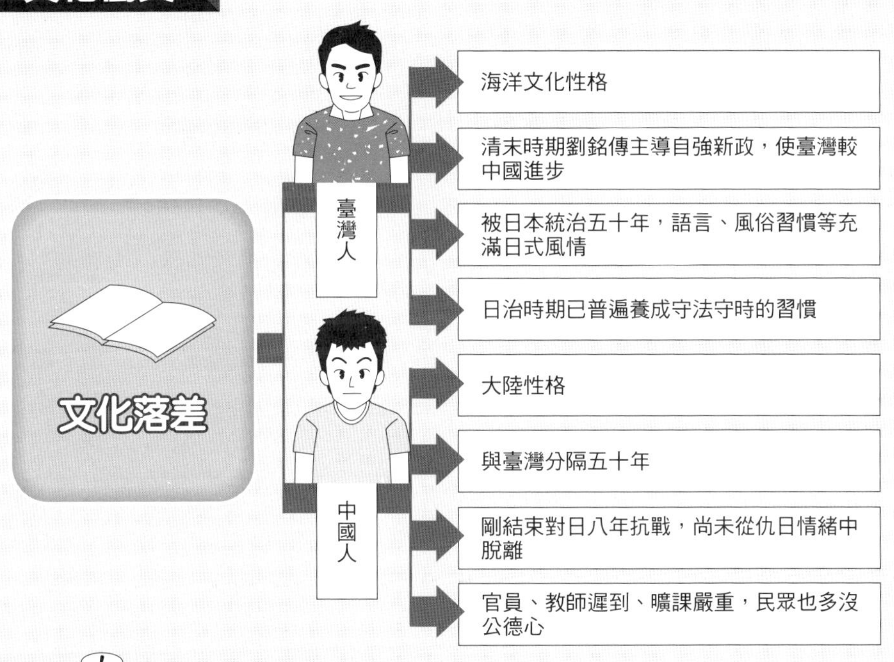

知識補充站 ★林茂生

林茂生出生於臺南，求學時就讀基督長老教會中學，成績優異，獲得保送赴日讀書，順利考上東京帝國大學，一九二七年，又公費赴美國哥倫比亞大學，投入教育哲學泰斗杜威與門羅兩教授門下，取得哲學博士學位，是臺灣人獲得哲學博士的第一人。二二八事件時，林茂生在事件處理委員會發表了簡短的意見，沒想到不久即被人從家中帶走，從此一去不返，無人知其下落。

UNIT 10-3 二二八事件

(一)經濟崩潰與混亂的社會

國民政府接收臺灣之後，因為中國物資缺乏與通貨膨張，帶動輸往臺灣製品的價格連帶提升，無可奈何地只得抬高臺灣的物價。經濟狀況的惡化，加上因失業者急增引起的社會混亂越來越嚴重，結果有三十萬以上的臺灣人失業，流落街頭。

再加上臺灣人被日本統治五十年，養成奉公守法的精神，但畢竟只是日本的二等國民，因此剛回到祖國懷抱時，對祖國的期望可說相當高，但中國派來接收的國軍軍紀敗壞，不但偷竊，還會調戲婦女，讓臺灣的治安急速惡化，臺灣人把國軍和日本軍隊兩相比較，心裡難免打了個問號，對新來的統治者開始感到失望，甚至還感歎地說：「走了狗，來了豬。」意思是說，日本人雖然會吵、會叫，但當作看家狗還有點用處；中國人貪吃懶做，一點用處也沒有。雖然臺灣的知識分子也曾向長官公署提出種種改善要求，無奈長官公署對這些不滿聲音視若無睹。

(二)緝菸事件

一九四七年二月二十七日，臺北市大稻埕發生一件因取締販賣走私菸而引發的糾紛。取締人員不但把寡婦林江邁販賣的私菸沒收，連身上的金錢也毫不客氣的拿走。林江邁雖然跪在地下，苦苦哀求緝菸人員歸還現金，頭部卻還是被槍把打傷，流血倒地。旁觀的群眾憤怒地看不下去，一起攻擊取締人員，取締人員一面逃一面開槍，流彈打中一位旁觀的市民，當場死亡。

群眾們受到刺激，立即包圍警察局與憲兵隊，要求交出躲在裡面的取締人員。過了一夜，群眾集合在長官公署前的廣場示威抗議，同時要求進行政治改革。長官公署屋頂上的憲兵見狀，居然以機關槍掃射群眾，造成死傷數十人的慘劇。臺北市的商店紛紛關門停止營業、工廠停工、學生罷課，一萬餘名市民加入抗議的行列。三月一日，事件已經波及全臺灣各地，激憤的臺灣人攻擊政府官舍及警察局，發洩對國民政府的不滿情緒。軍隊、憲兵隊與警察雖然開槍鎮壓，卻未能收拾事態，反而越來越惡化。

(三)虐殺與肅清

三月一日，臺北市推派民意代表組成「緝菸血案調查委員會」，並派代表前去見行政長官陳儀，要求設置「二二八事件處理委員會」。沒料到，陳儀一方面假裝妥協，接受臺灣人的要求，另一方面卻暗中向國民黨中央要求，派遣增援部隊來臺灣。

一九四七年三月八日，中國來的憲兵與陸軍由基隆港和高雄港登陸之後，見到臺灣人立刻毫不留情的開槍，這些部隊是美援裝備的現代化部隊，沒有武器的臺灣人根本無法抵抗。 對臺灣人無分別的殺戮由基隆和高雄開始，擴散到臺北、屏東，再到東部，終於遍及臺灣全土，毫無招架能力的臺灣人終於完全被鎮壓。警備總司令部又以戶籍調查為藉口，全面地進行搜查，逮捕可疑的對象。「肅奸」的對象多數是被視為危險人物的民意代表、教授、律師、醫生、作家、教員等。臺灣人知識分子包括大學教授林茂生、律師湯德章、醫師張七郎父子、畫家陳澄波等人，也於此時慘遭殺害。

二二八事件的發生

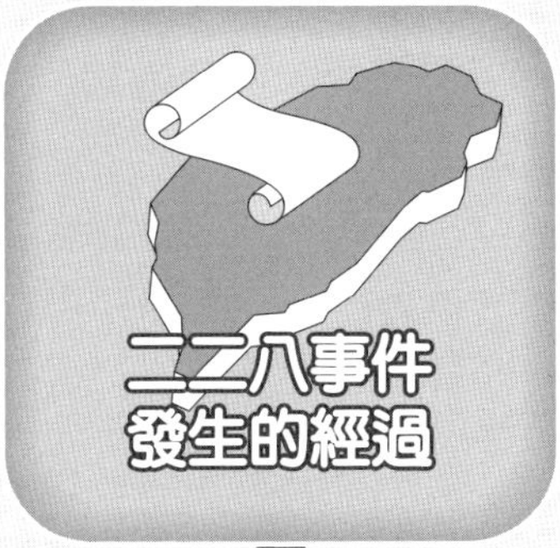

二二八事件發生的經過

背景

- 中國的經濟混亂影響了臺灣，臺灣的失業者流落街頭
- 中國軍隊軍紀敗壞和日本人相差甚遠，引起臺灣百姓反感
- 中國政府並沒有正視臺灣知識分子要求改革的聲浪

導火線

一九四七年二月，大稻埕發生一件因取締私菸而誤殺臺灣人的事件，引起圍觀的民眾不平，一起攻擊取締人員，並包圍行政長官公署抗議

事件的發生

憲兵以機關槍掃射群眾，而中國的軍隊登陸臺灣之後，又對臺灣人進行無差別的大屠殺，許多臺灣人的知識分子在這次的事件中殉難

↓

造成許多臺灣人無辜死亡，死亡人數至今仍無法清楚統計，成為省籍情結的主要原因

★二二八事件處理及補償條例

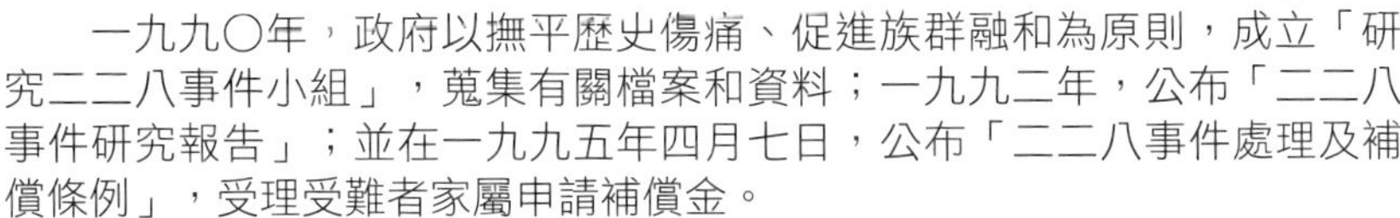

一九九〇年，政府以撫平歷史傷痛、促進族群融和為原則，成立「研究二二八事件小組」，蒐集有關檔案和資料；一九九二年，公布「二二八事件研究報告」；並在一九九五年四月七日，公布「二二八事件處理及補償條例」，受理受難者家屬申請補償金。

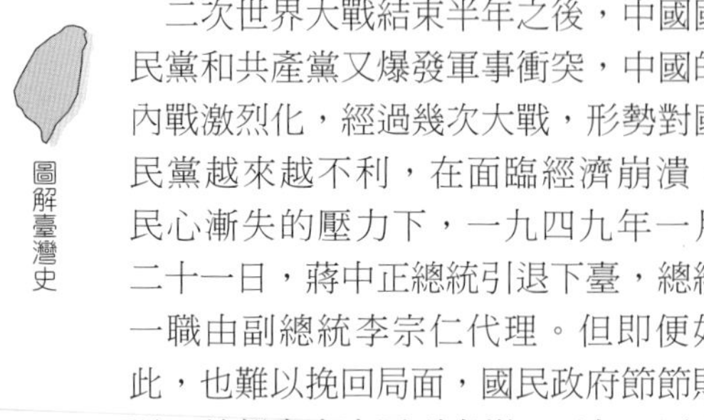

UNIT 10-4 國民政府遷臺

(一)國民政府來臺

二次世界大戰結束半年之後，中國國民黨和共產黨又爆發軍事衝突，中國的內戰激烈化，經過幾次大戰，形勢對國民黨越來越不利，在面臨經濟崩潰，民心漸失的壓力下，一九四九年一月二十一日，蔣中正總統引退下臺，總統一職由副總統李宗仁代理。但即便如此，也難以挽回局面，國民政府節節敗退，首都由南京遷到廣州，不久又遷到重慶。十月一日，中國共產黨宣布建立中華人民共和國，代總統李宗仁逃至美國，國民政府則發表遷移臺灣的聲明。

其實，早在中華人民共和國開國之前，蔣中正就已部署，由他的長男蔣經國就任中國國民黨臺灣省委員會主任委員，而次男蔣緯國所率領的陸軍精銳部隊裝甲師也移師至臺灣。六月二十四日，蔣中正抵達臺北，在陽明山開設中國國民黨總裁辦公廳，以國民黨總裁的身分，指揮華南一帶的國民黨繼續對中共作戰，當中共宣布建立政權之後，蔣中正於隔年三月一日復職，繼續擔任中華民國總統。國民政府遷移到臺灣之後，拒絕承認中華人民共和國，堅持中華民國才是唯一的中國。

(二)蜂擁而至的人口

國民政府播遷臺灣，對臺灣造成空前的影響，重要性不亞於當年鄭成功進入臺灣。隨著國民政府來到臺灣，大批軍民也隨之而來，二次世界戰爭剛結束的時候，臺灣的人口僅有六百多萬人，但是從一九四六年到一九五二年，臺灣總共增加了約兩百萬的人口；僅僅一九四九年到一九五〇年的大逃亡，就有約一百萬的軍民湧進臺灣。一時之間，人口大量增加，帶給臺灣社會龐大的壓力。

人口大量增加的一九四八年到一九四九年，也是臺灣社會通貨膨脹最嚴重的時候。一九四九年六月，臺灣的物價指數已經是戰爭結束時的七千多倍，臺灣的經濟幾乎失序，也因為如此，國民政府不得不在臺灣實施「四萬元舊臺幣兌換一元新臺幣」的金融改革政策。

(三)竹籬笆內的春天

二〇〇九年，中視八點檔連續劇《光陰的故事》熱播，締造了收視佳績，劇中以臺灣早期獨特的眷村作為故事背景，使得在都市更新之後，幾乎被遺忘的眷村文化再度回到世人的記憶中。

眷村文化的出現，與國民政府來臺有密切的關聯。這群來自中國大江南北的軍民，隨著國民黨政府抵臺，住進政府為他們規劃的集合式住宅，這就是眷村。軍、公、教、中央民代等按照職等不同，根據抽籤安排，住進各種坪數和等級不同的無產權宿舍，這些宿舍散布座落在臺灣各個角落。低矮的小平房並列成一排，圍繞著紅色磚牆，狹窄的巷弄，牆上爬著藤蔓，外面則圍著竹籬笆，這就是眷村典型的意象。

竹籬笆內的居民因為語言、生活習慣及風俗，和臺灣文化不甚相同，為了自我保護，產生出一種較為團結的性格，籬笆內和籬笆外儼然形成兩個不同的世界。時至今日，由於都市更新的關係，許多老舊眷村早已被拆遷，被新穎的高樓大廈取代。

國民政府遷臺的背景

二次世界大戰之後，國民黨和共產黨的軍事衝突再起，而且形勢對國民黨不利

一九四九年一月，蔣中正總統引退下臺，由副總統李宗仁代理總統職

國民政府遷臺的過程

一九五〇年蔣中正復職，繼續擔任總統

一九四九年十月，共產黨宣布建立中華人民共和國；國民黨發表在臺灣建立政權的聲明

一九四九年六月，蔣中正到臺北，在陽明山開設國民黨總裁辦公室，以國民黨總裁身分，指揮華南的剿共作戰

蔣經國就任國民黨臺灣省委員會主任委員；蔣緯國率領的陸軍精銳部隊也移至臺灣

隨著國民政府到臺灣，大批軍民隨之而來，共約增加二百萬人，改變了臺灣的社會文化結構，產生了眷村文化

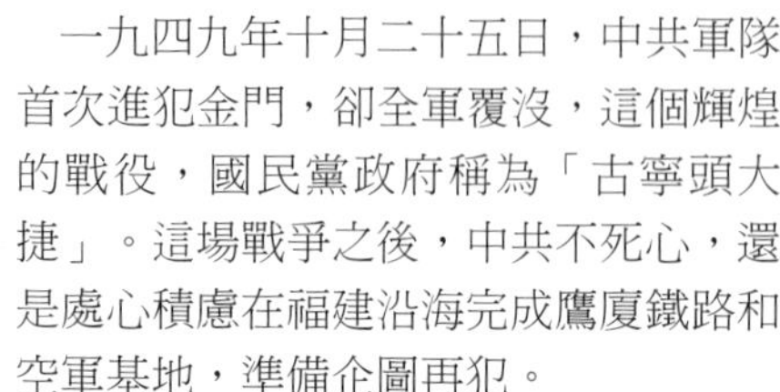

UNIT 10-5 八二三砲戰

(一)國、共、美的糾結

一九四九年十月二十五日，中共軍隊首次進犯金門，卻全軍覆沒，這個輝煌的戰役，國民黨政府稱為「古寧頭大捷」。這場戰爭之後，中共不死心，還是處心積慮在福建沿海完成鷹廈鐵路和空軍基地，準備企圖再犯。

一九五〇年六月二十五日韓戰爆發，兩天之後，美國總統杜魯門發表了「臺灣地位未定論」的談話，為了避免戰局複雜化，下令第七艦隊巡邏臺海。一九五四年十二月二日，美國國務卿杜勒斯與中華民國外交部長葉公超在華盛頓簽訂《中美共同防禦條約》，一個月之後，中共發動軍事行動，攻占大陸沿海仍有國民政府軍隊的江山島。江山島守軍全軍覆沒，附近的大陳島也受到威脅，在美國第七艦隊的協助下，大陳島駐軍撤至金門、馬祖，島上民眾一萬四千人全部來臺。一九五五年二月二十五日，國民政府軍隊又從舟山群島撤軍，只剩金門、馬祖，雖然美國希望國民政府從兩地撤軍，但蔣中正沒有接受，擁有重兵的金門、馬祖，成為國、共、美三角關係的著力點。

(二)戰爭爆發

如果到金門旅遊，除了買貢糖作為伴手禮，金門特產的菜刀也是遊客的最愛，為什麼金門特產菜刀呢？因為金門有許多彈殼，堅硬的彈殼正是製作菜刀最好的材料，而這些彈殼的由來跟八二三砲戰不無關係。

一九五八年八月，毛澤東在中國發動「全黨、全民為生產一千零七十萬噸鋼而奮鬥」的活動，家中能夠找到的鐵器全都要拿來煉鋼，八月二十三日，中共突然對金門發動猛烈攻擊，數百門大砲於當天下午五點五十分同時向大小金門、大膽、小膽等島嶼，發動密集性的砲擊，短短八十五分鐘之內，共射出了三萬多發砲彈，砲戰持續四十四天，在這四十四天之間，一百四十多平方公里的金門遭砲擊四十四萬多發。

中共本來想以強大的火力封鎖金門海、空的補給，迫使國民政府放棄金門，不過這時候，國民政府和美國已經簽訂《中美共同防禦條約》。在美國堅強的支持和援助下，中共見到砲擊無效，只得自己找臺階下，十月六日向國民政府提議「停止射擊兩週」，還宣稱願意單獨與國民政府和談，但是卻又在十月十日，於馬祖上空發動空戰，十月二十五日，中共廣播說「每逢雙日不打機場和碼頭」，火力已經大為減弱；到了十月三十日，更廣播「逢雙日停火」，一直持續到一九五九年一月七日，國民政府主動攻擊，發射砲彈一萬八百多發，中共的砲火逐漸沉寂，最後全面停火。

八二三砲戰爆發之後，美國總統艾森豪下令調派地中海第六艦隊一半的艦隻，到臺灣海峽與第七艦隊會合，並提供物資和武器的資助，以及補給線的護航。美國提供的武器讓國民政府的軍隊發揮相當的作用，尤其是當時的響尾蛇飛彈，讓國民政府空軍頗有戰績。

八二三砲戰的背景

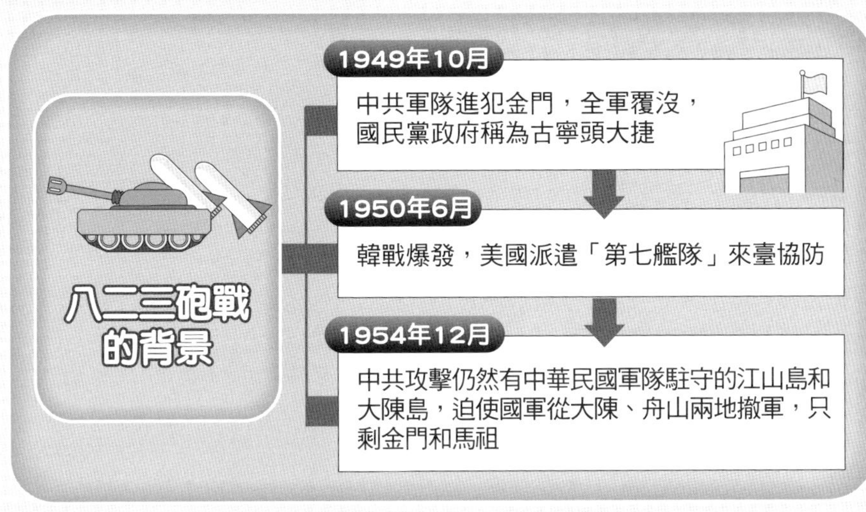

八二三砲戰的經過

砲戰的經過

1958年8月23日
中共向大小金門、大膽和小膽等島嶼發動密集性的砲擊，八十五分鐘內射出了三萬多發砲彈

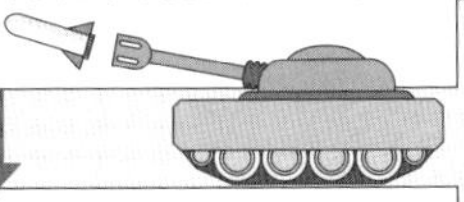

1958年10月6日
中共向國民黨提議「停止射擊兩週」

1958年10月10日
馬祖上空發生空戰

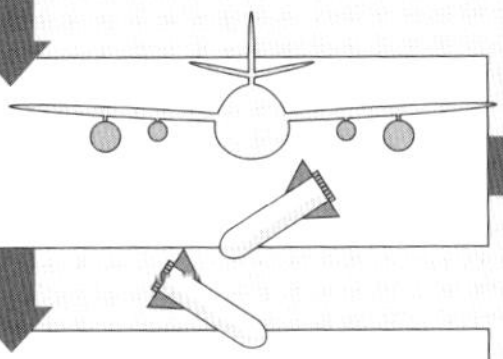

1958年10月25日
中共廣播說「每逢雙日不打機場和碼頭」

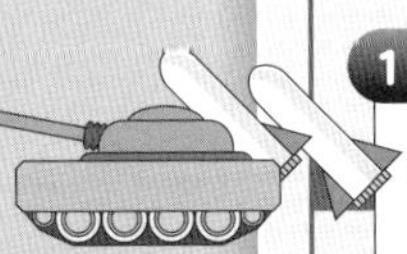

1958年10月30日
進一步廣播「逢雙日停火」

1959年1月7日
國軍主動攻擊，射擊砲彈一萬八千多發，中共的炮火逐漸沉寂，最後全面停火

結果
美國總統艾森豪下令在地中海的第六艦隊調一半鑑隻到臺灣海峽與第七艦隊會合，並提供臺灣物資和武器，讓臺灣順利渡過危機

UNIT 10-6 戒嚴與白色恐怖

(一)戒嚴令和動員戡亂臨時條款

當國民政府在大陸因國共內戰打得焦頭爛額的時候，臺灣並沒有戰事和動亂，但是，隨著局勢越來越緊張，為了怕波及臺灣，一九四九年五月二十日，臺灣省政府主席陳誠宣布在臺灣實施戒嚴令，規定臺灣除了基隆、高雄、馬公三個港口之外，其餘各港口一律封鎖。

高雄和基隆兩個主要港口都市，每日上午一點到五點是宵禁時間，嚴禁眾人集會、罷工、罷課及遊行請願等活動，臺灣居民無論家居外出，皆須隨身攜帶身分證以備查驗，否則一律拘捕，還規定謠言惑眾、聚眾暴動、強劫財物、罷工罷市、鼓動學潮、破壞交通者，一律處以死刑。

戒嚴令頒布半年之後，國民政府就撤退來臺，由於當時海峽兩岸氣氛緊張，因此國民政府在臺灣持續實施戒嚴令。因為這個戒嚴令，導致憲法規定的基本自由人權，例如：集會、結社、言論、出版、講學等各項自由，都受到嚴格的限制。戒嚴令延續了三十八年之久，直到蔣經國時代才解嚴。

此外，一九四九年五月九日，國民政府還在南京的時候，就公布了「動員戡亂臨時條款」，當時距離行憲的日子不到五個月，就用這個條款凍結了憲法的部分條文，擴充了總統的權力。國民黨政府來臺之後，在動員戡亂的臨時體制下，不僅過去在大陸許多法律制度，一成不變的被搬到臺灣，許多冠上動員戡亂時期的惡法也紛紛出籠，成為整肅異己的工具。

(二)白色恐怖

「白色恐怖」這個詞彙源自於法國大革命，主要是指保守反動勢力對付革命分子所採用的種種恐怖手段，而在戰後時期的臺灣，《戒嚴法》頒布之後，特務工作加強，治安機關也集中全力防止中共的顛覆活動。

最嚴厲的白色恐怖發生在一九五〇年代，也就是在《戒嚴法》頒布的最初幾年，在維護國家安全的理由下，政府可以各種方式來防堵共產黨的滲透，各種情治特務系統也因此成立。另外，還有許多法令為特務系統的工作鋪路，例如：「檢肅匪諜條例」就規定，不但身為共產黨員有罪，和有共產黨員嫌疑者來往或是知匪不報者，都可能惹上殺身之禍。

而「懲治叛亂條例」則規定，民眾罷課、罷工或是聚眾遊行，甚至只是開統治者玩笑，都可能變成叛亂罪。雖然逮捕匪諜必須有證據或是依照法令行事，但是當時有些機關或是有些人常假借抓「匪諜」的藉口來對付反對者，此舉讓一般的臺灣百姓人心惶惶，終日陷入匪諜的恐怖陰影中。白色恐怖政治下，造成許多冤獄和假案的犧牲者，根據估計，整個戒嚴時期，臺灣共出現近三萬個政治獄，十四萬人牽涉在內，三至四千人被處決。

小博士解說

白色恐怖

一八七〇年普法戰爭爆發後，法蘭西第三共和宣布成立，對人民成立的巴黎公社發動攻擊，成員群起反抗。一名女工從自己身上撕下一塊紅布，作為公社標誌。從此，紅色代表進步、熱情。白色代表反動、保守，由其發動的一切恐怖鎮壓行動，就是「白色恐怖」。

戒嚴令和動員戡亂臨時條款

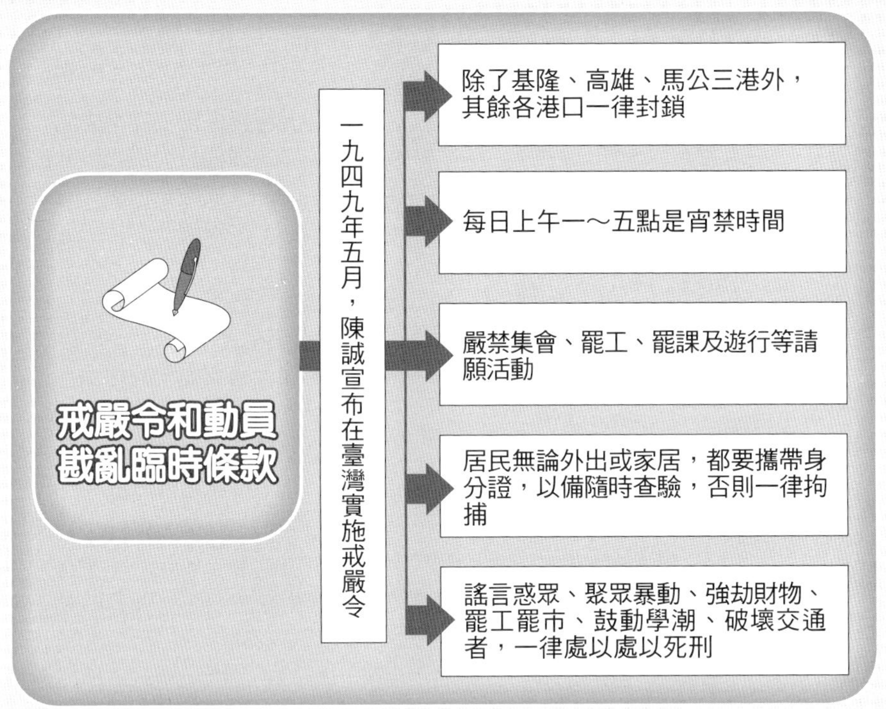

白色恐怖

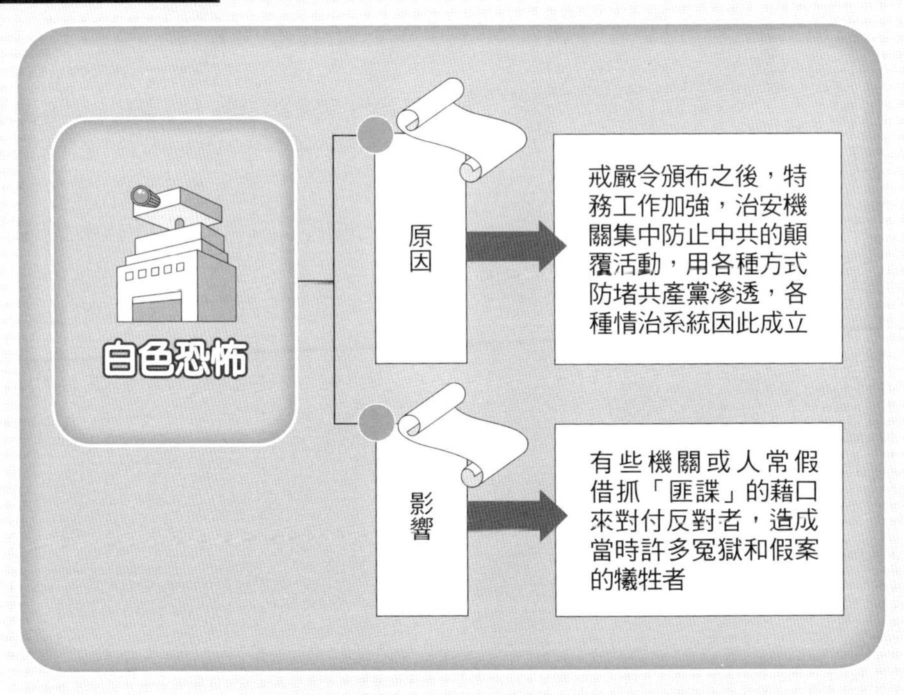

UNIT 10-7

樂信瓦旦：白色恐怖下消失的臺灣菁英

（一）總督府與部落的協調者

樂信瓦旦是泰雅族塞考列克族人，一八九九年八月十六日出生，他的祖先原本居住在今天南投仁愛鄉一帶，後來因為糧食不足而開始進行遷徙。直到樂信瓦旦的祖父這一代才開始定居在今天臺北三峽附近的山區。他的父親瓦旦燮促是大豹社的頭目，日治時期曾經率領族人對抗臺灣總督府的理蕃計畫，後來，在日人持續嚴酷的武力攻伐下，為保存族人的生命與種族的延續而歸順日本。

瓦旦燮促深感新政權文明之優勢，要求總督府讓他的兒子樂信瓦旦接受與日人子弟相同的教育。一九〇八年，樂信瓦旦入學「角板山蕃童教育所」；一九一〇年轉入「桃園尋常高等小學校」；一九一六年，進入臺灣總督府醫學校就讀，並於一九二一年三月畢業。畢業之後，一九二一年十月，樂信瓦旦回到部落，最初被派至大溪郡控溪（今新竹縣尖石鄉秀巒村）療養所任職，一九二三年，開始擔任公醫。

一九二〇年代初期，臺灣總督府在武力鎮壓泰雅族後，採取「撫育」的政策，以「教化、授產、醫療、交易」為手段，以漸進式的方法來提升泰雅族人的生活水準，樂信瓦旦既是泰雅族人，又受過日本教育，總是擔任日人和族人間的協調者。樂信瓦旦勸導族人繳交槍枝，不要與日人為敵，至一九二六年，繳交總數達一千餘枝；他也常促使泰雅族各部落和解，幫助改善族人的生活，為泰雅族人爭取到相當的權益。樂信瓦旦執行醫療，救人無數，備受族人愛戴，相對提升他在日本人心中的影響力，儼然是泰雅族的代表性人物。

（二）為原住民權益而奮戰

一九四五年，為了歡迎國民政府來臺，樂信瓦旦率先取漢文名字為林瑞昌，竭力配合國民黨的政策。當一九四七年二月「二二八事件」爆發，基於族群團結的立場，樂信瓦旦與各個原住民鄉的鄉長約定不輕舉妄動，並勸導族人不要貿然參與，原住民地區因而較為安定，也比較能保護外省籍。事件之後，樂信瓦旦還因為「穩定時局有功」獲得執政當局肯定表揚。

一九四八年七月，樂信瓦旦受聘擔任臺灣省政府諮議；一九四九年十二月，當選臺灣省參議員；一九五二年一月，當選臺灣省議員，在臺灣政壇上發光發熱。雖然在政壇上得意，不過，樂信瓦旦始終沒有忘記身為原住民的責任，一九四七年，他向國民政府遞交「大豹社復歸陳情書」，要求政府歸還原本就屬於原住民的土地；當選臺灣省參議員之後，在議會中更積極爭取「還我土地」的訴求，沒想到此舉卻為他帶來殺身之禍。

白色恐怖時期，樂信瓦旦也被押走，一九五四年四月十七日被槍決處死，罪名是「參加匪黨，陰謀顛覆政府」、「營私舞弊，侵吞農場公款」。這對將一生貢獻給原住民的樂信瓦旦來說，當然是不可承受之重，解嚴之後，樂信瓦旦的後代積極為他平反，終於在二〇〇四年，獲得總統陳水扁頒發回復名譽證書，也為他豎立銅像紀念，桃園縣復興鄉公所更在銅像旁闢建公園，追思樂信瓦旦一生為泰雅族人權益的努力。

樂信瓦旦的生平事蹟

樂信瓦旦的生平事蹟

1899年
八月出生的泰雅族塞考列克族人

1908年
入學「角板山蕃童教育所」

1910年
轉學「桃園尋常高等小學校」

1916年
進入臺灣總督府醫學校

1921年
畢業於總督府醫學校，回到原住民部落行醫

1923年
擔任公醫，並擔任日人和泰雅族人的協議者，解決糾紛

1945年
國民政府來臺之後，率先取漢名為林瑞昌，二二八事件時與原住民鄉長約定不可輕易妄動，事件後受到當局表揚

1947年
向國民政府遞交「大豹社復歸陳請書」，要求政府歸還原住民的土地

1948年
擔任省政府諮議之後，更致力於原住民運動，以及爭取原住民權益，為當局所忌

1954年
被控「參加匪黨，陰謀顛覆政府」等罪名而被捕，四月遭槍決

UNIT 10-8 《自由中國》與雷震案

(一)《自由中國》創刊

當國民黨政府在國共內戰中情勢逆轉，首都輾轉播遷各地，政權岌岌可危的時候，一部分國民黨人士和自由主義者，例如：雷震、胡適、王世杰、杭立武等人，有感於思想改革的重要性，認為如果要徹底建立反共信念，一定要有一個宣傳民主自由的言論機關，於是幾個志同道合的人倡議創辦《自由中國》雜誌。

這份宣揚反共的刊物，對中國的國際形象有改善的作用。籌備期間，雷震還曾經到浙江奉化拜會當時已經下野的蔣中正，獲得蔣中正首肯幫忙資助。他們本來打算在上海出刊，認為可以影響人心，不料形勢快速轉變，國民政府節節敗退之後播遷來臺，幾經波折之後，這份刊物直到一九四九年十一月二十日才在臺北發刊。

不過，隨著韓戰爆發、美國對中國採取圍堵政策、第七艦隊協防臺海、美援的恢復、《中美共同防禦條約》的簽訂等，種種有利於臺灣政權穩定的國際局勢出現，這份雜誌對國民黨政府而言，意義就顯得不這麼急切了。反而是，因應臺灣國內政治和經濟的變化，這份刊物的政論方向逐漸從原本對中共、蘇俄問題的批判，轉移到對臺灣內部問題的反省，不斷發表抨擊政府不當施政的投書，內容甚廣，從國民政府的金融管制、教育政策、蔣中正的治理政策、國民黨的黨紀、國防制度、美援的運用、國家與政黨的關係、新聞自由等問題，無所不包，每個論點在在都痛踩國民政府。

一九五九年，《自由中國》刊登了「反對修憲讓蔣中正連任總統」的文章，無法阻止一九六〇年三月，蔣中正在第三條臨時條款的護送下，突破憲法限制連任，當選第三任總統。

(二)雷震案

一九六〇年六月，以雷震為首的《自由中國》雜誌，部分自由主義知識分子以及從地方選舉中崛起的臺灣本地政治人物和社會菁英，兩派人馬醞釀組織一個新的政黨「中國民主黨」。然而，組織政黨在當時是不被允許的，新政黨籌組的風聲一出現，立刻遭到媒體無情的攻擊，《自由中國》雜誌社也不甘示弱，在雜誌中刊登組黨是任何洪流都無法阻擋的言論。未料，那一年九月四日，臺灣警備總部以涉嫌叛亂為由將雷震等人逮捕，雷震被國民黨冠上「知匪不報」和「為匪宣傳」的罪名，判處十年的有期徒刑。由於雷震案的發生，《自由中國》雜誌社也遭到查封，籌組中的「中國民主黨籌備委員會」也不得不終止。

其實，雷震畢業自京都帝國大學法學院，曾經擔任過中國國民參政會副祕書長、政治協商會祕書長，可說出身國民黨的權力圈，如果他能夠跟隨國民黨的既定政策，前途一定不可限量，不過，他卻為堅持理想而寧願得罪當權者。當他服刑十年期滿出獄時，正是臺灣外交挫敗的時候。一九七一年，中華民國退出聯合國，臺灣在國際外交上陷入困境，雷震還上了一封萬言書給總統蔣中正，希望能盡快宣布成立「中華臺灣民主國」，以求自保自全，這樣的建議當然不被蔣中正接受。雷震最後於一九七九年三月七日，病逝於臺北。

雷震生平的事蹟

雷震生平的事蹟

1897年6月

出生於浙江省湖州

1917年

加入中華革命黨

1926年

京都帝國大學畢業後回到中國

1932年

擔任中國國民黨南京黨代表大會主席，之後獲得蔣中正提拔，擔任國民參政會副祕書長、政治協商會議祕書長、國民大會代表，和政務委員等職務

1949年

與胡適、王世杰、杭立武等人籌辦《自由中國雜誌》，獲得蔣中正贊同，十一月臺灣創刊

1954年

由於雜誌內刊登不利蔣中正政權的內容，引發國民黨不滿，雷震被註銷黨籍

1960年

雷震與在野人士共同連署反對蔣中正三連任總統，並籌組中國民主黨，被國民黨的情治單位監控，九月被捕，判處十年徒刑

1970年

服刑期滿出獄，隔年對政府提出政治十大建設，要求將國號改為「中華臺灣民主國」，但未獲回應

1979年

病逝於臺北

UNIT 10-9

坎坷外交路

(一)中華民國退出聯合國

自從中華人民共和國建立之後，中華民國和中華人民共和國，到底哪一個才是中國合法的政府？聯合國裡面的中國席次應由哪一方作為代表？這個問題不但是國共雙方爭執的焦點，也讓國際社會相當棘手。

一九四九年十月一日，中華人民共和國建國一個月後，北京外交部就曾經通知聯合國大會主席和祕書長，要求盡快解決中國代表權的問題，不過，在美國強而有力的運作下，一九六〇年之前，中國代表權問題一直被擱置。

但是，對中華民國有利的狀況並沒有維持太久，一九六八年，美國尼克森總統上任，為了拉攏中共牽制蘇聯，決定採取「以談判代替對抗」的對華政策，尼克森提出「雙重代表權」的主張，由「中華人民共和國」取代「中華民國」在安理會的席次，但中華民國仍繼續擁有在聯合國的代表權。尼克森在白宮接見臺灣的行政院長嚴家淦，保證確保中華民國在聯合國的席次，但是也表示將改善與北京的關係，迂迴的希望臺灣能接受「兩個中國」的現實，這樣的說法，當然不被堅持「漢賊不兩立」的蔣中正所接受。

一九七一年十月二十五日，阿爾巴尼亞等二十三國，在聯合國大會提出「恢復中共在聯合國之合法權利案」，聯合國大會以七十六票對三十五票，十一票棄權，通過阿爾巴尼亞決議案，由北京中華人民共和國政府取代中華民國在聯合國的中國席次代表權。

(二)臺美斷交、中美建交

中華民國在外交上的挫折還不只這一樁，與美國斷交更使中華民國的外交為之重挫。其實，在韓戰結束之後，美國對共產黨世界採取圍堵政策，對中華民國政府相當支持，提供軍事和經濟上的援助，但是後來，中國和蘇俄關係有了摩擦，牽動著臺、美、中三者關係的演變。導致美國自尼克森政府之後，決定緩和對中國的各項限制，以表現對中國親近的意思。

一九七六年，民主黨的卡特當選總統，仍然繼續執行尼克森時代對中國關係正常化的政策。一九七七年底，蘇聯入侵阿富汗，更在隔年四月，扶持阿富汗親蘇的政權，蘇聯的擴張使美國大受威脅，美國更想拉攏中國。

一九七八年十二月十六日，新聞局長宋楚瑜告知蔣經國總統，美國已經正式宣布和中華人民共和國建交，與中華民國斷交，並終止與臺灣的《共同防禦條約》。隔天，蔣經國總統對美國承認「匪偽政權」提出最嚴重的抗議，下令停止正在進行的增額中央民意代表的一切選舉活動。十六日當天，臺灣數百名群眾聚集臺北圓山美軍俱樂部前，砸毀轎車抗議，全國各公私立大專院校分別發起簽名捐獻活動，表示支持政府，並且譴責美國背信毀約。二十七日，美國總統派來臺北的協商代表副國務卿克里斯多夫，遭到青年學生投擲雞蛋、石塊抗議，不過，即使抗議手段如此激烈，卻無法挽回頹勢。

退出聯合國

退出聯合國的歷程

1949年10月

北京外交部通知聯合國大會要求盡快解決中國代表權的問題，但在美國強有力的運作下，中國代表權的問題一直被擱置

1968年

美國尼克森總統上任，採取「以談判代替對抗」的對華策略，試圖拉攏中共來牽制蘇聯

1971年初

尼克森總統提出雙重代表權的主張

1971年10月

阿爾巴尼亞等國在聯合國大會提出「恢復中共在聯合國之合法權利案」，順利排入議案，中華民國代表團見大勢已去，發表聲明後離開聯合國

→ 中華人民共和國接替中華民國在國際的地位

臺美斷交

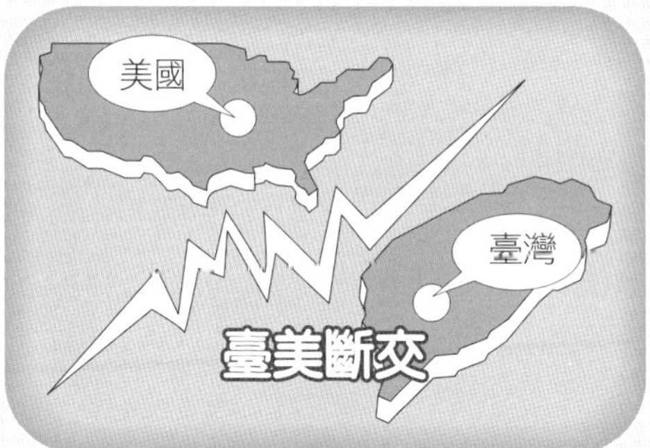

1969年

尼克森總統決定緩和對中國的旅行限制和產品購買限制

→ **1976年**

卡特總統仍繼續維持對中國關係正常化的政策

→ **1979年**

美國終止與臺灣的共同防禦條約，並與中華民國斷交

UNIT 10-10 迢迢民主路

(一) 美麗島事件

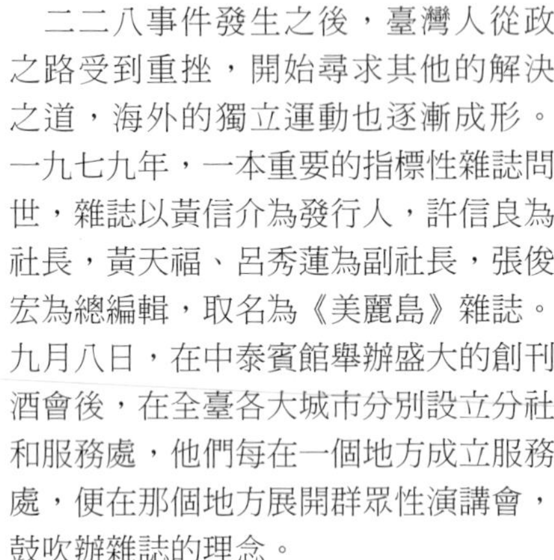

二二八事件發生之後，臺灣人從政之路受到重挫，開始尋求其他的解決之道，海外的獨立運動也逐漸成形。一九七九年，一本重要的指標性雜誌問世，雜誌以黃信介為發行人，許信良為社長，黃天福、呂秀蓮為副社長，張俊宏為總編輯，取名為《美麗島》雜誌。九月八日，在中泰賓館舉辦盛大的創刊酒會後，在全臺各大城市分別設立分社和服務處，他們每在一個地方成立服務處，便在那個地方展開群眾性演講會，鼓吹辦雜誌的理念。

十二月十日晚上，美麗島人士在高雄舉辦國際人權日紀念大會，這次紀念大會並沒有獲得治安單位的許可，由於參與群眾過於激情，點燃火把遊行，治安單位於是開出鎮暴車，擺出鎮暴隊形，終於釀成一場警民大衝突。十三日凌晨，治安單位逮捕美麗島首要人員：張俊宏、姚嘉文、陳菊、呂秀蓮、林義雄、王拓、楊青矗等人，並查封《美麗島》雜誌社和各地的服務處。之後，警總又陸續逮捕數十人，施明德經過月餘的藏匿也被逮捕，協助其逃亡並藏匿他的臺灣基督長老教會牧師高俊明等人也被牽連在內。

(二) 世紀大審判

這次全島性的大搜捕震驚全島，隨之而來的大規模軍事審判，更為臺灣民眾關心政治的熱度投下催化劑。這個案件備受國際矚目，國際知名新聞媒體都派人來臺灣採訪。審訊的重點不是放在與軍警衝突的事件，而是提升到叛亂、主張臺灣獨立的高政治層面，每一位被告答辯的時候，都對臺灣的政治問題提出他們的看法，經由這次的大審判，給了臺灣民眾一次印象深刻的政治教育。此次大規模的軍法和司法審判，引出一批辯護律師，這群學有專精的律師，由於承辦這次的案件，使他們從幕後走到幕前，紛紛投入黨外運動，成為美麗島事件之後黨外運動的要角，像陳水扁、謝長廷、尤清、江鵬堅、蘇貞昌、張俊雄、李勝雄、郭吉仁等人，都在擔任美麗島辯護律師之後，投入政治運動的行列。

(三) 民主進步黨成立

一九八一年十一月中的地方選舉，黨外在各縣市舉辦「黨外候選人推薦會」，此舉類似政黨的提名，開始顯現出政黨的雛形，經過這次選舉之後，擔任美麗島被告辯護律師的蘇貞昌、謝長廷、陳水扁分別當選省議員和臺北市議員。一九八三年四月，在謝長廷等人的推動下，「黨外選舉後援團」開始醞釀，終於在九月二十八日，一百三十五位發起人聚集在臺北圓山大飯店，組成中華民國首創的在野黨——「民主進步黨」。

民進黨組成不久，即於一九八六年十一月十日召開第一次黨員代表大會，決定黨綱以及規則，包括解除戒嚴令，國會全面改選，廢止使憲法形骸化的「臨時條款」，臺灣的將來應由臺灣居民以自由、自主、公平的方式來決定，以及國民黨軍隊應改為國家軍隊等訴求。十二月，舉行立法委員與國民大會代表的補選時，民進黨推出公認候選人，立法委員十九名候選人中當選十二名，國大代表二十五名候選人中當選十一名，得票率也獲得百分之二十五。由此，臺灣的政黨政治逐漸成形。

民主運動的歷程

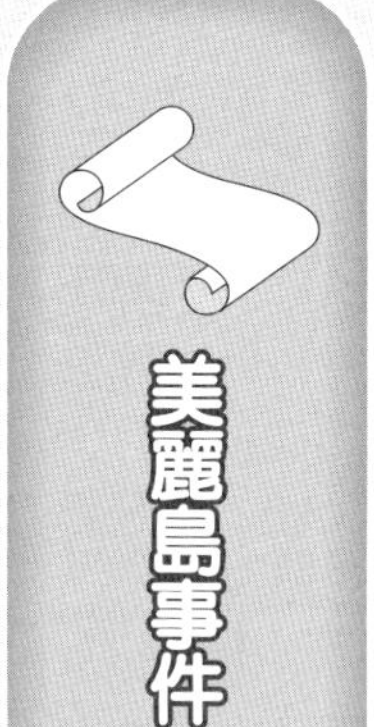

1979年9月

《美麗島》雜誌創刊，相關人員在各地設立分社和服務處，舉行演講會

1979年12月

在高雄舉辦國際人權日紀念大會，與警察釀成衝突。美麗島重要人員被逮捕，雜誌社遭到查封

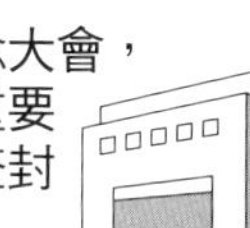

1979年12月

隨之而來的是一場世紀大審判，多位有志之士志願擔任辯護律師

培養出一批從事黨外運動的政治要角

民主進步黨成立

民主進步黨成立

1981年11月

地方選舉中，黨外在各縣市舉辦「黨外候選人推薦會」，顯現政黨的雛型

1983年4月

在謝長廷等人推動下，黨外選舉後援團開始醞釀

一百三十五位發起人聚集在圓山飯店，臺灣一個在野黨，「民主進步黨」成立

民進黨召開第一次黨員代表大會，決定黨綱以及規則

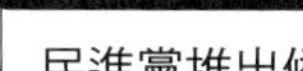

民進黨推出候選人參加立法委員和國民大會代表補選，獲得不錯的席次

臺灣的政黨政治逐漸成形

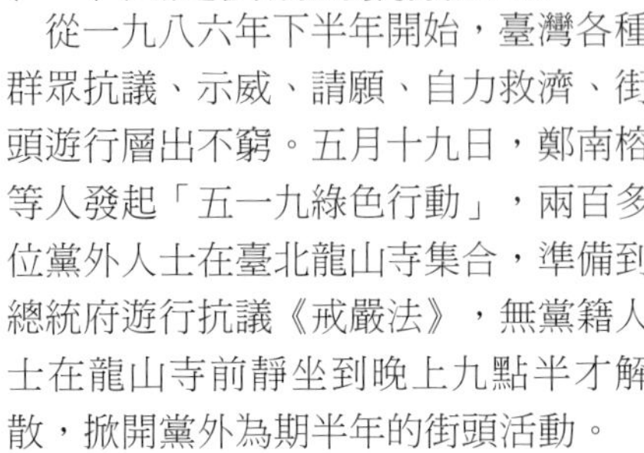

UNIT 10-11

解除戒嚴

(一)風起雲湧的抗議活動

從一九八六年下半年開始，臺灣各種群眾抗議、示威、請願、自力救濟、街頭遊行層出不窮。五月十九日，鄭南榕等人發起「五一九綠色行動」，兩百多位黨外人士在臺北龍山寺集合，準備到總統府遊行抗議《戒嚴法》，無黨籍人士在龍山寺前靜坐到晚上九點半才解散，掀開黨外為期半年的街頭活動。

接下來的社會運動更是風起雲湧，例如：鹿港民眾反對杜邦公司在彰化濱海工業區設廠，千餘民眾走向街頭；臺大大學新聞社被校方停社一年，十二個社團負責人發表聯合聲明；數千名群眾到中正機場迎接前桃園縣長許信良返國，與憲警對峙，雙方互丟石塊，三十輛警車遭到破壞；陳永興、鄭南榕等人發起「二二八和平日促進會」，展開一連串的演講、座談、追思禮拜、遊行等活動，與警方對峙，情況數度緊張。總之，解嚴前臺灣社會發生許多風起雲湧的社會運動，項目多元，擴及勞工運動、學生運動、環保運動、婦女運動、消費者運動、老兵要求返鄉運動等，在在讓國民黨當局禁不勝禁、抓不勝抓。

有鑑於時勢潮流之所趨，蔣經國在民主進步黨誕生一年後，在國民黨中常會中表示：「時代在變，環境在變，潮流也在變，執政黨必須以新觀念、新做法，推動革新。」這是一個新政策的宣示，也是臺灣進入政治轉型的前兆。一九八六年下半年度起，是國民黨入臺以來，戒嚴統治開始解凍的時刻，各種禁令逐漸鬆綁，政府表示開放的聲明與措施也一一公布於世，包括開放學生的舞禁、髮禁，解除一貫道禁令，放鬆外匯管制等。

(二)宣布解嚴

一九八七年七月十四日，蔣經國總統果然發布命令，宣告臺灣自十五日零時起宣布解除戒嚴；國防部宣布，二百三十七名於戒嚴期間受軍事審判的受刑人，於十五日零時減刑並復權，世界上實施最長，長達三十八年的戒嚴令終於解除；十六日，港澳觀光的限制也予以解除，八月公布擬開放大陸探親的消息；十二月，行政院宣布隔年(一九八八年)元月起解除報禁，接受新報登記並且開放增張。

一連串改革的措施，為臺灣的政治帶來新的氣象，其中最引起國際注意的是戒嚴令的解除，雖然國民黨另立《國家安全法》以補解嚴後的疑慮，但國內外輿論對於戒嚴的解除都報以高度的肯定，《紐約時報》的評論甚至說：「臺灣終於告別封閉式的政治制度，向溼潤的森林開了一扇窗。」而蔣經國在解嚴的半年後，於一九八八年一月十三日，因糖尿病而病逝。

小博士解說

蔣經國

蔣經國一九一〇年出生於浙江奉化，是蔣中正的長子，國民政府遷臺之後，先後擔任總政戰部主任、總統府資料室主任、中國國民黨中央改造委員等職。此後更歷任各種要職，包括中國國民黨中央常務委員、國防部長、行政院長等職務，還是中華民國第六、第七任總統。蔣經國推動十大建設、中國青年反共救國團，逐步開放大陸探親，解除戒嚴，解除報禁、黨禁，啟用臺灣本省籍官員等，對臺灣發展有一定的貢獻。

風起雲湧的抗議活動

五一九綠色活動
兩百多位黨外人士在龍山寺集合，抗議戒嚴法

反對杜邦設廠
鹿港民眾走上街頭，反對杜邦公司在彰化濱海工業區設廠

抗議新聞社停社
十二個社團負責人發表聯合聲明，反對臺大新聞社停社

二二八和平日促進會
鄭南榕、陳永興等人展開一連串演講、座談等活動

宣布解嚴

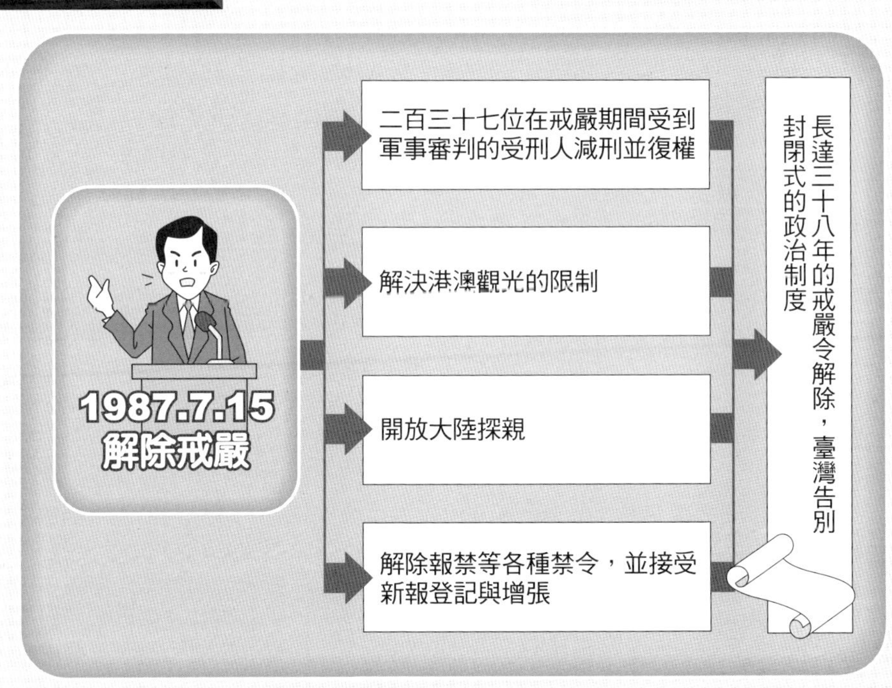

UNIT 10-12 李登輝當選第一任民選總統

(一)李登輝就任黨主席

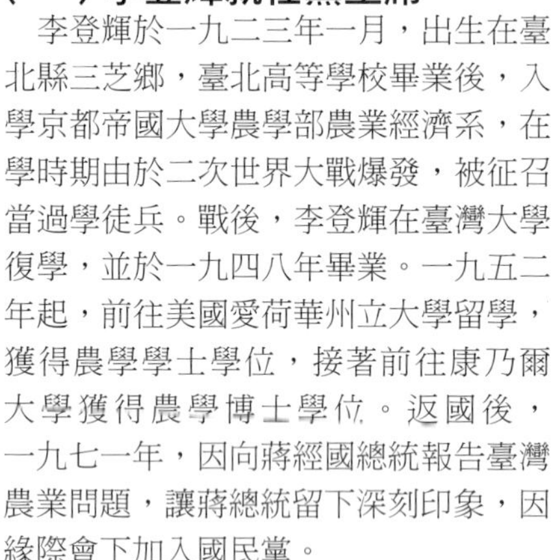

李登輝於一九二三年一月，出生在臺北縣三芝鄉，臺北高等學校畢業後，入學京都帝國大學農學部農業經濟系，在學時期由於二次世界大戰爆發，被征召當過學徒兵。戰後，李登輝在臺灣大學復學，並於一九四八年畢業。一九五二年起，前往美國愛荷華州立大學留學，獲得農學學士學位，接著前往康乃爾大學獲得農學博士學位。返國後，一九七一年，因向蔣經國總統報告臺灣農業問題，讓蔣總統留下深刻印象，因緣際會下加入國民黨。

一九七二年五月，李登輝擔任行政院政務委員；一九七八年六月，被任命為臺北市長；隔年就任國民黨中央常務委員；一九八一年十二月，擔任臺灣省政府主席，後被選為副總統。一九八八年一月十三日，蔣經國總統去世，身為副總統的李登輝繼任總統，這是臺灣史上第一次臺灣人就任國家元首。一九九〇年五月，李登輝就任第八屆總統。

(二)總統直選

自從一九八七年解除戒嚴之後，臺灣人對民主改革的要求越來越強烈，一九八八年李登輝繼任總統之後，朝野開始出現總統直選的主張，在野百合「三月學運」的催化下，一九九〇年七月，李登輝總統邀集朝野召開國是會議，達成了總統由公民直接選舉產生的共識。

一九九二年三月，民進黨及無黨籍國代合組「總統直選聯盟」；四月十九日，聯盟發動「四一九公民直選總統大遊行」，遊行隊伍到臺北車站靜坐，準備長期抗爭，社運、學運團體也紛紛加入，臺北車站附近因此癱瘓數日。一九九三年一月，李登輝總統赴國大臨時會發表國情報告，民進黨提出傾聽「臺灣人民的聲音」的國是建言。一九九四年七月二十八日，第二屆國大臨時會的第三階段修憲，確立了總統、副總統由中華民國自由地區全體人民直接選舉產生的民主憲政制度。

一九九六年三月，臺灣首度實施總統民選，這次共有四組參選人參選，各陣營也紛紛打出口號以吸引選民，國民黨正副總統參選人李登輝、連戰的口號為「尊嚴、活力、大建設」；無黨籍林洋港、郝柏村的口號為「新指導、新秩序、新希望」；民進黨彭明敏、謝長廷的口號為「臺灣獨立、反對統一、愛護臺灣、終止外來政權」；無黨籍陳履安、王清峰的口號為「服務性的國家、服務性的政府」等。

雖然在選舉的時候，中共發動文攻武嚇，企圖擾亂選舉，但是臺灣仍然順利完成投票，國民黨籍候選人李登輝、連戰以五百八十一萬三千六百九十九票、百分之五十四得票率，當選第九任總統、副總統，臺灣人民直接投票產生元首的制度至此確立。

小博士解說

野百合學運

野百合學運發生於一九九〇年三月，又稱為「三月學運」，將近六千名來自臺灣南北各地的大學生在中正紀念堂廣場上靜坐抗議，學生們提出「解散國民大會」、「廢除臨時條款」、「召開國是會議」，及「政經改革時間表」等四大訴求，引起臺灣社會極大的震撼，這是國民政府遷臺以來規模最大的學生抗議行動，對民主政治有著深刻影響。

第一任民選總統

出生於臺北縣三芝

1938年

轉學到淡水中學就讀

1941年

錄取臺北高等學校

1943年

進入京都帝國大學農學部農業經濟系，並於三年後轉學進入臺灣大學

1968年

取得康乃爾大學農業經濟學博士。回國後獲聘為臺灣大學教授兼農復會技正

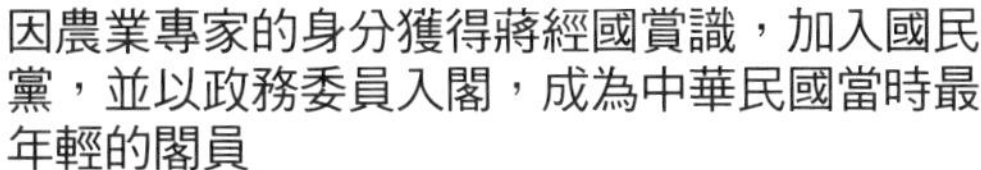

因農業專家的身分獲得蔣經國賞識，加入國民黨，並以政務委員入閣，成為中華民國當時最年輕的閣員

1984年

獲蔣經國提名為副總統候選人，當選第七任副總統

1988年

蔣經國逝世，繼任為總統

1991年5月

終止「動員戡亂時期臨時條款」，並展開第一次修憲

1996年

李登輝與連戰搭檔，贏得中華民國第九任總統大選，成為中華民國第一位民選總統

UNIT 10-13 辜汪會談

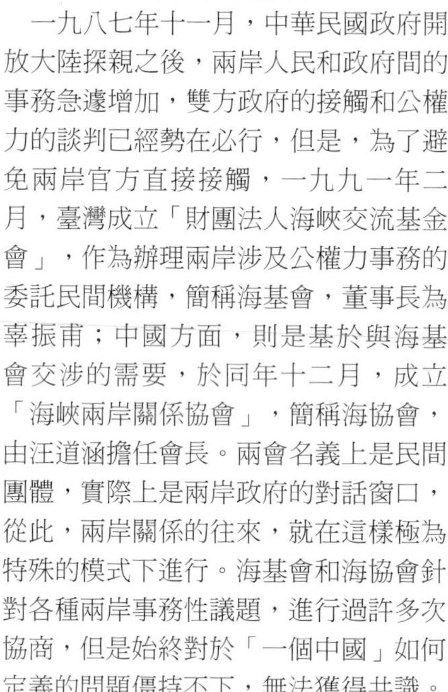

（一）海基會與海協會

一九八七年十一月，中華民國政府開放大陸探親之後，兩岸人民和政府間的事務急遽增加，雙方政府的接觸和公權力的談判已經勢在必行，但是，為了避免兩岸官方直接接觸，一九九一年二月，臺灣成立「財團法人海峽交流基金會」，作為辦理兩岸涉及公權力事務的委託民間機構，簡稱海基會，董事長為辜振甫；中國方面，則是基於與海基會交涉的需要，於同年十二月，成立「海峽兩岸關係協會」，簡稱海協會，由汪道涵擔任會長。兩會名義上是民間團體，實際上是兩岸政府的對話窗口，從此，兩岸關係的往來，就在這樣極為特殊的模式下進行。海基會和海協會針對各種兩岸事務性議題，進行過許多次協商，但是始終對於「一個中國」如何定義的問題僵持不下，無法獲得共識。

一九九二年十月，海基會法律服務處處長許惠祐率團赴香港，與海協會就公證書使用問題再度溝通，但是對於「一個中國」的問題仍然沒有共識，談判破裂，雙方各自返國。數天之後，海協會致電通知海基會，表示願意接受海基會所提，「各自以口頭聲明方式表述『一個中國』原則」的提議，臺灣方面沒有提出任何意見。繼之，中國政府允諾舉行海基會和海協會雙方最高階層的會談，由是有了辜汪會談的產生。

（二）會議協商

一九九三年，海協會邀請辜振甫訪問中國，海基會回覆表示意願。經過多次預備性磋商後，將會談定位為民間性、事務性、經濟性與功能性，後在時任新加坡國務資政李光耀的斡旋下，定於新加坡舉行。經過連續三天密集協商，雙方在四月二十九日上午簽署「兩岸公證書查證協議」、「兩岸掛號函件查詢補償事宜協議」、「兩會聯繫與會談制度協議」，以及「辜汪會談共同協議」等四項事務性協議，兩岸由當局授權的談判機制，象徵臺海兩岸關係的解凍和發展。辜汪會談是海峽兩岸自一九四九年國民政府遷至臺灣以來，首度進行的正式官方級會晤，突破了兩岸官方「互不接觸」的限制。

後來，由於李登輝總統上臺後推行「務實外交」政策，在一九九五年六月的美國訪問之旅，又發表「特殊兩國論」，中共對此感到強烈不滿，認為這樣的做法有違「九二共識」精神，因而中斷了第二次辜汪會談的準備，協商機制也因為臺灣舉辦第一次總統直選而中斷，一直要等到一九九八年十月，辜振甫率團訪問中國大陸，才再次恢復協商的共識。

小博士解說

辜振甫

一九一七年一月六日出生，父親是日治時期富商辜顯榮。臺北帝國大學畢業後，曾赴日本帝國大學進修，二十歲時繼承家業，接下父親手中七項事業，並以臺灣水泥打下和信集團基礎。

辜振甫不僅是知名企業家，同時也是海峽兩岸協調人，一九九〇年十月七日，國家統一委員會成立，辜振甫以工商協會理事長身分擔任第一屆委員；同年十一月二十一日，擔任海基會董事長；一九九三年四月，與海協會會長汪道涵進行「辜汪會談」。二〇〇五年一月三日，因腎功能衰竭病逝。

海基會和海協會

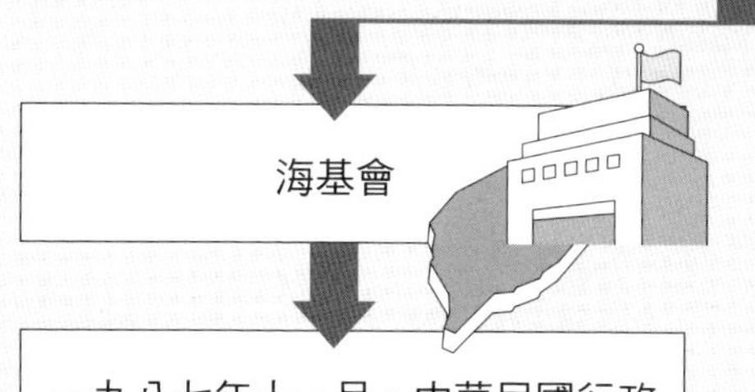

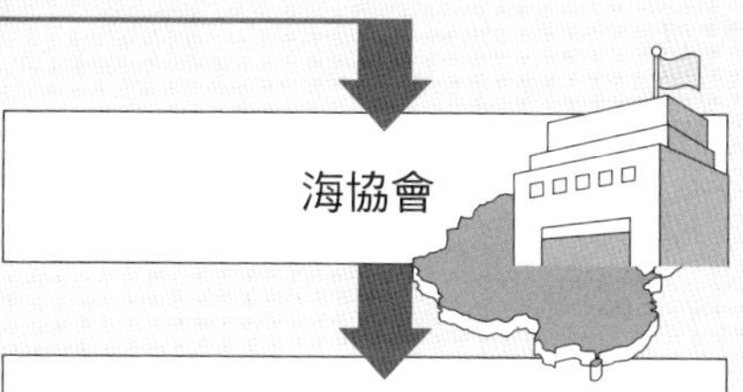

一九八七年十一月，中華民國行政院以政府捐助為主成立之民間團體，作為辦理兩岸涉及公權力事務的委託機構，首任董事長為辜振甫

一九九一年十二月，中華人民共和國成立的組織，作為與兩岸交涉的窗口，首任會長為汪道涵

辜汪會談

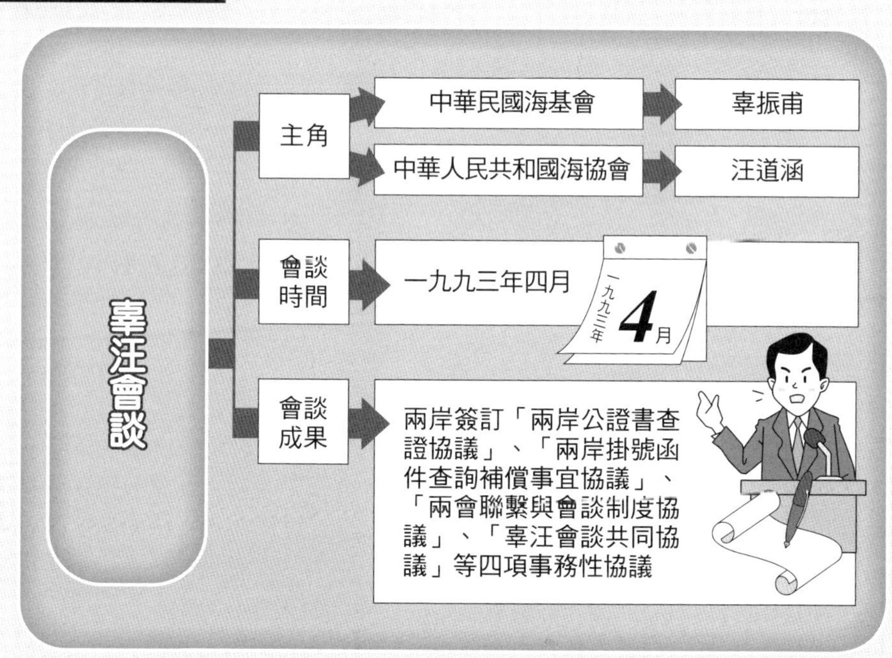

UNIT 10-14 政黨輪替

（一）政黨輪替的前奏曲

《中華民國憲法》制訂以來，歷經幾次修改，成為臺灣民主化進程重要的法律依據。一九九四年七月二十八日，在經過第三次修憲之後，成為直接民選總統的法源。

一九九六年三月二十三日，臺灣順利完成第一屆民選總統的選舉，結果由國民黨正副總統候選人李登輝、連戰當選。首次的民選總統意義非凡，這一次的選舉吸引國內外媒體關注，因為臺灣不再是透過國大代表間接選舉總統，而是由人民直接選舉總統，產生的總統更具有民意支持的正當性。值得注意的是，一九九七年也是臺灣政黨版圖的轉捩點，當年民進黨在縣市長選舉中，獲得十二席，得票率為百分之四十三點零三，執政人口達全臺總人口數的百分之七十一點五九，總得票率首次超過國民黨，為執政前立下良好基礎。

（二）民進黨執政

一九九九年，第十屆總統選舉展開籌備作業，國民黨展開總統提名初選，由連戰獲得提名，宋楚瑜則決定脫離國民黨獨自參選總統，民進黨提名陳水扁，許信良脫離民進黨參選，新黨則提名李敖參選。這次總統大選競爭激烈，選戰最後一個星期，中研院院士李遠哲與企業家許文龍公開支持陳水扁，尤其是李遠哲，在二〇〇〇年三月，發表了「向上提升或向下沉淪」的談話，為陳水扁增加許多游離票的支持者，奠定陳水扁勝選的基礎。

二〇〇〇年三月十八日，臺灣進行中華民國第十任總統、副總統大選，參加這次選舉的選民人數超過一千二百萬，投票率高達百分之八十二點六九，最後，由民進黨的總統候選人陳水扁獲勝。這次民進黨籍的總統參選人陳水扁脫穎而出，成為跨世紀的中國民國總統當選人，也是民進黨創黨以來，第一次奪下中央執政權。中國國民黨在臺灣執政五十餘年，首次交出執政權，自戰後以來，臺灣由國民黨獨占統治權的局面至此瓦解，完成了臺灣歷史上第一次的政黨輪替，也為臺灣民主發展立下新楷模。

四年之後，二〇〇四年，陳水扁和呂秀蓮又順利連任第十一屆總統、副總統；到了二〇〇八年總統大選，則是由國民黨正副總統候選人馬英九和蕭萬長高票當選，形成再一次政黨輪替的局面。臺灣歷經兩次和平的政黨輪替，展現選民的民主素養，也代表臺灣民主的發展已愈趨成熟與穩定。

小博士解說

陳水扁

中華民國第一位政黨輪替產生的總統陳水扁，一九五〇年十月十二日出生於臺南縣官田鄉，父親為佃農，出身於三級貧戶的家庭。一九七三年，於臺灣大學法律系就學期間考取律師資格；一九七九年，成為美麗島事件被告辯護律師團的一員，從此開始積極參與黨外運動，踏上從政的道路。

一九八一年，參選臺北市市議員，以最高票當選；一九八九年，當選增額立法委員，並成為民進黨黨團幹事長，挾帶擔任立委期間以犀利問政累積的高人氣，一九九四年當選臺北市長。一九九八年，雖然尋求連任臺北市長失利，卻醞釀了競選總統的契機，二〇〇〇年，代表民進黨角逐第十屆總統，順利當選。

1996年第九任總統大選

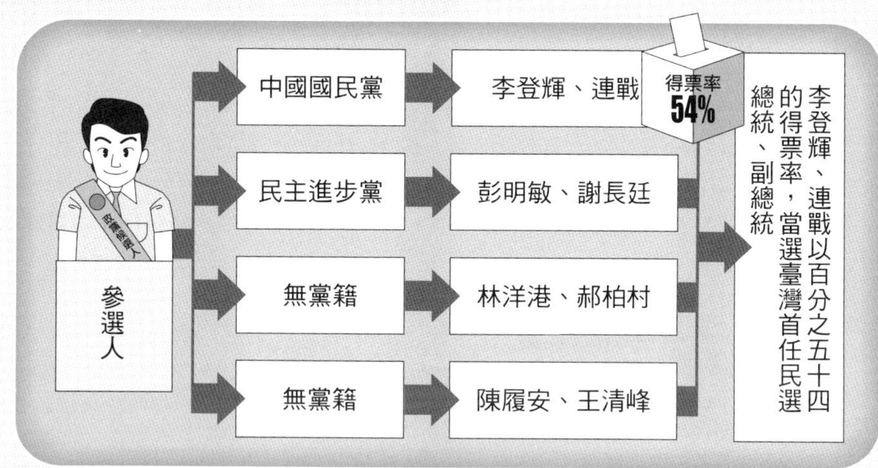

2000年第十任總統大選

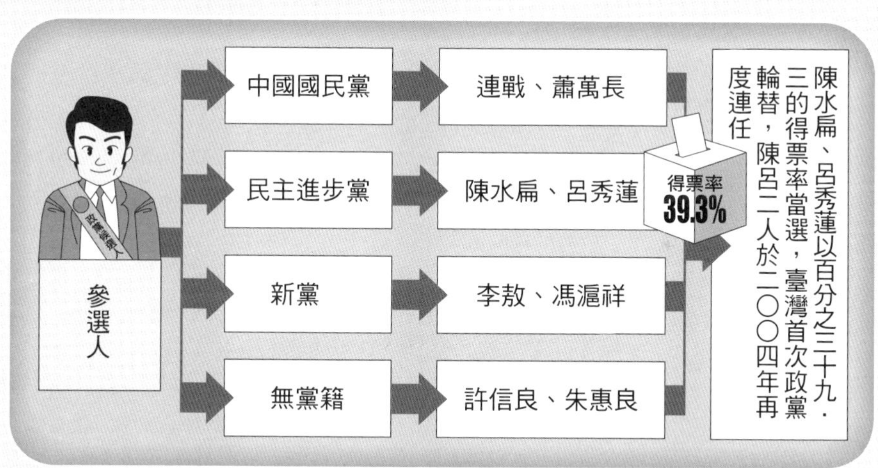

2008年第十二任總統大選

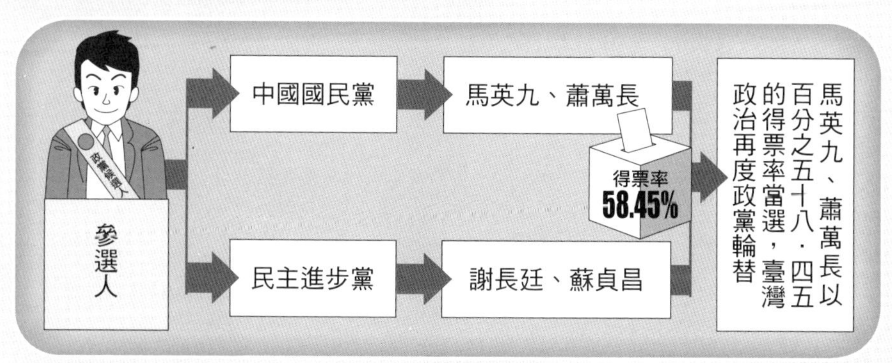

學習重點

1. 能了解美援對戰後臺灣經濟的影響
2. 能了解經濟改革的內涵
3. 能了解戰後臺灣轉向工業化的過程
4. 能了解戰後臺灣經濟起飛的原因
5. 能了解戰後臺灣產業的發展概況

導讀

國民黨政府遷臺之後，在臺灣推動土地、幣制改革，配合美援的挹注，使得經濟重建能夠順利開展，站穩在臺灣的經營腳步。五〇年代，臺灣經濟重點建設在農業；六〇年代則改為出口導向政策，臺灣成為亞洲四小龍之一。七〇年代的石油危機讓臺灣經濟成長一度陷入困境，但政府實施十大建設振興國內經濟，臺灣很快地度過難關。一九七〇年代，臺灣社會已從社會經濟轉型為工業經濟型態，勞動人口從農村出走到加工出口區或城市工廠。一九八〇年代，臺灣在新竹設置科學工業園區，走向產業升級，臺灣製的產品，從網球拍、自行車開始，有超過二十項的產品被國際社會視為高檔精品，「made in Taiwan」成為品質優良的代名詞。

戰後的經濟與社會

章節體系架構

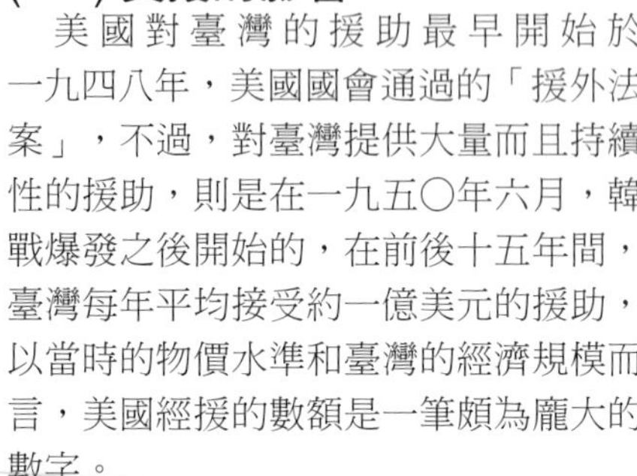

美援來了

(一)美援的影響

美國對臺灣的援助最早開始於一九四八年，美國國會通過的「援外法案」，不過，對臺灣提供大量而且持續性的援助，則是在一九五〇年六月，韓戰爆發之後開始的，在前後十五年間，臺灣每年平均接受約一億美元的援助，以當時的物價水準和臺灣的經濟規模而言，美國經援的數額是一筆頗為龐大的數字。

美國援助的內容，軍事援助占一半以上，其餘除了農產品之外，還包含填補財政赤字、投資工業設備、振興農業等。時期不同或有若干差異，但美援大約占臺灣的國民生產總額百分之五至十，對戰後的臺灣經濟有挹注的效果，最直接的影響就是維持臺灣經濟的安定；其次，當時國民黨政府財政收入貧乏，連重建戰爭期間受損的基本設施都有困難，美國的經濟援助就像是及時雨，給予臺灣適當的支援，讓電力、交通運輸、水利灌溉等設施能夠正常運作。

美援還有技術合作方案，政府選派多達兩千多人到美國短期進修，這些人員帶回來的政策和新知，對臺灣的財經和社會政策有相當程度的影響，還擴大了臺灣與國際的關係。總之，在美援期間，臺灣人接觸更寬廣的世界，與美國建立的經濟貿易關係，也為臺灣的經濟開啟新的契機。直到一九六四年，美國才停止對臺灣的援助。

(二)美援麵粉袋

穿著由麵粉袋改製的衣褲，是許多臺灣四、五年級男生共同的記憶，美援最具代表性的產品就是實用的麵粉，美援的麵粉不僅改變臺灣人的飲食文化，也因麵粉大量進口之故，讓臺灣稻米能外銷。當時臺灣的麵粉工業尚未興起，美國直接將麵粉運送至臺灣，後來，經過麵粉公會向美援會的副主任委員尹仲容先生爭取，要求美國改援助小麥，讓臺灣的麵粉工廠得有小麥原料研製成麵粉，一方面降低成本，另一方面培植臺灣的麵粉工業。

於是，政府運用美援貸款協助臺灣麵粉工業進口機器設備，扶植許多麵粉食品工廠，各家品牌的「中美合作麵粉」就這樣出現了，常見的有「駱駝牌」、「長城牌」等。當時臺灣物資相當缺乏，小孩子的衣褲也和美援脫離不了關係，在路上常見小孩穿著印著「中美」、「合作」的內褲趴趴走，有的更印上「淨重一百公斤」的字樣，讓人莞爾。美援十五年間，除了對臺提供物資外，更讓臺灣文化因此改變，中美合作麵粉袋的記憶，也留在每個經歷過那段歷史的臺灣人心中。

小博士解說

韓戰

二次世界大戰之後，朝鮮半島以北緯三十八度線為準，切為南北兩個部分，分別由美國和蘇聯占領。一九四八年，美國和蘇聯分別扶植了大韓民國和朝鮮人民共和國，兩者間的衝突加劇。一九五〇年，北韓跨過三十八度線攻擊南韓，希望以武力統一朝鮮半島，美國杜魯門總統下令駐遠東海空軍積極部署防備，並派第七艦隊協防臺灣海峽，防止中共和國民黨發生衝突。戰爭延宕兩年，一直到一九五三年七月，雙方才簽下停戰協定，現在仍然是以北緯三十八度線分割朝鮮半島。

美國對臺灣的援助

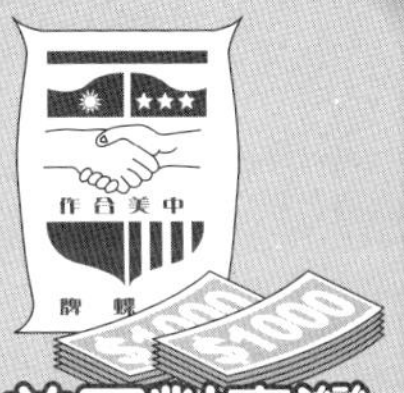

美國對臺灣的援助

- **美援的原因**
  - 一九四八年，美國國會通過「援外法案」
  - 一九五〇年六月，韓戰爆發之後，臺灣每年接受美國一億美元的協助，一直持續了十五年
- **援助的內容**
  - 軍事援助占一半以上
  - 農產品援助
  - 填補財政赤字，投資工業設備，振興農業
  - 技術合作方案
- **援助的影響**
  - 維持臺灣經濟穩定
  - 給臺灣重建的資金，讓電力、交通運輸、水利等能正常運作
  - 選派二千多位官員到美國短期進修，擴大了臺灣與國際的關係

美援與麵粉工業

美援麵粉袋

- **由來**：麵粉工業要求美國改援助小麥，讓臺灣的麵粉工業有機會發展
- **經過**：政府運用美援貸款協助進口機器設備，扶植臺灣的麵粉工廠
- **結果**：當時物資缺乏，人民就地取材，將麵粉袋製成小孩穿的內褲，成為臺灣人的共同回憶

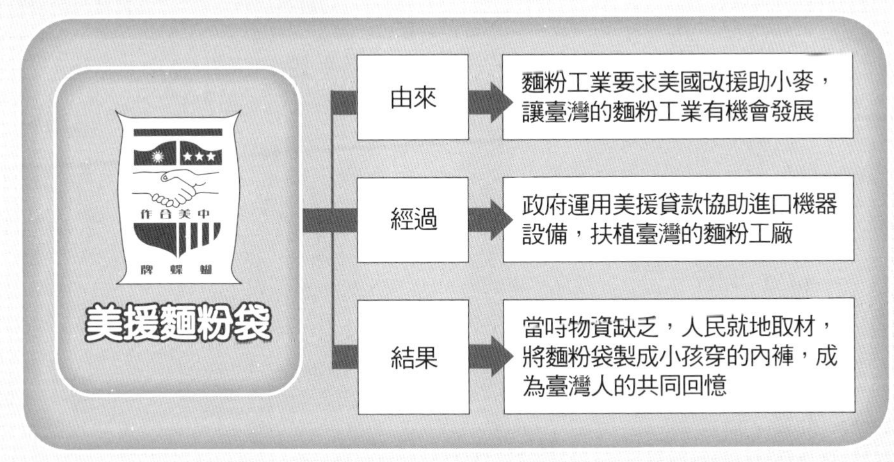

UNIT 11-2 經濟改革

(一)四萬元換一元

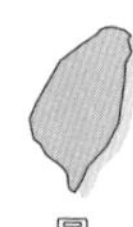

二次大戰結束，國民黨接收臺灣的時候，臺灣受到中國大陸國共內戰的影響，經濟紛亂加深，通貨膨脹尤其嚴重，一九四五年至一九五〇年這五年間，物價竟上升達一萬倍，月初所訂的薪水金額，往往到了月底維持不到幾分之一的價值，人民生活極為困窘。通貨膨脹使臺灣經濟陷入混亂。此外，隨國民政府遷臺的官吏、軍人，還有一部分家屬等，約有一百五十萬人也跟著移居到臺灣，一下子消費人口大大增加，更使臺灣經濟雪上加霜。

國民政府見狀，在六月十五日，斷然隔絕中國與臺灣的貨幣關係，並實施把原來的四萬元舊臺幣兌換成一元新臺幣的措施。四萬元舊臺幣換一元新臺幣，對百姓有何影響呢？許多老百姓辛苦存下的鈔票一夕間變成壁紙，實在是苦不堪言。小說家吳濁流在短篇小說〈三八淚〉中，主人翁牛皮哥平常省吃儉用，辛苦賺錢，本來以為錢越賺越多，沒想到，他背了一大箱舊臺幣去換新鈔，結果只換到四十元，受到無比的震撼。

可惜，新臺幣推出之後幣值並沒有很快的穩定，發行量很快就超額，政府又先後推出了多項反通膨的措施，一方面多開源節流穩定政府財政，減少發行貨幣需求，另一方面開辦黃金儲蓄、鞏固幣值，一九五〇年美援也對新臺幣的穩定起了相當的作用。

(二)土地改革

國民政府還在中國大陸的時候，最引人詬病的就是大地主、財閥、資產階級的問題，因為他們無力解決長期以來階級矛盾的問題，使得中共可以用土地改革作為號召，得到許多長久被壓迫的佃農支持。

因此，國民政府在撤退到臺灣之後，一方面來臺兩百萬軍民的糧食問題必須解決，另一方面也要思考如何不重蹈覆轍，因此有了一連串土地改革的產生。一九五一年，先實施「三七五減租」；接著於一九五二年實施「公地放領」；又於一九五三年實施「耕者有其田」。

「三七五減租」是把原來地主向佃農收取的約百分之五十農作物田租，降為百分之三十七點五；「公地放領」是為養成「自耕農」，公布「臺灣省放領公有地扶植自耕農實施辦法」，將公有地及公營事業的土地放領給農民；「實施耕者有其田條例」是從地主手中徵收土地，分配給佃農，地主除了保留地，其餘的土地全部由政府收購，分配給實際耕作的佃農，成為自耕農的農民則用食米等實物以十年分期付給政府。一系列的土地改革，對臺灣農村社會產生了不小的影響，並促進農業生產量的提高，為工業的發展奠定了良好的基礎，也奠定了穩定的農村秩序。

小博士解說

三七五新娘

政府實施三七五減租之後，受益農戶高達二十九萬六千零四十三戶，占農戶百分之四十四點五。因租率由百分之五十至百分之七十，減少到百分之三十七點五，大幅增加佃農的收益，佃農生活獲得改善，直接安定了農村社會。稻田的收穫量逐年增加，超過標準產量的部分全部歸佃農所有，佃農的經濟大為改善，有能力娶媳購物，因此，拜此政策之賜所娶的新娘被戲稱為三七五新娘。

四萬元換一元

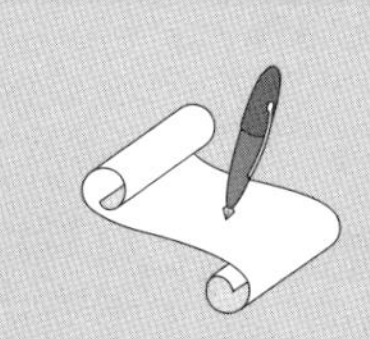

幣值改革的過程

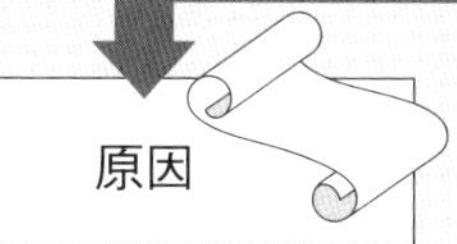

原因	措施	事件的發生
受到中國內戰影響，臺灣經濟紛亂，一九四五至一九五〇年間物價上漲一萬倍。國民政府遷臺之後，一百五十萬軍民隨之遷臺，使臺灣負擔更為沉重	斷然隔絕與中國的貨幣關係，實施把四萬元舊臺幣換一元新臺幣的措施	幣值並沒有很快的穩定，發行量超額，不過政府又陸續推出多項反通膨措施，及開源節流穩定財政，加上美援的資助，才使新臺幣穩定下來

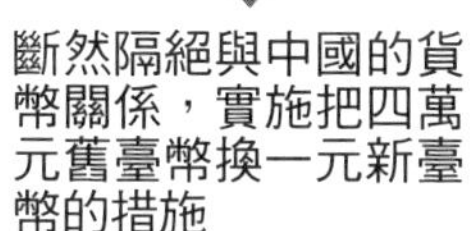

土地改革

土地改革的過程

1951年

三七五減租
把佃農應交給地主的農租從百分之五十減少為百分之三十七・五

1952年

公地放領
將公有地及公營事業的土地放領給農民

1953年

耕者有其田
從地主手中把土地徵收分配給佃農，成為自耕農的農民則以食米等食物，以十年分期付給政府

UNIT 11-3

計畫節育的年代

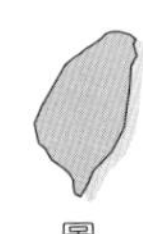

(一)人口問題

一九四六年時，臺灣人口只有六百多萬，到了一九六四年，人口已經加倍到一千兩百萬。除了由大陸撤退來臺的一百五十萬人以外，人口增加的主要原因是死亡率降低，但出生率仍然居高不下。根據統計，臺灣人口在一九六〇年代增加了百分之三至百分之四，但是就業機會每年只不過增加二十萬個，根本供不需求，人口問題一直是臺灣社會的隱憂。

農復會主委蔣夢麟鑑於臺灣人口增加速度太快，曾經發行《幸福家庭》小冊子宣導節育，但在當時臺灣社會普遍受到「多子多孫多福氣」、「不孝有三，無後為大」的觀念影響，生不到兒子絕不罷休，再加上農村社會需要大量勞力，推行節育非常困難，只要有人提倡節育，民意代表和政府官員就表示強烈反對，認為家庭計畫違背國父遺教，只要糧食增產就能應付人口成長，強調臺灣有能力養活增加的人口。

(二)兩個孩子恰恰好

為了推廣節育的理念，蔣夢麟說服了蔣夫人宋美齡先在軍眷區推動。蔣夫人看見軍眷區中，有些婦女因為不知道節育的方法，接連生了七、八個孩子，有些則用墮胎的方式來控制生育，認為這樣很不妥當，接受了先在眷村區推廣節育的建議。一九五三年，總統蔣中正揭示人口政策目標，確定質重於量的節育方向，農復會乃於隔年資助成立「中國家庭計畫協會」，以婦幼衛生名義推動，深入臺灣鄉間宣導婦幼衛生，倡導避孕。一九五九年四月十三日，蔣夢麟發表〈讓我們面對日益迫切的臺灣人口問題〉，指出：「臺灣每年以百分之三點五的比率增加人口，每年增加三十五萬人，約略相當於一個高雄市現在的人口，這三十五萬人一年需要消耗五萬兩千公噸糧食，建築中的石門水庫完成後，一年約增加七萬兩千公噸糧食，只能提供每年新增人口三十五萬人一年零四個月的消耗。」呼籲各界重視人口問題，引起廣泛討論。

一九六四年，臺灣出現戰後嬰兒潮，家庭計畫於是全面推行，口號為「實施家庭計畫，促進家庭幸福」，政府耗費新臺幣六千萬元，購置六十萬個避孕器樂普，五年內，臺灣總共有六十萬個婦女安裝樂普，爾後，又繼續推廣口服避孕藥、保險套及結紮等節育方法。一九六七年，政府提出「五三」口號，希望民眾婚後三年才生育，間隔三年再生育，最多不超過三個孩子、三十三歲前全部生完；一九六九年提出「子女少、幸福多」。有些民意代表和報紙相當反對節育，認為外國帝國主義想要利用節育來滅絕中華民族。

為了改變輿論，李國鼎籌備了一次臺灣人力資源會議，特地請國父的孫子，孫科博士來詮釋國父在人口問題上的立場。孫科說，一個國家的富強取決於人口的素質，並非人口的數量，因為孫科的保證，反對節育者的立場才逐漸改變。加上內政部提出具體方案，人口政策順利通過執行，當時由於教育普及，「兩個孩子恰恰好」的口號簡單容易上口，人口政策推行相當順利。

計畫節育的過程

計畫節育的措施

①農復會主委蔣夢麟說服蔣夫人宋美齡首先在軍眷區推動

②一九五三年蔣中正總統揭示人口政策目標，確定了質重於量的節育方向

③一九五四年農復會成立「中國家庭計畫協會」，以婦幼衛生名義推動，倡導避孕

④一九五九年蔣夢麟發表「讓我們面對日益迫切的臺灣人口問題」，引起廣泛討論

⑤一九六四年臺灣出現戰後嬰兒潮，政府開始推動五年家庭計畫方案，購買避孕器樂普

⑥持續推廣口服避孕藥、保險套、結紮等避孕的方法，並召開研討會消除眾人的疑慮

⑦一九六九年，提出「兩個孩子恰恰好」容易上口的口號

結果 成功使人口出生率由五〇年代的百分之四降到七〇年代的百分之二，再降到八〇年代的百分之一

計畫節育的原因

計畫節育的原因

- 臺灣人口在一九四八年時已經成長為一千二百萬人
- 死亡率降低，出生率仍高居不下
- 一九六〇年代出生率增加了百分之三至四，但就業機會每年只增加二十萬個
- 蔣夢麟曾發行《幸福家庭》宣導節育，卻遭到守舊人士反對

→ 人口問題成為臺灣社會的隱憂

UNIT 11-4

加工出口區的設置

(一)獎勵投資條例

一九五〇年代的美援提供臺灣經濟發展相當多的挹注，不過，臺灣經過兩次經濟建設計畫之後，美國認為臺灣已經逐漸脫離貧窮，打算停止對臺灣的經濟援助，希望臺灣能提出何時可終止美援的說明。因此，臺灣開始加速推行第三波經濟建設，做為美援終止之後的因應策略。一九六〇年九月，行政院公布「獎勵投資條例」，以減免租稅作為手段，希望能夠吸引外國投資臺灣，促進工業發展，帶動經濟效應，獎勵的範圍包括公用事業、礦業、製造業、運輸業及觀光旅館等各個層面。投資條例果然發揮了功效，一九六〇年到一九七三年，平均每年投資增加率為百分之十五點五，民間投資占半數以上，平均每年投資增加率高達百分之二十一，其中僑外資是臺灣投資資金的重要來源。

(二)出口導向的發展

一九五〇年代以後，由於歐美工業先進國家工資不斷上漲，當地的勞力密集工業逐漸轉向人力資源豐富、工資便宜，而又稍具工業基礎的國家，例如：臺灣、韓國、新加坡等地，加上臺灣出口急遽擴張和經濟的快速成長，給臺灣工業發展一個很好的機會。於是，一九六五年，臺灣政府公布財經改革措施，實施單一匯率、低利貸款、鼓勵外銷、獎勵外商投資、進口自由化等各項改革制度，並且公布「加工出口區設置管理條例」，加工出口區內的投資者，可以豁免自國外輸入機器設備和原料的進口稅及原料、半製品的貨物稅；三月，高雄加工出口區開始籌設，四年後，又分別籌設楠梓加工出口區和臺中加工出口區，希望吸引工業投資，擴展對外貿易，增加臺灣的就業機會。加工出口區吸收了外國先進的生產技術，臺灣的電器、成衣、食品、紡織等產業成功的擴大出口，對促進臺灣經濟發展發揮很大的功效。從一九六一年到一九七三年，臺灣的對外貿易呈現長期持續的成長，臺灣也逐漸由農業社會邁向工商業社會。急速的工業化，吸引許多鄉村勞力集中到都市，甚至鄉村的少女也都蜂擁而至。

(三)孤女的願望

一九六〇年代初期，臺灣社會流行一首叫作〈孤女的願望〉的歌曲，至今仍然膾炙人口，原唱者是陳芬蘭，歌詞描寫一位失去雙親的少女，從鄉村到臺北工廠應徵工作的心情。「阮想欲來去都市做著女工度日子，也通來安慰自己心裡的唏微」、「人在講對面彼間工廠是不是貼告示欲用人，阮想欲來去……即使少錢也要忍耐三冬五冬」，內容相當寫實，也為女工的辛酸留下見證。此外，還有幾首同樣描寫農村青年嚮往都市，特別對臺北趨之若鶩的情形的歌曲，例如，〈首都的一信〉這首歌，描寫主角到臺北之後，寫信勸鄉下的友人快來臺北謀生，還問友人說：「不時都店在農村哪有啥路用？」；還有一首由黃西田唱紅的〈田莊兄哥〉，敘述一位青年離開農村家鄉乘火車到臺北，沿路以來的心情，也表露農村青年投身工業社會的心路歷程，歌曲中明白表示不願意再聞農村的土味，不願再騎犁田的水牛，也不願在聽鄉間水蛙的叫聲，要「趁著機會」到臺北謀生，而這個機會就是臺灣急速工業化的過程。

臺灣的加工出口區

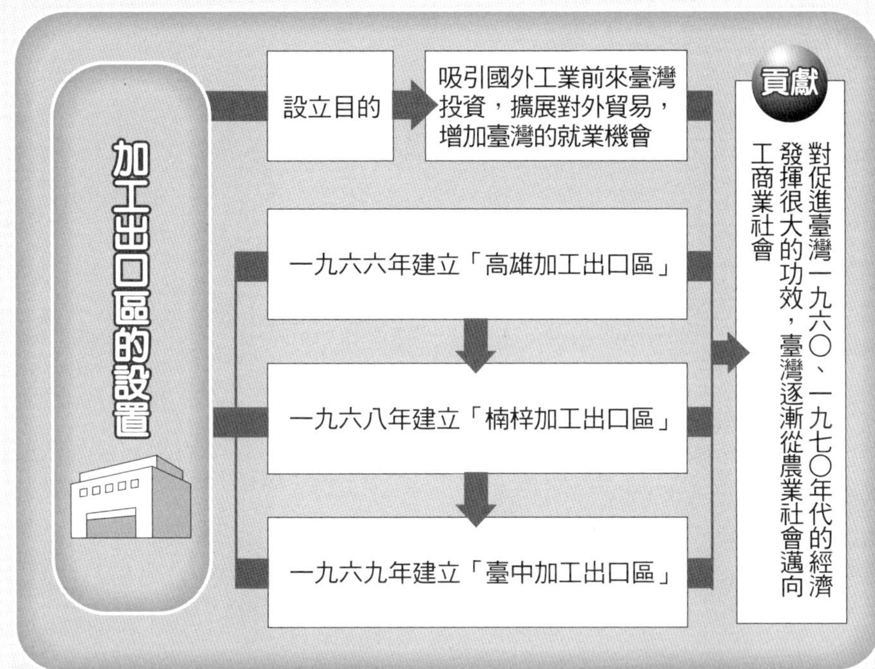

歌曲反應社會景況

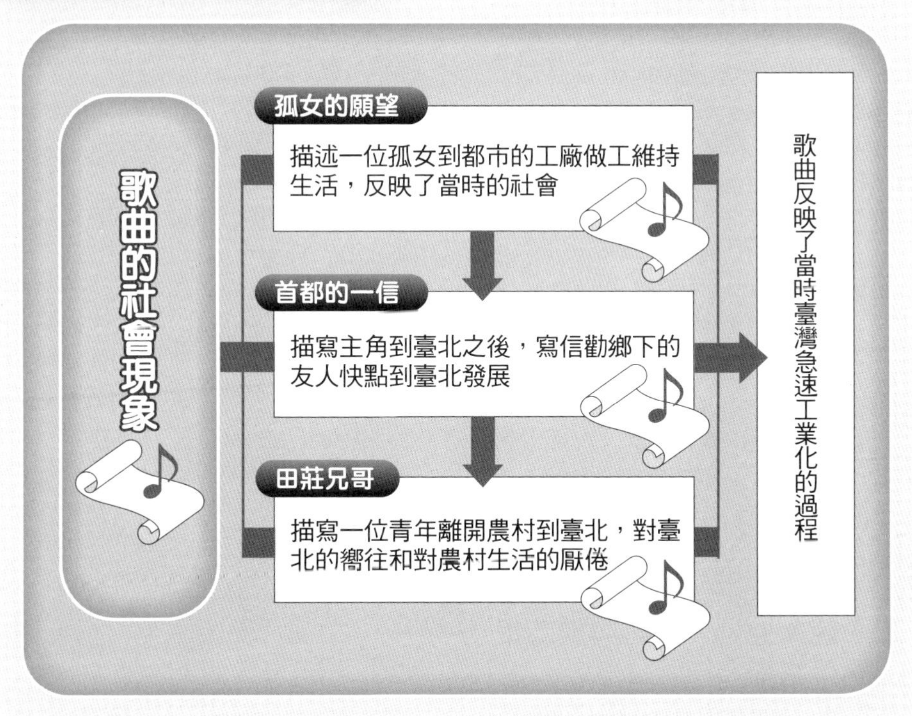

UNIT 11-5 客廳即工廠

（一）不要說沒有工廠

自從開始實施出口導向的經濟政策後，臺灣急速的工業化，吸引了許多鄉村的勞力集中到都市，使得從事農業的人口減少，城鄉差距也越拉越大；同時，由於外貿的發達，許多設立在社區裡的小工廠，接下外國訂單後卻又人手不足，無法完工。

一九七二年，謝東閔擔任臺灣省政府主席時，為了配合擴大外銷政策，推出「客廳即工廠」的口號，他說：「不要說沒有工廠，客廳就是工廠。」在他的一呼百應之下，客廳成為做塑膠花、聖誕樹等賺取外匯的地方。

不久，第一次石油危機發生，很多人因為工廠倒閉而失業，造成一股龐大的失業人潮，不過因為當時臺灣仍是以農業生產為主，所以農村吸納了很多失業的回歸人潮，「客廳即工廠」鼓勵在家代工，因而疏緩不小的失業壓力。一九七四年之後，石油危機的風暴逐漸遠離，全世界的景氣以非常快的速度向上爬升，很多工廠即使日以繼夜的拚命加工，訂單還是多到接不完。

「客廳即工廠」讓臺灣的生產力從工廠生產線延伸到每一個家庭，社區裡的小工廠因人手不足，將一些加工性質的工作發包給附近的家庭主婦，讓他們帶回家做，既不需要廠房，也比較省工資，因此，當時的臺灣社會，許多市鎮出現「客廳兼工廠」的景觀，婦女們帶著小孩，在自家的大廳做著工廠委託的按件計酬加工。

（二）芭比娃娃：工廠與加工相互搭配

陪伴五、六年級生長大的芭比娃娃，是多少少女夢想擁有的玩偶，臺灣曾經是芭比娃娃代工的重鎮。日本和美國在二次大戰結束後，進入經濟復甦的成長期，但礙於國內工資過高，亟需尋求海外加工生產基地，於是臺灣成為美國民生產業代工的重鎮，在眾多大廠中，生產芭比娃娃的美泰兒公司就在臺北縣泰山鄉設廠。

一九六七年，美商美泰兒公司在泰山鄉太平路成立了全世界規模最大的芭比代工廠「美寧工廠」。美寧工廠正職員工至少三千多人，採三班制，為泰山鄉帶來許多就業機會，每到下班時間，街道上可說是萬頭攢動，好不熱鬧，這樣的人潮也繁榮了當地的商圈，很多商家依附著工廠而生存。因為訂單過多，每天都在趕著出貨，生產部門應接不暇，因此就將芭比娃娃的縫紉、噴漆、植髮、梳髮等工作外包；所有的外包原料、模具到成品的品管，仍由美寧工廠負責提供和監督；芭比娃娃衣服的部分，則是由總公司剪裁好之後，提供給外包廠或家庭代工處理縫製。

在工廠和家庭代工的合作無間下，帶動了泰山鄉的龐大商機，工廠一天可以生產兩萬多個芭比娃娃，每到聖誕節時，為了要趕出貨量，所有空運出口的飛機只要還塞得下，從貨機機艙到機長室裡，所有空間都擺滿了芭比娃娃的商品。而這樣的經濟型態，讓臺灣的經濟加速起飛，穩坐亞洲四小龍之一的寶座。

客廳即工廠

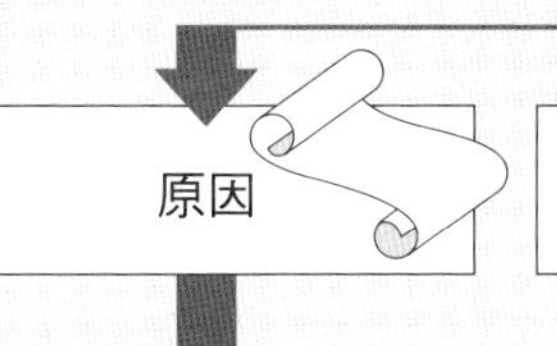

臺灣急速工業化，吸引鄉村的勞力集中到都市，拉大城鄉差距。也由於外貿的發達，許多開在社區的小工廠人手不足

一九七二年，謝東閔擔任臺灣省政府主席時，提出：「不要說沒有工廠，客廳就是工廠。」的口號

鼓勵在家代工，舒緩了因石油危機而引起的失業潮，臺灣的生產力從工廠的生產線延伸到每個家庭，成為臺灣經濟奇蹟的帶動者

工廠與代工相互搭配

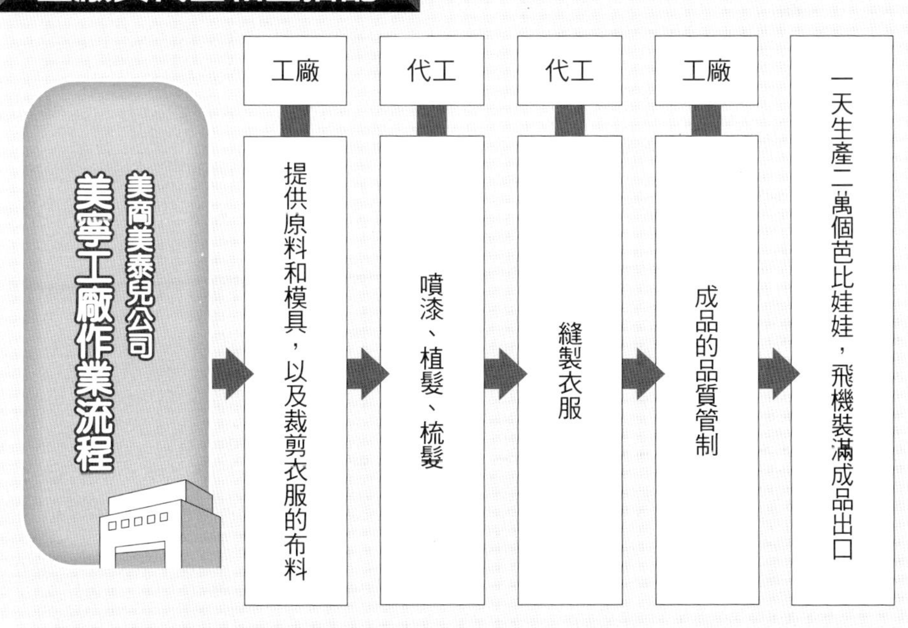

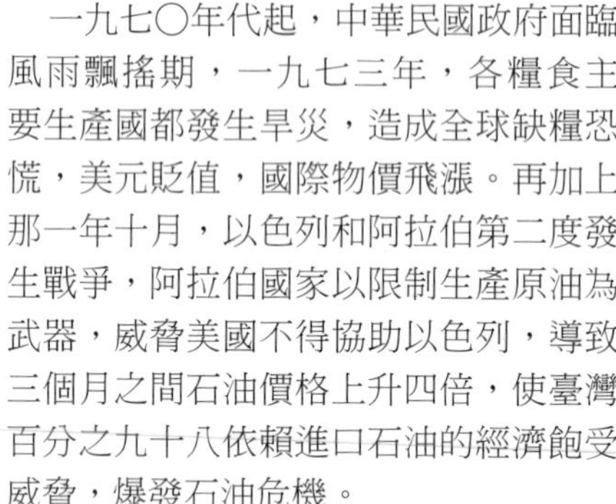

十大建設

(一)石油危機

一九七〇年代起，中華民國政府面臨風雨飄搖期，一九七三年，各糧食主要生產國都發生旱災，造成全球缺糧恐慌，美元貶值，國際物價飛漲。再加上那一年十月，以色列和阿拉伯第二度發生戰爭，阿拉伯國家以限制生產原油為武器，威脅美國不得協助以色列，導致三個月之間石油價格上升四倍，使臺灣百分之九十八依賴進口石油的經濟飽受威脅，爆發石油危機。

臺灣人民深切地感受到國際局勢帶來的變化，商店裡的價格早上、中午、晚上都不一樣，慌張的消費者大肆搶購衛生紙、油、鹽等日常用品，只要有貨，馬上就被搬走。　雖然經濟部長孫運璿在當年宣布穩定物價的十一項措施，對數十種產品採取議價、限價，以及維持油電原來價格，希望藉此安定人心，不過漲價的風暴並不因為這位經濟首長的苦心而平息，一九七三年底，農曆年關將至，搶購囤積蔚為風潮，情勢幾乎不可收拾。

(二)今天不做，明天就會後悔

見臺灣人心惶惶，那一年的農曆春節前夕，行政院長蔣經國在電視上發表談話，向臺灣人民宣布穩定經濟的措施方案，內容包括：做全國性的物價一次調整，汽油調高百分之八十，一般大眾巴士和漁船的柴油調升百分之五十，用電平均調高百分之八十，但是用電量在一百度之內的低收入家庭，電費維持原價；這項政策宣布不久後，物價就逐漸穩定下來。

不久，在能源危機、全球經濟衰退的雙重打擊下，工廠輕則減產，重則停工停業，大廠連年虧損陷入困境。有鑑於臺灣許多公共基本建設，如道路、港埠、機場、發電廠等尚且處於匱乏欠缺的狀態，再加上石油危機發生，導致臺灣物價上漲，為了提升總體經濟發展，政府開始規劃進行十個大型的基礎建設工作。

這在十大建設中，有六項是交通運輸建設，三項是重工業建設，一項為能源項目建設，分別是：中山高速公路、鐵路電氣化、北迴鐵路、桃園國際機場、臺中港、蘇澳港、中國造船廠、中國煉鋼廠、石油化學工業、核能發電廠等。一九七四年一月起陸續開工，五年內完成，預計投資總額達兩千兩百多億元。雖然執行之初，有人擔心會加重通貨膨脹，更懷疑政府是否有這種財力，蔣經國卻說：「今日不做，明天就會後悔。」

十大建設可以說是戰後臺灣第一次大規模的基礎建設，推動的目的在解決當時重大基本設施不足的問題，並提高經濟活動時的效率。十項建設中有七項是基本經濟建設，在國際經濟不景氣、民間投資意願低落的環境下，十項建設大量的公共投資，刺激了國內的需求，並發揮吸收失業人口、帶動經濟發展，以及培育人才的效用。

小博士解說

十二項建設

有了十大建設成功的激勵，一九八〇年代開始，政府繼續規劃各項基礎建設，稱為「十二項建設」。不同於較為重視重化工業的十大建設，十二項建設加入農業、文化、區域發展等方面的計畫，例如完成臺灣環島鐵路、興建東西橫貫公路、改善高雄和屏東的交通問題，以及在各縣市建立文化中心等。

十大建設的內容

十大建設的內容

中山高速公路
北起基隆，南至高雄，一九七一年八月開工，一九七八年十月完工通車

鐵路電氣化
實施範圍為西部縱貫線，一九七九年七月完工

北迴鐵路
使東部鐵路幹線和西部接軌，一九七九年十二月通車

桃園國際機場
建於桃園縣大園鄉，一九七九年二月完工

臺中港
解決中部沒有國際港口的問題，一九八三年六月完工

蘇澳港
為具備國際港口的功能而擴建，一九八三年六月完工

中國造船廠
座落於高雄小港區的臨海工業區，一九七五年建廠

中國煉鋼廠
位於高雄臨海第四工業區

石油化學工業
在高雄縣開發兩處石化工業區

核能發電廠
建造第一核能發電廠，於一九七八年完工

UNIT 11-7

新竹科學園區的成立

(一)國際經濟的挑戰

臺灣經濟從一九五〇年代的進口替代，歷經一九六〇、七〇年代的出口擴張，八〇年代之後，朝向發展高科技工業，工業產品朝資本密集、技術密集轉化。由於臺灣的經濟面臨一些新的課題，諸如工資的提高、地價的上漲、環保成本的增加，造成產業外移；加上國際環保主義的抬頭，臺幣升值等，臺灣不僅要面對勞力密集、出口導向的開發中國家之急起直追，而且還要與開發國家高科技產業競爭，因此，必須推動產業升級與相互配合的措施，新竹科學園區就是在這樣的時空背景下應運而生。

一九八〇年，政府在新竹建立科學園區，號稱如美國的矽谷，目的在引進和培養高級技術人才，把科學研究和實際生產結合，研發高級工業品，促進臺灣產業由勞力密集轉向技術密集。剛開始，進入園區的投資企業，免徵進出口稅、貨物稅、營業稅，外資企業本息利潤可以自由匯出。

(二)打造臺灣的矽谷

新竹科學園區創設的宗旨，在於建立和孕育我國高科技產業發展基地，塑造高品質的研發、生產、工作、生活、休閒的人性化環境。新竹科學園區從一九八〇年十二月十五日創立至今，政府總共投入超過一百八十億元經費在園區的軟、硬體建設，提供高科技產業集中發展的空間，這座科學園區從區域整體計畫，以至細部工程計畫、施工、公共設施等，都是由國人自行負責。

新竹科學工業園區隸屬行政院國家科學委員會，並根據「科學工業園區管理條例」的規定，凡投資的科學工業必須具備某些條件：除了能夠為臺灣培養更多的科學人才，公司還要有相當數量的研究儀器和設備，並且必須不會造成公害，由此就知道能夠進駐竹科的產業，必定是一時之選。政府透過設置新竹科學工業園區，把相關管理機構集中設置在同一區域，提升對於民間高科技產業的行政服務效率，進而支撐國內經濟發展，因此，新竹科學園區的成立具有指標性的地位和意義。

一九九九年九月二十一日，臺灣發生集集九二一大地震，新竹科學園區因停電而蒙受損失，引起國際重視，日本媒體大幅報導指出，新竹科學園區停擺一天相當於五十億元的損失，影響全世界個人電腦正常供應，可見竹科在臺灣乃至於全球高科技產業的地位。

新竹科學園區分布於新竹縣市和桃園縣，園區範圍不斷擴充，頗具有指標性意義。受到新竹科學園區發展成功的鼓舞，國科會於一九九五年二月，緊接著成立南部科學園區，於一九九七年七月八號正式運作，園區範圍分布於包括臺南、高雄、嘉義等地；二〇〇二年，開始籌備中部科學園區，園區範圍分布於臺中縣市、彰化縣及雲林縣等，預計二〇一二年完工啟用。其他由政府部門，如經濟部工業局、經濟部水利署或縣市各地方政府投資，以及民間企業投資設立的工業園區也不少，帶動臺灣整體工業經濟的發展。

新竹科學園區

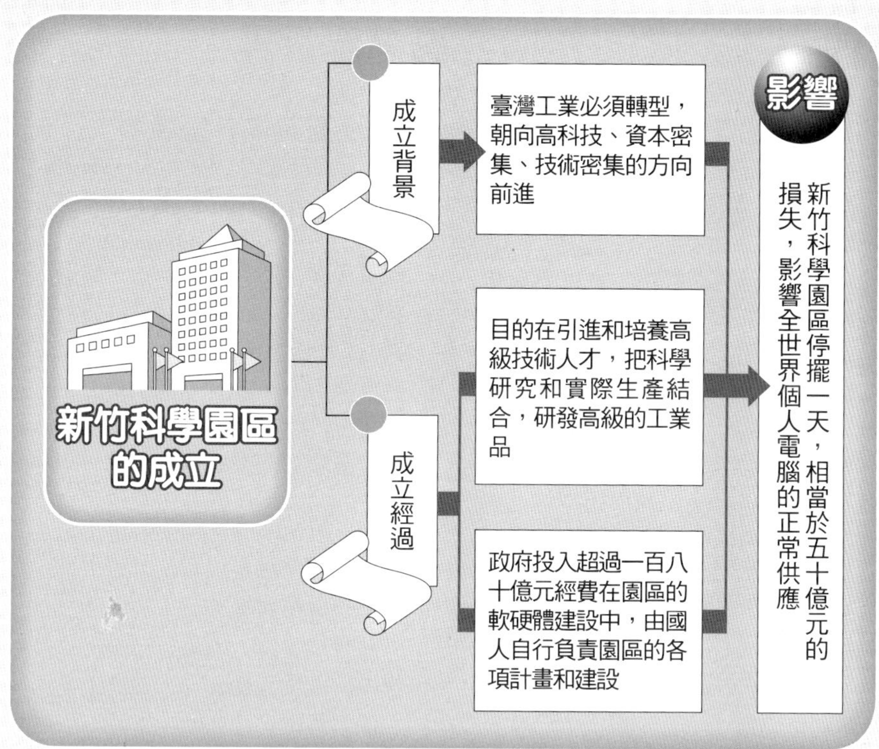

臺灣的科學園區

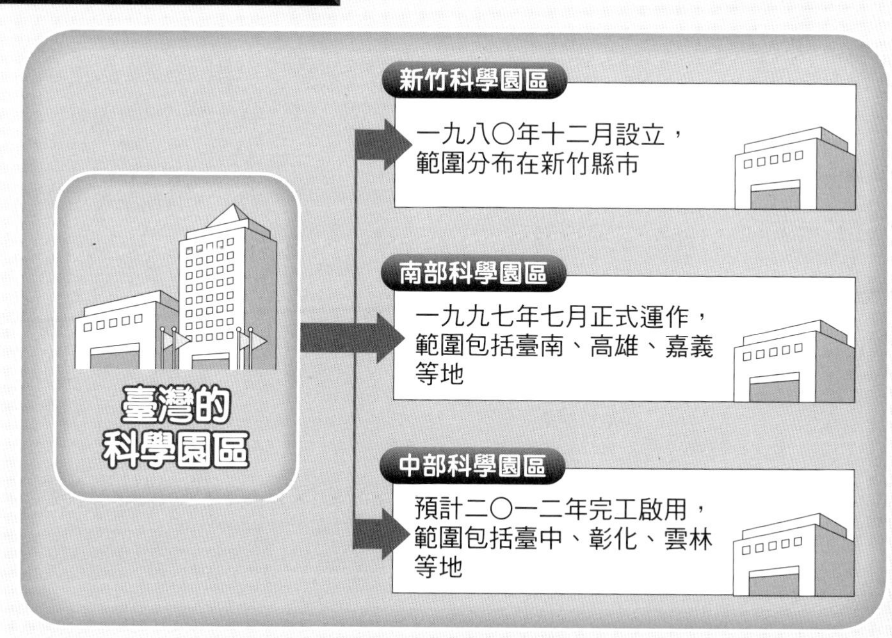

UNIT 11-8

Made in Taiwan聞名全世界

(一)攏是臺灣製造

喜愛臺式搖滾樂的朋友，對搖滾樂教父伍佰一定不陌生，他有一首歌叫作〈臺灣製造〉，歌詞是這樣唱的：「引擎日本來，韓德魯德國來，玻璃唯南非來，阿拉伯石油來，塑膠是漳州做，車體唯美國買，攏乎咱摻摻做伙，嘿咻嘿咻每臺攏是，臺灣製造，臺灣製造，隨人照號，臺灣製造。銅板羅西亞來，義大利太魯來，加拿大木材來，澳洲的石啊來，荷蘭的紅毛土，磚仔用臺南土，攏乎咱摻摻做伙，嘿咻嘿咻每間攏是臺灣製造，臺灣製造……」。

究竟臺灣有哪些能耐，從一九七〇年代的鞋類和電扇，一九八〇年代的網球拍和自行車，一九九〇年代的個人電腦和印刷電路板，一直到現在，仍有至少十八項產品在全世界的市場占有率排名第一名呢！以自行車為例，一九五〇年代，在進口替代的政策下，由國家扶持，管制自行車與零件的出口，甚至全面禁止自行車出口，造就了大東、臺灣自行車、臺灣機械、伍順等四大車廠的崛起。

一九六〇年代的出口導向政策，政府開始輔導廠商，舉辦國際性的自行車展，成功的讓伍聯公司拿到印尼的訂單，自行車產業從此開始走向外銷。伍聯公司靠著現代化的機械設備和技術，帶領臺灣自行車業蓬勃發展。一九八一年，臺灣捷安特公司成立，朝品牌、行銷、研發、製造等整合路線，走向自行車高單價產品的成功典範。整體來說，一九八六年自行車出口量為一千零二十三萬臺，比起一九七〇年代初期成長近四十倍，平均單價近四十一美元，一九九一年，年出口值更突破十億美元。

(二)臺灣為什麼重要

二〇〇五年五月十六日，美國的《商業週刊》刊出一篇文章：〈臺灣為什麼重要〉（Why Taiwan matters），具體指出臺灣在世界經濟體系下的重要性。報導中指出，如果想知道暗藏世界經濟的中心，就要來一趟臺灣，開車駕駛在臺灣中山高速公路上。乍看之下，這條高速公路與其他國家沒什麼不同，卻是一條全球化的高速公路。路的開端是臺北的內湖高科技園區，走到新竹之後，那裡有臺灣兩間著名的大學（清華、交通），以及臺灣的高級研究中心和世界著名的科學園區。

沿著這條路，還可以通到世界最重要的技術成套裝備公司，他們是美國知名大廠的關鍵供應商，在世界占有重要的角色。

臺灣的電子業實力，在許多重要市場中享有極高的占有率，臺灣是全球第一大晶圓代工者，市場占有率達百分之七十，產值為八十九億美元；也是第一大筆記型電腦供應者，市場占有率百分之七十二，產值二百二十億美元；也是第一大液晶顯示螢幕供應者，市場占有率達百分之六十八，產值一百四十億美元；也是第二大伺服器供應者，市場占有率百分之三十三，產值十八億美元；也是第二大數位相機供應者，市場占有率百分之三十四，產值二十億美元等。除了電子代工業外，還有許多臺灣企業在關鍵零組件的自行研發，以及自創品牌與設計的努力，轉向高單價、高附加價值發展的成就。

攏是臺灣製造

MIT

聞名全世界的臺灣產品

一九七〇年代	一九八〇年代	一九九〇年代
鞋類、電扇	網球拍、自行車	個人電腦、印刷電路板

臺灣至少有十八項產品在全世界的市場占有率排名第一，最廣為熟悉的是電子業

臺灣為什麼重要

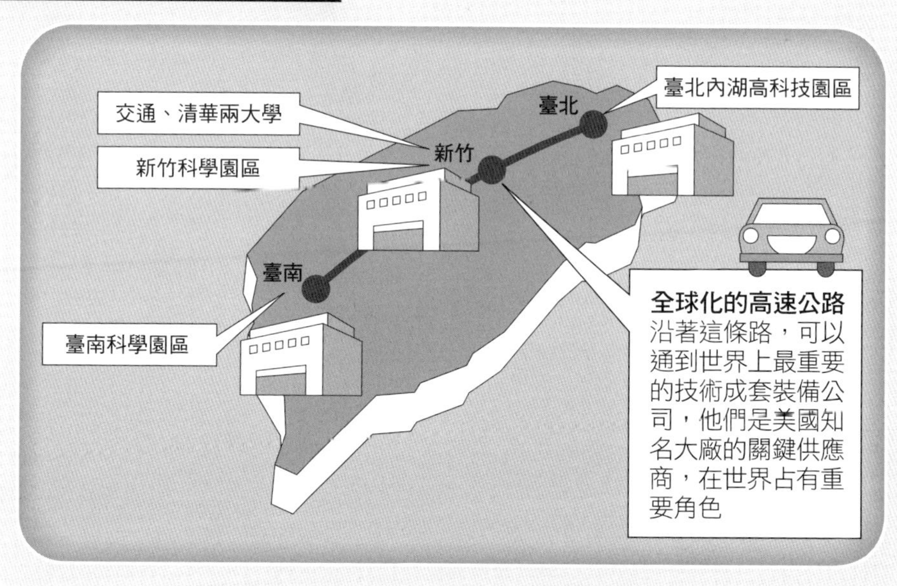

學習重點

1. 能了解戰後國民政府的語言和教育政策
2. 能了解戰後時代氛圍下臺灣校園民歌和電影的發展
3. 能了解戰後臺灣流行文化的演進過程
4. 能了解戰後臺灣文化的舊意涵與新風貌

導讀

臺灣在一九七〇年代以前，教育和文化特色走向較為偏重於中國化，國民政府設置國語推行委員會推行國語，鼓吹中國文化，文壇的主流也以反共文學為主，樂壇上則有校園民歌的產生。一九八〇年代之後，臺灣出現了鄉土文學論戰，積極為本土文學發聲，電影產業則出現臺灣新電影運動，題材走向本土與現實，或是改編自文學作品。傳統的布袋戲和媽祖慶典等，則是隨著時間的演變也與時俱進，加入了嶄新的元素。

戰後的教育與文化

章節體系架構 

UNIT 12-1 國語推行委員會

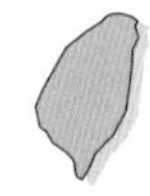

(一)組織變遷

一九四六年四月二日，陳儀派行政長官公署設立臺灣省國語推行委員會，作為推行國語的核心機關，負責國語教育的研究、編輯、訓練、輔導、實驗等各項任務；到了一九四七年五月，行政長官公署改組為臺灣省政府，國語推行委員會由與公署教育處平行的直屬機關變成新設教育廳的所屬機關。一九四八年以後，各縣市設立國語推行委員會，會裡設專職的國語推行員，鄉鎮設國語補習班，由黨政和教育機關聯合推動，以掃除文盲為訴求，動員基層民眾學習國語，教師和公務員則必須強制參加國語進修測驗。

一九五九年七月一日，臺灣省國語推行委員會歸併到臺灣省政府教育廳，從獨立的所屬機關變成廳長兼主任委員的任務編組臺灣省政府教育廳國語推行委員會，許多工作也由教育部國語推行委員會接手。一九九九年六月三十日，臺灣省政府教育廳隨著精省走進歷史，一九九九年七月一日，臺灣中央政府成立教育部中部辦公室，國語業務歸併到教育部國語推行委員會。

(二)推行國語運動

相信五、六年級生，對小學時期因為不小心講出方言，而必須掛狗牌的事情還感到記憶猶新。一九四六年十月，政府廢止日文的報紙和公文書，禁止作家以日語寫作發表，鼓勵臺灣各地舉辦國語教學活動，致力於揚棄日語，推廣國語的活動。國語推行委員會成立之後，更是扮演主導角色，負責審查民間書刊，許多以日文刊載的文章遭到禁止。

二二八事件之後，臺灣省政府對日語和日語書刊的管制更為嚴格；一九四九年，國民政府來臺，臺灣省教育廳更在一九五〇年訂定「臺灣省非常時期教育綱領實施辦法」，嚴厲加強國語運動的推行，排除本土方言的使用，舉凡學校、運動會、電影院、街頭宣傳等，一律禁止使用方言或日語，本土語言和文化被宣傳成「沒水準」，學校還會實行嚴苛的賞罰制度，說「方言」要受很嚴厲的責罰，例如：罰錢、脖子掛牌示眾、打屁股、打手心等。

國語推行委員會雖然完成普及國語的任務，卻造成了「臺灣語言生態失衡現象」，直到二〇〇三年二月，教育部通過「語言平等法」草案，規定國家語言包括：華語、臺語、客家話，以及十一種原住民語，並規定政府不得以公權力限制各種語言和文字的使用，才改變戰後以來「國語」獨大的壟斷現象。

小博士解說

「語言平等法」草案

二〇〇三年二月通過的「語言平等法」草案，將華語、客家話、臺語及原住民族語言，都明定在國家語言的範疇。原住民族語言有阿美族語、泰雅族語、排灣族語、布農族語、卑南族語、魯凱族語、鄒族語、賽夏族語、雅美族語、邵族語、噶瑪蘭族語等十一種，隨著原住民族的認定情況，語言可能再增加。

「語言平等法」草案打破過往華語獨大的情形，立法精神在於肯定所有語言均是平等，國家必須包容、尊重語言的多樣性，維護並保障國民在日常生活當中，有使用本族語言的權利。

組織變遷

國語推行委員會的組織變遷

- **1946年4月**：陳儀派行政長官公署設立臺灣省國語推行委員會
- **1947年5月**：國語推行委員會轉屬臺灣省教育廳
- **1948年**：臺灣各地設立國語推行委員會
- **1959年7月**：組織改變為臺灣省政府教育廳國語推行委員會

推行國語的措施

推行國語的措施

- 廢止以日文撰寫文章、日文的報紙和公文書

- 排除方言的使用，學校還制訂嚴格的罰則處罰講方言的學生

- 學校、運動會、電影院、街頭宣傳等一律使用國語

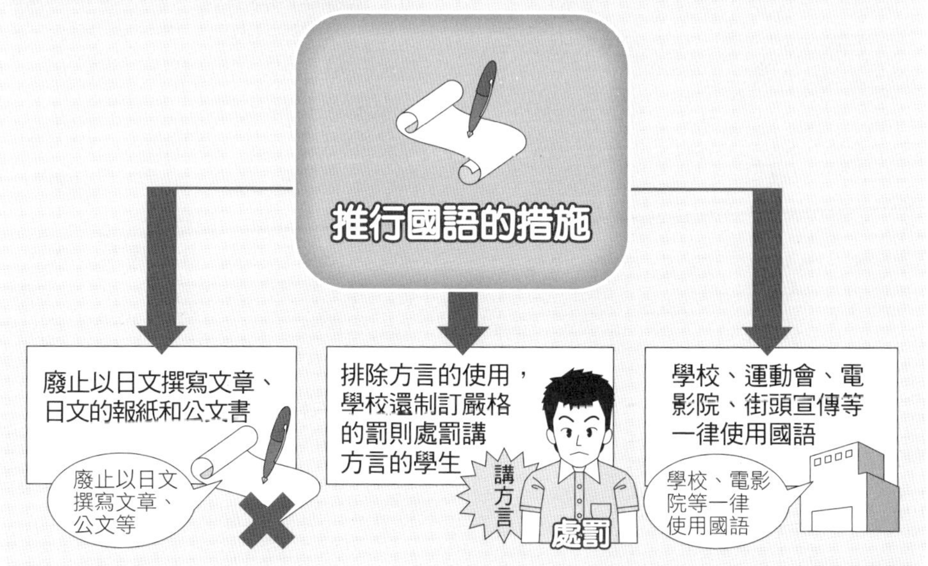

UNIT 12-2 戰後四大臺語名曲

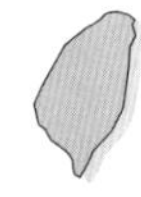

(一)臺語歌的歷史

日治時期的臺語流行歌曲傳唱，從一九三二年到一九三九年，只有僅僅八年而已，後來因為總督府積極推行皇民化運動，開始實施新臺灣音樂，規定臺灣的曲調也得用日語歌詞來演唱，這段時間，臺語歌完全被禁止。戰後，理論上應該是臺語歌大舉「復活」的好時機，但是由於國民政府實施國語政策，這段時間的臺語新歌也很少，只有幾首歌被留下來。不過，雖然留下來的臺語歌曲數量不多，卻首首具有代表性，可以反應當時社會的脈動，唱出時代的見證。這個階段有四首最為出名，分別是〈望你早歸〉、〈補破網〉、〈燒肉粽〉及〈杯底不可飼金魚〉等四首。

(二)四大金曲

第一首是〈望你早歸〉前文已經介紹過，原來是描述失戀女子的歌曲，但由於是發表在臺籍日本兵大量被徵召於海外戰爭結束之後，能夠從海外戰地安全回到臺灣的人少之又少，自然觸動了久別重逢人們的心弦。

第二首是〈補破網〉一九四八年由李臨秋作詞、王雲峰作曲，「看著網，目眶紅，破甲這大孔，想要補，無半項，誰人知阮苦痛；今日若將這來放，是永遠無希望，為著前途鑽活縫，找傢司補破網」，雖然戰爭結束，但是大家期待的國泰民安日子卻沒有到來，盟軍轟炸後的臺灣，處處斷垣殘壁，而在一九四七年春天發生的二二八事件又使臺灣社會為之動盪。

這首歌原本是描述愛情失意的情歌，卻貼切地反應了那個時代苦悶的心聲，當時的臺灣社會宛如一張破網，亟待大家同心協力縫補它。不過，因為歌詞意境過於悲傷，〈補破網〉被列為禁歌，直到一九七七年才解禁。

第三首歌是〈燒肉粽〉，一九四九年張邱東松作詞。「自悲自歎歹命人，父母本來真疼痛，乎我讀書幾落冬，出業頭路無半項，暫時來賣燒肉粽，燒肉粽，燒肉粽，賣燒肉粽！要做生理真困難，若無本錢做抉動，不正行為是不通，所以暫時做這款，今（擔）著認真賣肉粽，燒肉粽，燒肉粽，賣燒肉粽！」這首歌描述一個市井小民的生活，作詞人將大環境中小市民的現實生活，活靈活現地寫入歌中。

第四首歌是〈杯底不可飼金魚〉，「飲啦！杯底不可飼金魚，好漢剖腹來相見，拚一步，爽快麼值錢，飲啦！杯底不可飼金魚，興到食酒免揀時，情投意合上歡喜……」一九四九年，由呂泉生作詞。

二二八事變發生時，呂泉生在臺灣廣播電臺擔任演藝股長，他的長官不是外省籍，就是「半山」（從唐山回來的臺灣人），但是大家絲毫沒有省籍情結，相處融洽，事變之後，臺灣民眾要求電臺重要職務應該改由臺灣人擔任，呂泉生莫名其妙的被任命為廣播主任，但是他以不會寫國字、不會講國語為理由，硬是不肯接，二十一師到臺灣之後，局勢逆轉，被封為主管的臺灣人一一被捕入獄，只有他倖免於難。後來，國共戰事勝敗底定，國民政府撤退來臺灣，臺灣的形勢變得非常險峻，呂泉生有感於生命共同體的重要性，希望大家擠在這座島嶼上，不再有省籍歧見，於是執筆寫下了這首歌。

四大名曲歌詞

望你早歸

詞：那卡諾　曲：楊三郎

每日思念你一人　袂得通相見　親像鴛鴦水鴨不時相隨　無疑會來拆分離　牛郎織女因兩人　每年有相會　怎樣你若一去全然無回　放捨阮孤單一回 那是黃昏月娘欲出來的時　加添阮心內悲哀　你要佮阮離開彼一日　也是月欲出來的時　阮只好來拜託月娘　替阮講乎伊知 講阮每日悲傷流目屎　希望你早一日轉來

補破網

詞：李臨秋　曲：王雲峰

見著網，目眶紅，破甲即大孔，想要補，無半項，誰人知阮苦痛，今日若將這來放，是永遠無希望，為著前途罔活動，找傢司補破網。手提網，頭就重 悽慘阮一人，意中人，走叨藏 針線來逗幫忙，孤不利終罔珍重 舉網針接西東，天河用線做橋板 全精神補破網。魚入網，好年冬 歌詩滿漁港，阻風雨，駛孤帆 阮勞力無了工，　兩邊天晴魚滿港 最快樂咱雙人，今日團圓心花香，從今免補破網。

燒肉粽

詞：張邱東松　曲：張邱東松

自悲自嘆歹命人，父母本來真疼痛，乎我讀書幾落冬，出業頭路無半項，暫時來賣燒肉粽，燒肉粽，燒肉粽，賣燒肉粽，欲做生理真困難，若無本錢做袂動，不正行為是不通，所以暫時做這款，今著認真賣肉粽，燒肉粽，燒肉粽，賣燒肉粽，物件一日一日貴，厝肉頭嘴這大堆，雙腳行到欲稱腿，遇著無銷上克虧，認真再賣燒肉粽，燒肉粽，燒肉，賣燒肉粽，欲做大來不敢望，欲做小來又無空。更深風冷腳手凍，啥人知阮的苦痛。環境迫阮賣肉粽，燒肉粽，燒肉粽，賣燒肉粽。

杯底不可飼金魚

詞：呂泉生　曲：呂泉生

飲啦！杯底不可飼金魚，好漢剖腹來相見，拚一步，爽快麼值錢，飲啦！杯底不可飼金魚，興到食酒免揀時，情投意合上歡喜，杯底不可飼金魚，朋友弟兄無議論，欲哭欲笑據在伊，心情鬱卒若無透，等待何時咱的天，哈哈哈哈！醉落去年杯底不可飼金魚啊。

UNIT 12-3

九年國民義務教育

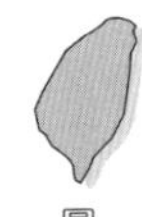

(一)實施背景

國民黨政府來臺後，基於地方自治制度的成功推行，社會經濟發展皆有成長，因而對實施的六年義務教育感到不足，一九六七年，在國父紀念月會上，蔣中正總統提出推行九年國民義務教育的計畫，藉以提升全民知識水準。臺灣省政府主席黃杰也認為，為了要讓「惡性補習」成為歷史名詞，必須實施九年國民教育，讓國小畢業學生一律免試進入國中就學，按社區分發就讀。

事實上，第二次世界大戰之後，世界各國就競相延長國民義務教育年限，加上一九六七年，臺灣的國民小學學齡兒童就學率已經達到百分之九十七點五二，依照聯合國教科文組織議定的原則，凡是學齡兒童就學率達百分之七十以上的國家，就必須考慮延長義務教育的年限。在這樣的時空背景之下，臺灣延長義務教育年限的時間可說是相當的成熟，由於金門地區已經先在一九六三年試行九年國民教育，成效頗佳，因此政府遂決定以金門的經驗為範本，將九年國民教育推行到全臺灣。

(二)實施經過

一九六七年七月十四日，教育部提出「九年義務教育實施綱要草案」；隔年一月十九日，立法院通過「九年國民教育實施條例」，一月二十九日正式公布，成為九年國民教育的法源依據。隨後「臺灣省九年國民教育推行委員會」成立，由黃杰擔任主任委員，各縣市成立推行委員會，負責各縣市九年國民教育的籌畫準備事宜。九年國民教育的推行分為國民小學以及國民中學兩個階段，將原本的國民學校改稱為國民小學，原本的初中改稱為國民中學。國民小學的教育目標在「國民道德的培養，身心健康的訓練，並授以生活必須的基本知識技能，而以發展健全人格，培育健全國民為實施中心」。

國民中學教育則是以思想教育、人格教育，及職業教育為主，以啟發學生立志向上、愛國自強之精神，並強調對國民的基本知識、民族文化的淵源，及自由與法治、處世與接物的分際，職業技能與一般事務管理的學習，使學生能夠認識責任和義務，並且能夠實踐不欺不妄的準則。於是，在這樣的政策之下，一個影響臺灣百年教育大計的政策，便迅速地在提出計畫後第二年實施，一九六八年，全國的國民中學如期開辦，奠定了臺灣國民教育發展的基礎。

由於九年國民教育實施過於倉促，而生出不少問題，取消國民中學的入學考試，所有的小學畢業生都可以入學，卻因此很多地方必須設立新的學校，或是擴充原有學校的規模，導致教學的空間、資源、師資等出現嚴重的短缺，衍生出如師資系統混亂、不適任教師濫竽充數、班級人數過多、教學資源貧瘠等弊端。

小博士解說

十二年國民基本教育

臺灣推動九年國民教育四十年之後，仍存在著城鄉差距、資源分配不均及升學壓力過重等教育問題。為了解決現階段教育困境，一八八二年，政府開始推動實施十二年國民基本教育；至民國一百年元旦，總統馬英九於文告中明確宣示，民國一〇三年實施高中職學生全面免學費，大部分免試入學的政策，昭示著九年國民教育即將走入歷史。

九年義務教育的實施

九年義務教育的實施

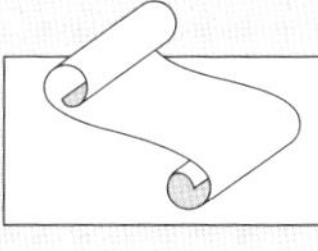

實施經過

一九六七年教育部提出「九年義務教育實施綱要草案」

成立「臺灣省九年國民教育推行委員會」

分為國民小學和國民中學兩階段

奠定國民教育發展基礎

實施背景

① 基於地方自治制度推行之後，社會、經濟有所發展，因而對六年義務教育感到不足

② 為使臺灣學子免於「惡性補習」

③ 根據聯合國教科文組織的原則，臺灣地區學齡兒童入學率已達百分之九十七．五二，可以考慮延長義務教育的年限

實施過於倉促的弊端

過於倉促的弊端

- 教學空間、資源、師資短缺
- 師資系統混亂
- 不適任教師濫竽充數

UNIT 12-4

半夜三更棒球熱

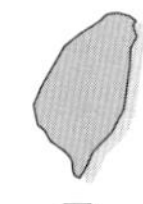

（一）臺灣棒球的誕生

如果講到棒球，相信大多數的臺灣人會立刻熱血沸騰，心中立即把優秀選手和中華隊歷年的好成績數過一遍。每當有國際賽事時，更會群聚在大螢幕前，為中華隊加油打氣，凝聚出一股不可思議的力量。

臺灣的棒球運動起源於日治時期，一九〇六年三月，臺灣出現了第一支正式棒球隊：臺灣總督府中學校棒球隊，是由臺灣總督府國語學校中學校長田中敬一主導成立。不久，國語學校師範部也成立一支棒球隊，當年春天，兩支隊伍進行比賽，雙方戰成平手，以五比五和局，這可能是臺灣棒球史上有正式紀錄的第一場比賽。隨後，成淵學校、臺北工業學校、臺北商業學校也陸續組織棒球隊，之後，棒球運動從北部向南部延伸，再發展到中部，最後才到東部。

在一九二八年，出現了一支在臺灣棒球史上占有一席地位的棒球隊：由臺灣公立嘉義農林學校成立的嘉義農林棒球隊，一九三一年，嘉農在日本甲子園名將近藤兵太郎的調教下，勇奪甲子園大賽的臺灣代表權，打破當時臺灣棒壇「冠軍錦旗不過濁水溪」的傳統。除了一九三一年外，嘉農尚曾在一九三三年、一九三五年春、夏兩次及一九三六年，前後總共五次打進甲子園大賽，是臺灣棒球史早期非常重要的一支棒球勁旅。

（二）呷飽看野球

從一九四五年臺灣光復到一九六〇年代間，臺灣的棒球運動是非常熱絡的，「呷飽看野球」成了人們生活的一部分。一九六〇年代之後，臺灣進入三級棒球的年代，三級指的是少棒、青少棒和青棒。一九七〇年代是臺灣經濟起飛的時代，也是臺灣三級棒球狂飆，整個臺灣社會陷入棒球民族主義狂熱的年代。一九六八年八月二十五日，來自後山，名不見經傳的紅葉國小棒球隊，大敗才剛獲得世界少棒冠軍的日本和歌山調布少棒隊，使得臺灣的棒球運動重新發光發熱。

隔年，一九六九年，金龍少棒隊不但獲得遠東地區代表權，並且參加美國少棒聯盟在威廉波特舉辦的世界少棒錦標賽，一舉奪得冠軍。雖然威廉波特的少棒錦標賽比較傾向夏令營似的交流活動，卻是臺灣得到的第一個世界冠軍，不僅使臺灣棒壇受到鼓舞，對於當時受到外在國際局勢不利影響下的臺灣民心士氣，也產生莫大的激勵作用。金龍少棒隊凱旋歸國時，球員在臺北市以車隊遊街，數萬市民爭睹，主戰投手許金木甚至被媒體稱為民族英雄。從此之後，棒球在臺灣不再只是棒球，成為民族力量的展現，每一位棒球選手都被媒體稱為「棒打洋人」的民族英雄。

之後，隨著各級球隊在國際賽事的勝利，臺灣人藉由棒球凝聚民族自信心，那時候臺灣的男男女女，幾乎都有熬夜看越洋轉播，獲勝後全城鞭炮徹夜燃放慶祝的共同記憶。直到今日，中華棒球隊在國際的各級賽事，仍然是報章媒體和臺灣人民關注的焦點。

臺灣棒球的誕生

臺灣棒球的誕生

1906年6月
出現第一支正式的棒球隊——「臺灣總督府中學校棒球隊」

1928年
嘉義農林學校成為嘉義農林棒球隊

1931年
嘉義農林棒球隊勇奪甲子園大賽的臺灣代表權

1933、1935、1936年
嘉農前後五次打進甲子園大賽

三冠王的時代

呷飽看野球

1968年8月
紅葉國小棒球隊大敗日本和歌山山調布棒球隊 → 使臺灣掀起紅葉旋風

1969年
金龍少棒隊獲得遠東地區代表權，並且在威廉波特奪得冠軍
- → 是臺灣得到的第一個棒球冠軍
- → 不但臺灣棒壇受到鼓舞，對在國際受到打壓的臺灣民心士氣也有鼓舞作用
- → 金龍少棒隊歸國以車隊遊街時，受到國人熱情歡迎，主戰投手許金木被稱為「民族英雄」

UNIT 12-5

校園民歌的時代

(一)校園民歌序幕

在一九七〇年代之前，臺灣年青人喜愛的音樂主流是西洋音樂，一九七〇年代，為了鼓勵優良歌曲創作，今視有限公司與歌林股份有限公司音樂出版部合作製播音樂節目「金曲獎」，由中國電視公司播出，一九七二年，美國總統尼克森訪問中華人民共和國，外交上的刺激，觸發了部分歌手「用自己的語言，創作自己的歌曲」的想法，並喊出「唱自己的歌」的口號。

(二)校園民歌的開始

一九七五年夏天，楊弦辦「現代民謠創作演唱會」，一九七六年，淡江大學一場民歌演唱會上，演出的曲目都是西洋熱門歌曲，歌手李雙澤很不以為然，彈唱起〈西風的話〉、〈補破網〉，更在臺上拋開可樂瓶，高聲的喊：「為什麼我們唱的都是西洋作品？我們自己的作品在哪裡？」就這樣，李雙澤的振臂一呼，揭開校園民歌的序幕。

「新民謠運動」由大專院校流行到大眾社會，而有「校園歌曲」之稱。臺灣校園民歌發展重要的推手是廣播人陶曉清，她開放自己的節目讓年輕的音樂創作者有一個發表的平臺，一九七七年，陶曉清邀請楊弦等八位歌手灌錄了唱片《我們的歌》，帶動了校園民歌風潮。之後，新格唱片公司推出「金韻獎」，海山唱片公司緊接著創辦「民謠風」，這兩項民歌創作比賽，將民歌帶向商業化，而在民歌獎項中脫穎而出的創作者，更為以後的臺灣唱片市場打下基礎。早期的校園民歌旋律清新自然、歌詞樸素，並有濃厚的中國風和大學校園氣味，代表性作品有家喻戶曉的〈龍的傳人〉，作者為侯德建，首唱者為李建復。一九七〇年代後期，臺灣社會運動風起雲湧，在侯德建、羅大佑、李泰祥等人加入下，校園民歌多了人文關懷和社會責任，歌詞多是知名作家三毛、余光中、席慕容、蔣勳等人的作品，民歌運動達到前所未有的迴響。

(三)「大學城」的時代

一九八一年，臺灣電視公司製作了電視史上，第一個專為大專院校同學設計的電視節目——「大學城」，提供年輕學子一個展現各項才藝的電視舞臺，由於反應熱烈，主辦單位舉辦了「大學城全國大專創作歌謠比賽」。一九八四年三月二十九日，青年節當天，第一屆大學城歌謠比賽在高雄市立體育館舉辦，來自各校的同學們演唱自己編寫的歌曲，盛況空前，成為當時熱門的話題，校園民歌由此進入「大學城時代」。大學城歌謠比賽總共舉辦十屆，培育多位臺灣幕前、幕後傑出的歌手及音樂工作者：例如：張清芳、涂佩岑、江明學、薛忠銘、范怡文、丁曉雯、錢幽蘭、林隆璇等人。

(四)校園民歌沒落

一九八〇年代末期開始，隨著開放黨禁、解嚴與本土化運動興起，臺灣的大學與知識界氣氛轉向批判中國文化霸權、爭論鄉土文學與中華文化異同，「校園民歌」中隱藏的中國風格、單純清新的文學氣息，與新興的回歸臺灣本土文化格格不入；加上一九九〇年代中期，唱片業者以獲利為導向，美歐兩地的影音產品大舉進入臺灣，校園民歌樸素的內容難以與時代和市場趨勢搭配，因而逐漸沒落。

代表性的校園民歌

懷古與歷史：「龍的傳人」

「遙遠的東方有一條江，它的名字就叫長江，遙遠的東方有一條河，它的名字就叫黃河……」

鄉愁：「歸人沙城」

「細雨微潤著沙城，輕輕將年少滴落，回首凝視著沙河，慢慢將眼淚擦乾……」

鄉愁：「鄉愁四韻」

「給我一瓢長江水啊長江水，酒一樣的長江水，那醉酒的滋味是鄉愁的滋味……」

文化經驗：「廟會」

「歡鑼喜鼓咚得隆咚鏘，鈸鐃穿雲霄，盤柱青龍探頭望，石獅笑張嘴……」

臺灣常民生活：「外婆的澎湖灣」

「晚風輕拂澎湖灣，白浪逐沙灘，沒有椰林綴斜陽，只是一片海藍藍……」

流浪、告別與回歸：「橄欖樹」

「不要問我從那裡來，我的故鄉在遠方，為甚麼流浪，流浪遠方流浪……」

遺忘：「為何夢見他」

「為何夢見他，那好久好久以前分手的男孩，又來到我夢中，為何夢見他，這男孩在我日記簿裡，早已不留下痕跡……」

童年童稚：「捉泥鰍」

「池塘的水滿了，雨也停了，田邊的稀泥裡，到處是泥鰍，天天我等著你，等著你捉泥鰍，大哥哥好不好，咱們去捉泥鰍……」

自然懷想：「蘭花草」

「我從山中來，帶著蘭花草，種在校園中，希望花開早……」

友情：「偶然」

「偶然，就是那麼的偶然，讓我們並肩坐在一起，唱一首我們的歌……」

愛情：「野百合的春天」

「彷彿就像一場夢，我們如此短暫的相逢，你像一陣春風輕輕柔柔吹入我心中……」

UNIT 12-6 臺灣電影的發展

(一)健康寫實電影

臺灣人看電影的體驗很早就開始了，當時還是日治時期，就如同看野臺戲和布袋戲般，到戲院看電影，是臺灣庶民生活重要的娛樂活動，電影提供的想像空間正好成為經濟蕭條、政治緊張時期人民心情煩悶的避風港。

一九六三年三月二十五日，龔弘接任中影公司總經理，他看了李行導演的《街頭巷尾》之後，認為內容寫實，全片溫暖人心，還有奮發向上的勵志精神，又認為李嘉拍攝的《海埔春潮》，不僅海上畫面唯美，更蘊含了海埔新生地人定勝天的美好遠景，因此提出健康寫實的電影製作路線，一方面採取歐美寫實主義電影的拍攝風格，一方面避免暴露社會的黑暗面。

健康寫實電影的第一砲是劉昌博編劇的《蚵女》，取材蚵田特殊的風光景觀，充滿臺灣的鄉土色彩，加上優異的彩色攝影技術，令人耳目一新。之後，李行奉命籌拍《養鴨人家》，以臺灣鄉土的大自然風光，烘托中國人傳統敦厚的人倫孝道和親情，同樣深受市場歡迎，帶動國語劇情片的製作水準，甚至開拓了臺製國語影片的海外華人市場。本土化和鄉土化是健康寫實電影的特色，無不扣緊臺灣社會發展的脈絡，以更貼切的表現手法呈現現實的臺灣社會風貌，這些電影都肯定人性光輝、社會光明的一面，以達到社會教化的功能。

(二)臺灣新電影

一九八〇年代，臺灣電影有了一波新的發展，宋楚瑜上任新聞局長後，試圖提升臺灣電影的文化形象，強調鄉土文學，反應生活，由是開啟了臺灣新電影的風潮。臺灣新電影一方面刻畫市井小民的生活狀態，同時呈現這批三十歲左右導演的臺灣經驗，重要的導演包括侯孝賢、楊德昌、張毅、陳坤厚、萬仁、柯一正等人，他們在幕前相互支援，並大量啟用新人和業餘演員。

一九八二年，楊德昌被中影任用為導演，與柯一正、張毅、陶德辰合拍《光陰的故事》，題材各方面的創新嘗試，被公認為「臺灣新電影」的濫觴。一九八三年，侯孝賢與萬仁、曾壯祥合拍《兒子的大玩偶》，深刻描述臺灣社會底層的生活，為臺灣新電影開啟新的紀元。

新電影以臺灣社會轉型的過程、國民的生活習慣以及觀念的改變為題材，與臺灣由農業社會轉變為工業社會的脈動相連結，不但博得新一代觀眾喜歡，也符合老一代觀眾的懷舊心理，《油麻菜籽》、《海灘的一天》、《童年往事》、《我這樣過了一生》、《兒子的大玩偶》、《老莫的第二個春天》等，本土化寫實風格強烈的新電影，彌補了健康寫實電影只看光明面的缺失。

新電影的出現，提高了臺灣電影的製作品質，讓臺灣新電影與世界電影接軌，《悲情城市》得到威尼斯影展最佳影片金獅獎，獲得各電影先進國家的肯定，自此之後，臺灣電影也在國際大放異彩。

健康寫實電影

代表性的健康寫實電影

《街頭巷尾》

一九六三年出品，李行執導，描寫一個違章建築大雜院裡，一群小人物的眾生相，洋溢著彼此關切的溫情

《海埔春潮》

一九六一年出品，李嘉執導，捕捉了海埔新生地人定勝天的美好遠景

《蚵女》

一九六四年出品，李嘉、李行聯合執導，收蚵大場面氣派非凡，穿插波光粼粼的水面倒映，呈現臺灣鄉土特有的風情

《養鴨人家》

一九六四年出品，李行執導，以臺灣鄉土的大自然風光，描述中國人傳統敦厚的人倫孝道和親情，在純樸的臺灣鄉土味中，洋溢著崇高的人道主義的精神

臺灣新電影

代表性的臺灣新電影

《光陰的故事》

一九八二年出品，楊德昌執導，描寫五〇年代至八〇年代的臺灣故事。分別以小學、中學、大學、社會人為主角，訴說成長帶來的喜悅，還有歲月的流逝所帶來的無力感

《兒子的大玩偶》

一九八三年出品，侯孝賢執導，描述早期臺灣民眾艱困的生活環境，從幾位卑微的小人物所面臨的在工作和生活的無奈

《油麻菜籽》

一九八四年出品，萬仁執導，描述臺灣女性的傳統婦道觀念，宛如「油麻菜籽」一般僅能隨遇而安，永遠逃不出宿命的安排

《青梅竹馬》

一九八五年出品，楊德昌執導，描述一隊青梅竹馬的戀人在臺北生活的痕跡，以及傳統與現代思維的衝突

《戀戀風塵》

一九八六年出品，侯孝賢執導，刻畫青少年成長所面臨的抉擇與難題

《悲情城市》

一九八九年出品，侯孝賢執導，描寫二二八事件的電影作品，播出之後使臺北縣的山中小鎮——「九份」，一炮而紅

《喜宴》

一九九三年出品，李安執導，使李安立足於國際影壇的一部作品，最大特色是以中國人特有的倫理觀點來處理同性戀的問題

UNIT 12-7 鄉土文學論戰

(一)鄉土文學論戰的背景

早在日治時期，鄉土文學論戰就曾經出現過，當時黃石輝主張「用臺灣話作文、用臺灣話作詩、用臺灣話作小說、用臺灣話作歌謠，描寫臺灣的事物」，不過也有人反對鄉土文學，認為內容沒有時代性、階級性，也不知道屬於何種形式，尤其，他們更不主張用臺灣白話詩作，因為臺灣白話文分歧不一，主張以中國白話文來普及，這兩派的論戰爭論數年依然沒有結果。

直到國民政府撤退臺灣後，對臺灣進行全方位的掌控，文藝創作方面也有一套官方政策，提倡「反共文學」，鼓吹「戰鬥文藝」，具有明顯的統治者色彩。不過，到了一九七〇年代之後，歷經釣魚臺事件、退出聯合國、尼克森訪問中國，日臺斷交等外交事件，臺灣國際地位越來越孤立，再加上臺灣經濟自由化和國際化，企業資本體制造成臺灣社會中富階級、勞資糾紛、環境汙染等問題，這些衝擊使得國人回歸鄉土的呼聲高漲，再加上反共懷鄉文學及西化移植的文學出現了僵化、虛幻的流弊，這與廣大民眾的實際生活距離過於遙遠，逐漸開始又有回歸鄉土的呼聲。

(二)鄉土文學論戰的開始

一九六五年，葉石濤在《文星》雜誌上發表一篇文章，提出「臺灣」和「鄉土」相互關聯的觀點。接著，鍾肇政陸續完成「臺灣人三部曲」的長河小說，他從臺灣歷史小說取材，反應臺灣人的抗爭精神，在這之後，許多反應當時臺灣社會，尤其是從農業進入工業社會的作品開始多了起來，像是：黃春明的《莎呦那拉．再見》、《鑼》、《兒子的大玩偶》；陳映真的《第一件差事》、《將軍族》；王禎和的《嫁妝一牛車》；王拓的《金水嬸》、《望君早歸》等。

不過，這些社會寫實作品看在一些以統治者文藝政策為依歸的主流文人眼中，是相當不健康的，而且明顯是在醜化社會，因此招來了一些討伐的聲音。反對者認為大陸和臺灣本來就是一體，作家必須擴大視野，例如：作家華子夏便提倡「三民主義文學」，建議「不可醜化社會」。

但是這些引來本土派作家的反擊，一九七七年，葉石濤發表〈臺灣鄉土文學史導論〉這篇文章，主張臺灣的鄉土文學應該是以「臺灣為中心」而寫出來的作品，不料，卻被國民黨作家朱西甯抨擊，認為在這片曾被日本占領半個世紀的鄉土，質疑對民族文化的忠誠度，掀起了激烈的鄉土文學論戰。鄉土文學論戰的影響不僅反應在文學作品上，關懷本土、回歸鄉土的主張，對其他電影、美術等也造成深遠的影響。

小博士解說

臺灣人三部曲

臺灣人三部曲是文學家鍾肇政的作品，描述臺人抗日歷史的三個階段。第一部《沉淪》：描寫清政府割讓臺灣時，臺灣人奮勇抵抗日軍入侵的經過；第二部《滄溟行》：再現日治中期臺灣人的抗日風貌；第三部《插天山之歌》：以戰後臺灣為時代背景，描寫陸志驤自東京潛回臺灣，從事祕密抗日工作，由於被日軍追緝，因此隱身於插天山的故事。作品不但反映了日治時期和戰後初期，臺灣人民的痛苦和抗爭，也充分表現當時臺灣知識分子的徬徨和憧憬。

鄉土文學論戰

- 日治時期即有黃石輝主張用臺灣話作文、作詩和寫小說
- 一九七〇年代之後，歷經釣魚臺事件、退出聯合國、尼克森訪問中國、日臺斷交等外交事件，臺灣國際地位越來越孤立
- 臺灣社會問題層出不窮，使國人回歸鄉土的呼聲高漲
- 反共文學和西化文學出現了僵化、虛幻的流弊

鄉土文學重要作品

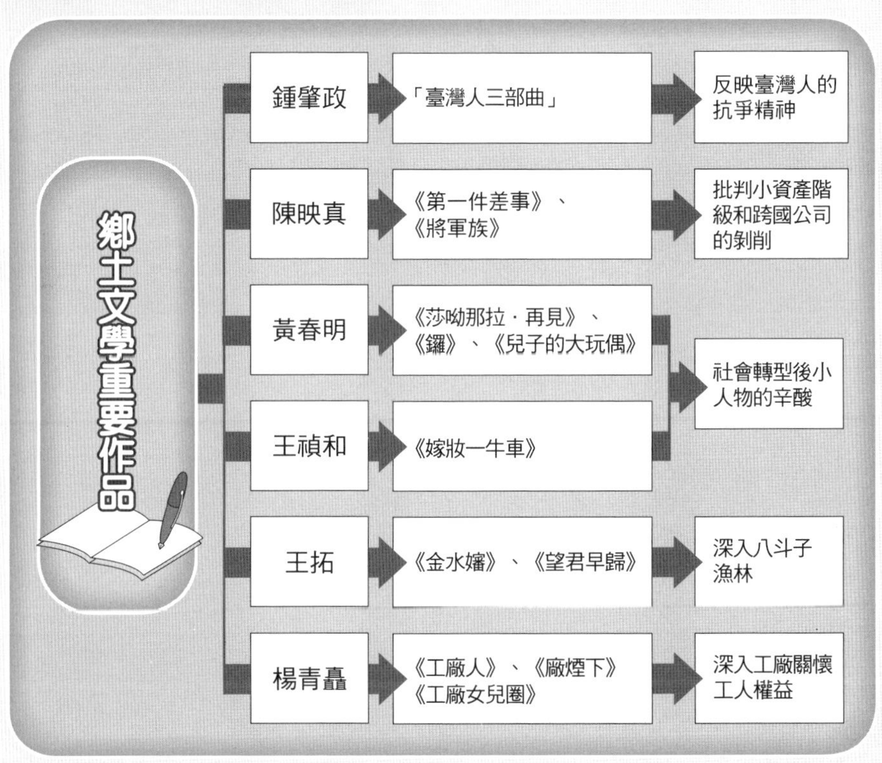

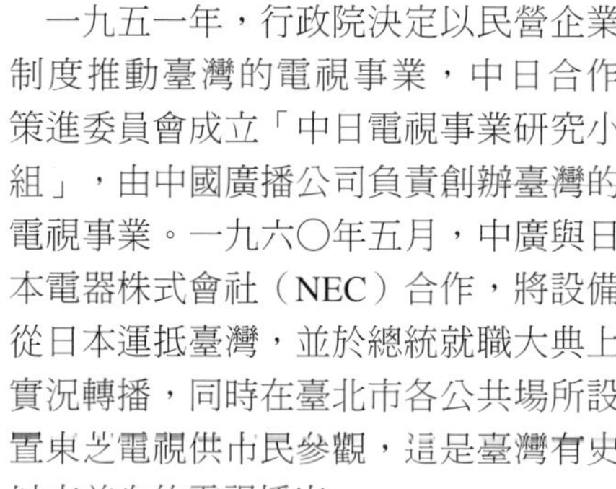

UNIT 12-8 電視臺開播

(一)臺視開播

一九五一年，行政院決定以民營企業制度推動臺灣的電視事業，中日合作策進委員會成立「中日電視事業研究小組」，由中國廣播公司負責創辦臺灣的電視事業。一九六〇年五月，中廣與日本電器株式會社（NEC）合作，將設備從日本運抵臺灣，並於總統就職大典上實況轉播，同時在臺北市各公共場所設置東芝電視供市民參觀，這是臺灣有史以來首次的電視播出。

一九六一年二月二十八日，臺灣省政府委員會通過由臺灣省政府新聞處負責籌畫推動成立臺灣電視公司，一九六二年四月二十八日，臺灣電視公司正式成立，十月三日，開始試播節目七天，呼號為「BET-21」，每日試播時間為下午六時整至八時整，五日下午五時整，在臺北賓館舉行酒會慶祝試播，十日十二時整，在蔣宋美齡的按鈕下正式開播。

開播當天下午七時起，晚間節目首次播出。七點開始播出十五分鐘開播儀式的實況影片，接著播出總統文告及慶祝國慶典禮特輯影片，八點播出新聞及氣象，然後開始播出卡通片、國語歌曲、影片、憲兵康樂隊表演、「開國五十年」影片等，等到十一點，預告隔天的節目表然後收播。

對現代人來說，電視是一個再普通不過的家電，不過，對當時物資極為缺乏的臺灣人來說，看電視可是一個新鮮無比的娛樂，當時一臺黑白電視機的售價大約臺幣五千元，能買得起的人沒幾個，許多孩子常常下了課，吃飽飯，趕快跑去有電視人家的窗子外面占一個位子，為了看好節目，忍著不敢去上廁所，深怕位子被別人搶走。

(二)婆婆媽媽的最愛：連續劇

原本臺灣只有三家無線電視臺，一九九〇年代之後，媒體禁令解除，有線電視急遽增加，為了搶奪收視率，各臺競爭激烈，連續劇成為一大指標。一九六九年，自臺灣第一齣連續劇《晶晶》開始，電視連續劇就大受觀眾歡迎，不論是武俠劇、愛情連續劇，或是鄉土劇，只要播出時間一到，觀眾必定準時坐在電視機前面觀賞，情緒隨劇情而激盪起伏，第二天還會成為茶餘飯後的話題。

一九七三年，華視播出由儀銘主演的《包青天》，曾經創下連演三百五十集的驚人紀錄；一九七四年秋天播出的武俠劇《保鏢》，更是讓每晚八點到九點半間，街頭巷尾空無一人，因為此時大家都齊聚在電視前。到了一九九八年，民視播出《春天後母心》，掀起八點檔臺語鄉土劇的熱潮。之後，隨著有線電視的發展，臺灣觀眾接收各國電視節目的機會增加，國外影集、日劇、韓劇大受歡迎，也給了觀眾更多不同的選擇。

尤其是到了一九九〇年代，臺灣掀起哈日風，從《東京愛情故事》開始，日劇攻占有線電視臺，收視率每每令臺產戲劇忘塵莫及，而後，仿效日劇的韓國偶像劇也攻進臺灣，隨著社會越趨多元，還有電視臺的開放，臺灣民眾看連續劇也有了更多元的選擇。

臺視開播

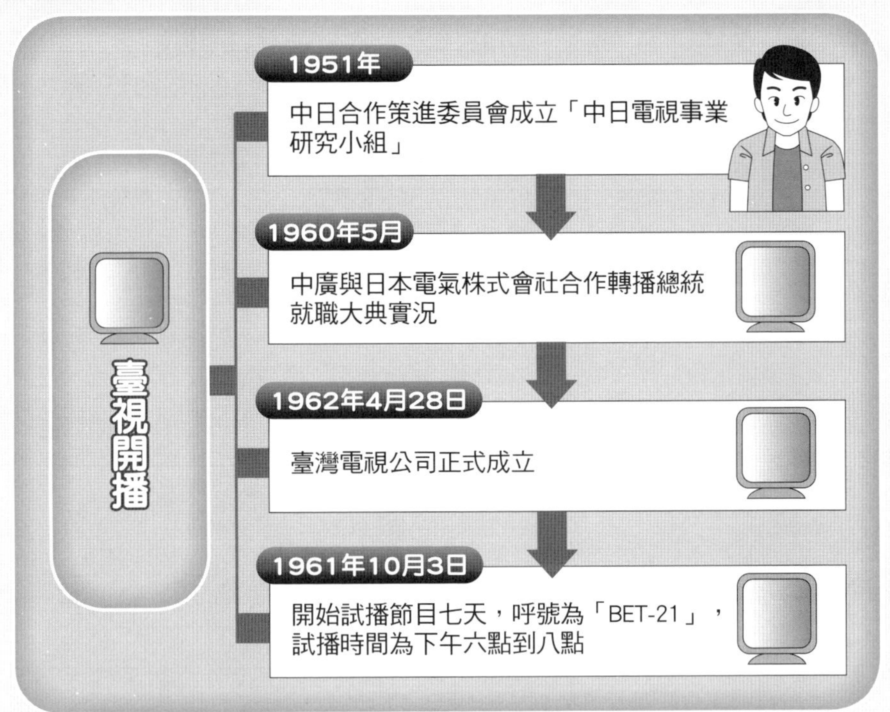

臺視開播
1951年
中日合作策進委員會成立「中日電視事業研究小組」
1960年5月
中廣與日本電氣株式會社合作轉播總統就職大典實況
1962年4月28日
臺灣電視公司正式成立
1961年10月3日
開始試播節目七天，呼號為「BET-21」，試播時間為下午六點到八點

臺灣的連續劇

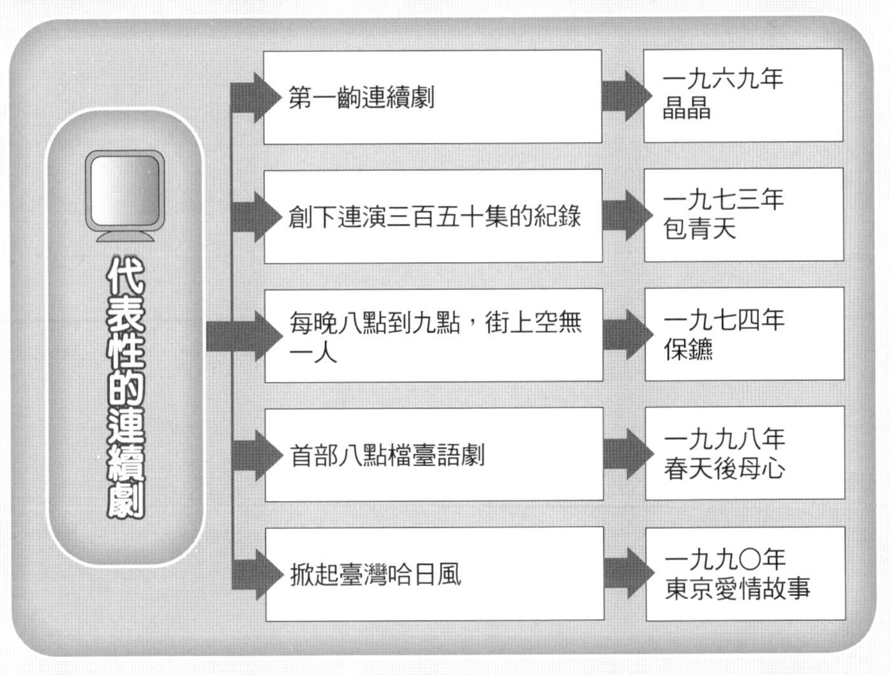

代表性的連續劇
第一齣連續劇
一九六九年
晶晶
創下連演三百五十集的紀錄
一九七三年
包青天
每晚八點到九點，街上空無一人
一九七四年
保鑣
首部八點檔臺語劇
一九九八年
春天後母心
掀起臺灣哈日風
一九九〇年
東京愛情故事

UNIT 12-9

轟動武林驚動萬教：霹靂布袋戲

（一）布袋戲的由來

布袋戲又稱掌中戲，明朝末年發源於中國南方，清朝中葉以後隨著閩南移民到臺灣，歷經百餘年的發展，成為道地的臺灣本土文化。在電視聲光媒體進駐臺灣之前，布袋戲「一人笑談千古事，十指搬弄百萬兵」，寓人生深刻意義於掌中布偶的戲碼，風靡了無數臺灣人。長期以來，布袋戲在大城小鎮中，發揮宗教、娛樂與教化民心的功能，成為這塊土地子民的共同財產，可說是相當具有代表性的臺灣民間藝術。

（二）史豔文到素還真

一九二五年，黃海岱自組「五洲園」，一九五一年，黃海岱五十一歲的時候，他的兒子黃俊雄十九歲，學成出師，演出開臺戲《史豔文》，展開了五洲園布袋戲團的輝煌時代。一九七〇年， 黃俊雄領導的劇團在臺灣電視公司演出《雲州大儒俠史豔文》，締造出收視率高達百分之九十以上的紀錄。敘述主角史豔文帶領中原群俠對抗藏鏡人等反派人物的故事，黃俊雄布袋戲將木偶變大，且各有個性和獨特的造型，在當時造成一股旋風。小學生為了看布袋戲而蹺課、農人要看完劇情才肯下田耕作，用電量在布袋戲播出時段驟增，路上計程車也少了一半，很多人的綽號不是兩齒就是劉三，全臺灣沉浸在布袋戲的旋風裡。

不過，節目紅即會惹來麻煩，連續半年的時間，臺視每個月都收到一疊冥紙，表達播出以臺語發音的布袋戲強烈不滿；接著，來自新聞檢查單位的干涉，又讓《雲州大儒俠》播播停停，從一九七〇年三月二日至一九七四年六月十六日，總計播出四百多集後，就被行政院新聞局以「妨害農工商正常作息及兒童教育」，及以臺語劇播出與當時推行國語運動有衝突，要求電視臺先審劇本，通過才能開拍，但每次都無法通過，最後只好停播。

雖然史豔文從電視臺消失，黃家的布袋戲可沒因此絕跡，到一九八〇年代，黃氏家族又發展出一種電視布袋戲，叫作「霹靂布袋戲」。這次採長篇單元劇方式演出，每齣劇集名稱前皆冠以「霹靂」兩字，劇情延伸自金光布袋戲雲州大儒俠，但完全脫出原有架構自成一個獨立的故事，創造出劇中人物素還真與一頁書兩號響噹噹的人物。

霹靂布袋戲吸引了廣大的觀眾，劇中主要人物成為不少觀眾的偶像，發展至今，培養了龐大的戲迷，周邊商品包括木偶、劇集原聲帶、電腦、線上遊戲及其他人物商品等帶來龐大的商機。

小博士解說

素還真

素還真是霹靂布袋戲戲分最重的主角，「半神、半聖、亦半仙」的出場詩，是該戲劇中最經典的代表作，他原本僅是武林中的重要角色之一，卻隨著劇情的發展，逐漸成為「正道」的中心領袖，是霹靂布袋戲系列中貫串全局、多線劇情的主線。

相較於一九七〇年代史豔文樸質剛正的個性，素還真行事較為圓滑，並且幽默風趣，是以智謀而非武功取勝，從中也可看出布袋戲迷的喜好似乎正逐漸改變中。

五洲園布袋戲

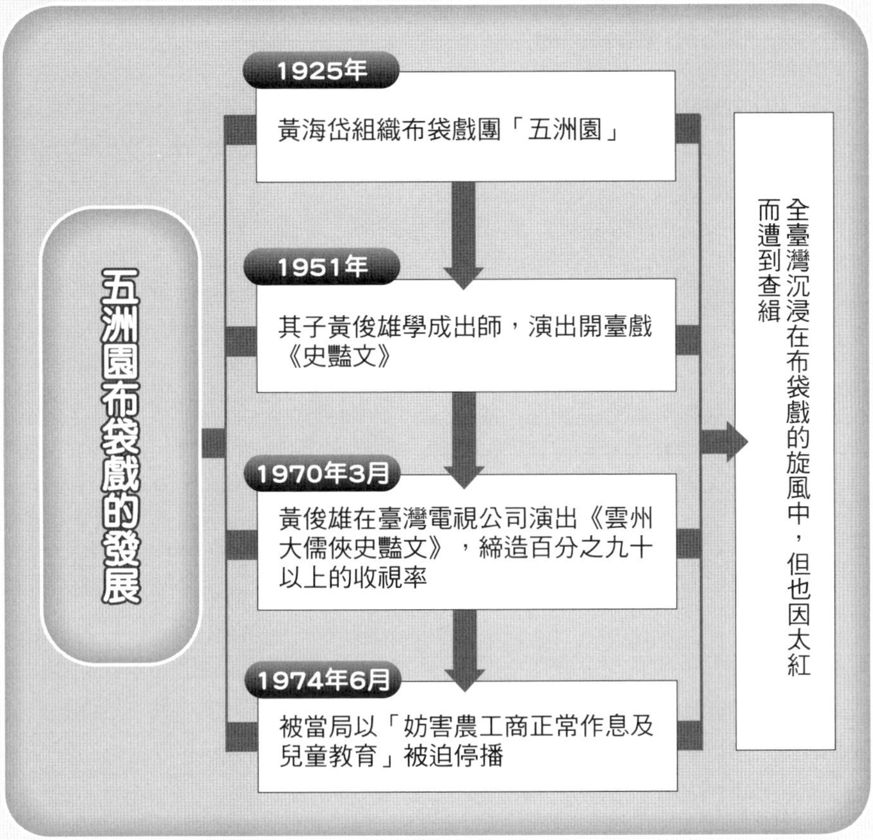

五洲園布袋戲的發展
1925年
黃海岱組織布袋戲團「五洲園」
1951年
其子黃俊雄學成出師，演出開臺戲《史豔文》
1970年3月
黃俊雄在臺灣電視公司演出《雲州大儒俠史豔文》，締造百分之九十以上的收視率
1974年6月
被當局以「妨害農工商正常作息及兒童教育」被迫停播
全臺灣沉浸在布袋戲的旋風中，但也因太紅而遭到查緝

霹靂布袋戲

霹靂布袋戲的發展
演出方式
長篇單元劇
名稱由來
每齣劇集名稱前接冠上霹靂二字
著名人物
素還真、一頁書
培養了廣大死忠戲迷，開發木偶、原聲帶、線上遊戲等周邊商品

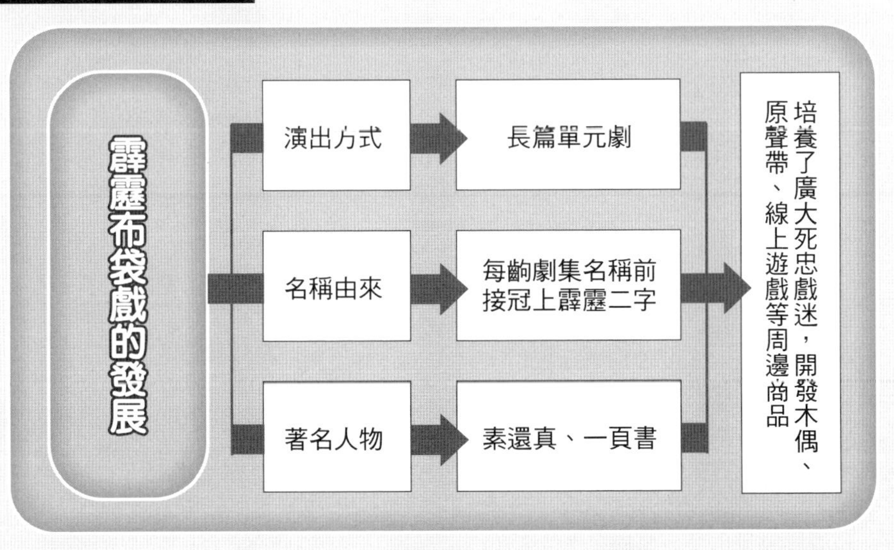

UNIT 12-10 三月瘋媽祖

(一)臺灣的守護神

媽祖是臺灣民間信仰中海上的守護神，早期漢人移民渡海來臺，漂洋過海開墾相當艱辛，為了祈禱此行一路平安，故非常仰賴媽祖的庇佑。奉祀神明是移民們得到安全感的方法，廟宇成了漢人聚落發展的重要據點，又因為臺灣頗多靠海吃飯的漁民，普遍奉祀媽祖，媽祖香火隨著新廟或分香廟宇不斷地繁衍擴展，成為臺灣人普遍信仰的神明。而又因為媽祖的誕辰在農曆的三月二十三日，為了感念媽祖一年來的護佑，各地媽祖廟都會舉辦各項廟會活動慶祝，所以「三月瘋媽祖」這句話，正是在形容臺灣人在每年農曆三月所掀起的媽祖熱。臺灣人對媽祖的崇拜，從清朝移民社會開始至今不衰。

日治前期，由於工商活動的發達，臺灣社會的宗教活動走過一段輝煌期，但是一九三〇年代末期，由於皇民化與戰爭造成的物資缺乏，祭祀活動受到嚴重的影響，甚至停止舉行，隨後總督府發起「寺廟整理運動」，為符合一庄一廟的原則，必須將「多餘的神」集合燒毀，日人將此舉稱做「諸神升天」，雖然讓臺灣的宗教活動受到打壓，並未打擊臺灣人對神明的虔誠信仰，戰爭空襲時，民眾也是在「媽祖接炸彈」的傳說中，尋找安身立命的憑藉。

(二)與時俱進的遶境活動

戰爭結束之後，宗教活動逐漸恢復，更隨著戰後臺灣經濟的復甦，逐漸有擴大之勢。臺灣各類媽祖的廟會慶典中，規模最大、知名度最高的慶典，莫過於臺中縣大甲鎮瀾宮全程八天七夜、長約三百公里，超過十萬人參與的大甲媽祖遶境進香活動。一七三〇年，福建省莆田縣湄洲林永興，自湄洲祖廟奉請天上聖母神像來臺，在大甲定居，地方人士見香火鼎盛而建廟奉祀，一七八七年，正式定名為「鎮瀾宮」。

鎮瀾宮媽祖遶境活動由來已久，在清朝時期，就有到湄洲進香的活動，一直延續到日治時期因大安港廢港，並且總督府嚴禁臺海兩岸往來而停頓。後來，鎮瀾宮改往北港進香，至一九八八年，改往嘉義新港奉天宮進香。每年農曆三月盛大舉辦的「大甲媽祖遶境進香」活動，發展至今，在廟方苦心經營下，不但政商雲集，還引起國際媒體的注意與報導，甚至有觀光客從世界各地前來共襄盛舉，體會臺灣民間信仰的虔誠與熱力。這樣的盛況，造就了鎮瀾宮媽祖的傳奇，更被列名為世界三大宗教活動之一。

近年來，由於網際網路發達，在觀光局和廟方積極地推廣下，媽祖從廟宇移駕到虛擬網路，在鎮瀾宮專屬的媽祖網站中，不但可以線上抽籤、拜拜，還可以下載媽祖聖歌，就連媽祖神轎都裝了GPS衛星定位系統，在世界的任何一個角落，都可以追蹤大甲媽祖最新的位置和路線。

歷經百年的媽祖遶境活動，經過時間的變遷，一躍成為混合科技和文化元素，集拜拜、展演、觀光、消費於一身的「大甲媽祖國際觀光文化節」。新時代的媽祖依舊是臺灣人的信仰中心，但結合了商業行銷、交通設施等，開展了信仰的新功能，不但是眾人注目的焦點，也是現代文化的新領域。

三月瘋媽祖

媽祖是海上的守護神，受到漢人熱烈崇拜，香火隨著新廟或分香出去的廟不斷擴展。每年農曆的三月二十三日，是媽祖的誕辰，各地媽祖廟會舉辦廟會活動慶祝，因而有「三月瘋媽祖」的說法

廟會活動

大甲鎮瀾宮遶境活動的變遷

一七三〇年	一七八七年	一九八八年
湄洲人林永興自湄洲奉請天上聖母神像來臺，在大甲定居，建廟奉祀	正式定名為「鎮瀾宮」，並有到湄洲進香的活動	改往嘉義新港奉天宮進香，成為「大甲媽祖遶境進香」活動

在參加的人政商雲集，和國際媒體的注意與報導下，造就每年數以萬計的人潮，被列名為世界三大宗教活動之一

一六〇四年八月	荷蘭提督韋麻郎率領荷蘭艦隊進入澎湖。
一六二四年八月	荷蘭人進入大員，在島上建立熱蘭遮城。
一六二五年	荷蘭人在赤崁建立普羅民遮城。
一六二六年五月	西班牙人進入北臺灣，在雞籠建築聖薩爾瓦多城。
一六二八年七月	西班牙人進取淡水，在當地建築聖多明哥城。
一六四二年八月	荷軍北上進攻西班牙人，西班牙人戰敗撤出北臺灣。
一六五二年八月	郭懷一事件爆發。
一六六一年三月	鄭成功揮兵進取大員，三十日登陸鹿耳門
一六六一年五月	鄭成功定臺灣為東都，赤崁為承天府，置天興、萬年二縣。
一六六一年十二月	荷蘭長官揆一投降，荷蘭人退出臺灣。
一六六六年一月	臺灣首座文廟在臺南落成。
一六七二年六月	鄭經與英國東印度公司簽訂通商協約。
一六八一年一月	鄭經卒，馮錫範殺鄭克臧，由鄭克塽繼位。
一六八三年八月	鄭克塽降清。
一六八三年十二月	施琅上「臺灣棄留疏」，極力建議康熙皇帝將臺灣歸入帝國版圖。
一六八四年	清廷發布渡臺禁令。
一七〇九年	「陳賴章」墾號獲准開發「大佳臘」地區，是臺北盆地正式開墾的開始。
一七一九年	彰化地區大租戶施世榜建築八堡圳。
一七二一年四月	朱一貴豎旗起事號稱「中興大元帥」，是為朱一貴事件。
一七二二年	臺灣首度劃定「番」界。
一七二三年	張達京被任命為岸裡社總通事。
一七二五年	三位閩南鉅商分別組織北郊蘇萬利、南郊金永順、港郊李勝興，視為臺南三郊。
一七三一年	張達京偕同岸裡社土官潘敦仔帶領社內鄉勇平定大甲西社之亂。
一七三三年	中部六館業戶與潘敦仔簽訂割地換水條約，興築葫蘆墩圳。
一七五〇年	林秀俊組織「林天成」墾號開墾新莊平原。
一七五五年	林秀俊開闢大安圳。
一七八六年六月	林爽文事件爆發。
一七九六年	吳沙率領一千餘人大舉入墾噶瑪蘭地區。
一八二三年	鄭用錫進士三甲及第，成為開臺以來首位進士。
一八二四年	林平侯為了防禦原住民及械鬥而興建大料崁城。
一八三一年	姜秀鑾與新竹閩籍墾戶共同開墾北埔，成立金廣福公館。
一八三二年	林平侯三子國華和五子國芳組成「林本源」商號。
一八四七年	英國到雞籠調查煤礦產量，對開採雞籠的煤礦頗有興趣。
一八五三年	林家遷到板橋，並建造了一座豪華的三落大厝。
一八五四年	美國東方艦隊司令培理到臺灣從事礦產勘查，測量雞籠港的港灣地勢。
一八六二年三月	戴潮春事件爆發。

一八六二年	清朝開放打狗、臺灣、雞籠、滬尾等四口給外國人通商。
一八六五年	英國商人陶德引進福建泉州安溪茶苗，在文山堡和海山堡栽種。
一八六五年七月	馬雅各以基督長老教會傳教士與醫生雙重身分來到臺灣，執行醫療傳教服務。
一八六八年	英商必麒麟在梧棲走私樟腦，被鹿港同知扣留。
一八六九年	二千一百三十一擔臺灣烏龍茶由淡水銷售到美國紐約，大受歡迎，從此臺灣茶（Formosa Tea）名聲遠播世界。
一八六八年	英商「怡記洋行」在梧棲港準備走私的樟腦被清廷查扣，引發樟腦糾紛事件。
一八七一年十月	琉球船隻漂流至臺灣東南部八瑤灣，五十四人遭到原住民殺害。
一八七二年三月	馬偕在滬尾下錨，選擇了臺灣北部作為醫療傳道的教區。
一八七四年三月	日軍率領軍隊三千六百人，向臺灣開征，是為牡丹社事件。
一八七五年二月	沈葆楨解除限制漢人攜眷入臺、禁止漢人偷渡、禁止漢人進入山地、禁止漢人娶原住民女子為妻等禁令。
一八七六年	黃南球成立「黃南球」墾號，積極開發苗栗。
一八八四年六月	中法戰爭波及臺灣，法國軍隊砲擊雞籠。
一八八五年九月	清朝決定在臺灣建省，任命劉銘傳為首任臺灣巡撫。
一八八九年	黃南球與姜紹祖、林振芳等人聯合組成「廣泰成」墾號。
一八九四年八月	中日爆發甲午戰爭。
一八九五年四月	中日雙方簽訂《馬關條約》，清朝政府將臺灣割讓給日本。
一八九五年五月	「臺灣民主國」在臺北成立，唐景崧就職總統。
一八九五年六月	臺灣首任總督樺山資紀在臺北舉行「始政典禮」。
一八九六年一月	總督府實施以格林威治子午線作為對時依據的標準時間制度，
一八九六年三月	日本公布「法律第六十三號」，成為日本統治臺灣的母法。
一八九六年九月	總督府公布「國語學校規則」。
一八九七年十二月	位於臺北城的商業劇場「浪花座」開幕。
一八九八年三月	後藤新平擔任民政局長。
一八九八年七月	總督府發布〈臺灣地籍規則〉和〈臺灣土地調查規則〉，測量全臺灣六十三萬三千餘甲的土地。
一八九八年七月	總督府頒布「臺灣公學校令」，在臺灣各地設公學校。
一八九八年八月	總督府發布「保甲條例」。
一八九九年四月	「臺灣總督府醫學校」設立。
一八九九年九月	臺灣銀行正式開業。
一九〇〇年二月	黃玉階發起「臺北天然足會」。
一九〇一年十月	臨時臺灣舊慣調查會成立。
一九〇一年	新渡戶稻造向總督府提出「臺灣糖業改良意見書」。
一九〇五年十月	總督府以第一次臨時臺灣戶口調查的名義，展開首次人口調查。
一九〇七年一月	「三一法」開始生效。
一九〇八年四月	縱貫鐵路完工通車。
一九一四年十二月	臺灣同化會成立。
一九一五年八月	西來庵事件爆發。
一九一八年六月	明石元二郎就任臺灣總督，揭示「同化主義」為施政方針。

一九一九年十月　田健治郎擔任臺灣總督，成為第一位文官總督。
一九二〇年一月　臺灣文化協會成立。
一九二〇年　黃土水的雕刻作品入選「帝展」，是第一位入選帝展的臺灣人。
一九二〇年十月　總督府改革地方制度，實施地方自治。
一九二一年一月　「臺灣議會設置請願運動」展開。
一九二一年十月　臺灣文化協會成立。
一九二二年　總督府修正「臺灣教育令」。
一九二二年十二月　杜聰明獲得醫學博士學位，成為臺灣第一位博士。
一九二三年一月　「臺灣議會期成同盟會」成立，以設立臺灣議會為目的的。
一九二四年　大稻埕商人陳天來投資的商業劇場永樂座開幕。
一九二五年六月　李應章成立「二林蔗農組合」，展開舉辦農民講座。
一九二五年十月　林本源製糖會社強行採收甘蔗，與農民發生衝突，爆發二林蔗農事件。
一九二六年　磯永吉成功栽培蓬萊米。
一九二六年　陳澄波首次以畫作「嘉義街外」入選日本第七屆帝展。
一九二七年七月　臺灣民眾黨成立。
一九三〇年四月　嘉南大圳完工。
一九三〇年八月　「臺灣地方自治聯盟」成立。
一九三〇年十月　霧社事件爆發。
一九三二年十一月　菊元百貨店開幕，是臺灣第一家百貨公司。
一九三三年　鄧雨賢與李臨秋創作出「望春風」，造成轟動。
一九三四年　鄧雨賢再度為「雨夜花」譜曲。
一九三四年六月　日月潭發電廠竣工。
一九三五年十一月　臺灣舉行有史以來第一次選舉投票。
一九三六年十月　日本派海軍上將小林躋造就任第十七任臺灣總督。
一九三八年五月　總督府宣布在臺灣實施「國家總動員法」。
一九四一年四月　「皇民奉公會」成立，積極推展皇民化運動。
一九四一年十二月　日本偷襲珍珠港，太平洋戰爭爆發。
一九四二年四月　第一批臺灣陸軍志願兵入伍。
一九四五年四月　臺灣全面實施徵兵制度。
一九四五年八月　日本投降撤出臺灣。
一九四五年十月　中日雙方在臺北市公會堂舉行臺灣受降典禮，臺灣省行政長官公署正式運作。
一九四六年四月　臺灣省國語推行委員會設立。
一九四七年二月　臺北市大稻埕發生一件因取締販賣走私菸而引發的糾紛，擴大成二二八事件。
一九四七年三月　警備總部下令臺灣戒嚴，軍隊開始大屠殺。
一九四九年五月　臺灣省政府主席陳誠宣布在臺灣實施戒嚴令。
一九四九年六月　中國內戰惡化，國民政府撤退到臺灣。
一九四九年六月　實施四萬元舊臺幣兌換成一元新臺幣的經濟改革。

一九四九年十一月	《自由中國》雜誌創刊。
一九四九年	樂信瓦旦成為唯一一位原住民省參議員。
一九五〇年六月	美援展開。
一九五一年六月	實施三七五減租。
一九五一年五月	實施公地放領。
一九五三年一月	實施耕者有其田。
一九五八年八月	爆發八二三砲戰。
一九六〇年九月	警總以涉嫌叛亂為由將雷震逮捕，判處十年的有期徒刑，是為雷震案。
一九六二年十月	臺灣電視公司正式開播。
一九六六年十二月	臺灣第一個加工出口區在高雄成立。
一九六八年八月	紅葉國小棒球隊擊敗日本和歌山調布少棒隊。
一九六八年九月	實施九年國民義務教育。
一九六九年	內政部提出「兩個孩子恰恰好」的口號，提倡節育政策。
一九六九年	金龍少棒隊奪得冠軍，引發臺灣棒球熱。
一九七〇年	中華民國退出聯合國。
一九七〇年三月	布袋戲《雲州大儒俠史豔文》在臺視播出，締造出高達百分之九十以上的收視率紀錄。
一九七一年十月	中華民國退出聯合國。
一九七二年	謝東閔擔任臺灣省政府主席，為了配合擴大外銷政策，推出「客廳即工廠」口號。
一九七四年一月	十大建設陸續開工。
一九七五年六月	校園民歌時代展開序幕。
一九七七年八月	鄉土文學論戰開啟。
一九七九年一月	美國宣布與中華民國斷交，與中華人民共和國建交。
一九七九年九月	美麗島雜誌出刊。
一九七九年十二月	美麗島事件爆發。
一九八〇年十二月	新竹科學工業園區設立。
一九八六年九月	民主進步黨成立。
一九八七年七月	蔣經國總統宣布解除臺、澎地區戒嚴。
一九八八年一月	蔣經國去世，李登輝繼任總統。
一九九〇年五月	李登輝就任第八任總統。
一九九一年二月	海基會成立。
一九九三年四月	辜汪會談在新加坡展開。
一九九六年三月	臺灣首度實施總統民選，李登輝、連戰當選。
二〇〇〇年三月	陳水扁當選總統，臺灣首次政黨輪替。
二〇〇三年二月	教育部通過「語言平等法」草案。
二〇〇四年三月	陳水扁和呂秀蓮連任第十一屆總統、副總統。
二〇〇八年三月	馬英九和蕭萬長當選第十二屆總統、副總統。

國家圖書館出版品預行編目資料

圖解臺灣史／林佩欣著.--初版--.--臺北市：
五南圖書出版股份有限公司, 2012.03
面； 公分.
ISBN 978-957-11-6537-0（平裝）
1.臺灣史
733.21 100027468

1WG1

圖解臺灣史

作　　者— 林佩欣（121.4）
發 行 人— 楊榮川
總 經 理— 楊士清
總 編 輯— 楊秀麗
副總編輯— 黃惠娟
責任編輯— 陳巧慈
美術設計— P. Design視覺企劃
出 版 者— 五南圖書出版股份有限公司
地　　址：106台北市大安區和平東路二段339號4樓
電　　話：(02)2705-5066　　傳　　真：(02)2706-6100
網　　址：https://www.wunan.com.tw
電子郵件：wunan@wunan.com.tw
劃撥帳號：01068953
戶　　名：五南圖書出版股份有限公司
法律顧問　林勝安律師
出版日期　2012年 3 月初版一刷
　　　　　2023年 3 月初版五刷
定　　價　新臺幣300元